THE AUTOBIOGRAPHY

EDDIE JONES

My Life and Rugby

エディー・ジョーンズ
わが人生とラグビー

エディー・ジョーンズ
EDDIE JONES
髙橋功一 訳

ダイヤモンド社

MY LIFE AND RUGBY

by

Eddie Jones

First published 2020 by Macmillan, an imprint of Pan
Macmillan, a division of Macmillan Publishers
International Limited

Japanese translation published by arrangement with Pan
Macmillan, a part of Macmillan Publishers International
Limited through The English Agency (Japan)Ltd.

1. ヴィクトリア州
ポイントロンズデールで、家族と

2. 愛犬のジミーと

3. ヴィクトリア州ポイントロンズデールにて
5歳のとき、少々おしゃれして

4. 1967年ごろ、父とリトルベイビーチで

5. 1971年、ラ・ペルース小学校のシニアクリケットチームのメンバーと。
私はそこでキャプテンを務めた（中央）

6. マトラヴィル・ハイスクール・ラグビーチームのメンバーと

7. マトラヴィル・ハイスクール・ラグビーチームに入ったころから
本格的にラグビーを学び始める

8. 1985年、ファースト・グレードのゲーム、ランドウィック対ゴードン戦で泥だらけになりながら

9. 1987年シドニー・ラグビー・プレミアシップ決勝でワリンガーを破り、選手たちと勝利を祝う

10. 1988年、ランドウィックを指導する名コーチ、ボブ・ドゥワイヤー

11. インターナショナル・グラマー・スクールの自分のオフィスにて。副校長を務め、授業も教えていた

12. 相手のパンチをかいくぐるが（写真上）、結局は惨憺たる姿に（写真下）。
私を抱きかかえるのはチームメイトのユーウェン・マッケンジー（左）とミック・マレー（右）

13. 1989年、ブリティッシュ・アンド・アイリッシュ・ライオンズのオーストラリア遠征での試合に、ニューサウスウェールズ州代表として出場。善戦するも19対39で敗れる

14. 12年後の2001年、ブランビーズはブリティッシュ・アンド・アイリッシュ・ライオンズをあと一歩まで追い詰めるが、最後のミスで金星を逃した

15. スーパー12、2001年シーズンで優勝、その喜びをジョージ・グレーガンと分かち合う。2002年も優勝まであと一歩と迫るが、準優勝に終わった

To Hiroko and Chelsea, for your love,
kindness and patience.
And to Mum and Dad, for your bravery,
resilience and love.

ヒロコとチェルシーへ、
ふたりの愛と優しさ、そして忍耐に
そして父と母へ、
あなたがたの勇気と心の強さ、そして愛に

エディー・ジョーンズ
わが人生とラグビー

［目次］

CONTENTS

プロローグ
なぜコーチを続けるのか
PROLOGUE: THIS IS WHY WE DO IT

2015年9月19日土曜日。イングランド、ブライトン。

一番辛《つら》い時間だった。我々を乗せたバスは、ゆっくりと試合会場に向かっていく。4年にわたる入念な計画と過酷なハードワーク。その成果が試されるときが来た。我々の準備と、周りにいる若き選手たちの力を信じるのだ。私はこれまで、彼らをときにはおだて、目指す方向に向かわせ、励ましながら、意識改革さえ行ってきた。だがここまでくれば、彼らがこれから直面する試練に対して、私ができることはほぼないに等しい。

ブライトンの空は晴れ渡り、真っ青な海は陽光に煌《きら》めいている。これほどの天気はイングランドでは珍しい。それは私に、シドニーのクージービーチ沖合にあるウェディングケーキ島の空の青さを思い出させた。だがこの明るい日差しにもかかわらず、不安が消え去ることはなかった。日本代表はこれから、2015年ワールドカップの初戦で南アフリカと対戦するのだ。

ジョン・プライヤーの姿が目に入った。この3年間、ストレングス&コンディショニングコーチとして日夜苦労をともにしてくれた同胞だ。初めて一緒に仕事をしたのは、私がヘッドコーチとしてブランビーズを率いたときだった。ブランビーズは、南半球で行われるプロラグビーチームによる国際リーグ、スーパーラグビーの参加チームである。その後はオーストラリア代表・ワラビーズでもともに汗を流した。日本代表のヘッドコーチに指名されたとき、真っ先に電話したのも彼だった。日本チームがワールドカップで好成績を残すためには、戦略や戦術が遂行できる強靭《きょうじん》な肉体と精神力が不可欠だったからだ。

大会に向けた長い準備期間を通じて、スプリングボクスこと南アフリカ代表とのゲームが我々の頭から離れることはなかった。フィジカルに自信を持つ彼らは、互いのフォワードが力勝負をするスクラムと、密集でボールを奪い合うブレイクダウンで圧倒してくるのは間違いない。今日のゲームで日本チームが勝機を見出《みいだ》すには、こうした場面で南アフリカと対等に渡り合わねばならないのだ。日本の選手たちは強靭な肉体を作り上げ、姿勢を低く保って闘う必要があった。我々は、テンポの速い攻撃的なゲームに持ち込もうとしていた。そのためには、絶対にボールは落とせない。激しい肉体的プレッシャーを跳ね返すには、80分間プレーできるだけの驚異的なスタミナが必要で、日本チームにとってこれはとてつもない挑戦だった。

バスの車窓から、スプリングボクスや日本代表のジャージーを着た大勢のファンの姿が見える。車内は誰ひとり言葉を口にせず、緊迫した空気に包まれていたが、車外のファンたちはフィッシュアンドチップスとビールを手に、ジャージーの色に関係なく言葉を交わし、ラグビーならではの和気あいあいとした雰囲気を楽しんでいた。私は自分の胸に問いかける。果たして我々に、あの強敵、スプリングボクスに対抗できるだけの力がついているのだろうかと。

ワールドカップでの日本の勝利は、24年前にジンバブエから挙げた1勝のみ。対するスプリングボクスは、1995年と2007年の2度も、大会を制覇している。日本はこの1勝と引き分けた2試合を除き、ワールドカップの残りのゲームの平均失点数は35ですべて負けている。1995年大会では、ニュージーランドに145点を奪われる屈辱的大敗を喫していた。一方、これまでワールドカップでスプリングボクスを破ったのは、ニュージーランド、オーストラリア、イングランドの3チームのみだった。

私自身はオーストラリア代表のヘッドコーチ時代に、代表チームのスプリングボクスと何度か対戦していたし、スーパーラグビー（当時はスーパー12、スーパー14）では、リーグに参加する南アフリカの各チームの卓越したプレーヤーたちをなんとか抑え込もうとした経験もあり、彼らの肉体的強さは熟知していた。2007年のワールドカップ・フランス大会でスプリングボクスが優勝したとき、私はジェイク・ホワイトのテクニカルアドバイザーを務めていた。世界に名を知られたフーリー・デュプレアやビクター・マットフィールドをはじめ、フランス大会期間中に親交を深めたプレーヤーの何人かは今日の試合にも出場するはずだ。特にデュプレアは、これまでコーチしてきたなかでも最も優れたプレーヤーのひとりだった。彼が東京の郊外を本拠地とするサントリーのクラブチーム、サントリーサンゴリアスに所属していたとき、私はそのプレーに目を見張ったものだ。

怪我で長く苦しんでいたデュプレアもようやく戦列に復帰し、今日はベンチスタートになるはずだった。南アフリカ代表は総キャップ数851という、これまでで最も経験豊かなフィフティーンを揃えている。プライヤーの革新的なトレーニング法でスピードと敏捷《びんしょう》性を維持しながら筋肉量を増やしてきたとはいえ、我々の重量はボクシングで言うとフェザー級止まり。それなのに、これからリングで挑もうとするのは、ヘビー級チャンピオンなのだ。

日本代表のニックネームはチェリー・ブロッサムズ（桜の戦士）だが、私は心底、この名称が嫌いだった。スプリングボクスを倒すなどという我々の意気込みを耳にすれば、彼らはせせら笑うに違いない。南アフリカはもちろん世界中の多くの人々が、もうすぐブレイブ・ブロッサムズ（勇敢な桜の戦士）――これもまた私にとっては意味のないもうひとつの愛称だ――は蹂躙《じゅうりん》され、叩きのめされ、白と赤の花びらがグラウンドで踏みにじられるだろうと信じて疑わなかった。

そうなればいったいどんな気持ちに襲われるか、私には分かっていた。スーパーラグビー（当時はスーパー14）でクイーンズランド・レッズを率い、プレトリアでブルズと対戦し、3対92で惨敗した経験があったからだ。静寂のなか、もう一度プライヤーに目を向ける。私は彼にこう言いたかった。「これがコーチの醍醐《だいご》味《み》だ。毎朝スーツを着てビジネスバッグを手にし、8時の電車に乗ってオフィスへ行き、毎日代わり映えのない仕事をこなす――お互いにそういう道は選ばなかった。極度の緊張、大いなる不安、勝利への希望、恐怖と興奮。すべてが混然《こんぜん》一体となった感覚。今のこんな気持ちは、人生の、他のいかなる場面でも味わえない。厳しい戦いに臨むには勇気も必要だ。これこそ我々が選んだ道なんだ」

だが私は口に出さなかった。バスのなかでは、誰とも話したくなかった。コーチは孤独な仕事であり、私はそうした環境に慣れていた。代表チームのコーチは難しい。世間の人たちは誰もが、コーチはすべてを知り尽くし、多様なメンバーで構成されるチームに揺るぎない信念と希望を与え続けてくれると期待する。しかし面倒なことに、彼らは一様に自分のほうがコーチより上手《うま》くやれると信じているのだ。周りには常に、お前のすることは間違っていると主張する人たちでひしめき合っている。コーチは大抵、そうした外野の声を冷静に受け止められるが、弱気になろうものなら、たちまち進むべき道を見失ってしまうだろう。それに代表チームには、クラブチームのような仲間意識はない。あるのは熾烈《しれつ》な競争意識で、コーチとプレーヤーのあいだには一定の距離が存在する。コーチはあるプレーヤーを代表チームに選ぼうとすれば、別のプレーヤーを落とさねばならない。必要なのは毅然《きぜん》とした態度である。プレーヤーが試合でミスしたりずさんなプレーをしたりすれば、文句を言われるのは、彼らを選んだヘッドコーチなのだ。

私がオーストラリアのヘッドコーチに就任したのは2001年。シドニーで、イングランドとワールドカップの優勝を争う2年前だった。前任者のロッド・マックイーンは私にチームの課題を引き継ぎ、笑みを浮かべながら最後にこう言った。「さて、これで君はオーストラリアで一番孤独な男になったというわけだ」。この言葉は私の胸をぐさりと突いた。

まさにその通りだった。もちろん、日本を指導する場合には注目の度合いが低い分、オーストラリアやイングランドをコーチするよりもプレッシャーは低いと思われがちだ。だがプレッシャーと要求は日本でも変わらなかった。いや、むしろそれ以上だったかもしれない。日本のプレーヤーは、オーストラリアやイングランドのプレーヤーよりも生まれつき身体のサイズが小さいうえにスキルや経験も乏しく、そうした本来的に備わっている不利な条件を克服しなければならなかったからだ。そのためには、一にも二にもハードワークしかなかった。

　日本がワールドカップで優勝できるとは誰も思っていなかったが、私は決勝トーナメントに行ける力はあると信じていた。その奇跡を実現するには、南アフリカを倒すという奇跡を起こさねばならない。この数年、誰もがそんなことは夢物語に過ぎないと思っていた。だが、残り4カ月となったころから、チームはそれを信じ始めたのだ。日々、過酷なまでのトレーニングを繰り返すうちに、まずプレーヤーが、そしてコーチまでもが、徐々にその可能性を感じるようになっていった。我々は勝てる、スプリングボクスを倒せると。

　ゲームプランは単純だった。後半20分まで僅差でついていければ、いかにスプリングボクスといえど動揺するはずだ。我々を粉砕するつもりが上手くいかず、徐々に不安を感じ始めるに違いない。自分たちの戦術やプランが果たして正しかったのか、確信が持てなくなるだろう。日本に負けるかもしれない——思ってもみなかった考えが頭をよぎる。それが現実味を帯びてくれば、パニックが起こるのは時間の問題だ。

　我々はスピードに富む強度の高いラグビーを展開し、身体の大きな南アフリカ選手を絶えず後ろに下がらせ、息つく暇を与えないようにする必要があった。あらゆる角度から攻め上がり、スペースを突き、彼らを限界まで動き回らせるのだ。

　かつてマイク・タイソンは、「誰にでもプランはある。顔面にパンチを食らうまではね」と語った。彼の不敗神話が初めて破られたのは、東京で行われたボクシングの世界タイトルマッチでの出来事だった。１９９０年に史上最強とまで謳《うた》われたタイソンがジェームス・バスター・ダグラスにノックアウトされた衝撃的事実は、全世界を揺るがした。だが今日のゲームで日本が南アフリカに勝つなどというのは、それ以上にあり得ない出来事なのだ。事実、ダグラスの勝利に対する賭け率は42対1であったのに対し、日本の勝利は１０００対１だった。

　バスが到着し、ブライトン・コミュニティ・スタジアムの地下に向かいながら、私はまだ誰とも口をきいていなかった。選手たちもしばらく無言でウォームアップを行い、ようやくアシスタントコーチとともに、陽光降り注ぐピッチへ出ていった。スコット・ワイズマンテルがバックスを見る一方で、スティーブ・ボーズウィックはフォワードに汗をかかせている。

私はそれをタッチラインから眺めていた。試合開始45分前。私は依然として口をつぐんだまま、なすすべもなくただ彼らを見つめていた。あとは選手に委ねるしかないのだ。そう、いつもと同じように。

24時間前に、私はすでにチームの準備は整っていると思っていた。選手たちはリーチ マイケルを中心に、いつものようにキャプテンズラン——伝統的に試合前日に行われる、いわば儀式のような最終調整——を始める。だがそのプレーは精彩を欠いていた。皆、神経が高ぶりいらいらしている。見てはいられず、リーチを呼び寄せると、早めに切り上げるよう伝えた。リーチはニュージーランド生まれだが、今では完全に日本チームのキャプテンとして信頼されていた。

試合前のウォームアップの様子から、ゲームを占うべきではない。プレーヤーの動きが格段に良く、これならいけると思ったにもかかわらず、ひとたび開始の笛が鳴り、キックオフのボールが蹴られると、味方プレーヤーがそれを落とし、相手に先制点を許し、チームは意気消沈。落ち着きを取り戻すころには、すでに敗色濃厚ということだってあるのだ。逆に、ウォームアップでは士気が振るわなくても、いざ試合が始まるとロングパスが見事に決まり、ボールを受けたプレーヤーがゴールめがけて走ると、他のプレーヤーも猛然とフォローアップに向かう、などということもある。

2003年のワールドカップ準決勝。私がヘッドコーチを務めるオーストラリアは、ニュージーランドと激突した。その数カ月前、ホームで行われた前哨戦では50点を献上し、メディアから散々叩かれ、ワールドカップでオールブラックスと再戦するのは無理だろうとさえ言われたものだ。だがいざ準決勝が始まると、オーストラリアはキックオフ直後からまるで疾走する貨物列車のように猛然と走り出した。背番号10のスティーブン・ラーカムが放つパスは、どれも非の打ちどころがない。プレーヤーたちはボールを手に、次々と波状攻撃を繰り返していく。最初の90秒間はほぼ完璧なラグビーで、選手たちは大きな手応えを感じていた。わずかのあいだに彼らのなかに確固たる自信が生まれ、あとは思ったよりも比較的容易に勝利を収めることができたのである。しかし、開始間もない時点でパスがそれていたらどうだろう？　インターセプトされ、逆にトライを奪われていたらどうなっていただろう？

　まさにプロスポーツでは、勝敗の行方は紙一重だ。その際どい勝負にチャレンジする姿にこそ、この世界の醍醐味がある。相手のペースになったとき、いかにゲームの流れをこちらに引き寄せるか、あるいはプラン通りに運ばないとき、選手たちをいかに辛抱強く我慢させるか、コーチは練習を通じ、そのことをプレーヤーに教え、彼らを鍛えなければならない。

　激しさにばかり目を奪われがちなラグビーだが、実際には非常にデリケートなスポーツで、プレーヤーの判断に委ねられる場面が実に多い。だが選手の自信ほど脆《もろ》いものはなく、いざホイッスルが鳴ったあとで彼らが自信を失っても、我々にできることはほとんどない。ゲームが始まってしまえば、コーチが試合の勝敗に影響を与えられる力はわずかしかない。選手自身が的確な判断を行い、状況に素早く反応し、ミスをしても頭を切り替えてすぐに次の展開に集中しなければならない。もちろんコーチは選手たちにメッセージを伝えることはできる。だが、それはゲームが中断したときに限られるため、めったにその機会は訪れない。ゲーム中にコーチとしてできるのは、上手く選手を入れ替えることくらいだ。

　すべては準備にかかっている。準備を的確に行えれば、その分だけ成功の可能性は高まるだろう。だが、チームは所詮、人間の集団であり、確実とは言い切れない。

　ゲーム開始30分前。私はジョン・プライヤーの方を向き、ようやく言葉をかけた。「3年間の努力が、ここで煙のように消え失せてしまいそうだ。そんな気がするよ」

　ちょっとしたブラックユーモアだ。プライヤーは少し引きつったような笑みを浮かべた。過ぎた冗談だったが、彼は私の気持ちを十分に理解していた。我々は長きにわたりともに協力し合い、ここまで歩んで来たのだ。チームの準備をできる限り細かく分解し、分析を加え、あらゆる角度から検証し、必要であれば手直しを行い、さらにテストを重ねてきた。キックオフの時間がゆっくりと近づくなかで最後に残るのは、単純かつ最も明白な疑問だけだ。「ここまで積み上げてきた苦労は、果たして彼らのパフォーマンスに表れてくれるだろうか?」

私は試合展開を想像してみる。開始早々からスプリングボクスのフォワードに圧倒される。ボールを奪われ、ディフェンスの穴を突かれ、トライを喫する。開始1分でスコアは0対7。さらにボクスはトライを重ねる。0対14。突如、60失点という不吉な結果が頭をよぎる。あり得ない話ではない。瞬く間に時間が過ぎていくが、私はまだチャンスがあると信じ続ける。だがそのとき意地悪な天使が耳元で囁《ささや》いた。「さあ、もう空想はやめよう。覚悟を決めて目の前の現実の試合に向けて準備するんだ」。スプリングボクスがこれから日本チームを蹂躙しようとしているのと同じように、私の自信は徹底的に打ちのめされた。

深呼吸して気持ちを落ち着かせる。日本と私は、これまで互いに上手くやってきた。私は日本ラグビーの発展に貢献し、一方、日本は私に代表チームのヘッドコーチという立場を与えてくれた。今、私は55歳。苦しみに満ちた5年間を過ごし、２００９年に日本に戻ってきたのだ。

２００７年に南アフリカの優勝に携わった以外、再び日本を訪れるまでの5年間で得たものは何もなかった。かねてより夢だったワラビーズのヘッドコーチを２００5年に解任されると、その反動で衝動的に、ブリスベンを本拠地とするレッズのコーチを引き受けた。この苦難を経て、その後、スプリングボクスのテクニカルアドバイザーとして充実した時間を過ごしたものの、イングランドのクラブチーム、サラセンズに移ると、再び不遇の2年間を送った。ヨーロッパ随一の創造性あふれるチーム作りを目指し、事実そうした実績を残しはしたが、南アフリカの合弁企業がオーナーシップに関わるようになり、チームを取り巻く状況が一変してしまった。チームとまったく反りが合わなくなり、私は我慢できず、表舞台から身を引いた。

その後はしばらく、妻のヒロコと娘のチェルシーのために毎日を過ごした。これは私の人生で初めてのことだった。それまではふたりとも私の仕事に振り回されてきた。だが特に娘は学生として多感な時期を迎えていたので、そろそろ一箇所に腰を据えて生活すべきだと思ったのだ。私は妻と祖父母の母国である日本に戻り、そこでサントリーサンゴリアスのヘッドコーチに就任した。この間チェルシーは落ち着いた環境のなか、東京の著名なインターナショナル・スクールを卒業し、一方で私は、サンゴリアスのコーチングに多忙な日々を送っていた。

日本がラグビー後進国だと思っている人たちは、私を変人扱いした。だが、私は全く気にしなかった。家族にとって今の暮らしがいかに素晴らしく、そして大切なものか、十分分かっていたからだ。それに以前なら、ラグビー界における政治力学、カネ、メディアの厳しい目、他の様々なプレッシャーによって、ラグビーに対する情熱が左右されることも多かったが、今ではそういう雑音もなく、なによりコーチングそのものが楽しめる環境が新鮮だった。

しかし私は、いつまで経ってもアウトサイダーのままだった。私は約20年前に東海大学のコーチとして初めて日本を訪れた。当時に比べれば数段日本の生活に溶け込んでいたが、その後に日本代表のアシスタントコーチも務め、後にサントリーサンゴリアスのコーチに就任してからも、依然としてオーストラリア人という外国人に過ぎなかった。これが外国人コーチの現実なのだ。それでも２０１１年を迎え、再び私の心のなかに、トップレベルでコーチをしたいという願望がふつふつと湧き上がってきたときに、奇《く》しくも日本代表を率いることになり、私はこの機会を楽しんでいた。

日本ラグビーには、「全力を尽くせば負けても良し」とする、古くから根付いた考え方があった。私はしかたなく、公の場で、「日本はいつまで経っても強豪国の下に位置する中堅国、いわゆるティア2のままで良いのか」という疑問を投げかけ、プレーヤーを激しく叱責しなければならなかった。私はこの考えを払拭《ふっしょく》したかった。

２０１２年、日本代表がフレンチ・バーバリアンズに敗れるという極めて不名誉な結果を招いたとき、私はそのことを選手たちに思い知らさなければならなかった。キャプテンの廣瀬俊朗は試合後の記者会見で、質問に対して笑みを浮かべ、ときには笑いながら答えていた。日本人は、極度の不安に襲われると笑う習性があると知ってはいた。だが、私は本当に腹が立っていたので、いつものメディア対応ではあり得ない行動をとった。この機会を逃すつもりはなかった。「笑いごとじゃない」と、私はその場へ割って入ったのだ。「笑いごとじゃない。選手たちには勝とうという意識が足りなかったし、状況を変えようともしなかった。今後、プレーヤーを入れ替えなければならない……」

その後冷静になってから、日本の社会通念から見て少し言いすぎてしまったかと心配になった。だが、そのあと日本ラグビーフットボール協会の会長から、こう言われた。「そろそろ誰かが言わなきゃいけないと思っていたんだ」

それまでの日本ラグビーフットボール協会は、日本特有の事なかれ主義が蔓延《まんえん》する閉鎖的体質に支配されていたが、そんな協会も徐々にではあるが変化を遂げているようだった。これは大変興味深く、喜ばしい経験だった。私自身もこの数年に比べ、より意欲的に自分の性格やコーチングについて学んでいた。こうした知識の一部は、ラグビー以外の分野から得たものだ。２０１３年にはドイツのプロサッカークラブ、バイエルン・ミュンヘンを訪れて監督のジョゼップ・グアルディオラに会い、チームにハードトレーニングを課す方法や、いかに集中力をエネルギーに転化するか、あるいはピッチ上でいかにスペースを見つけるか、などについて、新たな見方に触れる機会を得た。彼からは、良い考えは遠慮なく盗むべきだと言われた。この体験は、コーチングに対してこれまでとは違う視点を与えてくれた。しかし、そうした変化の大半は、やはりラグビー関係者から得たものが多かった。

日本では様々な辛い出来事にも遭遇した。愛する父、テッドが他界し、私自身も脳梗塞《のうこうそく》に見舞われた。それでも前進し続けなければならなかった。日本ラグビーを変え、ワールドカップで成功を収めようとするなら、タフで粘り強くあらねばならない。母譲りのそうした資質は、日本で暮らすうちに、よりはっきりと表れてきたようだった。困難に立ち向かおうとする母の強さは、第二次世界大戦での苦労を通して育まれた。真珠湾攻撃が起こるとすぐに、母はカリフォルニアで生まれ育ったにもかかわらず、日本人家族で生まれたという理由から、父親とは別の収容所に送られたのだ。しかし、日本のために全力で取り組みなさいという母の言葉には、過去の経験から生じる感傷は微塵《みじん》もなかった。というのも、ベストを尽くして仕事に臨むというのが母のもともとの考えだったからだ。母は90歳を超えた今も、私の行動をよく見ている。私はすでに50代の後半を迎えたが、それでも無礼を働いたり、悪態をついたり、ひげをきれいに剃っていなかったりすると、すぐに母から厳しく叱られる。それは今日に至っても変わることはなかった。

コーチングは人生そのものだ。成功もあれば失敗もある。チームの状況もまた同じ。強みもあれば弱みもあるし、好不調の波もある。重要なのは、チームに自信と一貫性を持たせることだ。

我々は日本代表に、これまでとは比べものにならないほどの辛く厳しい練習を課し、入念な準備を整えてきた。私は全力投球し、彼らもそれに応えてくれた。南アフリカが勝つという大方の予想をしり目に、我々が一泡吹かせてやれるかどうかは、時間が来れば誰の目にも明らかになるはずだ。

日本チームはほぼ80分間を通じ、英雄のように勇敢かつ大胆に素早い戦いを展開し、スプリングボクスと五分に渡り合った。緊迫したシーソーゲームとなり、残り時間が1分を切った時点で、29対32。わずかなリードを保った南アフリカが、日本の波状攻撃を食い止めていた。残り30秒、日本が試合を決定づけるトライを奪ったかに思われたが、TMO（テレビジョン・マッチ・オフィシャルの略でビデオ判定のこと）の裁定はゴール前5メートルスクラム。日本ボールでの再開だった。

南アフリカは、怪我のために弱体化していたスクラムを補強しようと、ヤニー・デュプレッシーと、〝ビースト〟ことテンダイ・ムタワリラを再度ピッチに送った。キャップ数はふたり合わせて132あったが、日本チームはひるまなかった。残り13秒。新たな力を得たスプリングボクスのスクラムも、日本の容赦のないプレッシャーにぐらつき、崩れ落ちてしまう。レフリーは大抵、弱小チームよりもティア1の強豪チームに有利な笛を吹くものだが、フランス人レフリーのジェローム・ガルセスは毅然とした態度でこの試合に臨んでいたので、このときも躊躇《ちゅうちょ》なく、日本にペナルティーキックを与えた。

視線をキャプテンに注いだまま、私は急いで一口、水を含んだ。この日のリーチ マイケルは試合を通じて際立った活躍を見せてきた。あとはゴールポストを指さすだけだった。確実にペナルティーゴールを沈めれば良い。32対32で南アフリカに引き分ければ、世間は間違いなく驚くだろうし、私にとっては、2003年のワールドカップ準決勝でのオールブラックス戦勝利以来の輝かしい実績のひとつになるだろう。私はほっとして、大きく息をついた。これだけの戦いをして敗れでもしたら、チームのダメージは計り知れないのだ。

だが、リーチの考えは違っていた。私はそれを目にし、愕然とした。私はすぐに「3点を狙え！」と叫んだ。「3点だ！」

だがその声は3万人のどよめきにかき消され、彼の耳に届くはずもなかった。私同様、日本がトライを狙うためにスクラムを選択したと気づいた観衆が、一斉に歓声を上げていたのだ。プレーヤーたちは勝利を求めていた。歴史的一日に引き分けは相応《ふさわ》しくない。引き分けでは満足できなかったのだ。

私は試合中ずっと、トランシーバーを握りしめていた。本来はベンチと連絡を取るためだったが、実際には硬い金属製のトランシーバーは、緊張したときに握りしめるのにちょうど頃合いの大きさだった。だがリーチが、負けを回避するためのペナルティーゴールを拒否したと知ったとたん、私は怒りに任せ、トランシーバーをコンクリートの床に叩きつけた。無線機は粉々に砕け散った。

私は顔を上げ、ゆっくりと深呼吸した。激しい怒りが静まると、ようやく目の前の現実を冷静にとらえられるようになり、私の心は落ち着きを取り戻した。

試合を通じ、日本チームは何度もスプリングボクスを動揺させ、エリアを支配し、3トライを奪ったが、それらはすべて自らの肉体を犠牲にして得られたもので、いわば身体的な勇気によって獲得したものだ。プロのラグビーで必要なこの種の勇気は、私が教えこんだものだ。だが、リーチが示したのは異なる種類の勇気、真の勇気だった。私という外的要因からではなく、リーチ マイケルをはじめとするプレーヤーたちの心の奥底から湧き出た勇気だった。当然リスクはある。失敗すればゲームに負けるのだ。だが、リーチがなにより欲しかったのは、勝利の2文字だった。

「いいじゃないか」。私は心のなかでキャプテンに語りかけた。「思う存分やってみろ」

残り時間はわずか。歴史的快挙を目前にし、一番大切な場面で、リーチ マイケルは真の勇気を示した。彼の決断はこのあと、大の大人に涙を流させ、世界のラグビーの流れはもちろん、私のキャリアまで変えてしまうことになる。この勇気ある選択が、私が2019年ワールドカップ日本大会でイングランドを率いる遠因になったのは間違いない。そのときリーチ マイケルは、まだ日本代表のキャプテンを務めているだろうし、もしかすれば私自身も3つ目の代表チームを率い、3度目となるワールドカップ決勝戦に臨んでいるかもしれない。

しかし、ブライトンにいたあの瞬間は、もちろん日本代表とリーチのことしか頭になかった。疲労困憊《こんぱい》し、汗だくになった両チームの男たちは、一斉に組み合うと地面に崩れ落ちた。もう一度スクラムが組まれ、さらに3度目。

と、そのとき、スクラムからボールが出た。日和佐とリーチが攻撃の起点になる。我が日本代表フォワードは勢いよく攻め立てる。私はあらためて目の前の現実を受け止める。

これこそコーチの醍醐味だ。生きていると実感する最高の瞬間。だからコーチはやめられない。さあ行こう……。

第1章 自由

FREEDOM

1976年初冬、陽光まぶしい水曜日の昼下がり。私たちはシドニーにあるラッサムパークの美しい景色のなかで、石のように固いグラウンドの上を走っていた。皆、マトラヴィル・ハイスクールの青と白の段柄ジャージーを着て、ラグビーパンツをはいている。だがジャージーの色はどれも色褪《いろあ》せ、しかもパンツの色は不揃いだった。大半は学校指定のネイビーブルーだったが、なかにはなくしたり忘れたりしたために、代わりに黒や白のパンツをはいている者もいて、それぞれが身につけている色とりどりのソックスとの不釣り合いさが目立っていた。私たちはまるで、不揃いのリコリスキャンディーの詰め合わせのようだった。

小柄なバックスは、6人のオーストラリア先住民の子どもたちと、赤毛のウイング、グレッグ・ストアズで構成されていたため、「赤い点の交じった黒いバックスライン」と呼ばれた。それほどストアズと、同じバックスラインを構成するエラ兄弟は、異なる風貌《ふうぼう》をしていた。親友のマークとグレンは双子の兄弟で、私より6カ月ほど年上だった。その大きなアフロヘアはハイスクールのラグビープレーヤーというよりも、ファンキーなジャクソン5を思わせた。ふたりが6月5日に17回目の誕生日を迎える一方で、ボサボサ頭をした弟のゲイリーは、翌

7月に16歳を迎えるはずだった。

私は4カ月前の1月末に16歳になっていた。フッカーとしては小柄だったし、日本人のハーフで、しかも口が達者だったため、新チームの先発フィフティーンのなかではかなり目立つ存在だった。マトラヴィル・ハイスクールでは、私のように変わった外見をしていればよそ者扱いされるところだが、１９７０年代のオーストラリアは、スポーツに秀でていれば十分仲間として受け入れてもらえる時代だった。実際、私は身体能力が高く、大抵のスポーツは上手くやれた。

この学校には主にオーストラリア先住民の子どもたちと、チフリーやリトルベイ郊外に住む白人労働者階級の少々荒っぽい子どもたちが通っていた。私の家はリトルベイにあり、両親と、ふたりの姉、ダイアンとヴィッキーと一緒に暮らしていた。エラ一家や他の先住民のチームメイトたちはラ・ペルーズの出身で、私はそこの幼稚園に通っていたため、彼らとは幼馴染だった。ラ・ペルーズは、シドニー南東部ではラルパという呼び名で知られ、上流階級の住む一帯からは、南アフリカの黒人居住区になぞらえ、「シドニーのソウェト」と呼ばれていた。これはその地域が、19世紀初頭から先住民たちのゴミ捨て場として使われていたことに加え、シドニーの裕福な白人たちから、黒い肌をした人々のコミュニティを遠ざける手段として利用されたからだ。

マトラヴィルと対戦するため、名門校、セント・ジョセフズ・カレッジの一軍チームが、磨き上げられたグレーのバス8台を連ねてやってきたとき、彼らがいったいどんな気持ちだったのか、それは誰にも分からなかった。セント・ジョセフズは、ここから25キロ離れたノースショア郊外にある、マトラヴィルとは全く別世界のハンターズヒルにあった。マトラヴィルは、１９６４年にラ・ペルーズやチフリー一帯にあふれる子どもたちのために創立された学校で、かたやセント・ジョセフズは、１８８１年にマリスト兄弟により設立されたカソリック・カレッジだった。ジョーイズという愛称に加え、サクランボ色とブルーのスクールカラーで知られるセント・ジョセフズは、学生ラグビーの名門として名をはせ、オーストラリアで最も多くのワラビーズプレーヤーを輩出してきた、国内最大の全寮制寄宿学校である。

当時のオーストラリアでは、15人制のユニオンラグビーは私学出身者や富裕層が好むマイナーなスポーツだった。実際にプレーされていたのはニューサウスウェールズ州とクイーンズランド州だけだった。その2州でも、人気の面では13人制のリーグラグビー、オーストラリアンフットボール、クリケットに大きく水をあけられていた。特にマトラヴィルでは多くの生徒が、スキルが高く肉体的なぶつかりの多いリーグラグビーに夢中になっていた。にもかかわらず学校でユニオンラグビーが採用されていたのは、当時の一軍コーチ、ジェフ・モールドが学校長を説き伏せ、リーグラグビーからユニオンラグビーに転向させたためで、いわば偶然という運命のいたずらだった。

セント・ジョセフズはグレーター・パブリックスクールと呼ばれるエリート校が参加する大会で、50年間に30回もの優勝を誇るトップチームだった。マトラヴィルは主に、それ以外の公立校と対戦していたが、年に一度開催される、グレーター・パブリックスクールを除くニューサウスウェールズ州の全公立校を対象とする選手権大会、ワラター・シールドに参加し、そこで優勝するのが目標だった。

モールドはそのために、プレシーズンの友好試合としてセント・ジョセフズを招待したのだ。彼らはさっそうとラッサムパークにやってきた。ラッサムパークは、地元のクラブチーム、ランドウィックの練習グラウンドだ。私たちは、到着した先頭のバスから選手たちが降りてくるのをじっと見ていた。彼らはきれいに整ったお揃いのユニフォームを着ていたが、私はそのなかのひとりが運んでいた、バスの色と同じグレーの、いかにも高価そうなスーツケースを持った選手に目を留めた。休暇にイングランドを訪れた観光客の持ち物に相応しく、我々のような血気盛んなチームとラグビーで一戦交える選手が使うものにはとても見えなかったからだ。彼らは皆背が高く、身体も大きかった。

「ずいぶん、でかいじゃないか」。実際には全く気にするふうもなく、ボールをひょいと投げ上げながら、グレン・エラが言った。前のシーズン、マトラヴィルはかなりの好成績を収めていた。いかにセント・ジョセフズといえども、マトラヴィルのようなチームと対戦するのは初めてのはずで、私たちにはそれなりの自信があった。

このときのセント・ジョセフズには、将来ワラビーズになるプレーヤーが交じっていた。後に代表キャップ28を数えるロック、スティーブ・ウィリアムズだ。すでに当時から身体が大きかった。私の対面《トイメン》のフッカー、ブルース・マルーフも、1982年にニュージーランドとのテストマッチに出場している。

セント・ジョセフズのプレーヤーたちは染みひとつない清潔なウェアに身を包み、私たちの待つフィールドに現れた。彼らほど見事に洗練されたチームは、それまで見たことがなかった。数百人に及ぶ応援団は二列に並んで花道を作り、プレーヤーをフィールドに送り出した。応援団には選手を鼓舞するための様々な応援歌があり、なかにはサッカーのリバプールFCの応援歌まで披露しながら応援を続けた。将来私のメンターとなるボブ・ドゥワイヤーも、高校チームでは考えられないようなジョーイズの大勢の応援団に気圧《けお》されて、マトラヴィルは簡単にひねり潰されてしまうだろうと予想した。

ドゥワイヤーがマトラヴィルの試合を観るのは初めてだった。モールドを助けようと時折コーチングに来ていた、当時70歳だった元ワラビーズのシリル・タワーズに、是非試合を観るように勧められたのだ。このころドゥワイヤーはシドニーにあるラグビークラブ、ランドウィックを率いており、ワラビーズのヘッドコーチへの階段を着実に上っているところだった。そんな彼にタワーズは、面白いものが観られるはずだと誘ったのだ。

当のドゥワイヤーにとっては、セント・ジョセフズとマトラヴィルではあまりに違いすぎて滑稽でさえあり、ハリウッド映画を観ているような思いだったに違いない。セント・ジョセフズの選手たちは育ちの良さに加え、強さと自信に満ちあふれている。誰もが憧れる絵に描いたようなスポーツマンを集め、十分に訓練を施したのが、セント・ジョセフズのチームだった。対するマトラヴィルは髪の毛も気にしない、背の低い、足の細い学生たちの寄せ集めで、まさに貧しい地区の生まれだと言わんばかりに、色とりどりのソックスをある者は引っ張り上げ、ある者はくるぶしまでずり下げていた。

セント・ジョセフズのラグビーは伝統的スタイルに則《のっと》ったもので、プレーヤーは相手との間合いをとるために深いバックスラインを敷き、長いストレートパスを放りながら、流れるような攻撃的ラグビーを展開した。我々はそこにあらゆる角度から襲いかかり、低く強く当たって相手を倒し、ボールを奪ってチャンスを作ると、容赦なくアタックを仕掛けていった。マトラヴィルのバックスラインはばかばかしいぐらいにフラットで、まるでビーチでタッチラグビーをしているように、多彩なパターンでランとパスを軽快に織り交ぜていく。

選手が生き生きと動き回る姿とチームのスキル。特にエラ兄弟と、やはりオーストラリア先住民族で動きの滑らかなセンタープレーヤーであるロイド・ウォーカーのプレーは、ドゥワイヤーを驚かせた。目の前でハイスクールの選手たちが、状況に応じたプレーを臨機応変に展開するのが信じられなかった。さらに彼が瞠目《どうもく》したのは、私たちが基本プレーをきちんと習得していたことだった。パスやキャッチ、キックが安定していて、ラインアウトやスクラムも引けを取らなかった。明確な戦術とプレーヤーの的確な判断によって、我々は自由にランやパスを選択できたのだ。

だが私にとってはこのゲームも、エラ兄弟やチームメイトとラグビーを楽しむ、ある晴れた日の午後のひとコマに過ぎなかった。名門校への気後れもなければ、大いに恵まれた環境にあるチームに対する気負いさえなかった。ただ激しくタックルし、ボールを奪い、相手ディフェンスを突破するために、プレーヤーの手から手へと素早くボールを動かしていたに過ぎない。マーク・エラの切れ味鋭いステップはセント・ジョセフズの度肝を抜き、タックルを外された彼らが尻もちをついて呆気にとられるうちに、グレンやウォーカーに完璧《かんぺき》なパスをつないでいった。

我々はもう8年以上も、プレーをともにしていた。ラグビーボールは、来る日も来る日も、何時間であろうがいくらでも楽しみを与えてくれる友人だった。幼いころは、練習というよりも遊びとして——ときにはボールではなく空き缶を使って——タッチラグビーを楽しんだ。我々は、当時の動きをそのままプレーグラウンドで再現し、セント・ジョセフズにランニングラグビーを、考えるラグビーを教えてやったのだ。

エラ兄弟、特にマークは傑出したプレーヤーだった。ボブ・ドゥワイヤーは、この兄弟たちが将来、オーストラリア代表になるだろうと確信した。事実、マーク、グレン、ゲイリーの3人とも——そしてロイド・ウォーカーも──皆ワラビーズに選出された。マトラヴィルは、バーバリアンズのような攻撃的スタイルを信条としていた。だが正しい言い方をすれば、ランドウィックスタイルを踏襲していたと言って良い。フラットバックスラインは、シリル・タワーズのコーチングマニュアルそのままだった。彼はランドウィック・ボーイズ・ハイスクールでラグビーを始め、その後、スクラムハーフのウォーリー・マーとともに、ランドウィック・ラグビークラブのためにアタッキングラグビーの戦術を開発したのだ。すでに老齢の域に入っていたタワーズは、今度はその戦術をマトラヴィルに引き継がせようとしたのである。

タワーズは自宅から学校まで、毎日片道20分かけて歩いてやってくると、彼の戦術理論を教えてくれた。もともとオールブラックスから学んだものだったが、その当時オールブラックスでは、すでにフラットバックスラインは採用されていなかった。我々はこのフラットバックスラインでどうポジショニングすべきか、十分に時間をかけて練り上げていったので、彼の理論はマトラヴィルでさらに磨かれたと言えるだろう。しかもこのフラットバックスラインは、私のようなフォワードが理解できるまでチーム内に浸透していった。私は10代のころ、バックスプレーヤーをどう配置すべきか、そしてこの大胆なフラットバックスラインがなぜ目の前に広がるフィールドを切り開いていけるのかを学んだのである。

後にエラ兄弟とウォーカーはワラビーズに選出される。オーストラリア先住民出身プレーヤーは、彼らを含めてこれまでわずかに14人。リーグラグビーやオーストラリアンフットボールなど、他のスポーツで活躍する先住民プレーヤーを考えれば驚くほど少ない。オーストラリアラグビー協会がいかに先住民コミュニティの持つ才能や能力を評価せず、活かしてこなかったのかがよく分かる。私はコーチとしてラグビーを教えることを生涯の仕事に選ぶことになるが、私にこの道を選ばせたのは、他の誰でもない、ボブ・ドゥワイヤーの薫陶《くんとう》を受けた影響が大きい。

ゲームが終わり、冬の日差しがラッサムパークに長い影を落とすようになったころ、セント・ジョセフズを叩きのめしたばかりの我々の頭の中にあるのは、次のラグビーのゲームのことだけだった。我々は確かに、未来への旅の途上にあった。そこでは苦痛でさえ圧倒的な自由や幸せを手に入れるためのつかの間の回り道だった。我々は、そんな旅のすべてを、心から愛していた。

母のネリーは世間の頑迷な偏見のために、辛く厳しい少女時代を送らねばならなかった。1969年夏、9歳を迎えた私に、母はそうした偏見にいかに対処すべきかを示してくれた。土曜日の暑い昼下がり。週末の宿題を片付けた私は、友人のマーク、グレン、ゲイリーと一緒に、公園でクリケットの打ち合いがしたくてうずうずしていた。当時の私は、クリケットのオーストラリア代表としてプレーするのが夢だった。日本人の血が流れていても、ジ・アッシズ――クリケットのテストマッチとしては最古の伝統と歴史を誇る、イングランド対オーストラリアの国際試合――でイングランドと対戦したいと願うのは、多くのオーストラリアの少年たちと同様にごく自然なことだった。

父のテッドもクリケットが好きで、ベトナムから戻ったらテストマッチを観に、シドニー・クリケット・グラウンドへ連れて行ってくれると約束していた。父は軍人で、オーストラリア陸軍編制部隊の一員として、ベトナム戦争に派兵されていたのだ。オーストラリア国内ではベトナム参戦に不快感を示す人が多く、徴兵制が必要となるために国内世論は二分されたが、結局1962年から1972年まで、約6万人の若者が戦地へ送られた。

ベトナムにおける戦いがいかに過酷でむごたらしいものだったのか、私には分からなかった。ただひたすら心待ちにしていたのは、父が家に帰り、自宅からそれほど遠くないシドニーの有名なクリケットの殿堂、シドニー・クリケット・グラウンドに連れて行ってくれることだった。その日の午後、私がリトルベイの質素な我が家の周りを歩いていると、母は私に、これから引退した兵隊が家の芝を刈りに来てくれると教えてくれた。全豪退役軍人会の地域代議員団から派遣された担当者が、普段父親がやっていた草刈りやその他の雑事をしてくれるのだ。

母は、その人が芝を刈り始めたら宿題を確認し、きちんと丁寧に終わっていれば公園に遊びに出かけて良いと言う。母は私たちに勉学の時間を割くよう求め、姉も私も文句ひとつ言わずにそれに従った。母は厳しく、何事に対しても真剣に取り組むタイプで、一方の父はスポーツと家族をこよなく愛する、賑やかな典型的オージーだった。ふたりは日本で出会い、しばらくして父の故郷であるタスマニアに戻ると、そこで姉と私が生まれた。私が生まれるとすぐに、父はシドニーのランドウィック兵舎に転属となり、家族はリトルベイへ移り住んだ。

私は母との約束を守るために、元兵士がやってくるのを辛抱強く待ち続けた。ようやく誰かが芝刈り機を押し、家の敷地へ入ってくる音が聞こえると、呼び鈴が鳴った。

母は玄関のドアを開け、中に招き入れてお礼を言おうとした。だがその男は身じろぎひとつせずに母の顔を無言で見つめるばかりで、母の丁重な挨拶にひと言も応えようとはしなかった。そればかりか母を馬鹿にした目つきで見ると、「俺はあんたの家の忌々しい芝など刈れん」と言い残し、芝刈り機をつかむと猛然と出ていってしまった。

私は事態が呑み込めず、男の態度も理解できず、ただ母を見つめるばかり。だが母は動揺した様子もなく、何事もなかったように振る舞い、この出来事については一切触れようとしなかった。口にしたのは、父がいないあいだは、自分たちの力で芝をきれいにしなければならないようねという言葉だけだった。

私たちが年齢を重ねると、母は少しずつ、これまでの経験を話してくれるようになった。最初は、父と母がオーストラリアにやってきたころの話だった。それまでタスマニア郊外の田舎町、バーニーの人たちは日本人女性を見たことがなかったので、当然英語など分かるはずがないと思い込み、母が買い物に出かけると後をついていって馬鹿にしようとした。母は彼らの話が分からない振りをし、黙ったまま店に入ると、完璧なアメリカ英語で品物を注文。彼らをあっと言わせたのだという。この話をしてくれたとき母の顔に怒りはなく、ただ笑みが浮かんでいただけだった。母は決して、嫌みや皮肉を口にはしなかった。

その後、ようやく母の過去や、彼女とその家族が耐え忍んできた様々な事実を知るようになったころ、ふたりの姉と私はおのおの1冊ずつ、デイヴィッド・グターソンの小説『ヒマラヤ杉に降る雪（邦題「殺人容疑」（講談社文庫））』を母から贈られた。それは白人の漁師を殺害した罪に問われる、日系アメリカ人の若者を描いた美しい小説だった。彼の裁判は、真珠湾攻撃から太平洋戦争へと続いていくなかで、アメリカ国内に渦巻く反日感情を背景に進められていくのだが、柱となるストーリーは、主人公のカズオ・ミヤモトが、実際には犯していない殺人罪に問われるのかという点にあった。彼の弁護人である元海兵隊員、イシュマル・チェンバーズは、ミヤモトの妻ハツエと高校時代に恋愛関係にあり、日本人に対して抱く嫌悪感と彼女に対する愛のはざまで苦悩するその一方で、白人社会は、無実の男の身体に流れる日本人の血が我慢ならなかったのだ。

その本を手にしたとき、私は40代で、日本でコーチ業に就いていた。母は人種的偏見やその苦しみについて、自ら語ることはなかったが、その代わりに遠回しなやり方ではあったが、自身の過去をその本に重ね、私たちに贈ってくれたのだった。母は戦争をくぐり抜けてきた多くの人たちがそうであったように、過去の苦難をくどくどと語るのは好まず、人生に対し感謝の念をもって生きようとした。母がどんな道を歩んできたか、私はそのほんの一部しか知らなかったが、そこには多くの偏見や苦痛があったのは間違いない。私には、カリフォルニアの強制収容所で苦悩の果てにたどり着いた、すべての出来事に対する許しと愛、そして寛容こそ、母が息子に与えた最大の贈り物だと分かっていた。

第一次世界大戦後の日本では、人々の暮らしは困難を極め、多くの家族が希望を求めて国外に移住した。彼らが新たな人生のスタートの地として選んだのはブラジルやペルー、そして何と言ってもアメリカだった。母方の祖父も新たな移住の波に加わり、カリフォルニアへ渡った。移り住んで間もない１９２５年、サクラメントから30キロ離れたローダイで母が生まれると、働き者の祖父は、すぐにオレンジの果樹園を経営し始めた。3年ほどは収穫に恵まれなかったが、懸命に働くうちにオレンジが順調に実をつけ始めると、祖父はさらに、同じ日本人の移民をたくさん雇い入れていった。誰もが新たな人生に感謝し、アメリカ市民としての責任を果たそうと決意した。

だがそうした順調な経営と家族の幸せは、１９４１年12月7日、真珠湾攻撃を機に終わりを告げる。静かな日曜日の朝、３５０機もの日本の航空部隊がハワイのホノルルにある海軍基地を絨毯《じゅうたん》爆撃し、68名の犠牲者を出したのだ。翌日、フランクリン・D・ルーズベルト大統領は日本とドイツに対して宣戦布告を行った。

その影響は、たちまちサクラメント・バレーに住む祖父や母たちにも及んだ。ルーズベルト大統領による大統領令9066号が発令されると、日本人の祖先を持つ者は強制退去を命じられた。ルーズベルトは、この大統領令は、アメリカで生まれたり、アメリカに帰化したりした者も対象とし、日系人の国内での諜報活動を防ぐとともに、彼らをアメリカ人の報復措置から保護する目的もあると主張した。

収容施設は、公式には「再定住センター」と呼ばれ、アメリカ外交官は極力この呼称を使おうとした。だが、ルーズベルトははっきりと「強制収容所」と呼んでおり、これこそ間違いなく真実の姿を示す言葉だった。収容所を監督していたのは米軍で、彼らはアメリカ国内で生まれた日系アメリカ人の被収容者を「日系アメリカ人」ではなく、悪意をもって「非外国人」と呼び、市民権を得ていない日本人移民の被収容者と区別した。

カリフォルニアで生まれ育った当時17歳だった母と、勤勉で礼儀正しい祖父は、大統領令により「非外国人」となり、仕事と住まいを奪われ、11万7000人の日系アメリカ人とともにいったん集合センターに収監されると、否応なしに、1000キロ以上も離れた別々の収容所に送られた。

白人たちはルーズベルト大統領令を大いに歓迎し、日系アメリカ人を蔑視した。以下は、1942年2月20日の『アトランタ・コンスティテューション』紙の社説である。「これで、市民権を得ていない日本人と日系アメリカ人にチャンスを与える必要はなくなった。我々アメリカ人は本質的に厳しい規制は好まない。だがこれは総力戦だ。国内に敵国の分子を受け入れたままにし、大惨事が起こる可能性をわずかなりとも残しておいてはならない」

8日後の『ロサンゼルス・タイムズ』紙の論調はさらに過激だった。「国内にはかなりの数の日本人がとどまっているが、出生地の如何《いかん》にかかわらず、残念ながら疑いの余地はない——彼らは日本の味方なのだ。可能な限りの方法で諜報活動や破壊工作、その他の活動を展開し、日本を支援している。カリフォルニア、そして我が祖国の安全のためには、彼らの活動を制限しなければならない。アメリカに対する忠誠心を証明させる確実な方法がない以上、全員が収監されるべきなのだ。さらに言えば、真にアメリカに忠誠心を持つ者ならこれを理解し、従うはずだ」

母と祖母はカリフォルニア、祖父はアーカンソーにある強制収容所に送られた。人々は収容所内に詰め込まれ、生活環境は劣悪で非人間的だった。

だが1942年12月8日の『ロサンゼルス・タイムズ』紙は主張する。「収容所のジャップたちはこれまでにない最高の扱いを受けている。食事も住居も、彼らにとっては素晴らしいものであり、制約は最低限度にとどまっている。具体的には食事のレベルは軍と同程度、住環境はそれよりも上なのだ」

1943年4月、同じく『ロサンゼルス・タイムズ』紙は、戦争の激化とともに増大する日本人に対する人種的偏見について、こう述べている。「日本人はこれまで、人種として類を見ないほど不誠実な背信行為を歴史のうえに残してきた。仮に彼らを収監から解き放つことにわずかな理があるとしても、そこに巨大な危険が伴うのは間違いない」

4年間会っていなくても、母と祖母には祖父が生きていると分かっていた。祖父からの検閲済みの手紙が――なんらかの策略が隠されていないかと軍当局によって一行一行チェックされ、必要に応じて単語や文、場合によっては段落全部が削除されてはいたが――ふたりのもとに届けられていたからだ。

1945年に戦争が終わると、収監されていた人々はわずか25ドルばかりの賠償金を渡され、解放された。母はカリフォルニアに戻りたかったが、祖父には戦前のような果樹園を営む生活にはもう戻れないと分かっていた。なによりこれまでのひどい扱いが忘れられず、拷問のような4年間に終止符を打つため、祖父はひとまず日本へ帰国した。その後、住まいを構えて落ち着くと、次に家族を呼び寄せた。

日本で21歳を迎えた母は、常に疎外感を感じていた。外見は日本人と同じで日本語がしゃべれても、何の助けにもならなかった。土地の人たちは母がアメリカで生まれたと知っていたからだ。家は、1945年8月6日に米軍の原子爆弾によって壊滅的な被害を受けた広島の近くにあった。原爆で死んだ人たち、放射能で寿命を縮めた人たちがどれほどいたのか、本当の犠牲者の数は数十年後にならなければ分からなかった。公式調査によれば、核の攻撃によって亡くなった人は20万人を超えるという。

そうした未曽有《みぞう》の惨劇を目の当たりにすれば、誰であろうと、アメリカから日本に渡ってきた人たちに反感を抱くのはやむを得ないかもしれない。母は後年、日本では日本に生まれ、生涯を日本で暮らし続ける人以外は誰もがよそ者として扱われるのだと語った。21世紀に入ると日本の社会も変化し始め、そうした見識はすでに時代遅れになりつつある。だが１９４０年代後半では、まだ若い日系アメリカ人であった母がいかに頑張って日本社会に同化しようとしたところで、彼女の孤独感を拭い去るのは不可能だった。

しばらくして母は、日本の占領任務を行うイギリス連邦占領軍（ＢＣＯＦ）本部の通訳の職に就いた。司令部は広島から20キロ離れた江田島にあり、母はそこで父、テッドと出会う。父は占領軍のひとりとして赴任していた。母のネリーは本質的には西洋人であり、テッドと一緒にいると心が落ち着いた。そして間もなく、ふたりは恋に落ちた。

１９４７年、オーストラリア人兵士のコーポラル・Ｈ・Ｊ・クークは日本人女性と婚姻関係を結び、彼女を連れてオーストラリアに帰国しようと許可申請した第一号となった。これに対し、移民担当大臣、アーサー・コールウェルは日本人女性の入国を拒否したため、彼の申請は却下された。このときコールウェルが入国を認めなかった理由は、次のようなものだった。「親類縁者が日本人の手にかかって苦しんでいるのに、男女にかかわらず日本人の入国を許し、オーストラリアの血を汚させるなど、最も醜い公然わいせつ罪に値する」

翌年、別のオーストラリア人兵士、ジョン・ヘンダーソンは、密《ひそ》かに日本人女性と結婚していた事実を上官に打ち明けると、本国に送還された。彼は妻を入国させるため、当局を説き伏せようとあらゆる方策を講じたが、すべて拒絶された。だが、さらに多くの兵士が名乗り出た。なかでも日本人の妻、チェリーとふたりの子どもをオーストラリアに呼び寄せ、一緒に暮らしたいというゴードン・パーカーの必死の願いが、同情をもってメディアに取り上げられた。1952年3月、移民担当大臣がコールウェルからハロルド・ホルトに代わると、ようやく夫に伴われた日本人女性の入国が許可されるようになった。

以来、1956年までに650組の夫婦が日本を離れ、オーストラリアに渡ってきた。ネリーとテッドのジョーンズ夫妻もそのうちの1組で、最初はタスマニアに落ち着いた。ふたりが人種的偏見に対して不平をこぼすことはなかったが、人々が戦争の恐怖から解放されると、日本に対する敵意があちこちで露骨に表面化し始めた。ニュース映画は日本の収容所でひどい拷問に耐え忍ぶ戦時捕虜の姿を何度も映し出し、日本人に対する敵意は、徐々に憎悪にまで膨れ上がっていった。

母は父を支え、こうした偏見に満ちた社会のなかで、姉のダイアンとヴィッキー、そして私の3人の子どもたちが辛い思いをしないようにと気遣いながら、自由と幸せが感じられる家庭環境のなかで守り育ててくれた。こうした両親のもとに生まれた私たちは実に幸運だった。

私は幼いころから、スポーツは社会に受け入れられ、頭角を現すための切符だと感じていた。母は常々、オーストラリア人として私たち姉弟を育てようとしたので、自分が日本人だとは一度も思わなかった。だが心のどこかで、自分が他とはどこか違うと感じていた。そもそも、姉たちは別として、自分と同じような外見をしている子どもは周りには誰もいなかった。

その違いは微妙な形として現れた。私たち姉弟の成長過程に影響を与えたのは、母の日本人的資質なのか、あるいは単純に、全く異なる性格をした父と母の組み合わせによるものなのか、それを判断するのは難しい。父はよく働き、スポーツ観戦を楽しみ、週末には友人たちとビールを飲むような人物で、いわゆる物事にこだわらないオージー気質を備えていた。一方母は対照的な性格で、私たちは幼いころから規律を守り、きちんとした生活態度をとるよう教えられた。母は自分が幼い頃に辛い思いをしただけに、自分の子どもたちには才能を無駄に遊ばせてはいけないと考えていた。母は、人生は貴重な贈り物であり、人はそれを最大限に活用すべきだとよく口にしていた。オーストラリアはチャンスの国であり、子どもたちにそのチャンスを逃して欲しくなかったのだ。

私の仕事に対する妥協を許さぬ姿勢は、そんな母から受け継いだものなのだろう。私は母をがっかりさせたくはなかった。彼女が私を見守り、関心を寄せてくれるのが嬉しかったし、常に母の言いつけを守ってきた。後年、コーチという仕事に就いてから、今度は私がプレーヤーにハードワークへの期待と願望を抱くようになる。細部に至るまで規律と注意を怠らない私の資質が果たして日本人としてのものなのか、それとも単に母から譲られたせいなのかは定かではない。両親は私や姉たちを褒めてくれたが、過度に褒めはしなかった。ふたりは今の世代の親とは違った。今の親たちは、あらゆる機会に我が子がいかに優秀か——たとえ真実であろうがなかろうが——どうやら褒めずにはいられないらしい。

私が育った家には、日本文化による影響が明らかにあった。私たち姉弟は日本語を強要されなかったし、日本についてもほとんど知らされなかったが、友人宅を訪ねるとき、母に必ず手土産を持たされた。私はそうした日本の儀礼的作法にほとほと困っていた。友人の家に着くと、母に持たされた感謝のしるしを差し出すのを、たびたび友人たちからからかわれたからだった。ラグビーを観に行くときでさえ、そうしたプレゼントを持参しなければならないのには、さすがに閉口した。

母には、学校ではきちんと授業を聞きなさいとよく言われたが、これも他の友人の家庭ではあまり見られなかった。母や姉たちが、私をきちんとエドワードと呼ぶ習慣については——これは今でも変わらないけれど——友人たちも我が家のやり方だと理解してくれ、それを理由にからかわれることはなかった。

母は当初、日本人としての過去がそうさせるのか、クリケットやリーグラグビーを始めるのは10歳からと考えていたようだ。オーストラリアでは、大抵子どもたちは5歳くらいからスポーツを始めていた。私の友達も皆そうだった。私があまりしつこくスポーツがしたいとせがむので、結局母も根負けし、許してくれたのだった。これは私にとって大きな出来事だった。ラ・ペルーズの幼稚園に通うようになったとき、隣の席には相変わらずマーク、グレン、ゲイリーのエラ兄弟がいたからだ。母が家に帰っていく姿を見て感じる寂しさや不安も、すぐに彼らと遊ぶ楽しさに変わっていった。

私たちはその後、小学校からマトラヴィル・ハイスクールを通じて、いつも一緒に過ごすことになる。オーストラリアラグビーのプレースタイルを変えてしまうほどの天才的プレーヤー3人と一緒に学生時代を過ごしたなどというのは、私の他にはまず聞いたためしはない。


1960年代後半から1970年代にかけて私たちが住んでいたのは、シドニーとは名ばかりの閑静でのんびりした、ほとんど田舎町と呼んでいいような地域だった。人々は皆フレンドリーで、楽しく毎日を送っていた。それ以外の暮らしを知らなかった私にとって、他の生活を羨《うらや》むような気持ちは少しも起きなかった。

エラ3兄弟には、他に9人の兄弟姉妹がいた。ゴードンとメイのエラ夫妻がどう家庭を切り盛りしていたのかは知らなかったが、一家はラ・ペルーズにある木造の小さな家に暮らしていた。家の中にトイレもなければ、熱いお湯も出なかった。風呂の時間になると、ヤカンに入った熱湯をバケツリレーのように運び、浴槽にお湯をはっていた。寝室は2部屋あるだけで、エラ兄弟は両親の寝室の床にマットレスを敷き、3人で一緒に眠っていた。家は狭くても、いつも笑い声と愛と活力にあふれていた。

エラ兄弟は小綺麗な身なりで登校して来たし、いつも丁寧で礼儀正しく、少なくとも13歳までは悪態もつかなかった。彼らは私の父親に懐いていたが、それは父が車を持っていて、クリケットやラグビーの練習から、ラ・ペルーズやマトラヴィルのゲームに至るまで、せっせと車で送ってくれたからだった。私たちは冬になると、毎週土曜日の午前中はラ・ペルーズでリーグラグビーを、毎週日曜日にはクロベリー・イーグルスでユニオンラグビーをプレーした。私は特にマークとグレンと馬が合った。彼らの運動神経の良さは眩《まばゆ》いばかりだったし、しかもユーモアにあふれていたので、多くの人を惹きつけた。グレンは少しのんびりした性格で、人の好《よ》さと温かみを感じさせたし、一方のマークは私が会ったなかで最高のラグビープレーヤーで、頭の回転も速かった。学校では私のほうが成績は良かったが、数学とスピードを競う計算テストだけはかなわなかった。このテストでは、いつもマークがクラスで一番だった。彼に勝ちたいと願ったが、それは一度もかなわなかった。

私はエラ兄弟やラ・ペルーズ幼稚園出身の他の友達と遊ぶのに慣れていたので、肌の色にはまるで無頓着だった。自分を日本人だと考えたことがないように、エラ兄弟をオーストラリアの先住民だと意識したこともなかった。彼らは純粋に私の友人で、素晴らしいクリケット選手であり、リーグラグビープレーヤーだった。ラグビーに関しては、私には彼らほどのスキルはなかったが、その分粘り強さがあった。身体が小さく軽かったので、自分の才能を最大限発揮するには人の2倍、練習を積まなければならなかった。さらにプレーヤーとして賢く、決断力を備え、目標を明確に持つ必要があった。なにより身体を動かすのが大好きだったので、モチベーションを維持するのはたやすかった。

そのころの私はラグビーよりもクリケットのほうが上手く、小学校のチームではキャプテンを務めた。マトラヴィル・ハイスクールへ進もうと思い始めたころ、私は自分の毒舌にも磨きをかけつつあった。私は人を笑わせるのが好きで、それが人々の関心を集める方法――いわゆる「オーストラリアン・ウェイ」だったのだ。当時の国民的娯楽のひとつに、「あくまで親しみを込め、人を小馬鹿にして笑わせる」というものがあり、若いころからこれも得意だった。もちろん、母に聞かせたことは一度もないが。

小さな日本人の皮肉屋である私を除いて、ジュニアスクールからハイスクールを通じて、クラスのなかで最も目立っていたのは、レイモンド・バハイアという少年だった。バハイアの家族はエジプト系で、そのためにしばしば嫌みを言われた。白豪主義のオーストラリアは長きにわたり粗野で厳しい社会だった。オーストラリア先住民族は6万5000年ものあいだ、この土地に住み暮らしてきたにもかかわらず、1788年にやってきたイギリス人たちからその事実を無視された。それどころかイギリス人は人種差別を持ち込んだ。その結果、1960年代から1970年代にかけては、先住民族、アラビア系、アジア系、黒人、あるいはポリネシアン系の人々は面の皮を厚くし、鈍感でなければ暮らしていけなかったのである。

父はベトナムから帰還すると、以前交わした約束を守り、1971年2月、オーストラリアとイングランドのテストマッチシリーズ、ジ・アッシズの最終戦となる第7戦を観に、私をシドニー・クリケット・グラウンドに連れて行ってくれた。このときのジ・アッシズは長く厳しいシリーズで、それまでの6戦はオーストラリアの1敗4引き分け（1試合は中止）という成績で、どちらが勝ってもおかしくないゲームばかりだった。シリーズを1勝1敗のタイに持ち込むには、オーストラリアはこの最終戦で勝利を収めなければならなかった。その日は焼けつくような真夏の太陽がシドニーを照らし、歴史的一日となる予感が漂っていた。このテストマッチは、オーストラリア放送協会（ABC）がラジオで実況放送を行う初めてのゲームでもあった。その後私は、自分の小さなラジオで実況中継をよく聴いたが、それはスピーカーを通して流れてくる観客の様々な声からゲームのリズムを感じたり、スタジアムに響く歓声や拍手を聞いたりするのが好きだったからだ。

イングランドが1勝でリードし、戦況は不利だったが、オーストラリアは熱狂していた。イングランドには、ジェフ・ボイコット、ジョン・アードリック、バジル・ドリヴェイラ、レイ・イリングワース、アラン・ノット、デレク・アンダーウッド、ジョン・スノーらが揃っていた。オーストラリアは前年の夏、南アフリカで振るわず、テストマッチ4戦全敗。当時の南アフリカは素晴らしいチームで、バリー・リチャーズ、グレーム・ポロックやマイク・プロクター、ピーター・ポロックといった面々がずらりと並んでいたが、その後すぐにアパルトヘイト（人種隔離政策）に対するボイコットにより、表舞台から姿を消した。イングランドは南アフリカには遠く及ばなかったが、それでもオーストラリアはジ・アッシズでイングランドに勝てなかった。

この最終テストマッチに向け、チーム首脳陣は大胆なプレーヤーの入れ替えを行った。ビル・ローリーは、シリーズ途中でキャプテンを外されたオーストラリア初のクリケットプレーヤーとなった。彼は代表チームで10年間プレーし、テストマッチ67試合に出場。トップバッターを務めることが多く、バッツマンとしては47・15という高アベレージを記録した。特にイングランド戦に強く、メルボルンで行われる予定だった第3戦は雨のために中止になったが、それまでのテストマッチ5試合ではアベレージ40・50、324ランという成績を残していた。

だがオーストラリアが、平凡なチームであるイングランドにジ・アッシズで負け越すという事態に直面した以上、ローリーもキャプテンを降りるしかなかった。

まだ11歳の私でさえ、国際スポーツの残酷な現実が理解できた。ローリーはあまりに保守的で用心深く、オーストラリアチームを奮い立たせ、どん欲に勝利に向かわせるようなリーダーではなかったのだ。代わりに首脳陣が白羽の矢を立てたのは、南オーストラリア州出身の型破りなプレーヤー、イアン・チャペルだった。彼は引き分けに終わった第6戦のセカンドイニングに、ひとりで1試合100得点という快挙、「センチュリー」を達成した。さらにこのテストマッチは、イングランドのファーストイニングに5ウィケットを奪った、西オーストラリア州出身のD.K.ことデニス・リリーのデビュー戦でもあった。D.K.はクリケット史上、あるいは少なくとも私にとって、最高のファストボーラーだった。

テストマッチ当日の朝、父とふたりでシドニー・クリケット・グラウンドの席に着いたとき、私は興奮に我を忘れていた。初めてオーストラリアを率いるチャペルがトスに勝ち、後攻を選択すると、スタジアムは割れんばかりの拍手に包まれる。偉大なる救世主の登場。私は、チャペルから目が離せなかった。彼はまさにオーストラリアのキャプテンに相応しい風貌をしていた。身体が大きく、太々《ふてぶて》しく、せっかちなチャペルは、襟を立て、シャツのボタンを外し、盛大にガムを噛みながら、毅然とした姿で守備位置に立ち、周囲に存在感を放っていた。キャプテンが代わり、当然、試合運びもこれまでと異なるのは間違いない。チャペルは、自分たちの戦術を実行するのにためらいを感じたり、引き分けで満足したりする人物ではなかった。彼はあらゆる点で私たちが応援したくなる、頼りがいのある勝者のような貫禄を備えていた。

そのときには、はっきりとは理解できなかったが、チャペルはチームのカルチャーを変えつつあった。それは今、私がコーチ業でたびたび請負う仕事のひとつである。彼は他人の考えや過去の慣例を気にせず、自分のやり方で物事を進めていった。チャペルはオーストラリアのクリケットを向上させることにだけ力を注ぎ、プレーヤー全員を彼の考えに従わせようとした。また、デニス・リリーや弟のグレッグ・チャペルのような才能に恵まれたプレーヤーであろうが、平凡なプレーヤーであろうが区別なく、彼らにやる気を起こさせた。厳しく、エネルギッシュで、妥協を許さない。非情にもプレーヤー数人を引退に追い込みもしたが、信念は揺るがなかった。彼の使命はゲームに勝ち、可能な限り高いパフォーマンスを発揮することだったのだ。

イングランドはファーストイニングを１８４得点で終了。ここからチャペルによる変革のドラマが始まる。彼は、勝利の仕方さえ忘れてしまった振るわないオーストラリアを引き継ぎ、世界最高のチームに変えなければならないのだ。それは時間のかかる仕事であり、チャペルでさえ例外ではなかった。ファーストイニング終了時点で80得点リードしたにもかかわらず、オーストラリアは苦戦していた。イングランドはセカンドイニングになんと３０２得点を挙げ、オーストラリアがこのゲームに勝ち、シリーズをイーブンにするには、２２３得点が必要となる。だがオーストラリアは１６０得点で攻撃を終えた。私のニューヒーローはわずか6得点しか取れなかった。ジ・アッシズはイングランドの勝利に終わった。

少年にとっては良い学びの時間だった。スポーツの世界では、負けを現実として受け止めねばならない。確かに辛い経験だが、そこには常に得るべき教訓と希望がある。教えてくれたのはチャペルだった。オーストラリアは勝ちきれる力のない、とりわけメンタル面の強さが不足したチームだったが、そこには確かな光明もあった。チャペルはプレーヤーを公平に扱い、どうしたらレベルアップできるのかを示し、自分たちの力で乗り切っていけるチームが作れる、オーストラリアに必要なリーダーだった。翌年にはジェフ・トムソンが登場。リリーとのファストボーラーコンビは、オーストラリアがワールドクリケットの頂点に立つための強力な推進力となった。

私のスポーツやリーダーシップに対する考え方は、イアン・チャペルから大きな影響を受けている。私は常に、強靭さと妥協を許さぬ姿勢を備えたチーム作りを目指してきた。つまり、各プレーヤーが確固たる信念を持ち、賢く戦術を遂行していけるチームである。チャペルや彼のチームメイトたちは、しばしば傲慢《ごうまん》だと評された。私のチームも同様の非難を何度も受けている。だがそれは自信であり傲慢ではない。両者は異なるのだ。私の目には、ハードワークと積極的な姿勢から生まれるチャペルの自信に、傲慢のかけらも見出せなかった。それはどのような状況にあっても物事を戦術通りに運ぼうとする確固たる意志なのだ。

オーストラリアは、国土は大きいが人口の少ない、地球の底に位置する国だ。世界のトップを目指そうとするなら、強靭さとインテリジェンス、競争力、創造性が必要となる。私たちもマトラヴィル・ハイスクールで高校ラグビーに取り組みながら、同様の手法を取り入れた。チームにはエラ兄弟という高度なスキルを持った輝きを放つプレーヤーがいたが、それだけでは不十分で、なんらかのプラスアルファが必要だった。

我々には熱心さと賢さがあったが、常にチームが持つ才能のすべてを最大限に活かせる、さらなる強みや方法を追い求めていた。チームは型にとらわれず、自分たちのベストの姿を追求する孤高のプレーヤーの集団で、皆偉大なイアン・チャペルを崇拝《すうはい》していた。チャペルは真のゴッドファーザーであり、我々はマフィアの一員として、彼のように物事を適切かつ慎重に判断できる、機略に優れた人物になろうと決意していた。

学生時代の私は、ラ・ペルーズやマトラヴィルから帰るとバッグを放り投げ、一目散に公園へ向かうと、夏はクリケット、冬はタッチラグビーに興じたものだ。記憶の片隅によみがえるのはローム層の土壌と足元に広がる低木の茂み、強い潮の匂い、そして夕闇がリトルベイを包むにつれ輝きを増していくボタニー燃料プラントの炎だった。

我々は暗くなるまで遊び、急いで走って家に帰ると、手足を洗い身なりを整え、家族で夕食のテーブルを囲み、就寝前に宿題を終わらせた。翌日も同じことの繰り返し。だが飽きないようにビーチで遊んだり、ネットを張ってクリケットをしたり、リーグやユニオンラグビーをしたりと、様々な遊びを楽しんだ。それは労働者階級地区にありがちな、スポーツとともにある毎日だった。周りの大人は気取りや衒《てら》いのない、率直で正直でよく働く人たちばかりで、彼らもまた人生の楽しみ方をよくわきまえていた。

子どもたちを養おうと、父がどれほど懸命に働いたのかを考えると、ときに胸が詰まる思いがする。朝から晩まで働き続けても愚痴ひとつこぼさず、私たちに不自由な思いをさせなかった。もちろん新しいクリケットバットやラグビーシューズは欲しかったし、ときには上等なバットや最新式のシューズが安く売りに出されたが、新しく買うだけの余裕はなく、用具はいつも大切に使っていた。今でこそ生活は変わったが、そのときの私たちは物質的に恵まれていなくとも、いつのときも幸せで、そして自由だった。

第2章 ランドウィック・ウェイ

THE RANDWICK WAY

我々がラグビーをしていたグラウンドは、マトラヴィル・ハイスクールを出てアンザック・パレードを渡り、低木の茂る一画を過ぎたところにあり、近くには、厳重な警備体制の敷かれた、オーストラリアでも有名なロング・ベイ刑務所があった。マトラヴィル・ハイスクールとこの矯正施設に占めるオーストラリア先住民族の若者の割合は驚くほど高く、そのため人種差別主義者や人種的偏見を持つ人たち、あるいはチームの力を羨んだりゲームに負けたりした人たちは、その事実を取り上げて馬鹿にした。「学校を卒業したら、お前らはロング・ベイまで歩いて行けばいい。鉄格子の向こうで新たな人生が待っているからな」と、そんなことを言う人もいた。だが最後に笑うのは我々だった。何と言ってもオーストラリアのラグビーを輝かせ、その未来を拓いたのは、エラ兄弟やロイド・ウォーカーだったのだから。

練習のためにグラウンドにやってくると、刑務所を取り囲むようにそびえる高い塀が、いつも我々を見下ろしていた。刑務所がすぐ近くにあるのは気にならなかったが、問題は練習場として使っていたグラウンド、マトラヴィル・オーヴァルに頻繁に投げ捨てられるゴミで、練習前に片付けなければならないのには閉口した。ロング・

ベイのこの区域にこうした恥ずべき矯正施設が設けられたのは残念なことだった。南北に隣接するマラバーとラ・ペルーズは、2万年前から先住民族が住んでいた土地だったからだ。

その当時、マトラヴィルの西側にあるチフリーは貧しい労働者階級の住むエリアだったが、昨今では完全に高級住宅地に変わってしまった。1970年代には3万ドルで買えた家も、今では150万ドルを超えるようになった。シドニーという大都市圏の南岸にあり、海岸線にある壮観な砂岩の絶壁を目にできるというのも大きな理由だと思う。朝日に輝く絶壁からは、市内でも一、二を争う海の絶景が望めるという。私は昔の街並みのほうが好きなのだが、それは子どものころの思い出に懐かしさを感じるせいかもしれない。

1972年1月、12歳の誕生日を迎えようとしていた私は、グレンやマークとともに、マトラヴィル・ハイスクールでの生活をスタートした〔訳注：オーストラリアでは一般的にYear7〔日本でいう中学1年生〕から、High Schoolという名称の学校に通う〕。何と言ってもその地域で人気が高かったのはリーグラグビーだった。ユニオンラグビーはそれに次ぐウィンタースポーツで、我々のようなハーフや先住民族の子どもたちではなく、上流階級の白人子弟のスポーツだった。それに比べてリーグラグビーは労働者が楽しむプロスポーツで、先住民族の子どもたちも、才能さえあればお金を稼ぐチャンスが与えられた。エラ兄弟のおじ、ブルース・「ラルパ」・スチュワートも、1960年代にサウスシドニーやイースタン・サバーブズで名選手として鳴らしたものだ。彼は素晴らしいゴールキッカーで、あらゆる位置からトーキックで見事にゴールを決めていた。

グレンのお気に入りのリーグラグビープレーヤーは、先住民族出身の伝説的プロップ、アーサー・ビートソンだった。クイーンズランドの出身だったが、バルマン・タイガースに入団するためにシドニーにやってくると、その後はイースタン・サバーブズのルースターでもプレーした。彼は「アーサー」、あるいは「ビッグ・アーチー」と呼ばれた陽気なラグビープレーヤーで、フロントロー向きの体型をしていながらスタンドオフ並みのパス能力があった。30メートルも猛然と独走し、捕まっても、絶妙なタイミングでオフロードパスを放てた。グレンが中年期を迎えて体重が増えたとき、「今さらビッグ・アーチーになって、どうするんだ？」と、よくからかったものだ。グレンにはもうひとりのお気に入りがいた。サウスシドニー・ラビトーズでキャプテンを務め、１９７０年の決勝戦であごを骨折したままプレーし勝利したことで知られた、先住民族出身のプロップ、ジョン・ザットラーだった。

我々は今でも熱烈なリーグラグビー・ファンだ。タックル、パス、キャッチというラグビーの最も基本的なスキルを身につけたのも、子どものころ、大いにリーグラグビーをプレーしたおかげだ。さらに幸運にも、マトラヴィルではアラン・グレン先生という良き師に巡り合えた。彼は若く、カリスマ性のある数学の教師で、アンダー13からアンダー15にかけての3年間、ずっとラグビーを教えてくれた。

彼のラグビーはフラットバックスラインと大胆なカウンターアタックを身上としていたが、それはもうひとりのお気に入り、ジェフ・モールド先生がシリル・タワーズから学んだものだった。ふたりともいつも自由にのびのびとプレーさせてくれた。大抵ゲームは、50点から60点を奪い、勝利を収めていた。ハーフタイムにはひたすらオレンジをむさぼり、戦術的な話し合いや確認は一切しない。グレン先生はいつもスコアボードを見やりながら、「スコアを倍にしようじゃないか」とチームに発破《はっぱ》をかけたが、実際、我々は常にその期待に応えていた。

グレン先生は、チームをバカン・シールドにも参加させてくれた。これはセント・ジョセフズなどの数校を除く、ニューサウスウェールズ州にある15歳以下のトップチームが参加して競い合う大会で、州内の学生選手権大会、ワラター・シールドのジュニア版である。エラ兄弟のひとり、グレン・エラは優勝を確信していた。この大会の冠についているのはあの人の名前だとコーチが指さすと、グレンは当のバカンに歩み寄り、「やあ、おじさん」と気軽に声をかけた。「トロフィーは俺たちがもらったぜ」。すでにレフリーとして第一線を退いていたバカンも、これには驚いた。

１９７４年にシドニー・クリケット・グラウンドで行われたこのときの決勝戦に、私は出場していなかったが、チームは対戦相手のセント・アイヴィスに完勝。クージー・オーヴァルで行われた翌年の決勝で私はフッカーとして出場し、堂々と優勝盾を守り抜いた。恥ずかしがり屋で顔も上げられない少年に自信が芽生え、徐々にフォワードリーダーへと成長していくにつれ、口数も多くなっていった。それまではクリケットに夢中で、試合中に的を射た辛辣《しんらつ》な言葉を浴びせると、相手のバッツマンが動揺するのを何度も目にしていた。チームのキャプテンを務めていた私の役割はチームメイトのやる気と集中力の維持で、楽屋落ちのジョークを飛ばせばいつでも彼らを笑わせられたし、相手を貶《おとし》めるような言葉を口にすれば仲間の勇気は奮い立った。

私はすぐにラグビーにのめり込んでいった。アラン・グレン先生の指導のもと、ジュニアレベルの試合での総得点数は1000を超え、総失点数は50未満で、3シーズン負けなしだった。だが上級になるほど相手チームは大きく、そして上手くなり、さらにたくさんの学校と競わねばならなくなった。なにより幸運だったのは、ジェフ・モールド先生——皆親しみを込めてモールディと呼んでいた——が、トップチームのプレーヤーと同じようなメンタリティを植え付けてくれたことだった。先生は昼休みに我々を教室に座らせ、セットプレーや戦略的なサインプレーをひとつひとつ黒板に書きながら、一緒に確認してくれた。彼が教えてくれたものに「バフラー(相手をあざむくプレーの意)」があったが、その名の通り、大抵相手バックスラインはこのサインプレーにひっかかった。

モールド先生の教えはさらに進み、次にヨーロッパラグビーの最高峰、ファイブネーションズを観せてくれるようになった。オーストラリア放送協会(ABC)が日曜日の早朝に放送していたゲームをベータマックスのビデオテープに録画し、学校に持参してくれたおかげで、ウェールズの黄金期を築いたガレス・エドワーズやフィル・ベネット、あるいはジャン＝ピエール・リーブのようなフランスフォワードのスリリングなプレーが観られたのだ。ウィリー・ジョン・マクブライド率いる無骨なアイルランドのフォワードがイングランドのフォワードと、トゥイッケナムやランズダウン・ロードでぶつかり合ったのも強く印象に残っている。またスコットランドには、イアン・「マイティー・マウス」・マクラフランやゴードン・ブラウンらがいた。教室には、テレビから流れるコメンテーター、ビル・マクラーレンの声が響いていた。

1974年の南アフリカ遠征でライオンズ（ブリティッシュ・アンド・アイリッシュ・ライオンズ）は一度も負けなかったほど、当時のイギリスやアイルランドは強かった。ただあまり馴染みがなかったのは、テレビ画面を通して観るゲームが、しばしばぬかるんだグラウンドで行われていたことだ。だがファイブネーションズの観客の応援は大変なもので、その熱狂ぶりが画面からあふれ出てくるようだった。笑顔で自国の代表チームのために歌い、歓声を上げるそのスタジアムには、エネルギーが渦巻いていた。

ウェールズの選手たちは細かくパスをつなぐのを好み、1973年、エドワーズ、ベネット、そしてJ・P・R・ウィリアムズたちはテストマッチ以外にも、世界の一流選手を招待して構成したバーバリアンズの一員として、トゥイッケナムでオールブラックスと対戦した。なかでもエドワーズが決めたトライは、バーバリアンズの自陣ゴール前付近のフィル・ベネットのプレーから始まり、最後はエドワーズが相手のインゴールに飛び込むという、息をのむようなスピードとスキルにあふれた素晴らしいものだった。こうしてモールド先生はチームに少しずつ、そして確実に、マトラヴィルのランニングラグビーを浸透させていったのだ。

1977年、ウェールズはマレーフィールドでスコットランドと対戦し、このときも伝説的なトライを挙げている。スコットランドの名フルバック、アンディ・アーヴィンのキックを、いつものようにストッキングをくるぶしまで下げたJ・P・R・ウィリアムズが自陣22メートルライン付近で拾い上げる。サンディ・カーマイケルに捕まるが、ボールはスティーブ・フェンウィックからジェラルド・デイビスへと渡り、相手ディフェンダーを数人かわしてからフォローしていたフィル・ベネットにパス。さらにボールはベネットからフェンウィック、デイヴィッド・ブッチャーへと渡り、最後は再びベネットがゴール真下に押さえた。マトラヴィル・ハイスクールのメンバーはこの見事なトライを目の当たりにし、こんなラグビーをしたいと心底思ったものだ。同時に痛感したのは、フォワード戦でボールを獲得する重要性だった。我々はファイブネーションズの持つ激しさとそのスタイルに夢中になった。

マトラヴィルの自由奔放なラグビーは、ライン攻撃でのランとサポート、パスとキャッチの正確さといった、ゲームに必要不可欠なスキルの上に築かれたもので、そうした基本をマスターすることがゲームの勝利につながると理解していた。ジェフ・モールドは、そのために必要となる基礎的スキルを叩き込んでくれた。先生はスポーツだけでなく読書も好きで、クラシック音楽、オペラなどにも造詣が深く、高等教育をきちんと受けた、人の心に訴える話し方のできる人物だった。ラグビーを始めるのは遅かったが、彼のゲームに対する感覚は、偉大なシリル・タワーズとラグビーについて議論を交わすなかで磨かれていったようだ。モールド先生とタワーズは、プレーヤーをなるべく自由にのびのびとプレーさせようとした。ふたりには、マトラヴィルチームは生まれ持った才能の宝庫だと分かっていたのだ。

もちろんラグビーに規律は重要で、体育教師でもあったモールド先生はその点ではとても厳しかった。皆で体育館のそこかしこにシューズやタオルを放り投げてふざけているところを目撃され、その場でよく注意された。彼はそういういたずらが我慢ならず、そのたびに生徒の両手をステッキで叩いたが、大柄な分、叩かれると痛かった。だが先生は常に公平だったし、我々も先生を尊敬していたので、そうした罰も不平を言わずに素直に受けていた。

体育の授業では女子と一緒にソフトボールをしたが、彼はそのときでさえ、キャッチとパスの基本を意識して行うように徹底させた。タッチラグビーをたくさんプレーすることを促して、我々のラグビーを上達させようとした。実際、タッチラグビーをプレーすればするほど、皆上手くなっていった。思えばとても賢いコーチで、気づかないうちに多くのことを教えられていた。

チームはハイスクール最後の1976年と1977年の2年間でワラター・シールドを連覇し、マトラヴィルのエキサイティングなラグビーは国内ニュースでも取り上げられた。先住民の子どもたちがひしめく貧困地区にある学校が、伝統的なエリートのスポーツを制したという事実は、マスメディアの注目を集め、人々の想像力をかきたてた。もちろんマトラヴィルがロング・ベイ刑務所のすぐ近く、砂山と低木地を再利用した地区に建てられた学校だったのも、人々の興味をそそる要因のひとつだった。

今こうしてマトラヴィル在校時代を振り返ると、当時のフィフティーンの3分の1が国際ラグビーの舞台で活躍しているのは驚きだ。マーク、グレン、ゲイリーのエラ3兄弟とロイド・ウォーカーはワラビーズに選抜され、エラ兄弟のグレンと私は何年にもわたり、代表チームのコーチを務めているのだ。

近代ラグビーは、我々が現役でプレーしていた1970年代とは大きく様変わりしている。だが私は常に、エラ兄弟のような勇気と意欲を持ってプレーしろと選手たちに伝えてきた。チームのなかにそうした姿勢が根付き、勝利が収められれば、私は幸せだ。

ラグビーも人生と同じように、もちろん苦い思いをする。1977年、ニューサウスウェールズ州代表セレクションでは、私を含む9人がマトラヴィルチームから州代表に選抜され、毎年行われるオーストラリア高校選手権に参加した。ニューサウスウェールズとクイーンズランドは大きな州で、それぞれ2チームずつの編成である。しかもこの年は、さらに大きな大会が控えていた。決勝に残った2チームからオーストラリア高校代表が編成され、1977年から1978年にかけて日本、オランダ、イギリス、そしてアイルランドへ遠征する予定が組まれていたのだ。決勝はニューサウスウェールズ州代表同士の戦いで、私はマークとグレンとともに優勝チームにいた。

アフターマッチファンクション（試合後、両チームの健闘を称え合う懇親会）では、代表チームに参加するプレーヤーが発表されたが、私の名前は最後まで呼ばれなかった。満足のいくプレーができたと思っていただけに反動は大きく、その場にいて懸命に平静を保ち、落ち込んだ様子を見せまいと努めた。これがプレーヤーとして初めて、大きなセレクションで味わった失望感だった。

マトラヴィルから州代表に選抜された9人のうち、エラ兄弟3人、ダリル・レスター、ワーウィック・メルローズの5人が高校代表となり、残りの4人は選に漏れた。後にリーグラグビーのスターとなるウォリー・ルイスは、ロイド・ウォーカーを差し置いて選ばれたのを名誉と語ったが、それはコーチとして代表チームを率いる予定だったジェフ・モールドをはじめとした首脳陣が、マトラヴィルのプレーヤーが増えすぎるのを避けたためだったという。

遠征に参加する力は十分あると思っていたので、選に漏れてかなり傷ついていたが、それは結局、学びの経験として必要だったのだ。誰でも心に深い傷を負い、じっと耐えようとしているときには、その体験が後々役に立つなどと思う余裕はない。大きな試合に負けたときも同じだ。まず痛みが来る。それをやり過ごせば、その後は良き経験として心の滋養になるのだ。

他の多くのオーストラリア人同様、私も母国から彼らの遠征を見守っていた。オーストラリアとイギリスのメディアは、この高校代表に「ジ・インヴィンシブル（無敵）」という渾名《あだな》をつけ、その華麗なプレーに夢中になった。エラ兄弟の活躍もあり、オーストラリアは19戦全勝で遠征を終えた。奪ったトライ数は１１０、被トライ数はわずかに6つだった。オーストラリアのユニオンラグビーはこれを機に大きく変わる。突如として大きなニュースとなり、人々はゲームに興味を持ち、熱狂するようになったのだ。エラ兄弟の才能は新聞の見出しを飾り、人々は貧困から抜け出した、いわゆる彼らの「サクセスストーリー」を読み漁《あさ》った。それまで、１９６０年代の一部の例外を除いて、ずっと退屈で凡庸だったオーストラリアのラグビー界を取り巻く状況が、これをきっかけに大きく変化した。

エラ兄弟はこの遠征で、ユニオンラグビーだからこそ与えてくれる、あらゆる栄誉や誇りを十分体験し、この先もユニオンでやっていこうと決意した。もちろんリーグラグビープレーヤーになればお金を稼げただろう。だがユニオンでプレーを続ければ、歴史に名を残すプレーヤーになれるかもしれない。ジ・インヴィンシブルの遠征に参加した兄弟3人は、ワラビーズになってワールド・ツアーに参加するという目標を胸に抱くようになった。

挫折から数カ月。ようやく立ち直り始めた私は、これまでよりさらに練習に励むようになった。マトラヴィルの最後の2年間は毎朝6時に起き、愛犬のダルメシアンとともに5キロのランニングを続けていたが、さらに夕方、独りでウェイトトレーニングをすることを日課に加えた。もっと上のレベルでプレーしたければ、今以上に大きくて強靭な身体が必要だと知ったからだ。

この競技に対する理解は人よりできていたが、さらに勉強を重ねていった。ラグビーは非常にテクニカルなスポーツで、勝つためには様々な方法があり、この点がとても気に入っていた。マトラヴィルではラグビーに対する基礎訓練を学び、人生の苦難に対するレジリエンス（跳ね返す力）が得られたと言えるだろう。

私はジ・インヴィンシブルにはなれなかったが、マトラヴィルから大学に進学する学力があると認定された3人のうちのひとりに選ばれた。母から大学の話を繰り返し聞かされていたので、これは達成すべき目標のひとつだった。母を落胆させるわけにはいかなかった。どんなにスポーツ分野で実績を挙げようが、大学入学ほど母を喜ばせるものは他にはなかったのである。

コーチとして成功できたのは、一にも二にもランドウィックのおかげだった。ランドウィックは、ドルフィン・ストリートを5分ほど下ればすぐにビーチという場所にあるクージー・オーヴァルを本拠地とするラグビークラブで、そこでコーチとしてのキャリアを積み、その後、実に四半世紀を経て今もなお、コーチ業を続けている。ランドウィックはこの30年で、ワラビーズのヘッドコーチを4人も輩出した。ボブ・ドゥワイヤー、私、ユーウェン・マッケンジー、そしてマイケル・チェイカである。なかでもドゥワイヤーは私のメンターであり、マッケンジーやチェイカとランドウィックでプレーしていたころのヘッドコーチでもあった。

ランドウィックに在籍した十数年では、勝つためのあらゆる手法を学んだ。そのあいだ、他のどんな職業でも味わえない大きな喜びを得たが、その一方では、心を揺さぶられるような大きな失望も味わった。そうした失望こそ、大きな志を持ち、非情なまでに高い水準を追求するコーチになるために必要だったのである。ランドウィックはラグビー教育の原点であり、私がスポーツを心から尊敬する気持ちを育んでくれた場所だった。

そんな私も、ある出来事をきっかけに、6カ月、練習を休んだことがある。1977年の最終学年に2年連続でワラター・シールドを奪取した晩、我々はランドウィックのクラブハウスで祝賀パーティーを開く予定だったが、クラブは直前になってパーティーの開催をキャンセルしてきたのだ。大切な親友であるグレンやマークはランドウィックに加入しようとしていたが、私にはクラブの姿勢が納得できなかった。「なんてことだ。やつらがこういう扱いをするなら、僕はラグビーなんてやらない」。完全に頭に血が上ってしまったのだ。

進学先のシドニー大学では、教育学の学士号を取得するために地理と体育を専攻した。ラグビーは、シドニーラグビー協会の2部に所属するニューサウスウェールズ大学チームでプレーしようと決めた。しかしそれは、いわゆる社交を目的とした親睦のためのラグビーチームだった。大学生たちはほんの少しラグビーをやるだけで、あとはさっさとクラブハウスに戻り、歌を歌い、女の子を追いかけ、ビールを飲むばかり。もちろんそれが間違っているとは言わないし、何度か楽しい思いもした。だがこれまで才能豊かな勝ちにこだわるスポーツマンたちと競い合い、高いレベルでプレーしたいという思いでやってきた私には、明らかにいるべき場所ではなかった。彼らはトレーニングしようがするまいが、全く無頓着だったのだ。半年後、これ以上意地を張るのは止めようと決意し、ランドウィックに戻ろうと決めた。

このころ、エラ兄弟はすでに地元では注目の的だった。ボブ・ドゥワイヤーは1年半前、マトラヴィルがセント・ジョセフズを破ったゲームを目にして以来、彼ら3人をなんとかランドウィックに加入させようと躍起になっていた。双子のマークとグレンはまだ18歳、弟のゲイリーに至っては17歳だったが、ドゥワイヤーは彼らとその両親に会いにラ・ペルーズまで足を運んだ。いきなりランドウィックに加入する話から始めるのではなく、まず口にしたのは、20歳以下のプレーヤーで構成されたコルツでプレーしても意味がないという話だった。ドゥワイヤーは彼らに、これから始まる1978年シーズンからランドウィックの一軍でプレーして欲しかった。高校生とシニアのファースト・グレードのゲームとではレベルに大きな差があったが、3人ならやれるという確信があったのだ。

ドゥワイヤーは物事に対する考えが深く、しかも雄弁だったので、多くの人が彼に信頼を寄せた。何と言っても一番の魅力は、あふれるような情熱を持つ一方で、表現や思考の明晰《めいせき》さを併せ持っていることだった。一般的に情熱家と言われる人たちは、論理的思考が感情に妨げられる場合が多いが、ドゥワイヤーほど鋭いラグビー脳を持つ人物は他にはなく、ラグビーに対する鋭い見識は万人をうならせ、複雑なプレーや戦況も簡潔かつ正確に話すことができた。スポーツコーチやビジネスリーダー、あるいは教育産業における学校長にとって、これは必要欠くべからざるスキルである。相手に対してなにが期待され、いかに振る舞うかを明確に把握させねばならず、疑問や混乱が生じるようなわずかな隙も与えてはならないのだ。

　ドゥワイヤーは、自分自身はもちろん、クラブやそのプレーヤーとともに高い志を共有し、大きな結果を残したいと願う人物であり、彼の言葉は明快で説得力があった。マーク、グレン、ゲイリーのラグビースキルはすでにコルツのレベルを超えており、ドゥワイヤーは彼らに、トップレベルのラグビーにチャレンジして欲しかったのだ。

　兄弟たちはのんびりした性格だったので、マトラヴィルのチームメイトと一緒に――そのとき私はひとりで、依然としてクラブに対する抗議行動を続けていたのだが――ランドウィックのコルツでプレーするつもりだと語った。3人はまだ少年で、ファースト・グレードの大きな選手に比べれば線が細く、いかにも頼りなさそうで、シニアレベルのプレーヤーに捕まればひとたまりもなく、無事には済まないだろうと思われた。兄弟たちもまた、コルツでプレーしたほうが楽しいと分かっていたのだ。

「トップレベルでどのくらい通用するか、とにかく試してみるべきだ」と、ドゥワイヤーは3人に言った。「それも来年ではなく、今すぐに」

　ドゥワイヤーは巧みに、ファースト・グレードでプレーして欲しいという当初の要望を、トライアルという形で参加してみないかという提案にすり替えた。納得すればトップチームに入れば良いし、意に沿わなければコルツで楽しめば良い。

「オーケー、文句はないよ」とグレン。「チャレンジしてみようじゃないか。どう思う？」

　最も才能豊かなマークが頷く。「いいだろう」

　エラ兄弟3人はトライアルでも輝きを失わず、ドゥワイヤーもこんな光景は初めてだと口にした。ディフェンスラインのギャップを見逃さず、的確なコース取りとサポートプレーでボールをつないでいく彼らに、ディフェンダーは指一本触れることができない。それはまるでセント・ジョセフズ戦の再現のようで、相手がトッププレベルのラグビー選手が揃ったチームに見えなかった。このトライアルを経てエラ兄弟は、ファースト・グレードでプレーしようと決意したのである。

このときドゥワイヤーは36歳。コーチとしては比較的若かったにもかかわらず、この才能にあふれた若者たちを高校からシニアレベルの舞台へ送り出すには、細心の注意が必要だと十分に理解していた。ドゥワイヤーは、まず彼らをリザーブとしてチームに加え、最初にゲイリーを起用したが、これには誰もが驚いた。アウトサイドセンターの負傷退場を機に、最年少である17歳のゲイリーを躊躇なく送り出したのだ。大切なのはこの大舞台でプレーできるかどうかで、年齢は関係ない。

才能という面では、マークとグレンのほうが恵まれていた。だがドゥワイヤーは、ゲイリーのプレーヤーとしての繊細なセンスを買ったのだ。グレンはフルバックなら華麗なプレーが期待できたが、アウトサイドセンターにはフルバックほどのスペースは与えられない。マークはスタンドオフだ。スタンドオフはボールを持つ機会が多いが、同じようにアウトサイドセンターではそのチャンスは限られる。アウトサイドセンターは常にインサイドセンターに対するサポートラインを考え、外側のプレーヤーに大きなスペースを作らねばならない。ゲイリーはそうした連係プレーに秀でていた。動きに無駄がなく、自分でもギャップを見つけられたし、外側のプレーヤーにチャンスを作りだすこともできた。巧みに操縦されたF１カーのように速度を落とさず、方向を自在に変えられたのだ。

後にドゥワイヤーは、的確なサポートラインとスピードだけで他のプレーヤーにトライチャンスを作れるアウトサイドセンターとして、オールブラックスのコンラッド・スミスと、ランドウィックのゲイリー・エラの名を挙げている。ゲイリーは自分の動きで相手ディフェンダーを引き寄せ、ディフェンスラインの穴を作って味方プレーヤーを走り込ませ、得点を挙げることが多かった。それは彼本来の直感的な才能のなせる技であるとともに、ジェフ・モールドとシリル・タワーズから、叩き込まれた技術でもあった。

地元のライバル、イースタン・サバーブズ戦でデビューを飾ったゲイリーはトライを演出し、また自らも1トライを挙げた。1週間後、今度はマークがそれに続く。ワラビーズのメンバーでもあるレギュラーの10番、ケン・ライトがニューサウスウェールズ州代表として抜け、その代役として出場したのだ。マークが完璧なプレーを披露したため、代表戦から戻った経験豊富なライトがインサイドセンターにポジションチェンジされることになった。最後にグレンが、パラマタ戦開始直前の交代でフルバックとして出場し、36対10の勝利に貢献。だが話題をさらったのはマークとゲイリーだった。ふたりの連係プレーで4トライ。そのうち3つはゲイリーのトライとなり、ハットトリックを記録したのだ。

かつてジ・インヴィンシブルでの彼らのパフォーマンスに世間が熱狂したが、今回も再びメディアが沸き、シドニーのクラブラグビーはかつてないほどの注目を集めていった。誰もが口にするのは「エラ！　エラ！　エラ！」ばかり。クラブに対してひとりで抵抗を続けても意味がないと感じ始めた私も、気がつけば同じように熱狂の渦のなかに巻き込まれていた。彼らと一緒にプレーがしたくてたまらなかった。親友たちは素晴らしい人生を送り、そして私は時間を無駄にしていた。

エラ兄弟の次なる大きなチャレンジは、今季未だ無敗のノーザン・サバーブズとのアウェー対戦だった。1970年代を通じてシドニー最強と謳われたノーザン・サバーブズは大型フォワードが特徴で、ワラビーズのギャリック・フェイ、レグ・スミス、アンディ・スチュワートらが名を連ねていた。一方、ドゥワイヤーが発表したランドウィックの先発メンバーには兄弟3人が名を連ね、期待と興奮がスタジアムを揺るがした。注目度の高さから、ABCテレビが初めてラグビーの試合を生放送で全国中継したほどだ。エラ兄弟はその期待に大いに応え、チームはノーザン・サバーブズに63対0で快勝した。

人々の興奮はさらに高まり、リーグラグビーのコーチたちも、エラ兄弟について熱く語り始めた。彼らが移籍するのではないかという臆測《おくそく》に拍車をかけるように、シドニーの有名なタブロイド新聞、『デイリー・テレグラフ』

は、「エラ兄弟に10万ドルか！」という見出しを掲げた。だが彼らはリーグラグビーをプレーするのは好きだったが、ユニオンのほうが明らかに彼らの特性に合っていた。私は、彼らがいくらお金を積まれようが、ユニオンに残るだろうと確信していた。

エラ兄弟がどれだけ絶大な賛辞を浴びても無反応なのは見ていて面白かった。3人は10年間好きで続けてきたゲームをプレーしているだけで、なぜこうした騒ぎが起こるのか、全く見当がつかなかったようだった。そのため、いくら注目されようが、彼ら自身、天狗にはならなかった。

私も今さらながらクラブに対する抵抗を止め、ランドウィックに戻った。クラブに対する反発心から得たものは何もなかった。だが不公平に抗議した結果、苦境に陥るのは、残念ながらこれが最後ではなかった。

ドゥワイヤーからファースト・グレードでプレーするように言われたことは一度もなかった。私はエラ兄弟のように新聞の見出しを飾ったり、ランドウィックに加入したからといって、すぐに一軍に引き上げてもらえたりするほどのプレーヤーではなかったのだ。ファースト・グレードで戦うには準備期間が必要で、数年は下のグレードでプレーした。最初の1979年はコルツからスタート。チームには幼馴染のロイド・ウォーカー、ワーウィック・メルローズ、ダリル・レスターやグレッグ・ストアズがいて、実に楽しいシーズンだった。

私は着実に成長を遂げ、コルツで2年間過ごしたあとは、シニアの下部チームでプレーするようになった。シニア2年目の1982年には、クラブ内で「最も成長したプレーヤー」として表彰され、さらにその1年後にはフッカーとしてプレーし、リザーブ・グレード選手権で優勝。ランドウィックの新任ヘッドコーチ、ジェフ・セイルからは、一軍を目指せと激励された。

1982年にドゥワイヤーがワラビーズのコーチに就任したため、その後任としてやってきたのがセイルだった。ドゥワイヤーはランドウィックを率い、5年連続決勝進出、そのうち4度の優勝という実績を挙げながら、ワラビーズのヘッドコーチとして指揮を執った2シーズンの成績は振るわず、その後、我々の宿敵マンリーからやってきたアラン・ジョーンズにヘッドコーチの座を明け渡した。

ドゥワイヤーは滑り出しから躓《つまず》いた。ブリスベンでヘッドコーチとして初めてのテストマッチを控え、まずメディアの激しい攻撃を受ける。メディアは、ワラビーズとクイーンズランド州代表の10番を務めるポール・マクリーンと、同じく15番のロジャー・グールドに代え、マークとグレンを起用したのが気に入らなかったのだ。クイーンズランド州の人たちや、オーストラリア国内のラグビーファンは一斉にドゥワイヤーの解任を求めた。だがドゥワイヤーは、オーストラリアのラグビーをランドウィックスタイルに変えたかった。ボールを保持し、テンポの良さとスペースの活用、巧みな技術を武器にすれば、オーストラリアは世界のどんなラグビーにも勝てる——彼はそう信じていた。それまでオーストラリアのラグビーは、敵陣に攻め入るためのキックと強力なフォワードに頼った、伝統的なクイーンズランドスタイルが基本だった。だがドゥワイヤーは、ランドウィックスタイルのほうが優れているという確信があったのだ。

腹の虫がおさまらない地元ブリスベンの人たちは、スコットランドとのテストマッチ開始早々にグレンがハイボールを落とすと、それ見たことかと声を上げ、パスがつながればトライという場面でマークがパスミスをすれば、同じように大きなブーイングを浴びせた。結局、オーストラリアがスコットランドに7対12で敗れたが、観客は試合中にグールドの名前を連呼さえした。テストマッチ第2戦、ドゥワイヤーがグールドとマクリーンのふたりをチームに戻すと、一転してオーストラリアは勝利を挙げる。国際ラグビーの恐ろしいほどのプレッシャーに、彼の信念も揺るがざるを得なかった。

このゲームでグレンの自信もひどく傷ついた。ブリスベンでのブーイングから立ち直れず、インターナショナルプレーヤーとしてのキャリアはこのあとわずか3キャップを加えるにとどまった。ゲイリーも代表としては6キャップ。これに対して、マークはテストマッチ25試合に出場した。当時ラグビーはアマチュアスポーツで、代表としてのプレーは生活に支障のない範囲で行われたため、今よりもテストマッチが少なかったことを考えれば、十分華々しい活躍である。マークは代表チームのキャプテンを10回務め、その後1984年に行われた英国遠征では、ホーム4カ国すべてに勝利するグランドスラムに大いに貢献した。もうひとりのランドウィックのスター、デイヴィッド・キャンピージは、マークはそれまで彼が見たなかで、最も傑出したプレーヤーだと評価している。残念ながらマークはこの英国遠征後に引退。終止符を打つのは早すぎたように思うが、当時ラグビーはプロスポーツではなく、マークもラグビー以外のキャリアを確立する必要があったのだ。

テストマッチ第2戦でスコットランドに33対9で快勝したものの、試合ではマクリーンが21得点を挙げ、代表チームのヘッドコーチとしてのドゥワイヤーに対する風当たりは依然として強かった。9人のプレーヤー——そのほとんどがクイーンズランドの選手だった——が、次のニュージーランド遠征への不参加を表明。表向きの理由は仕事の都合がつかないというものだったが、実際は彼らにとって、ドゥワイヤーのスペースを使った展開ラグビーが面白くなかったのだ。このときの彼は幾分愛想に欠け、こらえ性もなかったようで、テストマッチ16戦で8敗したのを機に、1983年末にヘッドコーチを解任された。

ランドウィックに戻ってきたドゥワイヤーは、コーチとして一回り大きくなっていた。その後1988年から1995年にかけて再度ワラビーズの指揮を執ったが、このときの彼の手腕は、まさに代表コーチに相応しいものだった。1991年のワールドカップでは、オーストラリアはトゥイッケナムで行われた決勝戦でイングランドを破り、見事優勝を果たしたのだ。2度目のヘッドコーチ就任期間の彼の戦績は、39勝17敗2引き分けという堂々たるものだった。

私は幸運にも、ドゥワイヤーの下で4年間プレーし、彼のおかげでラグビーに対する考え方、理解の仕方をいっそう深めることができた。私のこれまでのキャリアに大きな影響を与えてくれたのは、ボブ・ドゥワイヤーとジェフ・セイルである。ふたりは全く対照的な人物だが、コーチングについては実に多くを学ぶことができた。ドゥワイヤーはプレーヤーのモチベーションを高く維持し、巧妙に戦術を組み立てるタイプで、一方のセイルはゲームを愛し、笑いを愛し、そしてビールをこよなく愛する人物だった。その温かく人懐こい人柄は、チームをひとつにまとめるのに役立った。彼は戦術面でもトレーニングの面でも、偉大なコーチとは言い難かった。だがなによりプレーヤーを気遣い、クラブに対してプライドを持っていた。確かにドゥワイヤーの智恵、戦術面における見識、決して揺るがぬ厳しさと緻密《ちみつ》さには敬服したが、私はセイルから、ラグビーに対する純粋な喜びを学んだのである。彼はランドウィックを心から愛していた。セイルはヘッドコーチであると同時に、ともに酒を酌み交わす仲間でもあり、屈強な体つきをした愛すべき人物だったのだ。

彼は現役時代、特に優れたプレーヤーというわけではなく、代表歴は1967年に行われたニュージーランド戦の1キャップのみ。だが生来トレーニングが大好きで、クージー・オーヴァルの周りをランニングしたり、クリケットシーズンになると使われる、大きくて重いピッチローラーを押したりするのが大好きだった。酒には目がなく、何年か経つうちに彼のお腹ははちきれんばかりになった。私がシニアの下部組織でプレーするようになった1年目、セイルは時々、三軍チームのフランカーとしてゲームに参加していた。グラウンドに出ていく前、彼がシェリー酒用の大型グラスを、ドレッシングルームにそっと隠していったのを今でも覚えている。それでも彼はゲームにフル出場していたのだ。

1984年、フッカーのブルース・マルーフが引退すると、セイルは私を一軍に引き上げてくれた。リザーブチームでプレーを続けていたので、いつでも準備万端整っていた。それまで所属していたリザーブチームのコーチはイアン・ケネディで、我々は「スピード」と呼んでいたが、それは彼がチームのキャプテンを務めていたとき、常にフォワードのなかで一番足が遅かったからだ。彼は警察官であり、また大変優れたコーチでもあった。

1982年には週2回のトレーニングを週3回に増やし、ハードワークを課すことで、後にそこから7人のワラビーズを輩出するという素晴らしいチームを作り上げた。チームはこのシーズン、2位のチームに勝ち点で15ポイントの差をつけてリーグ戦をトップで終了。優勝決定戦に勝ってリーグを制覇するのはたやすいように思われていた。だがスピードは大きな過ちを犯した。あまりに厳しいトレーニングを課したため、優勝決定戦当日のプレーヤーのコンディションは最悪で、動きに鋭さを欠き、あっさり負けてしまったのだ。

翌年のシーズン、スピードはそれまで以上にプレーヤーの言葉に真剣に耳を傾けるようになった。私もしばしばコーチ役を務め、リザーブ・グレードチームの大会の優勝決定戦で堂々たる勝利を収め、雪辱を果たした。一軍へ昇格した私は自信にあふれていた。大親友のエラ兄弟とプレーができ、しかもジェフ・セイルはプレーヤーを信頼し、ゲーム運びは自分たちに任せてくれる。まさに幸せな日々だった。

チームのメンバーは明るく、週2回、夕方に練習を行ったが、彼らの多くが大きな仕事を抱えていた。ワラビーズのフランカー、サイモン・ポイデヴィンは株式仲買人で、マークはロズマンス、グレンはTNT、ゲイリーはニューサウスウェールズ州の先住民（アボリジニ）省に勤務し、私は地理と体育の教師として、日々厳しい仕事に携わっていた。だがいったん練習となれば、誰もが全力で取り組んだ。ラグビー選手として成長し、勝ちたいと願い、互いに激しい競争に挑んでいた。ラグビーは我々の情熱のすべてだった。

同時に、楽しく取り組む方法もよく分かっていた。ボブ・ドゥワイヤーはウォームアップとして30分間、いつもチームにタッチラグビーをさせてくれた。皆小さな頃からずっと慣れ親しんできたこのゲームが大好きで、大いに楽しんだものだ。本気で競い合う場面も多かったが、私はいつも騒がしくて周りを笑わせ、リラックスした雰囲気を作りだしていた。ラジオの実況放送を聴くのが好きだった私は、タッチラグビーをしているあいだ、ずっとコメンテーター役を演じ、仲間たちを笑わせたのだった。

私は全員にあだ名をつけた。ポイデヴィンは「ミロのビーナス」。身体は大きいのだが、本当に腕がついているのかと思うほどボールをよく落とすからだ。ユーウェン・マッケンジーは「リンク」。分析的な考え方をするインテリジェンスあふれる人物だが、ポジションがプロップで、その身体つきが同じあだ名を持つレスラーによく似ていたのだ。グレンはこれに、ユーウェンはネアンデルタール人から現代人への進化をつなぐ、まさに「リンク」かもしれないとつけ加えた。かたやマーク・エラは「ゴッド」。そう言いたくなるほど、彼は上手かった。

皆は私をビーバーと呼んだ。後年、人は大抵その理由を、身体が小さいにもかかわらず、ラックのボールを奪おうとビーバーのようにせっせと動き回るからだと思ったようだが、実はこのあだ名はラグビーとは全く無関係だった。最初にビーバーと呼ばれたのは大学時代、親友のミック・オルダスと、ニューサウスウェールズ州のサウスコーストにあるショールヘイヴン川に水上スキーをしに行ったときだった。オルダスがボートを回して、スキー板から滑り落ちた私を助けようと水中から引き上げると、なんと顔がビーバーに瓜二つ。そのままこのあだ名が定着してしまったというわけだ。古くからの友人は、今でも私をビーバーと呼んでいる。

このときのタッチラグビーを通じて、私はゲームの流れを見ながら、機転の利いた言葉でその場にいる人の気持ちを変えさせるスキルに、意識的に磨きをかけようとした。こうした言葉を発するのはオーストラリアのスポーツ界では日常よく見られる光景だが、イギリスでは顰蹙《ひんしゅく》を買う。イギリスの人たちは丁寧で礼儀正しいのだ。ジョージ・グレーガンは2001年のライオンズ遠征に加わっていたマット・ドーソンにまつわる興味深い話を聞かせてくれた。当時のライオンズの正スクラムハーフはロブ・ハウリーで、ドーソンは二番手だった。ようやくテストマッチで先発出場を果たしたときのこと。ゲームが始まると、グレーガンはちょっかいを出し始める。「ドーソン、お前こんなところでなにやってるんだ？　今日は土曜だぜ。プレーするのは水曜だけだったよな（Bチームのゲームは水曜日に行われていた）。曜日はちゃんと確かめろよ。だって水曜プレーヤーなんだからさ」。愉快な言い方で、私には悪意は全く感じられない。だがグレーガンはあとでドーソンの父親から――グレーガンは父親と面識があった――息子となにか揉めているのかと尋ねられたという。実際そんな事実があるはずはなく、これは相手をいらだたせようとする、ちょっとした軽口のようなものなのだ。

グレーガンは別の逸話も語ってくれた。それは2003年のワールドカップ後の話だった。オーストラリアは決勝戦でイングランドに敗れ、グレーガンは優勝を逃したショックからなんとか立ち直ろうともがいていた。その年のクリスマス、彼はオーストラリアPGAゴルフ・プロアマ大会に招待され、サンシャインコーストに住むテニスプレーヤーのパトリック・ラフターのもとを訪ねた。大会のラウンドを終えバーに向かうと、そこにはラフターと数人のデビス杯プレーヤー、そしてプロゴルファーたちが集まっていた。グレーガンが歩み寄ると、彼らは一斉に歌いだす。「ジョージ・グレーガンは負けた、デュダー、デュダー、ワールドカップで負けた、オー、デュダデー。ジョージは負けた、ジョージは負けた、ワールドカップで負けた、オー、デュダデー」。歌っている彼らは皆グレーガンの友人で、グレーガンがワールドカップで辛い思いをしているのは承知の上だ。一見、人の気持ちも考えずに「野次っている」ように見えるかもしれないが、彼らにすれば99パーセント、温かいユーモアなのだ。

ある人によれば、オーストラリアのクリケットチームは遠征前になると、イングランドの熱狂的サポーター、バーミーアーミーがゲームのなかで大声で繰り返す応援歌の最新の歌詞を事前に覚え、それをチームメイトに何度も聞かせるのが待ち遠しくて仕方がなくなるのだという。お気に入りの「野次」にはこんなものもあった。2000年にブランビーズがダーバンで、ナタール・シャークスと対戦したときのこと。スプリングボクスのプロップでもある恰幅のいい人気者、オーリー・ル・ルーが、ボールを奪い合ううちに急にぽろりとボールを落としたのだ。ブランビーズの8番、ゴードン・ファルコンは筋骨たくましいホークスベイ出身のニュージーランド人で、普段は寡黙な男だったが、このときル・ルーに歩み寄ってこう言った。「残念だな。これがドーナッツだったら、お前さんも落とさなかったろうに」。両チームのフォワードは大爆笑。オーストラリアのスポーツシーンではよく見られる光景だ。言った側に悪意や意図はなく、相手を動揺させようとする一般的な手法に過ぎない。

デイヴィッド・ノックスは、マトラヴィルで私の次に野次が上手いと言われた男で、私たちはどちらも、この野次の技術をクリケットを通じて培った。もちろん、私がひどい野次を飛ばしたことは間違いなくあった。だが人は人生を歩みながら成長していくものだ。ただ言葉を発するだけでなく、受け手の立場も学ばねばならない。たとえ幾分腹立たしい言い方をされたとしても、常に相手に対するリスペクトを忘れないよう心掛けてきた。人種に関する侮辱的な言葉も一度だけかけられたことがある。ニューサウスウェールズ州代表としてクイーンズランド州代表と対戦したとき、相手チームのフッカーから、中国人に対する蔑称である「チンク」や「中国野郎」などと呼ばれたのだ。

「君ねぇ」と、私は笑いながら言った。「頭がいかれちまって、中国人と日本人の区別もつかないらしいな」

どうせ自分が言われるなら、もっと機知に富んだ言い方や、全く予想もしなかった言葉にして欲しかった。数年後、現役生活にそろそろ終止符を打とうというころ、私は最後のチャンスとして、サウザーン・ディストリクツでプレーする機会を得た。対戦相手はランドウィック。３番のタイトヘッドプロップはジョー・ピッコーネで、かつての良き仲間のひとりだった。多くのゲームをともに戦ってきたので、彼がいかに優秀なプロップであるか、よく分かっていた。「ジョーはきっと、スクラムでなにか仕掛けてくるだろう。なんとかしてあいつの集中力を乱してしまわないと」。そこで私は、ファーストスクラムの場面で彼の頬にキスをし、こう言った。「ジョー、愛している」。彼はどぎまぎして言葉に詰まり、あとは最後まで本来の力が発揮できなかった。私はあとで彼に言った。「なかなか面白かったよ、ジョー」。彼は笑い声を上げた。一杯食わされたと知ったのだ。

ランドウィックの思い出の後ろに流れるバックミュージックは、笑い声だ。ゲームが終わると皆でクラブハウスに集まった。冬の夜には、駐車場に置いたドラム缶で焚火をし、周りを囲んで大いに飲み、最後は地元のバーで朝の３時か４時まで過ごしたものだ。グレンはしばしば、どう試合に勝ったのか覚えていないと言ったが、実際、あのころのプレーぶりは素晴らしかった。

１９７７年から１９９２年まで、ランドウィックは16年連続で決勝戦に進み、そのうち12回、大会を制覇した。ボブ・ドゥワイヤーは、シドニーのクラブラグビー史上にランドウィックの黄金期を築いた立役者だった。ヘッドコーチとして２度にわたって指揮を執り、その間にチームを９回決勝に導き、６回優勝を収めた。

ドゥワイヤーは、目標を達成するには、こうと決めたらやり抜く精神的な勇気が大切だと教えてくれた。輝かしい実績を残すには、なによりハードワークと弛《たゆ》まぬ努力が必要なのだ。たとえ負けてもその事実に向き合う心構えを忘れず、もう一度立ち上がれば良い。ミスは必ず起こるものだし、そのためにゲームに負けることもあるだろう。だが勇気と断固とした意志さえあれば、そこから必ずやり直せるのだ。

ドゥワイヤーは、スポーツ科学がトレーニングにいかに重要な影響を与えるか示してくれた。彼が組むトレーニングメニューはこれ以上ないほど緻密で完璧なものだった。プレーヤーに求める水準は高く、ある意味非情でもあった。プレーヤーをとことん支援することもあれば、冷たく突き放すこともあった。幸運にもドゥワイヤーは私に目をかけてくれたし、私も彼が好きだった。なによりコーチとして彼ほどの力量を持った人物はそういなかった。私はそれほど傑出したプレーヤーではなかったが、ドゥワイヤーは私の努力と、あきらめずに取り組もうとする向上心を高く評価してくれた。我々ふたりに共通するのは、ゲームを深く検証しようとする姿勢だった。

彼がいかに厳しいコーチだったかがよく分かる、格好のエピソードがある。それはファースト・グレードのゲームで、マンリーに敗れたときの話だ。試合後、彼は選手たちに激しく喝を入れた。そのとき、ファースト・グレードの試合にランドウィックのメンバーとして出場したのは、私がおよそ20回。タイトヘッドプロップのパット・スライナーは200回を超えていた。この日の対戦相手、マンリーは、普段と違う戦い方で挑んできたが、チームはそれに対応できず、いつも練習をしている本拠地、ラッサムパークで敗れたのだ。なぜフィールド上で対応できなかったのかと、ドゥワイヤーは怒鳴り声を上げた。「お前ら、なんで試合中に指示の声を出さなかったんだ？」

プレーヤーは誰ひとり言葉を発しない。彼はスライナーに向かって言った。「ランドウィックのキャップ数はどれくらいだ？」

「200です」と、プロップは呟《つぶや》くように答える。

「これまで200ゲームも出場しているんだよな、パット。それで、後半に入ってなにを指示した？」

プロップは首を振った。「なにも」

ドゥワイヤーは頷くと、フィールド上でなにが起こったのか、ひとつひとつ丁寧に、明確な言葉で説明していった。このときの彼の目の覚めるようなスピーチは、未だにメンバー全員の記憶に残っている。

ドゥワイヤーから学んだのは、プレーヤーには一時の感情にとらわれたまま話すのではなく、一息入れ、一歩後ろに下がり、ゲームから少し距離を置いて話したほうが、はるかに効果的だということだった。きちんと分析を済ませたうえで話をすれば、プレーヤーの頭のなかに、本来ならこうすべきだったという具体的なイメージが残せるのだ。もちろんそうした毅然とした態度がいかに重要か、それが分かるまでには時間が必要だった。まだ若かったころの私は、コーチとして感情をコントロールできず、辛辣な言葉を簡単に選手たちにぶつけていた。

だがいくら叱ったところで、選手は最初に驚くだけだ。その後はいくらチームに対して口角泡を飛ばしても、所詮は無駄なのだと知ったのである。

私は近頃ではゲームに負けたり、良いパフォーマンスができなかったりすると、自分の意見を述べる前に、まずプレーヤー自身に考える時間を与えるようにしている。最近の選手は、1980年代に私が一緒にプレーしていた仲間よりも繊細で傷つきやすい。だから、それに合わせたアプローチが必要だ。だが物事はあるがままに伝えなければならない。ボブ・ドゥワイヤーは真実を単純明快に伝える能力に優れていて、私は今でも彼を自分の手本にしている。

私の性格の特徴である厳しさは、ドゥワイヤー譲りだ。メディアが伝える私の姿は相変わらず昔のままで、プレーヤーを泣かせ、二度と立ち上がれないほど追い詰める暴君だという。そうした記事のほとんどは、まだ若いころのコーチングの様子を伝える古い逸話の焼き直しで、弱い者をいじめるガキ大将か過激な指導者のイメージをもとに語られる。一度付いてしまった印象を覆すのはなかなか難しいが、そうした見られ方が気になるわけではないし、変えようとも思わない。すべての話に悪役は必要で、ジャーナリズムとはそういうもの。苦情を言うひまがあるなら、その時間をもっと生産的なことに使うべきなのだ。私もこれまで多くの経験を積み、人として教員として成熟し、人生の機微に通じるようになった。だが私が優しくなったなどと勘違いはしないで欲しい。若いころに比べれば多少なりとも礼儀正しくなったが、これからもプレーヤーに対しては正直であり、彼らに一日一日、最大限の努力をするよう求めていくつもりだ。

心身の強靭さ、誠実さ、そして率直な物言いは、高度なパフォーマンスを生み出すための基本である。ランドウィックで過ごした日々は、それが真理だと教えてくれた。トレーニングの場とドレッシングルームという主戦場を離れれば、ドゥワイヤーは実に魅力的で人好きのする人物だった。おかげで少しずつ、彼が求める水準は、実際には我々に対する期待の表れだということが分かってきた。求めるものが高度であれば、それだけの見込みと可能性があるという意味であり、それは侮辱ではなく敬意の表れなのだ。

ドゥワイヤーは人に遺恨を抱く人間ではなかった。なにかしくじれば激しく非難したが、すべてを吐き出し、相手にもそれを聞く姿勢があると分かれば、彼の怒りは静まった。一見、責めたてているように聞こえる話も、より良い結果を生み出していくための指針だった。コーチングで最も大切なのは、たとえ試合後の興奮のなかにあっても、常に将来を見据えることなのだ。ミスや間違いを振り返るのは、敗戦の痛みをほじくり返すのではなく、個人やチームの成長を促し、ゲームの質を向上させるために必要な学びを得ようとする行為なのだ。

率直な物言いは、ときに敵意や攻撃と勘違いされる。ドゥワイヤーも私も、歯に衣《きぬ》を着せず、自分の意見をはっきり述べる。我々には無駄にできる時間などないのだ。友達を作ったり、誰かに取り入ろうとしたりするためにコーチをしているわけではない。代表候補選手を成長させるのが目的だ。そのためにあるがままに話をするが、それに代わる意見があれば、真摯に耳を傾けもする。

マトラヴィルでもランドウィックでも、繰り返し教えられたのは、この競技をどうとらえいかにプレーするかで、その根本は対戦相手に敬意を払うことにあった。1976年にマトラヴィルがセント・ジョセフズに圧勝する前から、コーチのジェフ・モールド先生はこんな話をしていた。「いいかい、みんな、我々は確かに素晴らしいチームだ。だが同じように上手いチームに、どんどんぶつかっていこうじゃないか」。マトラヴィルもランドウィックも、周りから思いあがりだととらえられる一面を持っていたが、同時に他人を敬い、常に慎みを忘れてはならないと教えられていた。残念ながら誰もが、私にはこの敬意と謙虚さが備わっていないという印象を持つらしい。だが私は、ラグビーと、このスポーツをプレーしサポートする人々に対し、最大限の敬意を払っているつもりだ。私に多くを教えてくれたラグビーに対する感謝の念を、これからも忘れないだろう。

このラグビーへの愛情は、「ランドウィック・ウェイ」を知るに至って揺るがぬものとなった。ボブ・ドゥワイヤーはシリル・タワーズに薫陶を受け、ランドウィック・ウェイに必要な4原則――真っすぐに走り、ショートパスを放り、素早くボールを動かし、サポートを欠かさない――を確立した。これらの基本的要素をスキルとして習得するには、相手ディフェンスに接近してプレーするのに必要な体力とチームへの献身性、素早い判断、柔軟性、そして精神的勇気が必要で、それらが上手く噛み合ったとき、フラットラインは流れるように機能し、相手ディフェンスを切り裂いた。これはマトラヴィルではエラ兄弟が無意識裡にプレーしていたが、ランドウィックで戦術として完成されたと言って良いだろう。

1985年から1990年にかけてマンリーでプレーしたクライブ・ウッドワードは、ギャロッピング・グリーンの愛称を持つランドウィックと対戦するのが実際にどんなふうだったか、自身の著作のなかで述べている。彼が未だに記憶にとどめているのは嬉しい限りだ。ウッドワードによれば、暗緑色のジャージーの一団が数分おきに突進してくるのだが、誰がボールを持っているのか分からなかったという。

ドゥワイヤーにも似たような経験があった。1979年のあるとき、アイルランド代表だけでなくライオンズでもセンターを務めた名手、マイク・ギブソンが、ワラビーズの練習に参加させて欲しいとやってきたことがあった。彼はすでに現役を退いていたが、トレーニングウェアを着て準備万端整え、フィールドに現れたという。これにはドゥワイヤーもワラビーズの面々も驚いた。

「なるほど、練習に参加したいというんだね？」と、ドゥワイヤー。

「ええ、そのつもりです」と、まるで当然のようにギブソンが答える。

「オーケー」と、再びドゥワイヤー。「まず、ディフェンス側のインサイドセンターに入ってくれ」

「いえいえ、アタック側でお願いします」とギブソン。彼はアイルランド代表69キャップ、ライオンズ12キャップを誇る卓越したゲームメーカー。かつてエラ兄弟や私がマトラヴィル・ハイスクールの教室で興奮しながら観ていた、ファイブネーションズのビデオにも登場するプレーヤーだ。

だがドゥワイヤーは譲らなかった。「残念だがマイク、アタックはあとでやろう。最初はディフェンス側だ。まず、我々の動きを見てくれないか」

20分が経過。小休止して水を入れたとき、ギブソンは明らかに疲れていた。

「どうだね、マイク？」とドゥワイヤーが尋ねる。

ギブソンは顔を上げると、首を振った。「誰にタックルに行ったらいいのか、まるで分からない」

ドゥワイヤーは笑いながら言った。「それじゃあ今度はアタック側に入って、我々のやり方を学んでもらおうじゃないか」

ギブソンは40代に入っていたが、プレーに対する勘は衰えておらず、すぐにアタックを習得。たちまちランドウィック・ウェイの信奉者になったという。

現在のプロフェッショナルラグビーは、高度に組織された明確な構造を持ったスポーツである。チームは互いに相手をビデオで研究し、ディフェンスは一段と組織化され、我々がランドウィックでプレーしていたラグビーはすでに時代遅れになっている。現代ラグビーのテストマッチを前にして、ランドウィックの時代に戻り、当時のラグビーで挑もうとしても機能するはずがなく、単なるノスタルジー以外の何物でもない。

それでも、代表チームのコーチとして、ランドウィック・ウェイが役に立つ場面もある。特に日本チームを指導していたときがそうだった。常にパスかランを選択しろと、ランドウィックの手法を繰り返し口にし、最終的にはそれをルールにまで落とし込んだ。チームにはキックさえ禁じたが、それは他のチームに比べて小さく、軽く、機敏なプレーヤーにはランニングラグビーが適していると知っていたからだ。

だがイングランドは違う。イングランドがその強さを発揮するのは、献身的なディフェンスと正確なキックを後ろ盾とし、強力なフォワードとセットピースを中心とした戦いを展開する場合だ。私がラグビーを愛する理由はここにある。ゲームに勝つ方法はひとつではないのだ。これまでオーストラリア、南アフリカ、日本、そしてイングランドを率いてきたが、常に推し進めてきたのは、その国の選手たちが持つ最大の長所を活かすことだった。いずれの場合も、ランドウィックで学んだ基本がすべての拠《よ》りどころだったのは間違いない。

偉大なリーダーは偉大なリーダーを育てる——ドゥワイヤーは常々そう語った。我々が偉大だと言うつもりは毛頭ない。だが後にワラビーズのヘッドコーチになった7人のうちの3人が、ドゥワイヤーがコーチしたランドウィックのプレーヤーだったという事実は、単なる偶然ではないだろう。

第3章
LEARNING FROM HEARTBREAK
挫折から学ぶ

「クリケットしか知らない者に、いったいクリケットのなにが分かるというのか？」とは、トリニダード・トバゴが生んだ偉大なる歴史学者、C・L・R・ジェームズの有名な言葉である。ラグビーも同じだ。様々な分野の豊かな経験こそ、我々の愛してやまないラグビーというスポーツへの理解を深めてくれる。私はランドウィックでラグビー哲学を学ぶと同時に、シドニーのインターナショナル・グラマー・スクールで教員として働きながら、人生について多くを学んでいた。教員として生活の糧を得、州代表レベルでラグビーに打ち込み、ひいてはオーストラリア代表での活躍を夢見ていたのである。

プロのコーチとして経験を積むうちに、結局のところ、私はこれまで人にものを教える仕事に携わってきたのだと気づくようになった。ヘッドコーチとしてメディアの期待に応えたり、代表チームの管理運営に携わったりする仕事を別にすれば、教師とコーチの仕事は驚くほど似ている。トレーニングウェアに身を包み、ホイッスルを手にフィールドへ出ていくコーチの姿は、まさに教師そのものだ。

シドニー大学での学生生活は、それまでの自分のものの見方を変えてしまうほど大きな出来事だった。185

0年にウィリアム・ウェントワースによって設立され、世界のトップテンにランクインするほど美しいそのキャンパスは、当時のマトラヴィル・ハイスクールとは比べものにならず、その由緒正しき伝統は、砂岩でできた有名な建物の外観からもうかがい知れた。学生は公立校から私立校、都会から田舎まで、様々な出身者で構成され、そのなかには留学生も含まれていた。だが入学後、マトラヴィルで学んだ自主性や規律は、決して誰もが同じように教えられているわけではないという事実に気がついた。私立校を出た新入生のなかには、男女にかかわらずなんとか大学生活に馴染もうと努力を続ける者はいたが、それでもある学生は退学し、別の学生は7年も通いながら学位が修得できなかった。彼らは、我々がマトラヴィルで叩き込まれた能力、つまりチャンスを活かし切る能力を備えていなかったのだ。

そのうちに大学は知性ではなく努力の度合いをテストする場だと気づくに至った。勉学に打ち込み、基本的な知性さえあれば、卒業するために必要な単位は取れる。一方で学生生活も大いに楽しんだ。社会の様々な階層出身の学生と知り合い、大切な友人をたくさん作ることもできた。だが愉快な日々は瞬く間に終わり、ランドウィックでラグビーを続けるため、就職先を見つけなければならなくなった。

私はシドニー東部周辺地区一帯で仕事口を探そうとした。そこで就職できれば、退勤後も練習に参加しやすいからだ。早速、その地域を通学区とする公立校に採用希望者として申請したが、周囲から教えられたのは、良い学校で体育教師になるには20年は待たなければならないという現実だった。誰であろうが良い仕事口は手放したくはないのだ。結局数校に応募し、返事を待つあいだは臨時教員として働いた。前途多難を思わせるスタートだった。

そうこうするうち、あるとき青天の霹靂《へきれき》のように、ランドウィックにある教員の募集広告が目に飛び込んできた。自由な発想を持つ独立独行の人物によって新設されたインターナショナル・グラマー・スクール（ＩＧＳ）という学校だった。発起人は教育界に一石を投じようというパイオニア、レグ・セイント・レオンという人物だった。彼の考え方は、政府の教育機関が策定する硬直化したカリキュラムとは大分異なり、幼少期からすべての子どもたちに母国語以外の外国語を学ぶ機会を与えなければならないというものだった。いくつかの科目を外国語で学習させ、学業に秀でた学生を育てるという大きな理想を抱いていたのだ。

インターナショナル・グラマー・スクールはランドウィックにあったのですぐに興味を持った。さらにレオンに会って話を聞くと、私自身もそのビジョンに惹かれていった。面接を通して知ったのは、彼はシドニー大学の元講師で、卒業生を大切にしており、私もそのひとりだと分かると教員として採用してくれた。

どうやら私は、確固たる信念を持つ人物に惹かれるらしい。1983年、レオンはニューサウスウェールズ州教育省へ出向き、革新的な学校を作りたいと相談すると、役人たちは慎重な対応に終始した。設立計画は進めても構わないが、自分で資金を準備するのが条件だという。そこでレオンは保護者を対象に公開集会を開き、この学校の入学を保証する代わりに、内金としてひとり250ドルを集め、設立資金を工面した。

さらにレオンは貧困者救護修道女会と話し、ランドウィックにある古い女子修道院の建物を学校として使用することに合意を得た。建物の買い取りは翌年とし、これでインターナショナル・グラマー・スクールは理想的なロケーション、意欲にあふれた教員、そして魅力的な設備と広いグラウンドを備えた学校として開校される運びとなったのである。初年度は44人の生徒が入学することになり、これでやっていけると職員に安堵感が広がった。ところが理想に向かう新たな冒険的事業は、すぐに財政難という現実に直面する。建物を買い取るだけの資金が捻出できず、レオンの夢は潰《つい》えるかと思われた。

だが代わりの土地を必死に探すうち、シドニー商業中心地区の南東端に位置する荒れ果てたサリーヒルズの一画に、打ち捨てられたエリザベスアーデンの化粧品製造工場を見つけ、運よくそれを買収できたのである。

インターナショナル・グラマー・スクールで教師の仕事を始めたのは24歳のときで、それまで数年間、臨時教員をしていたので、全くの新人というわけではなかった。初めて赴任したのは、シドニーのなかでも治安の悪い地域として知られたニュータウンにある小学校で、体育の授業を始めても子どもたちは勝手に騒ぐだけ。様子を見かねた指導主事の先輩教員は、あとでこんなアドバイスを与えてくれた。「次の授業で、ボールはみんなのぺットなんだよって話したらいい。そうすれば言うことを聞くよ」。実際、全くその通りだった。子どもたちに通じる話し方が大切なのだ。コーチングも同じだ。プレーヤーには、彼らに分かる言葉で話さなければならない。

インターナショナル・グラマー・スクールでは、クラスで規律を教えこんだ。さらに工場の片付けにも参加した。新たな未来を胸の内に描きながら、工場内のスペースを教室に変え、建物の内壁や外壁にペンキを塗る——こうした大変な仕事を日に16時間、毎週、毎月、来る日も来る日も続けていった。理想は大きく志は高かったが、資金は不足していた。しかもなにか新しいことをやろうとすれば、役人たちは必ず強硬に反対するものだ。以前の許可は性急に過ぎたと後悔し始めていた彼らは、なんとかレオンの事業を止めさせようと、前例のない彼の教育法を理由に、今度は学校の認可を拒否しようとした。もし認められなければ州政府の資金援助は受けられず、そうなれば我々の息の根は止まる。まさに不愉快極まりない対応だった。

学校経営は大きな赤字を抱え、このまま進むべきか、レオンは大いに迷っていた。するとそこへ3組の保護者が現れる。彼らはレオンを銀行へ連れて行くと、自分たちの家を抵当にローンを組み、資金を捻出してくれたのだ。その善意あふれる全面的な信頼とサポートは、我々の士気を大いに高めてくれた。

だが役人たちはあきらめなかった。1986年には学生数も350人と大きく増え、経営も順調かと思われたころ、ニューサウスウェールズ州教育省長官から通知が出されたのである。第9学年に在籍する15歳以下の生徒を持つ保護者に対しては、このまま子息を通学させ続ければ起訴の対象とし、中学レベルを修了する第10学年および高校レベルを修了する第12学年の生徒に対しては、修了資格も進学先への受験資格も認めないというものだった。それは冷酷な、いじめとも言うべきやり方で、レオンや学校職員、保護者を含めたコミュニティに対する脅しだった。

レオンは対抗措置として州教育省を相手に、明らかに不当な事業活動の制限だと訴訟を起こした。州上級裁判所では勝訴したものの、教育省は判決を受け、直ちに連邦最高裁判所に控訴を行った。9月の新学期初日、職員と生徒は校内から閉め出されたが、レオンは指示に従わず、校長の椅子から立ち退かないという理由でインターナショナル・グラマー・スクールから強制退去させられた。これに対し、生徒はレオン校長に声援を送り、保護者は彼を応援するため、車のクラクションを鳴らし続けた。我々は一致団結し、当局に立ち向かったのだ。

だが敵対勢力である官僚たちのやり口は狡猾《こうかつ》で、しかも執拗《しつよう》だった。当のレオンは疲弊し、資金も底をつき、我々は家主に賃貸料の支払いを待ってもらうありさまで、さらに数組の保護者が自ら名乗り出て資金の調達に走ろうという事態に至り、とうとうレオンが決断したのは校長職の辞任だった。教育者とのいがみ合いは泥沼化していた。自分が身をひき、新たなリーダーに運営を委ねれば学校の未来は好転するのではないかと考えたのだ。レオンに代わり、同僚でイタリア語の教員だったリタ・フィンが新たに学校長に、そして私が副校長を務めることになった。この一連の騒動は出口の見えない、心がすり減るような経験だった。

ラグビーは依然として、私のなかで大きな比重を占めていた。目標はあくまでオーストラリア代表だ。「もしなれるなら」程度の願望ではなく、真剣にワラビーズを目指していたので、教育省との戦いのさなかでもその気持ちは揺るがなかった。新たな職務に就いた初日、特に準備もなくいつもと変わらぬ時間に出勤した私は、数日後、自分にこう言い聞かせていた。「このままではだめだ。上手くいくはずがない。もっと真剣に取り組まなければ」

私はこれまでより早く出勤するようになった。仕事をする以上はきちんと結果を残したかったのだ。フィンと私は同い年で26歳と若かったが、我々には明確な意志と勇気があった。しかも彼女には最初から校長としての職務を全うする気概があり、ドゥワイヤーを彷彿《ほうふつ》とさせた。彼女には思い切りの良さがあり、仕事に対する意欲と姿勢は抜きん出ていたし、なにより目標に向かって綿密な計画を立て、それに向かって突き進む覚悟があった。誰もが着任早々の彼女を見れば、相手がたとえあの執拗なニューサウスウェールズ州教育省であっても、一歩も引かない戦いを展開するに違いないと思ったはずだ。

１９８６年10月、学生、保護者、学校職員による３００人の団体が国会議事堂に向かい、「インターナショナル・グラマー・スクールを破産に追い込むために入念に計画された、教育省の組織ぐるみの不正な妨害運動」に対する抗議のデモを行った。すぐに何百通もの激励の手紙――なかには首相のボブ・ホークのものさえあった――がインターナショナル・グラマー・スクールに送られ、1週間もしないうちに、ニューサウスウェールズ州教育大臣、ロドニー・キャヴァリアによる認可が下りたのである。

1987年1月から、フィンと私はほぼ毎日12時間、ときには18時間働いた。経営状態を好転させ、健全な学校運営を維持するのはもちろん、職員の給与を支払い、モチベーションを維持し、教育省との関係改善を図り、保護者との連絡を緊密にし、銀行への返済を滞りなく済ませ、新たなカリキュラムを組み、そして何と言っても私たちを頼りにしている子どもたちに対して、本来の業務である授業を行わなければならなかった。

インターナショナル・グラマー・スクールで働きながら、自分には苦境を乗り越える精神力と、長時間労働にも耐え得る体力があると分かった。ときには上手くいき、ときには失敗もしたが、いかに職員のモチベーションを高め、管理したら良いか、あるいはどうしたら複数の仕事をこなしたり、人に任せたりできるのか、さらに計画の立案やプロジェクトの組み立て方、リーダーシップ、同じビジョンと信念を共有するチームのまとめ方など、コーチとしても必要不可欠なそれらの要素をこのときに学べたのも、ひとえにインターナショナル・グラマー・スクールとフィンのおかげだと思っている。

インターナショナル・グラマー・スクールの現在のキャンパスを訪ねるたびに、誇らしく思わずにはいられない。同校は今やシドニーの中心部にあり、およそ1500人の学生を擁している。2019年3月にレグ・セイント・レオンが90歳で亡くなると、彼の教育界における先駆的活動を称えたニュースが、シドニーの各メディアを通じて報道された。思い返せば理想を実現し、社会に貢献しようと、レオン、フィン、そしてインターナショナル・グラマー・スクールの誰もが、何物をも恐れず、前例のない画期的な事業に懸命に取り組んだ。こうした経験が、何かと取り沙汰されるラグビー人生のなかで、幾度となく自分を支えてくれた大きな拠りどころのひとつとなったのは言うまでもない。

インターナショナル・グラマー・スクールの仕事に愛情を持って全力で取り組んだように、ラグビーもまた人生における大きな目標で、公言はしていなかったが、なんとかしてオーストラリア代表になろうと必死だった。ランドウィックでは実力を認められていたし、ニューサウスウェールズ州代表では正フッカーの座にあった。ファースト・グレードでは選手として名前も知られ、リーグ戦も何度か制覇し、毎週毎週、インターナショナルレベルの選手と一緒にプレーしていたので、実際、もう少しで代表に手が届くというところにまで来ていたのだ。

問題は身体の大きさだった。同じポジションの代表候補のなかでも一番小柄だったため、少なくとも準備の面でライバルたちに負けるわけにはいかなかった。正しい食事を摂り、ウェイトトレーニングに励み、ランニングの距離を延ばし、ラグビーを勉強し、適切な睡眠をとり、そして誰よりも機略に優れ、独創性を持ち、やる気に満ちていなければならない。できることはすべてやり、しかも全力で取り組んだ。これまでずっと、人が無理だと言ったことでも、ラ・ペルーズやマトラヴィルでやり遂げてきたのだ。この先もできないはずがない。

柔軟性、機動力、そして強靭な体力が持ち味で、ポジションはフッカーでもボールキャリーはフランカー並みだとドゥワイヤーから評価され、勇気と自信が持てた。フィールド上での運動量は抜きん出ており、地面にあるボールへの働きかけが上手く、身体をひねりながら密集から抜け出し、コンスタントにゲインラインが切れたし、ラックのなかでは状況に合わせて臨機応変に動けたので、相手チームにとっては厄介な存在だった。加えて私には、へこませてやろうとする連中を逆に怒らせるような、言葉を操る巧みさも備わっていた。

当時ドゥワイヤーは口にこそしなかったが、私がコーチの道に進むだろうと思っていたという。彼は十数年前から、チームのなかで将来誰がコーチになるか、ある程度分かっていたようだ。我々には何かと指示や要求が多い、よくしゃべるプレーヤーだという共通点があった。しゃべると言っても単に言葉を口にするのではなく、敵味方双方の弱点をきちんと言葉で指摘するという意味である。私は常に明確な指示を出したが、フッカーはスクラムの中央にいるため、概してこの手のタイプが多い。我々は相手よりも優位に立ち、彼らにプレッシャーをかける必要があったのだ。それは常にスクラムの最前線で行われる、避けては通れないプレーだった。

ドゥワイヤーはそうした口頭による指示やスクラムでのせめぎ合いの他に、ゲームを詳細に分析し、相手チームの弱点を見つけ出す力も評価してくれた。他のチームメイトに生来備わっていた体格や才能に恵まれなかった分、ゲーム分析に万全を期し、どん欲に成長しようと必死だった。

そんななか、フッカーとしての力量が試される最大のチャンスがやってくる。ニューサウスウェールズ州とクイーンズランド州の対戦で、ライバル同士の熾烈な戦いであると同時に、非公式のセレクションの場でもあった。

1987年当時、私はニューサウスウェールズ州代表の正フッカーだった。クイーンズランド州とは州代表に選抜されたころにも対戦していた。ライバルは、1983年から1989年まで代表キャップ41を数えたトム・ロートン。代表チームのキャプテンまで務めたトム・ロートン・シニアを祖父に持つ、私とは比べものにならない生粋のラグビー一家の出身だ。だがロートンと私の最大の違いは見た目だった。180センチ、118キロのロートンに対し、私は172センチ、80キロ。身長の差をカバーするのは容易でも、自分より40キロ重い相手に立ち向かうには、さすがに勇気が必要だった。さらにロートンには、ブリスベンのサウスラグビークラブで、リーグ選手権を4度制覇するという輝かしい実績もあった。

ブリスベンに向かうバスの中。私はドゥワイヤーの席まで行き、話をしても良いかと声をかけた。

「もちろんだとも」

「コーチは、トム・ロートンを抑え込むにはどうすべきだとお考えですか?」

「君は、トム・ロートンを抑え込むにはどうすべきだと思うのかね?」と、ドゥワイヤー。これはプレーヤーに自身の考えを整理させようとする、彼のいつものやり方だ。

「できるだけ低く構えることだと思います」

ドゥワイヤーは笑顔を見せた。「それは良い考えだ。誰だってロートンと高い姿勢で組み合いたくはないからな」

さらに我々は詳細にまでわたる対策を練り、準備は整ったと感じた。ドゥワイヤーに相談する前に自分なりに戦略を立てていたが、ドゥワイヤーに評価してもらうことで自信が深まった。これもまたドゥワイヤーのコーチとしての優秀さを物語るひとつの例だった。彼はさらに私に状況を分析させると、その場で微妙な修正まで加えてくれた。

その日、ニューサウスウェールズ州代表はクイーンズランド州代表を破り、私はほぼ完璧にロートンを抑え込んだ。ドゥワイヤーは機嫌が良かった。ゲームが終わったあと、彼は私にこう声をかけた。「ロートンはワラビーズのジャージーを着れば巨人に見えるが、今日は君に軽くあしらわれたな」

私は大きな手応えをつかんだように感じた。このままいけば、オーストラリア代表になれる。

1988年6月22日水曜日。シドニー、クージー・オーヴァル。

低く傾いた太陽の光がフィールドを照らす、肌寒い午後。海沿いの小さなグラウンドは人波であふれ返っていた。ランドウィック対ニュージーランド代表の一戦を観ようと、収容人員5000人のスタジアムに1万人が詰めかけ、シート以外の場所も、わずかでもフィールドが見えるスペースは人で埋まっていた。近くにあるアパートの屋根やバルコニーまで大勢の人が鈴なりになっていたし、木の枝や壁によじ登る者さえいた。消防隊までやってくる始末で、隊員たちは消防車の上に立ち、スタジアムのフェンス越しに試合を観戦しようとした。何と言ってもギャロッピング・グリーンが、あのオールブラックスに立ち向かうのだ。グラウンドの雰囲気は最高潮に達していた。

このゲームはオールブラックスのオーストラリアツアー第2戦で、3日前にパースで行われた初戦では、控え選手を中心としたメンバーで西オーストラリア州代表を60対3で退けていた。だが第2戦となるランドウィック戦の先発メンバーにはこの日に発表され、ウェイン・シェルフォード、アラン・ウェットン、ギャリー・ウェットン、ショーン・フィッツパトリック、グラント・フォックス、ジョー・スタンレー、ジョン・カーワンといった、ほぼベストに近いメンバーが名を連ねた。

一方クラブチームのランドウィックとはいえ、我々にもデイヴィッド・キャンピージ、ゲイリー・エラ、サイモン・ポイデヴィンといった優れたプレーヤーがいて、彼らはワラビーズの一員として、来る7月3日のテストマッチ第1戦にも出場する予定だった。この日のランドウィックのメンバーのなかにはマイケル・チェイカもいた。彼はまだ若く、4試合目の先発出場だったが、ナンバーエイトとして驚異的なスタミナを発揮し、すでに当時レジェンドと言われていた対面のシェルフォードと渡り合った。マーク・エラとグレン・エラのふたりはすでに引退しており、ボブ・ドゥワイヤーとともに、観客席から観戦した。

この日の朝、私たちはグラウンドに近いクージービーチ・ライフセービングクラブでドゥワイヤーから話を聞いた。このとき彼は再びワラビーズのヘッドコーチの座に就いていたが、病気で入院中のランドウィックコーチ、ジェフ・セイルに代わって試合のアドバイスを行ったのだ。セイルは麻酔薬に対する急性アレルギー反応でまさに死の危機に瀕しており、医師たちは手の施しようもないと、カソリック教徒に対し臨終に行う「病者の塗油」と呼ばれる儀式まで施していた。幸いジェフは頑健で、この後、回復に向かっていく。セイル不在のあいだは、もうひとりのコーチ、ジョン・クイックがヘッドコーチを代行していたが、大一番とあってドゥワイヤーに話してもらおうと考えたのだ。

ドゥワイヤーはまず、対戦相手がオールブラックスだと考えてはいけないと口を切った。本当の敵は自らのなかにある。無用な感情は捨て、ランドウィック・ウェイで戦うのだ。我々はすでに勝利の方程式を知っており、それを思い出せば良い。全員で力を合わせ、一致団結してセットピースで対抗するのだ。ドゥワイヤーはそこで私とユーウェン・マッケンジーに視線を向け、さらに言葉を続けた。相手の動きを封じ込めるだけでは十分ではない。我々は試合を通して揺さぶり続け、相手がなにを嫌がるのか、プレーで問いかける必要がある。その問いかけが的を射ていれば、相手は間違った答えを返してくるだろう。そのわずかな間隙にくさびを打ち込み、歴史的偉業を成し遂げるのだ。

それは短く簡潔なスピーチだったが、我々の琴線に触れた。覚悟はできた。

『シドニー・モーニング・ヘラルド』紙に寄稿していたスピロ・ザヴォスは、あのゲームから約20年が経過した

2008年に、こんな記事を書いている。「これはあくまで私見だが、オーストラリア国内で行われたゲームのなかで、最も素晴らしく感動的だったのは、ランドウィック対オールブラックスの一戦ではなかろうか。その場に居合わせた者なら、そのプレーの激しさ、地元チームを応援する観客の熱狂ぶり、そして手に汗握るゲーム展開を決して忘れないだろう。（後略）」

さらにザヴォスは、クージー・オーヴァルの様子や、大きな衝撃を受けたというその試合の内容についても克明に描写している。「その光景は感動的でさえあり、かつて石炭産業で栄えた時代のウェールズの渓谷の街にあるグラウンドを思わせた。かの地を訪れた一団はすぐに、ホームチームのみならず、サポーターたちとも戦わねばならないと知るのだ。（中略）何千という地元の応援団はフィールドのすぐ近く、相手プレーヤーをタックルできるほどの距離にまで迫り、そこに陣取ると、地元チームのために絶えず大声で声援を送り続けた。（後略）」

「ランドウィックは、キックオフ直後から相手陣営のゴールライン付近にまでなだれ込んだ。その様子は今でもはっきりと目に浮かぶ。オールブラックスの自陣ゴール前のラインアウト。ショーン・フィッツパトリック（オールブラックスのレジェンドと呼ばれる前の話だ）は、守勢に立たされたチームに時間を与えるため、ボールを投げ入れるのに十分な間合いを取っていた。私の座っていた位置からわずか数メートル向こうに立つ彼は、明らかに緊張しており、表情も硬く、わずかに引きつってさえいた」

「動揺したオールブラックスに、ランドウィックは得意のバックス攻撃を展開した。凄《すさ》まじい歓声が上がる。デイヴィッド・ノックスは、バックスを操る器用な策略家だ。デイヴィッド・キャンピージはどこにでも顔を出し、スワーブ（弧を描くようにディフェンダーの外側を走り抜けていくプレー）、サイドステップ（抜きたい方向と反対に軽く踏み込んでフェイントをかけ、一気に逆サイドを抜き去るプレー）、グースステップ（ガチョウのように足をばたつかせ、緩急をつけるステップ）で敵を抜き去ると、ノールックでサポートプレーヤーにポップパスを出す。（後略）」

「ランドウィックは、激しくしかもスキルフルな攻撃を繰り返す。タックルが決まるたびに聞こえる身体と身体のぶつかり合う音に、ランドウィックサポーターから大きなどよめきが上がる。オールブラックスのディフェンスもときには、ほころびを見せるが、完全には崩れない。（中略）オールブラックスの猛烈なタックルや、その後のラックやモールに襲いかかる彼らの厳しい洗礼を浴びながら果敢なアタックを仕掛けるデイヴィッド・キャンピージが、いかに勇敢だったかがよく分かる。（後略）」

「ランドウィックのサイモン・ポイデヴィンと、キャプテンシーあふれるオールブラックスのウェイン・〝バック〟・シェルフォードは、互いにラックやモールでその力を競い合った。なかでもポイデヴィンの首に太い腕を巻きつけて締め上げ、ボールを離させようとするシェルフォードの姿は、未だに目に焼き付いて離れない。（後略）」

このゲームで覚えているのは、何と言ってもフィッツパトリックとのぶつかり合いだ。私とはタイプの異なる素晴らしいプレーヤーで、マイケル・ジョーンズとともに、フィールド上ではどんなプレーも完璧にこなす、現代ラグビーでフォワードに求められる資質を備えた、まさに先駆的存在だった。私はこの日、彼とあらゆる局面で真っ向から対峙《たいじ》した。セットピースやオープンプレーはもちろん、言葉の面でも負けなかった。彼は身体だけでなく、口を動かすのも好きだったが、私も負けてはいなかった。試合開始早々、ラックで相手側に巻き込まれ、オールブラックスのフォワードに背中をスパイクされてジャージーがぼろぼろになると、「これでお前も静かになるだろう」、そう言いたげに、フィッツパトリックは私を見てにやりとした。

前半は互角の展開だったが、我々が最初にトライを奪うと、さすがに彼らも浮き足立った。強固なスクラムを起点としたブラインドサイド攻撃（狭いスペースへ攻撃を仕掛けること）から、ギャップをついてノックスが飛び込んだのだ。だがグラント・フォックスの正確無比なキックもあり、前半終了時点で9対12とリードされていた。私のミスが原因だった。前半も終了間際、マイボールスクラムでフッキングに失敗すると、フィッツパトリックにボールを奪われ、得点されたのだ。さすがに世界チャンピオンは一枚上手で、後半は前半の戦いを踏まえて修正してきた。我々はペースをつかめず、終わってみれば9対25の敗戦だった。

しかしオーストラリアはこのあとに行われたテストマッチ第1戦で、このときとほぼ同じメンバーを揃えたオールブラックスに7対32で完敗している。この結果を見れば、我々がいかに善戦したかが分かるだろう。オールブラックスはツアー13戦のうち、テストマッチ第2戦で引き分けた以外はすべて勝利を収めたが、ウェイン・シェルフォードは、ランドウィックが一番厳しい戦いを挑んできたと語っている。ニュージーランドはこの後、二度とツアーでクラブチームとは戦うまいと誓ったほどで、これはランドウィックの輝かしい勲章のひとつとなった。

1年後、私はオールブラックスとの再戦に意欲を燃やしていた。来る8月9日に、オークランドのイーデンパークでブレディスローカップが行われる。年齢も29歳を迎え、いよいよテストマッチデビューだという自信があった。この年、ブリティッシュ・アンド・アイリッシュ・ライオンズを迎えたワラビーズは、7月15日にテストマッチシリーズを1勝2敗で負け越し、すべてに先発出場したトム・ロートンは第3戦を終えたあとで、代表チームからの引退を表明していた。

ワラビーズヘッドコーチのボブ・ドゥワイヤーは、1991年にイングランドで開催されるワールドカップを見据え、フロントローをより攻撃的な布陣にするため、新たな血を注入しようと考えているはずだった。このときユーウェン・マッケンジーは怪我をしていたが、彼が近々、代表デビューを果たすことは間違いなかった。ドゥワイヤーは前ランドウィックコーチで、しかも私のメンターである。私をワラビーズに招集するのは至極当然のように思えた。

ボブ・ドゥワイヤーが再任されるまでのあいだ、オーストラリアのヘッドコーチを務めたのはアラン・ジョーンズで、彼がいる限りチャンスは巡ってこないと分かっていた。クイーンズランドのマンリー出身だったジョーンズは、オーストラリアラグビーにランドウィック・ウェイが持ち込まれるのを快く思っていなかったのだ。しかも愛弟子《まなでし》のスクラムハーフ、ブライアン・スミスに容赦のない辛辣な言葉を浴びせたことがある私は、ジョーンズに嫌われていた。

後にジョーンズはこう語っている。「エディー・ジョーンズを評価するなら、汚い言葉を吐く名人くらいでちょうどいい。彼のそういう面は理解できないし、この先も共感できないだろう」

ロートンが引退し、ワラビーズを指揮するためにドゥワイヤーが戻ってきたのだから、それを機にすべてが変わるはずだった。私はニューサウスウェールズ州代表の座を守り、その年の州対抗戦ではクイーンズランドに完勝。ランドウィックでは5度の決勝戦に進み、3度優勝していた。

オーストラリアの代表選考委員会はドゥワイヤー、ジョン・ベイン、ボブ・テンプルトンの3人だった。なかでも圧倒的発言権を持つのはヘッドコーチのドゥワイヤーだった。ニュージーランド遠征メンバーが発表されるのは、その月の最終日曜日と決まっていた。セレクション会議はその2日前、金曜日の晩に行われ、翌日、ドゥワイヤーが私のもとにやってきた。ロートンの代わりにランドウィックの別のフッカーを代表デビューさせようと決めたドゥワイヤーは、この決定を知らせるのは自らの当然の務めだと思ったのだ。そのとき私はクラブの試合を終え、ひとりでランドウィックのドレッシングルームに座っていた。「やあ」と彼は声をかけてきた。「君と話し合わなきゃならないんだ」

ドゥワイヤーは、私の顔に大きな落胆の表情が浮かんでいるのを見て取った。私はなんとか言葉を口にする。「僕のラグビーキャリアはこれで終わりです」

ドゥワイヤーは後に、あれほど悲しそうな私の顔は見たことがなく、その瞬間、すでに結果について知っているのに気づいたと語っている。クラブのメンバーが、私が代表選から漏れ、代わりに選ばれたのは、ランドウィックで私の代役を務めるフィル・カーンズだと教えてくれたのだ。彼はひと月前に22歳になったばかりで、最近まで三軍チームのフッカーだった。ドゥワイヤーがチームを説き伏せ、彼を二軍のリザーブチームに抜擢《ばってき》していたのを私は知らなかったのだ。結果を知ったあと、前リザーブチームフッカーで、ドゥワイヤーの友人でもあり続けてきた私は怒りに震えた。

テストマッチに出場するという積年の夢が、ランドウィック関係者以外にはほとんど知られていない全く無名のプレーヤーにさらわれたと知り、心は深く傷ついていた。

ドゥワイヤーが重苦しい沈黙を破る。「正しい選択をしたつもりだ」

彼にとって、これほど苦しい会話はない。私にはそれが分かっていた。我々はそれまであまりに深い付き合いをしてきた。その関係は、今日に至るまで続いている。恵まれない肉体的資質と、特に秀でたわけではない才能を可能な限り活かそうとして取り組んできた私を、彼は最大限評価してくれていた。

心の奥底では、彼が正しい判断をしたと分かっていた。だがその事実も、苦しみを倍加させただけだった。私にはテストマッチに出場するだけの力がなかったのだ。しかも身体が小さすぎた。カーンズは182センチ、110キロ。私よりも10センチ高く、30キロ重かった。才能にも恵まれ、最終的に代表キャップ数67、1991年と1999年のワールドカップでは優勝チームの一員になる彼は、オーストラリアのラグビー史上、ナンバーワンフッカーのひとりに挙げられるべきプレーヤーだった。そんな彼に敗れたのだから、恥ずべきことはなにひとつない。だがそのときは、そうした事実さえ何の助けにもならなかった。人生を注ぎ込んできた夢は、ここであえなく潰えてしまった。すべては終わったのだ。

ドゥワイヤーは、ショックを少しでも和らげようと大いに気遣ってくれた。もしも彼が、カーンズよりも優れたプレーヤーになるためにさらに努力を続けようなどと激励の言葉を口にしていようものなら、おそらくそれほど残酷な仕打ちはなかっただろう。ふたりとも無駄だと分かっていた。たくましいカーンズと対抗するのに、あと30キロ筋肉を増やす必要がある――ドゥワイヤーは、そんな言葉は決して口にしなかった。

2週間後、カーンズはオークランドで代表デビューを果たし、ロイド・ウォーカー、ポイデヴィン、キャンピージといった私の古き友人たちとともにプレーした。オーストラリアは12対24でニュージーランドに敗れたが、私にとって結果などどうでも良かった。テストマッチは上のレベルのプレーヤーがやるもので、私はニューサウスウェールズ州代表12キャップを持つ、ひとりのクラブラグビープレーヤーに過ぎないのだ。

ランドウィックのヘッドコーチは、私がドゥワイヤーの次に好きなジェフ・セイルが務めていた。おそらく彼が、私への同情心からそうさせたのだろうが、代表チームから戻ったフィル・カーンズは、もとのリザーブチームでプレーした。小さくて機動力のあるフッカーのほうが、ランドウィックの目指すランニングラグビーに合っているというのがセイルの表向きの理由だった。チームはシーズン最後に決勝戦まで進み、イーストウッドを降して優勝したが、そのあいだ、私はチームの正フッカーとしてプレーを続けた。だが4つ目の優勝メダルを手にしても、笑顔は戻らなかった。心の傷は依然として癒えず、喜ぶ振りをしているだけで、顔は不機嫌なままだった。あとで、大人としてもっと気持ちの良い振る舞いをすべきだったと後悔しても、後の祭りだった。

次のシーズンが始まっても、心は晴れなかった。シーズン途中、私に代わりカーンズがファースト・グレードのフッカーになったのを機に、ようやく気持ちが落ち着き始める。このシーズンの残りは、リザーブチームでプレーした。1991年のシーズンには、沈んだ気持ちを回復させようというチームの配慮からキャプテンを任され、さらにコーチングにも加わった。

私はようやく、もとの自分を取り戻しつつあった。カーンズが代表チームに招集されると、その代役として一軍でプレーし、キャプテンも務めたが、興味はすでにそこにはなく、すべての関心はいかにリザーブを強くするかに移っていた。チームの順位はいつも中位をうろうろしている。「俺よりもたくさん指示が出せるんだから、お前のほうがコーチに向いてるんじゃないか」。本来のコーチである〝スピード〟・ケネディがそう言ったのをきっかけに、シーズン途中ではあったが、フィールドの内外を含め、チームの運営全般を私が引き継いだのである。

私にとって、コーチングはそう難しいものではなかった。すでに体育教師の仕事を数年間経験していたので、コミュニケーションを図り、短時間で物事を組織的に運営する基本的スキルはすでに備えていた。私はチームのトレーニングの密度を濃くし、集中して取り組むように変えていった。なぜ実際のゲームと同じ激しさで練習しないのか、長い間、疑問に思っていたからだ。我々は、およそゲームに対する具体的な準備とは言えないような、くだらないやり方に取り組まされてきた。それはコーチが従来の手法を踏襲するだけで、何の疑問も持たなかったせいだ。練習は、もっと意味のある、効果をもたらすものでなければならない。昨今では、現実に行われるゲームよりも、肉体的かつ精神的に大きなプレッシャーがかかる練習をするようになっている。そうすれば余裕を持ってゲームに取り組めるというわけだ。

チームは優勝を果たし、私の運命は決まった。コーチになるのだ。

翌シーズン、私は公式にチームの選手兼任コーチとなり、グレン・エラにランドウィックに戻ってこないかと声をかけた。このときグレンは、ドゥワイヤーのもとでワラビーズのアシスタントコーチを務めていたが、ランドウィックのリザーブチームなら、夕方、週に何回かで良ければ、喜んで練習の手伝いをしようと言ってくれた。グレンはまず、私のチームの高度に組織化された練習を見て驚いた。ドゥワイヤーは別としても、大抵のコーチはフォワードとバックスを別個の存在と考え、フォワードが練習するあいだは、バックスは別の場所でサインプレーの確認をしてくれと言うのが通例だった。

だが私は、グレンとより緊密に連係して取り組みたかったのだ。前週のゲーム内容を振り返り、どうすれば同じミスを犯さずに済むようなトレーニングが作れるか、十分に話し合った。ビデオ映像もなければ、ゲームの統計データもまだ存在しない時代で、すべての頼りは、自分の目で見た記憶と手元のメモ、そして私のラグビーに対する感覚だけだった。

毎シーズン、チームは4位か5位あたりの、プレーオフに進めるかどうかという順位にいたが、私はあまり気にしなかった。非難の矢面に立ち、それを見返してやるつもりだった。優勝決定戦で勝てるかどうかで、シーズン全体の評価は決まる。正しい時期にピークが来るよう、チームを作り上げれば良いのだ。我々は準決勝に進み、的確なゲームプランで危なげなく勝ち切った。

1991年のリザーブの決勝、相手はウェスタン・サバーブズだった。試合会場はコンコード・オーヴァル。テストマッチも開催される立派なグラウンドだ。私自身もこれがランドウィック最後の試合とあって、1万人の観衆が集まった。ウェスタン・サバーブズは我々より上位でリーグ戦を終えており、本命と見られていた。

我々の準備は十分で、頭脳的なラグビーができていたので、試合を通し、安心してプレーが続けられた。ゲームの主導権は常に我々の手にあり、相手のフラストレーションは高まる一方で、私が予想した通りのゲーム展開に、チームの自信はさらに深まっていった。

そして我々は勝ち、タイトルを奪取した。十数年にわたり慣れ親しんだ暗緑色のジャージーに身を包んでプレーできたのは、実に幸せだった。ランドウィックで210試合に出場。31歳を迎えていた私にとって、ランドウィックのプレーヤーとして最後のフィールドを歩み去るあいだ、寂しさは全く感じなかった。私には次にやるべきことがあるのだ。

第4章 コーチとしての第一歩

THE FIRST STEPS OF COACHING

オーストラリア代表に選ばれなかった当時の私は、失意のどん底にあった。なにひとつ慰めにはならず、心の傷が癒えるまでじっと痛みに向き合わなければならなかった。インターナショナル・グラマー・スクールでは副校長という立場で、学校長の代わりに学校運営に取り組んでいた。教員に子どもたちと良い関係を築かせ、やる気を維持し、きちんと行動を管理するのが私の役目である。仕事は多忙を極め、そのあいだ、たとえわずかでもラグビーを忘れられたのが唯一の救いだった。インターナショナル・グラマー・スクールは語学という特殊教育を行っている性質上、大規模な私立校とごく普通の公立校の中間に位置する学校で、保護者は貧困層からかなりの富裕層に至るまで、多岐にわたっていた。そうした経済格差は様々な問題を生み、その結果、保護者からも学校に対して様々な要望が寄せられ、なかには学校にすべての責任を求めてくるような厚かましい親さえいた。

そのときはまだ心の痛みに気を取られ気づかなかったが、インターナショナル・グラマー・スクールで学んだ経験とスキルは、その後のキャリアに大いに役立った。コーチは様々なタイプが混在する大勢の人々を相手に、個人の資質や可能性を最大限に引き出しながら、チームとして大きく前進させる方法を探し出さねばならない。

私は体育と地理、さらに学力の低いクラスを対象に数学まで教えた。彼らは優等生とは異なり、学習意欲はなく素行も悪かったので、まず彼らの注意を勉学に向けさせなければならなかった。私はそういう生徒の扱いが上手かったし、勉強に興味を持ち、やる気を持って取り組むようになる姿を見るのが好きだった。素行が改まり、自律性と意欲が備われば、学生の成績は劇的に上昇するものだ。

私生活も変わっていった。それまでにも何人かのガールフレンドとつき合ったことはあったが、ラグビーと教員の仕事が忙しく、互いの仲を深める時間はほとんどなかった。それほどラグビーに夢中になっていたのだ。同じ職場にいた後の私の妻、ヒロコと初めて言葉を交わしたのも、実に7年も経ってからだった。学校の規模が大きく、ふたりの人生が交わることはなかった。私は学校運営に携わり、彼女は中学レベルの生徒にドイツ語と日本語を教えていた。

職員の父親が日本で亡くなったと聞き、それが彼女だと分かると、ある晩に行われた学校行事でお悔やみの言葉を伝え、それを機に言葉を交わすようになった。ヒロコは可愛らしい魅力的な女性で、なぜ今まで気がつかなかったのだろうと不思議だった。学校長のリタ・フィンとも親交が深く、ふたりの友情は現在でも続いている。彼女には探求心があり、当時の若い日本女性にしては珍しく、独立心が旺盛だった。日本の大学で言語学を学び、修士号まで修めた優秀なドイツ語の教師で、卒業後は東京近郊のテレビ局に就職。1年勤務してもやりがいは感じられず、会社を退職すると、バックパックを背負い、ニュージーランドとオーストラリアへ旅立った。

そこで運命のいたずらが起こる。シドニーにたどり着いた彼女はお金を稼ぐ必要に迫られ、インターナショナル・グラマー・スクールに応募したのだ。学校の仕事は楽しかったが、彼女によれば、そろそろ新たな道へ踏み出すときだと感じ始めていたという。私たちは交際を始め、彼女と一緒にいると、不思議と心が安らいだ。

付き合い始めてまだ日は浅かったが、私は彼女を驚かせるような質問をした。あまりロマンティックな誘い方ではなかったかもしれないが、私は彼女にイングランドのレスターで8カ月ほど一緒に過ごさないかと、まるでそれが自然な成り行きであるかのように、さりげない調子で誘ってみた。

ヒロコはレスターという地名は知らなかったようで、そこはイングランドのラグビーの中心地なのだと説明しなければならなかった。

彼女はしばらく私の顔をじっと見つめ、頷いてから笑顔を見せた――ええ、いいかもしれない。それは冒険であり、ヒロコは常に新たな環境を受け入れようとする女性だった。

私は彼女の返事に胸が躍った。だがこのときはふたりとも、これが数十年にわたる数々のラグビーを巡る冒険の手始めの旅になろうとは考えもしなかった。

レスター・タイガースはイングランドのプレミアシップに所属する世界的に優れたラグビーチームのひとつで、1980年代後半、シーズン開始前のオーストラリア遠征でランドウィックと対戦したのをきっかけに、チーム同士の交流が始まった。ラグビースタイルこそ全く違ったが、優勝を目指そうとする強い姿勢は共通で、結びつきが深まるにつれ、クラブ経営も順調な両者が提携するようになるのは、何も不思議なことではなかった。

選手のラグビー交換留学もその一環として行われ、私も初期のメンバーの1人に選ばれた。私がレスターに留学している間、レスター・タイガースからランドウィックにやってきたのは私の9歳年下の、将来を嘱望されたロック、マット・プールだった。プールはランドウィックの一員としてファースト・グレードでプレーした。同じように期待されたマーティン・ジョンソンもニュージーランドで数年間経験を積み、さらに素晴らしい選手に成長した。この留学はプールにとっても、ラグビーキャリアの重要なワンステップになった。ランドウィックがプールの成長に与えた影響は大きかった。後にプールとジョンソンは、レスター・タイガースで129回一緒にスクラムを組むのだが、これはセカンドローのコンビとしてはクラブの最多記録だという。

私の場合はプールとは逆で、1991年シーズンにレスター・タイガースでプレーする機会が与えられたのは、長年の在籍と活躍に対する褒賞だった。それまでオーストラリアを出たことがなかったので、全く異なるラグビー文化に触れられるのが楽しみで仕方がなかった。

インターナショナル・グラマー・スクールも快くサバティカル（長期休暇）を認めてくれ、私もその寛大な処置に応えようと、イングランドではたくさんの学校を視察し、レスターでの滞在をより実り多いものにしようと考えた。他国の学校の教育現場を知るのは、副校長として見聞を広める良い機会だ。実際、イーストミッドランズにある大きなパブリックスクールはほとんど訪問したが、どの学校も設備が整い、高い教育水準を維持しているのが印象的だった。

さらにレスターでは、アマチュアのラグビープレーヤーでも簡単にできる単純作業を請負った。マット・プールの父親、デイヴが経営していた家具の配送サービス業を手伝ったのだ。運転手とミッドランズのあちこちを走り回り、ふたりで家具の積み下ろしをしながら、イングランド郊外の美しい景色を十分堪能した。仕事の合間には倉庫のあちこちをぶらぶらしながら、他愛《たわい》のない話に笑い合い、紅茶もたくさん飲んだものだ。上司が様子を見にやってくると、慌てて家具を適当に動かしながら、いかにも忙しそうに取り繕い、立ち去ったとたんにふたりで顔を見合わせて笑い声を上げた。

だが何と言っても、ラグビーが一番だった。ランドウィックは常勝チームだ。プレーヤーには、勝利に対する強いマインドセット（心のありよう）と決して揺るがぬ信念が備わっている。レスター・タイガースも同じだった。違っていたのは練習環境で、ランドウィックには明るい太陽の光が注ぎ、クージービーチの潮風が吹き込んでいたが、レスターではぬかるんだグラウンドに冷たい雨が降り注いでいた。だが誰もがクラブのカルチャーを理解し、ラグビーに対する明確な信条と価値観を共有していたからこそ、かのディーン・リチャーズから若手のジョンソンに至るまで、たくさんの偉大なプレーヤーが生まれたのだ。当時ジョンソンはまだ大人しく、確かに優れたロックになるだろうという片鱗《へんりん》こそうかがえたが、まさか10年後に代表チームのキャプテンとしてワールドカップに出場し、私の率いるワラビーズを降して、イングランドを優勝に導くまでになろうとは思ってもみなかった。

私はレスター・タイガースで3試合、リザーブチームで9試合に出場し、有名なアルファベットのジャージーを着る機会にも恵まれた。かつてレスター・タイガースは今のような背番号ではなく、アルファベットでポジションを示していたのだ。フロントローはA、B、Cで、私はフッカーだったためBのジャージーに袖を通した。両プロップがグラハム・ローンツリーとダレン・ガーフォースという、ぜいたくな第一列を組んだのも懐かしい思い出だ。

イングランドでは、ゲームに臨む姿勢にも伝統が引き継がれており、ラグビーのプレー方法もひとつではないと改めて気がついた。ラインアウトで素早くボールを投げ入れようとしたところ、ひとりのフォワードプレーヤーが私を睨みつけ、こう言った。「いいかい、俺たちはそういうやり方はしないんだよ」

リチャーズのようなキャリアの長いプレーヤーと、ニール・バックのような一軍に上がったばかりの才能あふれる若手プレーヤーとが混在したチームでプレーできたのも、良い経験だった。コーチはトニー・ルース。まだアマチュアリズム全盛の時代で、どちらかといえばマネージャーの役割に近かった。それでも常に、選手に全力でゲームに臨むよう求めるのは、レスター・タイガースもランドウィックも同じだった。たとえ数カ月であろうが、ウェルフォードロードでのそうした新鮮で貴重な経験がなければ、イングランドを率いるのは数倍難しくなっていたに違いない。

ヒロコと私にとっても、イングランドを十分に堪能《たんのう》できた素晴らしい時間だった。だがそんな日々も、インターナショナル・グラマー・スクールからの予期せぬ突然の連絡に、3カ月早く終わりを告げた。渡英前、すでにリタ・フィンは、芸術を教えたいという自らの夢を追いかけてインターナショナル・グラマー・スクールを退職しており、私は新しい学校長とあまり外りが合わなかった。ところが私がイングランドに滞在している間に、インターナショナル・グラマー・スクールでは多くの体制の変化があり、今後は学校長代行として学校運営をお願いしたいというのだ。学校長代行には驚いたが、同時に光栄な話でもあった。新たなチャレンジに取り組むためには、楽しかったレスターでの5カ月に別れを告げなければならない。

このあいだのふたりの生活はとても充実したもので、シドニーに戻るとすぐにヒロコと結婚した。いよいよ、ふたりの人生という名の冒険が始まろうとしていた。

学校長代行という新たな職務に全力を注ぐため、選手としてプレーするのは今シーズンで最後にしようと決意。新たな道に踏み出す年ととらえ、ランドウィックのリザーブチームに戻るのではなく、サウザーン・ディストリクツへの移籍を選んだ。サウザーン・ディストリクツはファースト・グレードに所属するチームではあったが、ランドウィックやレスター・タイガースに比べると競争意識は希薄だった。選手の喜びはラグビーをプレーすることにあり、勝敗はあまり気にしていなかった。彼らにとってラグビーとは社交活動のひとつであり、それ以上のものではなかったのだ。優れたプレーヤーたちと飲みに行くこともできたが、私には彼らの勝利にこだわらない態度が我慢ならなかった。だがそれは私にとって、他人の考えを知る良い機会でもあった。

ランドウィックやレスター・タイガースでは当然だった規律や厳しさは、誰もが備えているわけではない。プレーヤーのなかには、努力を重ねる姿勢を持たない者もいるのだ。私は1シーズンだけプレーするためにこのクラブに移籍した。だから、自分の力でこのクラブのカルチャーを変えなければならないという責任を背負い込むことはなかった。ランドウィックとは2回対戦し、ホームゲームでは以前にも触れたように、ジョー・ピッコーネの頬にキスをし、愛していると囁いて勝利をおさめた。私は全部で22ゲームに出場し、当初は目覚ましい活躍を見せたが、1992年のシーズンが終わるころには期待に応えることはできなくなっていた。

1993年シーズンはラグビーから離れ、ゲームにはほとんど出場しなかった。新たな職責に就いて1年半、学校長代行の仕事にもずいぶん慣れてきたころに娘のチェルシーが生まれ、ヒロコから、そろそろ生活スタイルを変えるべきときだと言われた。これを機に仕事に一日の大半を費やしていた私は、インターナショナル・グラマー・スクールでの業務の効率化を図る方法を見つけ、少しずつ妻や娘との時間を増やしていった。この経験は、その後コーチの仕事をするうえで大いに役立った。コーチ業は自由裁量時間が大きく、インターナショナル・グラマー・スクールと同じように仕事をやりくりして時間を作りだせば、家族に寂しい思いをさせずに済むというわけだ。

学校運営では数多くのミスを犯す一方で、ビジョンの必要性と、そのビジョンを実現するための基準を設定し、常にそこからぶれないように努力を続けることも学んだ。学校は幼稚園から第12学年まであり、我々が直面していたのは、就学前児童からティーンエージャーに至るまで――特に最終学年は学校を卒業し、大学に進学するか、実社会で働くかという人生の節目に当たる大切な時期であり――まさに広範囲に及ぶ問題だった。これに対応するのは骨の折れる、実に大変な仕事である。そのとき私は33歳だった。

学校長代行として1年半が過ぎ、今度は学校からプロジェクトディレクターへの就任を依頼された私は、ふたつの施設を立ち上げた。まずインターナショナル・グラマー・スクールの敷地内に、主にアジアからの留学生を対象とした英語の語学学校を作ったが、これは大きな収益をもたらしてくれた。次にベトナムのホーチミンシティに、インターナショナル・グラマー・スクールの名を冠したインターナショナル・スクールを設立。管理監督のために、3カ月ごとにベトナムに足を運んだ。そこで寄せられる問題のほとんどは、ベトナムで働くイングランド人の保護者からのものだった。

なかには、学校が基本的にオーストラリアのやり方で運営されているのが不満で、できるだけイングランドの一般的なパブリックスクールの教育システムに従うべきだと主張する強引な親もいた。ある母親に至っては、保護者の集まりに参加するたびに、前回話し合われた内容を詳細に記したノートと、それまで学校が発信した通知の束にメモを書いた色とりどりの付箋をびっしり貼り付けたものを持参していた。皆社会的にある程度の地位にある人たちで、多額のお金を支払っており、その分、学校に対する要望も多かった。部屋の中は暑いだけでなく湿度も高く、彼らの熱のこもったお説教を長々と聞かされているあいだ、背中から汗がしたたり落ちるのが分かったほどだ。ひたすら忍耐強く、そしてときにはお世辞を交えて応対しながら、天井で回り続ける扇風機をじっと見つめていると、まるで東南アジアを舞台にした映画のセットのなかにいるような錯覚さえ覚えた。

私は少々荒っぽい性格のオーストラリア人、ピーター・ギボンズを学校長に任命していた。学校運営は巧みだったがやや無鉄砲なところがあり、大きな問題が起こらないよう、常に周りのコンセンサスを得ながら対処しなければならず、これもまた大変貴重な経験になった。

だがどうやら、そろそろラグビーへ戻る時期がやってきたようだった。

インターナショナル・グラマー・スクールに在籍した9年間で実に多くを学んだので、コーチとしても動揺するような局面に陥ることはまずなかった。1994年には、ランドウィックのリザーブチームのコーチを自ら志願した。無報酬の仕事だが、やる以上は徹底して取り組むつもりだった。

プレーヤーにも恵まれた。キャプテンはマイケル・チェイカの兄、ポール・チェイカが務め、チームにはジェームズ・ホルベッツ、ティム・ケラハー、ピーター・ジョーゲンセンらがいて、彼らは後に、オーストラリア代表としてプレーした。そうした優れた才能に加え、私もコーチとして誰よりも懸命に取り組んだので、我々のチームが終始リーグのトップにいたのは至極当然であり、優勝決定戦も難なく勝利を収めた。

ヒロコは、ランドウィックでの指導時間に対しても報酬が得られたらいいのにと口にしていた。もっともな話だった。ラグビーはアマチュアスポーツでプロではないのだと説明しなければならないのが残念だった。だが翌年に行われたラグビーワールドカップ1995年大会を最後に、それまでのラグビーがプロ化の波によって永遠に変わってしまうとは、その当時の私は知る由もなかった。

アマチュアスポーツにもチャンスは訪れるようになっていた。東海大学ラグビー部が、ランドウィック・ウェイのラグビーをチームに取り入れるため、日本からオーストラリアに視察に訪れたのだ。すでにコーチという仕事にやりがいを感じていた私は、学生たちに3回ほどトレーニングセッションを体験させてやって欲しいという依頼を受けると、スケジュールを確認して二つ返事で引き受けた。彼らも練習を楽しんでくれたようで、オーストラリアではシーズンが終了し、日本では夏休みを迎える8月、今度は東海大学から夏合宿の指導に1カ月ほど来日してもらえないかというオファーが舞い込んだ。

大学は、妻のヒロコと娘のチェルシー分の渡航費用も負担してくれた。弱小チームだったが、そうした事実はどうでも良かった。場所は東京から200キロ近く離れた山間《やまあい》の街、菅平。130面ものラグビーグラウンドがあり、8月になると多くの高校、大学、社会人チームが夏合宿を張りにやってくる場所だ。そこで31日間の滞在で28日グラウンドに立ち、1日2回、コーチングに励んだ。

来る日も来る日も、やることといったらラグビーだけ。食事は毎日、午前10時と午後6時の2回。午前中は練習に打ち込み、午後は試合の繰り返し。トレーニングはスパルタ方式の厳しいもので、教える側にとっても恐ろしく過酷だったが、私にすればそんな毎日は天国だった。コーチとしても、それまでにない最高の経験が積めた。辛く骨の折れる、それでいて充実したひと月を終え、こんな毎日が送れたらどれほど素晴らしいだろうと思ったものだ。

1995年のワールドカップは南アフリカで開催され、決勝戦では開催国のスプリングボクスが、実力では格上のオールブラックスを破り、優勝した。私は大会を通じ、若きジョナ・ロムーの大活躍はもちろんだが、なによりフランク・バンスやジンザン・ブルックなど、スキルの高い賢いプレーヤーが揃っているニュージーランドの総合力の高さに驚いた。ショーン・フィッツパトリックはキャプテンとしてチームを引っ張り、順調に決勝戦まで勝ち上がるものの、ネルソン・マンデラ大統領と、ホスト国の熱狂的な観衆がエリスパークの観客席から見守るなか、ニュージーランドの行く手は、ピッチ上に立ちふさがるグリーンとゴールドのバリケードに阻まれる。延長戦までもつれこむ激闘の末、15対12で勝利を収めたのはスプリングボクスで、そこまで彼らを導いたキッチ・クリスティーの巧みなコーチングに、大いに感銘を受けた。いかに素晴らしいプレーヤーの揃った優勝候補と目されるチームであっても、国際ラグビー最高峰の試合では常に勝つとは限らない。この事実は私の心に深く刻まれた。

一方、ボブ・ドゥワイヤーはアシスタントコーチのグレン・エラとともに、前回優勝国であるオーストラリアを指揮したものの、予選プールの初戦で南アフリカに負け、決勝トーナメント1回戦となる準々決勝ではイングランドと対戦し、涙をのんだ。

私はプロフェッショナルラグビーという新たな世界で、自らの居場所が見つけられるかもしれないと期待した。オーストラリアのコーチの仕事で、ワラビーズという国代表の次に担当する大きなエリアはわずかに3つ――ニューサウスウェールズ、クイーンズランド、そしてACT（オーストラリア首都特別地域）しかなかった。グレンと私は、近い将来発足するスーパー10ラグビーのニューサウスウェールズのコーチに、コーチングチームとしてふたりで応募した。何度も面接を重ね、最終候補の3組に残ったが、最終的に選ばれたのは、私と同じく教員をしていたクリス・ホーキンスだった。応募者が多かったこともあり、グレンと私は不合格になってもそれほど落ち込みはしなかった。

それでも、私の人生はまた大きく変わろうとしていた。日本からある依頼が届き、それを受諾することにしたのだ。私は東海大学から再び招かれた。今回は臨時コーチではなく、ラグビー部の正監督への就任依頼だった。私はヒロコに言った。「この仕事を引き受けたい。チャンスだと思うんだ」。当初、彼女はあまり賛成しなかった。彼女に日本に戻るという選択肢は全くなかったのだ。シドニーに新居を構えた今、もう一度日本で生活するというのは、人生の後退のように感じられたからだ。幸い、彼女は私を愛し、常に応援してくれていたので、まず1年間やってみて、どう感じるか試してみましょうと言ってくれた。

そこには別の大きなリスクがあった。インターナショナル・グラマー・スクールでの年収は8万ドル。安定した生活を送っていたので、東海大学での仕事はかなりの収入減だ。だが何と言ってもフルタイムのラグビーコーチは魅力だった。私はインターナショナル・グラマー・スクールの理事長、ジェリー・グリーソンと会って話をした。かつてメルボルンのオーストラリアンフットボールチームでプレーしていた彼は、身長203センチ、体重114キロの大男だ。スポーツマンとして認め合っていたので、互いの関係は良好だった。私はグリーソンに、日本から監督として招聘《しょうへい》され、今、人生の大きな岐路に立っているのだと切り出した。――今の学校の仕事を続けるなら、自己研鑽《けんさん》のために修士課程の勉強をするつもりだし、もう一方の道を選択するなら、飛んできたパントをキャッチしてそのままトライ、ラグビーコーチになりたい、と。

グリーソンはしばらく無言のまま私の顔をじっと見つめたあとで、私が内心、何よりも聞きたかった言葉を口にしてくれた。「なるほど、君の気持ちはよく分かったよ。学校は構わないから、プロのコーチになりたまえ……」

私たち家族は、東京から70キロほど西にある秦野という街で暮らし始めた。東海大学での最初の6カ月は、コーチとしてのキャリアのなかで最も対応の難しい期間だった。日本人とオーストラリア人のハーフではあったが、私の前には最初から文化と言葉の壁が立ちはだかった。しかも理解できなかったのは、大学は私にお金を払ってチームの強化を依頼しておきながら、直接指導させようとしないのだ。練習初日、グラウンドにいる選手に歩み寄ろうとする私を、マネージャーはピッチの外に連れ出し、こう言った。

「外で見ていてください」

目の前で最初のセッションが始まった。キャプテン・ランだった。お粗末な内容だったが、それでも私はひと言も口にしなかった。

2日目。グラウンドで私は言った。「さあ、今日はやるぞ」

マネージャーはとても好感の持てる人物だったが、言った言葉は前日と変わらなかった。「いやいや、見ていてくれれば良いんです」

これが1週間繰り返された。週末の金曜日の晩、我慢の限界を迎えていた私は、ヒロコに不満をぶつけた。「僕はいったいなにをすればいいんだ?」

「辞めたら?」

日本人であるヒロコは、日本は厳格な縦社会であり、私が彼らを驚かせるような劇的な行動を起こさない限り、状況は変わらないと知っていた。それでもだめならシドニーに帰ればいい。全くその通りだった。

翌週、辞表を懐に練習に向かった。マネージャーは相変わらず同じ言葉を口にしたが、それを遮ると彼に言った。「待ってくれ、渡すものがある、辞表だ」

彼はそれを見て、愕然《がくぜん》とした。「なぜですか?」

私は思いのすべてを吐き出した。——ラグビーを教えるために、はるばる日本までやってきたのだ。コーチもせず、ただじっと脇で見ているためじゃない。

グラウンドでは、相変わらず私をタッチラインの外に置き去りにしたまま、練習が始まった。マネージャーは、上司に聞いてくるので、ここで待っていてくれと言う。私はうなずき、そして肩をすくめた。——決意は固く、交渉の余地などないということを相手に知らせるために。

1時間後、マネージャーは約束を取り付けて戻ってきた。明日から直接指導して良いという。

「すべて任せてくれないなら辞めますよ」。私は念を押した。

「はい、エディーさん」、マネージャーは深々とお辞儀をした。「すべてお任せします」

翌日、約束通り、私はすべてを引き継いだ。

部員数は80人あまり。プレーレベルは絶望的で、良いところは皆無に等しく、練習にある程度のシステムを導入する必要があった。そこで彼らを3つのグループに分け、それぞれの練習時間を第1グループは2時から4時、第2グループは4時から6時、第3グループは6時から8時とした。

6時間ぶっ通しでコーチするのは肉体的にかなりの負担になったが、まだ若く元気だったので、それがベストの方法だった。9時に家に帰ると疲労困憊。土のグラウンドだったので、髪の毛や肌にこびりついた泥やほこりをきれいに洗い流すのに30分かかった。その後、急いで夕食を済ませ、就寝。毎日がこの繰り返しだった。

午前中はさらに大変だった。日本語学校に通ったが、これが思いのほか難しかった。クラスは50人で、私以外は全員中国人。日本語はひらがなと漢字が一緒に使われるため、彼らはあっという間に上達した。だが私は一向に上手くならず、長い間語学学校に通って分かったのは、残念ながら自分には語学の才能がないということだった。

今では基礎的な日本語は話せるし、チームに指示程度は出せるが、依然としてレベル的には褒められたものではない。最近では妻から、家で日本語を話すのを禁じられてしまった。イングランドの自宅にいる犬は日本語しか理解できないのに、その愛犬に対してさえ彼女は日本語で話しかけて欲しくはないようだ。

１９９６年、依然として日本語が上達しないので、秦野の日本語学校に通うのは断念し、ラグビーに専念しようと決めた。だがチームのレベルもあまりに低く、最初のころは、「こんなところでなにをしているんだろう」と思ったものだ。

私は今でも、強い刺激を与えるために、わざとチーム内に衝突を起こさせると非難される。だが好んでそうしているわけではない。対立や衝突がチーム内に良い影響を与えるのは、創造性が生まれる可能性がある場合だけだ。私はそれを東海大学で学んだ。なにかを変えたいと思い、それをチーム全員の前で話したり、見せたりしても無駄なのだ。全体ミーティングの場では、プレーヤーはコーチの話を静かに聞き、大人しく頷くだろう。だが彼らは決してあなたの指示通りには動かない。話は少人数の選手に対して行い、その選手たちを然るべき方向に導くようにしなければならないのだ。大勢の前でプライドを傷つけないように、プライベートな場面で話をすれば、選手たちはコーチの話を容易に受け入れてくれる。私はまずグループの中心的人物に個別に話をし、理解を得るのを目標にしている。このほうがより効果的で、いったん私のやり方に信頼を寄せてくれれば、彼らがチームを動かしてくれるのだ。

私はこれまでコーチしたすべてのチームにこのやり方を適用してきた。イングランドを率いることになったとき、チームのメンタリティの変革に取り組む前に、ディラン・ハートリー、オーウェン・ファレル、ジョージ・フォード、ジェームス・ハスケル、ヴニポラ兄弟など、グループの核となるプレーヤーの心をつかむ必要性を感じていた。いったん、リーダーや影響力の大きい人物を押さえてしまえば、残りは自然と従うものだ。

東海大学では、状況にかかわらず一切キックを使ってはならないという条件を課し、チームを抜本的に変えようとした。体格的に劣るチームだったので、ランとパスでゲームを組み立てたかった。一番重いプロップでも85キロしかなく、対戦予定の他大学には120キロのプロップさえいた。彼らに対抗するためには、ボールを動かさなければならない。私はランドウィック・ウェイをチームに浸透させようとした。もちろん彼らにそのスタイルを上手く再現できるだけのスキルはなかった。だが、それまでのキックを中心としたゲーム展開よりも可能性があると判断し、彼らが教わってきたオーソドックスなスタイルのラグビーを捨て、攻撃的フラットバックスラインによる素早い展開ラグビーを目指そうとした。ラグビーの伝統の差は、日本とイングランドでは計り知れないほど大きいが、プレーヤー自体にはそれほどの違いはない。どちらの国でもプレーヤーは、イノベーションが入り込む隙のないほどコントロールされたラグビースタイルのもとで成長するからだ。

東海大学ではこうしたそれまでの常識を打ち壊す必要があった。私は力づくでそれを実行した。ハードワークを課し、変革を主張しながら、たとえ自陣でゴールラインを背にしていようがキックを蹴ってはいけないというルールを突き付け、それができなければ厳しく罰し、一切容赦はしなかった。まさに、冷酷無比な怪物、ドラコニアンだった。一方イングランドでは、選手自身で正しい道を見つけ出せるよう、あと押しする方法を学んだ。

私は日本ではこうしたデリケートな方法は用いず、ハードワークを強要する、いわば独裁的アプローチに終始した。それはプレーヤーが懸命に練習に励み、できなければ素直に罰を受け入れると分かっていたからだ。罰は服従を生み出し、それはチームの成長につながる。それが日本文化の特性の一部なのだ。だがリーダーシップとなれば話は別だ。それは服従から育つものではない。二十数年後にイングランドで再び同じ問題に遭遇し、ずいぶん頭を悩ませた。どうしたらリーダーシップを育てられるのか――これは東海大学でも大きな問題だったが、選手たちはそうしたコーチングを受けたことがほとんどなかったので、私は彼らの力を伸ばしてやることができた。

複雑な計画を遂行していくのは、ひどく骨の折れる作業だ。そのシーズン、我々が対戦した公式戦はわずか7試合。目指したレベルまで選手を成長させるには、さらにたくさんの時間と多くのゲームが必要だった。成績は、関東大学ラグビーリーグ戦、1部8チーム中7位。身体が小さいという弱点に対して、キックを蹴らずに徹底してランニングラグビーに取り組み、シーズンが深まるにつれてチーム力はかなり上がっていったことを思えば、7位という順位は不本意だった。だがなにより、選手の表情にはやり遂げたという充実感が漂い、結果として納得できたシーズンだった。

1996年、グレン・エラと私のマトラヴィル・ハイスクール出身のふたりが、揃って日本で代表チームのコーチに就こうとは、誰が予想しただろう。グレンが、東海大学でコーチをしていた私を、日本代表のフォワードコーチに招き入れてくれたのだ。そのとき彼は代表チームのアシスタントコーチをしていて、バックスの指導を任されていた。日本代表ヘッドコーチであるサントリー出身の山本巌はオーストラリアのラグビーが大好きで、日本代表にフラットバックスラインを取り入れたかったようだ。その考えは正しかったが、彼自身はヘッドコーチとしての手腕が十分ではなかったし、プレーヤーもフラットバックスラインを機能させるだけのスキルと勇気が不足していた。

私は1995年のワールドカップで、日本代表がオールブラックスに17対145で惨敗したゲームを目にしている。彼らは21トライを奪われて屈辱的なスコアになると、ようやくささやかな反撃を開始し、得点を返した。それは日本ラグビーのいつもの変わらぬパターンだった。40点、50点奪われたところでむっくりと立ち上がり、ガッツを見せる。そういうチームだったのだ。だがそんな姿を見るたびに、ドゥワイヤーが言っていた言葉を思い出す。叩きのめされたあとでゲームに勝とうとしても、それは勇気とは呼ばない。真の勇気は、勝つか負けるかの際どい勝負のなかで、勝ち切ろうとする意志なのだと。日本代表は、「幸せな敗者」だった。最後に一所懸命頑張れば、負けても許されたのだ。

グレンは、ドゥワイヤーとともにオーストラリアの代表チームをクビになると、イングランドのクラブ、スタウアブリッジのコーチの仕事に就いた。その後、日本ラグビーフットボール協会から、バックスのテクニカルコーチ就任の打診を受ける。グレンは面白そうな仕事には興味を示すタイプで、すぐに二つ返事で引き受けた。来日後、今度はフォワードコーチに相応しい人物を知らないかと尋ねられ、笑ってこう答えたという。「僕の知っている一番優秀なコーチが、もう日本にいるじゃないですか」。彼の推薦を受け、私は東海大学でコーチをしながら、代表チームのコンサルタントに就任した。

山本は、コーチングはすべて任せてくれた。代表選手のセレクションも行ったが、翌日になると選手の顔ぶれが変わっていた。協会の誰かが変えてしまったのだ。我々はまだ若いアシスタントコーチで、我慢するしかなかった。

フラストレーションも多かった。日本のラグビー界には、あるチームが優勝すると誰もがそれを真似るという不思議な習慣があった。優勝チームと同じウォームアップを行い、同じサインプレーをする。私はこれを許さなかったばかりか、東海大学と同じように、キッキングゲームは止めるべきだと主張した。ランニングゲームは採用されたが、そのために必要な攻撃性や大胆さを彼らのプレーに浸透させるのは難しかった。ただコーチを続けるうちに、日本人はかつて攻撃的な民族だったが、それを矯正するために、受動的で従順な性質を醸成するような教育が施されてきたのだと気づくようになった。広島と長崎に原子爆弾が投下され、第二次世界大戦に敗れ去って以来、他の多くの要素とともに、そうした攻撃性も排除の対象となったのだ。それはあたかも日本人は滅亡を避け、温順な道を選んで生き延びようと決意したかのようだった。

そんな複雑な事情が彼らの自主性や意欲を覆い隠してしまっていた。私には簡単な日本語なら分かるが、ニュアンスまでは追いきれない。そのせいだろうか、学生と話をすると、次第にはぐらかされていくように感じていた。ある人に言わせれば、日本人はこうしろと命令する外国人に対して反感を抱くのだという。私には半分日本人の血が流れているので、受け入れてもらえると思っていたが――どうやら現実には、グレンよりも私のほうが嫌われていたようだ。

1996年、成果はすぐに形になって表れた。日本代表は、アジアラグビーフットボール大会で優勝したのだ。外国人のいない、日本人だけで構成したチームが大会を制覇したのは、これが初めてだった。我々が、日本人プレーヤーだけ選抜すべきだと主張すると、この点に関してのみ、協会は我々の判断を支持してくれた。グレンはバックスを上手く誘導し、日本代表は、当時はまだ格上だった韓国を破った。優れたプレーも随所に見られたし、記憶に残る素晴らしいトライも生まれ、我々は優勝を噛みしめながら、素直に喜びを分かち合った。

日本ラグビーフットボール協会からは、グレンと私にヘッドコーチを任せるつもりなので、1999年のワールドカップ・イングランド大会にチームを連れて行って欲しいと要請された。ふたりともまだ若かったので、「ようし、やってやろうじゃないか！」と意気込んだ。ワールドカップまであと3年。チームは大きく成長を遂げていた。ところが一向に音沙汰はなく、突然発表されたのは、日本の新たなヘッドコーチに平尾誠二が就任するというものだった。彼自身は素晴らしい人物だったが、我々のショックは大きかった。そこで私が得たものは、協会の理事は絶対信用してはいけないという苦い教訓だった。

そして同時に、いつか将来、ヘッドコーチとして日本に戻ってくるぞと固い決意を胸に刻んだ。

第5章 ブランビーズの新たな戦略

A NEW WAY WITH THE BRUMBIES

日本は世界のラグビーの潮流から孤立していた。インターネットはまだ、我々の生活をまるごと変えるまでには至っていなかったが、それでも私は、ラグビーを大きく変貌させつつある劇的変化をしっかりととらえていた。

ラグビーのプロ化の波は南半球北半球の別を問わず世界中に押し寄せた。なかでもオーストラリア、ニュージーランド、南アフリカの3カ国は新たなリーグ戦の枠組みを作りだし、北半球の国々に一歩先んじていた。3年前にスーパー10ラグビーが導入され、3カ国の州や地域にトンガと西サモア（現サモア独立国）を交えた各チームが新たな大会で競い合った。注目度は低かったが、1996年にテレビ放映の10年契約が成立。リーグ戦は新たにスーパー12として生まれ変わった。

だがスーパー12にはトンガと西サモアの参加は認められず、必然的に巨額の資金はそれまでの伝統国へ流れ込み、新たなリーグはニュージーランドから5チーム、南アフリカから4チーム、オーストラリアから3チームが参加して行われた。オーストラリアからはニューサウスウェールズ・ワラターズとクイーンズランド・レッズの2チームはこれまで通りの参加は当確だと見られていたが、もう1チームがどこになるかについては、様々な臆測が流れていた。

メルボルンから1チーム出場すべきだという意見が多かった。だが資金こそ潤沢でも、ヴィクトリア州で最も人気が高いのはオーストラリアンフットボールである。ラグビーは添え物に過ぎず、ラグビーに対する情熱も歴史もなかった。そこでオーストラリアラグビー協会評議会は、キャンベラを拠点とする新たなチーム、ACT・ブランビーズを参加させることにした。

キャンベラはオーストラリアの首都で、連邦議会が置かれている。1770年に初めてイギリスのジェームス・クック中尉がオーストラリアに上陸した記念すべき地はシドニーだったが、1900年代に至るころにはメルボルンのほうが経済的発展を遂げていた。シドニーもメルボルンも、相手が首都になるのは納得できず、結局、ふたつの巨大都市のあいだにある、当時は羊の放牧が行われていた街、キャンベラを首都とすることで妥協した。

首都に指定されると、キャンベラはあらゆる批判を浴びるようになった。政治家の集まる場所は、結局のところオーストラリアが被《こうむ》る様々な不利益を生み出す場所でもあったからだ。シドニー湾のような美しい景観も、メルボルンのような経済的富も持たないキャンベラは、多くの国民から、怠惰な政治家とカーディガンを羽織ったやる気のない公務員の巣窟《そうくつ》だと揶揄《やゆ》された。

だがそこは、素晴らしいラグビープレーヤーを輩出する都市でもあった。あふれんばかりの才能を持ったマイケル・オコナーは、かつてはエラ兄弟らとともにジ・インヴィンシブルズにも選ばれ、有名なキャンベラ・ロイヤルズでプレーし、最終的にはユニオンとリーグの両方でスターダムに駆け上った。デイヴィッド・キャンピージは、キャンベラに隣接するクイーンビアンの出身である。クイーンビアンは第二次世界大戦後にヨーロッパからの移民が流れ込み、急激に人口が増えた街だ。つまりキャンベラとACT（オーストラリア首都特別地域）は、ニューサウスウェールズやクイーンズランドの陰に隠れてはいるが、小さいながらも偉大なプレーヤーの養成基地なのだ。

私は遠い日本からオーストラリアのプロ化の流れを追おうと、ランドウィックのフロントロー仲間、ユーウェン・マッケンジーと連絡を取り続けていた。スクラムの最前列を支える左右のフロントローは、対面を粉砕することしか考えない頭の悪いプレーヤーだというのが世間一般の認識だ。だが私たちふたりはそんな俗説を覆すほどゲーム分析が好きで、ラグビーの話をするならまず彼と決めていた。マッケンジーはメルボルンの出身にもかかわらず、オーストラリアンフットボールではなく、ユニオンラグビーで大成する運命にあった。ラグビー知能が高く、物事を深く考えられ、プレーヤーとしてだけでなくコーチングやマネジメントのサポート役としても、新たなチームの設立を綿密に計画できる人物だった。

ブランビーズのコーチは、シドニーのノーザンビーチ出身のロッド・マックイーンだった。ラグビーを愛する、ビジネスマンとしての才覚があるマックイーンが現役時代に所属していたクラブ、ワリンガーは、シドニーの2部リーグからスタートし、すぐに頭角を現した。チームのジャージーはグリーンとホワイト。初代代表のビル・シンプソンがシリル・タワーズの信奉者で、ランドウィックに敬意を表したのだ。必然的にマックイーンもギャロッピング・グリーンの愛したランニングラグビーに打ち込み、1970年代を通じ、サイモン・ポイデヴィンのような卓越したハンドリングスキルを持つ、エネルギッシュなルースフォワードとして知られるようになる。ルースフォワードとは、スクラムの第三列を構成する左右のフランカーである。

ランドウィックとワリンガーは互いを深く尊敬し合っていた。どちらも、昼間は職人、建設業者、教員として働いている者が多かった。ワリンガーには「ラッツ」というニックネームがあり、これは第二次世界大戦中にリビアの港町トブルクで、オーストラリア第六師団が枢軸国に包囲されながらも7カ月間駐屯地を守ったことから付けられた「トブルクのねずみ」に由来した呼び名だった。ランドウィックのプレーヤーたちはスピット橋を渡り、ラッツとの試合に向かうときは、今日はタフな午後になるぞと覚悟したものだ。

現役を引退すると、マックイーンはワリンガーのコーチを引き受け、チームを3度、ニューサウスウェールズ州プレミアシップ決勝へ導いたが、残念ながら優勝はできなかった。1991年にニューサウスウェールズ・ワラターズのコーチになると、チームはシーズンを無敗で終え、州のラグビー史上最高のプレーを見せた。彼らのパフォーマンスは、同じ年にボブ・ドゥワイヤーが率い、ワールドカップで優勝したオーストラリア代表チームにも大きな影響を与えた。

マックイーンは、同じ1991年に行われたニューサウスウェールズ州代表チームのアルゼンチン遠征候補選手から私を除外したコーチでもあった。だが、それをあげつらうつもりはない。互いに全く面識はなかったが、そのとき彼は直接私のもとへやってきた。メンバーが発表される前に結果を伝えようと、わざわざ時間を割いて来てくれたのだ。私は大いに感銘を受けた。彼が口にしたのは、かつてワラビーズのセレクションでドゥワイヤーが告げたのと同じ理由、つまり身体が小さく、もっとサイズの大きいフッカーを使いたいというものだった。もちろん私に異存はなかった。

5年後、彼の深い知性を考えれば当然だが、マックイーンはスーパー12のヘッドコーチに就任した。チームは——ACT・ブランビーズだった。

ビジネスマンのマインドがあるマックイーンは、あるプランを胸にキャンベラにやってきた。明確なビジョンをもとに選手を集め、チームを一から作り上げようというのだ。運も味方した。キャンベラでは、10年に1度という若く才能にあふれたプレーヤーが、それもひとりではなく集団で生まれようとしていた。ジョージ・グレーガン、スティーブン・ラーカム、ジョー・ロフ、ロッド・ケーファー、マルコ・カプートらで、彼らは後にワラビーズに選ばれる。キャンベラで生まれ、豊かな才能を持ち、高い知性を備え、他に抜きん出た若手プレーヤーがこぞって現れるなどというのは、またとない素晴らしい幸運だ。彼らが世界のラグビーに後々まで大きな影響を与えるのは間違いなかった。同時に、クイーンズランドのトロイ・コーカー、パット・ハワード、デイヴィッド・ギフィンや、ニューサウスウェールズのユーウェン・マッケンジー、デイヴィッド・ノックス、オーウェン・フィネガン、ジェームズ・ホルベッツ、アダム・マグロ、ジョン・ランフォードなど、プレーヤーのなかには、ゲームに出られずにベンチを温めるだけならキャンベラの新チームで出場機会をうかがおうとする者もいた。

ブランビーズはスーパー12に旋風を巻き起こす。良い成績を残さなければ存続さえ危ぶまれるなか、ホーム初戦で、ヨハネスブルグを拠点とする、かのトランスヴァール・ライオンズと対戦した。南アフリカのラグビー界の大立者、ルイ・リュイットなどは、スプリングボクスを擁するライオンズなら、100点ゲームになるだろうと予測。ブランビーズは大会に参加するに値しないと切り捨てた。だがチームを応援しようと集まった8000人のサポーターの目の前で、ブランビーズは13対9で歴史的勝利を挙げたのだ。

この初参戦の1996年シーズンでは、さらにナタール・シャークスを退け、グラハム・ヘンリー率いるオークランド・ブルーズまで撃破した。オークランドには、オールブラックスのショーン・フィッツパトリック、ジョナ・ロムー、ジンザン・ブルック、エイドリアン・カッシュモアらがいて、国代表レベルを除けば世界最強とまで謳われたチームだ。ブランビーズがそのブルーズを破ったのは大きな驚きだった。多くの人が、これほどの活躍は予想していなかったが、最終順位は5位。惜しくもプレーオフには届かなかった。

翌シーズンはさらに良い成績が期待できるだろうというマッケンジーの言葉に、私は1996年のクリスマス休暇を利用し、オーストラリアへ飛んだ。ブランビーズが翌シーズンに向けた準備をスタートしたのを機に、本物のプロラグビーを体感し、コーチとして成長したかったのだ。マッケンジーはマックイーンに掛け合い、私がミーティングに参加し、トレーニングが見学できるよう計らってくれた。

もうひとりの良き友人は、ブランビーズのキープレーヤーで、ランドウィック時代に数年間ともにプレーしたチームメイトのデイヴィッド・ノックスだった。マッケンジーらとともにブランビーズに移籍したメンバーのひとりで、この他、ニューサウスウェールズのベンチウォーマーだった者や、オーウェン・フィネガン――シーズン終了後にワラビーズに選抜された――のような将来を嘱望されたフォワードプレーヤーたちがいた。これはマッケンジーに、才能あるプレーヤーを見極める力がある証左だった。

マックイーンはラグビーを深く理解していたが、だからといって、自分のことを高度な専門性を持ったコーチだと公言するような人物ではなかった。彼はひとりひとりの力を最大限引き出せる環境を作ることに全力を注いでいた。彼とコーチのスタイルが似ていたのは、オールブラックスを率いたジョン・ハートと、南アフリカを率いたニック・マレットだった。ふたりとも、どのプレーヤーも持ち味を活かせるようなスタイルとカルチャーを確立しようとした。プロ化されて間もないころに成功したこの3人のラグビーコーチが例外なく強い個性の持ち主で、しかも大変頭の切れるマネージャーでもあったというのは、なにも偶然ではないだろう。

私はマックイーンとは違い、コーチングに付随するプロセスすべてに子細に注意を払い、現場で指揮を執るタイプのコーチだ。だがスーパー12でオーストラリア第三のチームとしてスタートしようとするブランビーズにとって、新たなチームを立ち上げるのに必要なビジョン、起業家のような嗅覚《きゅうかく》、それに経営者の知性を併せ持つマックイーンは、まさにうってつけの人物だった。

チームの中心的プレーヤーとしてまず選抜されたのは、マックイーンの指揮のもとでニューサウスウェールズ州代表としてプレーした経験を持つマッケンジーである。オーストラリア国内の若手プレーヤーの尊敬を集める彼は、才能を引き寄せる磁石のような存在だった。ブランビーズの立ち上げにも様々な形で貢献した。チーム名の選定、ジャージーのデザイン、チーム理念の構築だけでなく、シドニーやキャンベラの街を歩き回り、スポンサーの獲得にも汗を流した。未だに義兄を説得してチームの帽子のスポンサーになってもらったことを嬉しそうに語るが、こうした活躍は、プロップ選手が担う役割をはるかに超えていた。

マッケンジーは、オールブラックスをヒントにチームジャージーを考えた。ニュージーランドの黒いウェアには堂々たる風格が備わっている。彼が選んだのはネイビーブルーで、ジャージーの胸と肩にその色を使い、パンツとストッキングもネイビーブルーで統一した。彼によればこの配色は、ブランビーズプレーヤーを大きく見せられるのだという。

至ってシンプルなコンセプトだ。だが依然としてアマチュア精神が根差していた時代に、マックイーンとマッケンジーは確かに時代の先を行っていた。彼らは白紙の状態からスタートし、設立までの計画を立て、チームとしての基準やスタイルを築き上げたのだ。百数十年に及ぶアマチュアリズムの伝統や遺産を抱えるクイーンズランドやニューサウスウェールズに比べれば、ブランビーズは身軽な分、プロ化に際して誰に遠慮することなく推し進めることができた。

新たにサントリーのヘッドコーチの就任依頼を受けていた私は、後ろ髪を引かれる思いで日本に戻った。ロッド・マックイーンが広大なチャンスの海で、湧き上がる大波に乗って悠々とサーフィンするのに比べ、私は世界ラグビーの潮流に乗りそこね、ひとりでパドリングをしているような気分だった。

よほど好印象を与えたのだろう、サントリーとの3年契約にサインした4カ月後、ブランビーズからデベロップメントコーチとしてチーム運営に携わらないかとの打診を受けた。まさにオーストラリアに戻る絶好の機会だった。ところが妻のヒロコは、そもそもシドニーから日本へ移ってきたのは、私がそう主張したからで、このうえまた住まいを替えるつもりかと大いに腹を立てた。

私たち家族は日本の生活に慣れようと努力し、ようやく軌道に乗り始めていたのだ。職場のサントリーは、東京都心から30キロ離れた府中にあった。サントリーはビールやウィスキーを手掛ける大手酒造メーカーである。オーナーがラグビー愛好家で、サントリーを強豪チームに育ててくれるだろうという期待から、契約内容も好条件が提示されていた。妻はその点を指摘し、キャンベラでまた一からやり直すのはリスクが高すぎると主張した。妻が言うのは正論で、私もブランビーズに断りを入れた。

サントリーは、挑戦しがいのある目標を与えてくれた。手強《てごわ》いライバルである東芝を追い抜くことだった。東芝は、いわば日本のレスター・タイガースのようなチームである。堅いディフェンスと強力なフォワードを武器にモールとキックを使ったゲームを得意とし、すでにいくつかのタイトルを獲得していた。サントリーと同じように府中を拠点としていたが、業種は電子機器メーカーで、プレーヤーたちはその社員だった。作業服を着て自転車に乗る彼らの姿は、街のあちこちで見かけられた。東芝は、主に現場で働くブルーカラーで構成されるクラブだったが、サントリーは違っていた。

プレーヤーはビール工場で働く社員ではなく、サントリーのセールスマンだ。彼らはスーツを着てネクタイを締め、BMWを乗り回していた。私には裕福なチームよりも労働者階級のクラブが似合っていると人は言う。だが私がサントリーのコーチたる所以《ゆえん》は、ラグビーはそれほど重要なものではないというプレーヤーの意識を変え、負けることに慣れてしまった弱小チームを立て直すのが得意だったからだ。オーナーは東芝を叩きのめすようなチームになって欲しいと願っていた。

私はまず4カ月間、プレーヤーを徹底的にしごいた。東海大学の学生に比べれば能力は高かったが、彼らは頑固だった。私はさらにギアを上げ、一段と激しく過酷なトレーニングを課した。特に厳しい練習が終わったある日の午後、ひとりの選手がやってくると、吐き捨てるように言った。「なぜこんなにひどい目にあわなきゃならないんですか？」

「上手くなるために決まってるだろう」

「もっと楽しく、和気あいあいと練習しちゃだめなんですか？」彼の目から涙があふれていた。

私は彼を座らせ、少し話をすることにした。——東芝は我々より大きく、速く、強い。そういう彼らに追いつき、追い越さねばならないんだ。私は多くのプレーヤーとこうした会話を交わし、考えを浸透させていった。その結果我々は大きく成長し、日本ラグビーフットボール選手権大会決勝にまで駒を進めたのである。長年、日本で指導しているあいだに、私に関するいくつかの伝説が生まれた。それは大抵、私を悪魔のような存在として扱うもので、選手たちは私を恐れるあまり、足音が聞こえるとテーブルの下に隠れてしまうといった話ばかりだった。全くくだらない。これまで指導した日本人プレーヤーに会えば、まず互いの近況を確認し合い、あとは必死に練習し成功した当時の昔を懐かしみ、談笑し合うのが常なのだ。私は世界中のメディアから、異常な暴君だと報道される。プレーヤーの能力を最大限引き出そうとしたのは事実だが、それが良い結果を追い求めるための唯一の方法なのだ。弁解はしないし、その必要もない。プロのラグビーの世界に、成長への近道など存在しないのだ。

そんななか、運命のいたずらが起こる。1997年8月、ワラビーズは南アフリカに22対61で完敗し、ヘッドコーチのグレッグ・スミスが更迭《こうてつ》された。誰もが後任はロッド・マックイーンだろうと考えた。実際、9月に彼の就任が発表された。

後に私は、このマックイーンの後釜となるブランビーズの新ヘッドコーチの最終候補者に、自分の名前が含まれていると聞かされた。一方でブランビーズのCEO、マーク・シンダーベリーとチームマネージャーのフィル・トムソンはクライストチャーチに飛び、ひとりの若手コーチと面談した。彼の名はスティーブ・ハンセン。その後にワールドカップでオールブラックスを優勝に導くことになる。誰もが知る名コーチだが、当時はカンタベリー・クルセイダーズで頭角を現し始めていたころだった。だがACT評議会が希望していたのは、自国出身のコーチだった。

その後、私が最有力候補だという噂が広まったが、信じた人は少なかった。マックイーンはアドバイザーを連れ、キャンベラに戻ってきた。そのうちのひとりに、デイヴィッド・ペンブロークがいた。彼はマックイーンの右腕と言われた男だ。遡ること10年、ペンブロークがワリンガーの一軍でプレーしていたとき、チームのコーチをしていたのがマックイーンだった。あるときペンブロークは、ロイヤルノースショア病院に入院している親友を見舞った。そこで彼は、プレー中に首の骨を折った友人の姿にショックを受け、ワラビーズになる夢をあきらめ、商業学士号を取得すると、新たな人生の旅へ向かった。その後ABCラジオの政治部記者になり、キャンベラの連邦議会詰め記者として働くようになる。マックイーンがブランビーズの立ち上げに参画し始めたのが、ちょうどそのころだった。マーケティングにおけるメディアやコミュニケーションの重要性を十分に理解していたマックイーンは、ペンブロークにチームに加わらないかと声をかけたのだ。

1997年9月初旬、ペンブロークは新ヘッドコーチ就任の噂を嗅ぎつけ、キングストンにあるコーヒーショップへやってきた。そこはプレーヤーの溜まり場で、ブランビーズが活動し始めたころ、クイーンズランドコーチ、ジョン・コノリーは、彼らに「カプチーノ軍団」という渾名をつけていた。
きれいに晴れ渡った、穏やかな春の日だった。選手たちに会えば、次のコーチが誰なのか、包み隠さずに教えてくれると分かっていたので、ペンブロークはシンダーベリーに探りを入れる前に、彼らに会いにきたのだった。案の定、店内にはマッケンジー、グレーガン、ラーカム、ケーファー、ギフィン、ロフ、それにキャプテンのブレット・ロビンソンらが揃っていて、世間話をしていた。

ペンブロークは真っすぐマッケンジーに歩み寄り、その隣に椅子を引き寄せて座ると、チームの頭脳であるプロップに言った。「で、いったい誰だ？」

『誰』って？」と、怪訝《けげん》そうにマッケンジーは答える。

「次期コーチに決まってるだろう」

チームアドバイザーが信頼に足る人物だと分かっていたマッケンジーは、ペンブロークの顔を見つめると、言った。「ジョーンズさんですよ」

「ジョーンズ？」ペンブロークは、予想外の答えに戸惑いを隠しきれない。

「エディー・ジョーンズさんです」

「エディー・ジョーンズ？」。ペンブロークはその名前を知ってはいたが、それがいったいどんな人物だったか記憶をたどろうとした。「君がランドウィックで一緒にプレーしていた男か？」

「そう、その人です」と、マッケンジー。

「今はどのチームのコーチをしているんだ？」

「サントリーです」

「サントリー？」ペンブロークはおうむ返しに言った。「サントリーって、東京のか？」

正気なのかと言わんばかりに、彼はマッケンジーの顔をまじまじと見た。チームは卓越したコーチであるマックイーンによって、2シーズン目にして決勝まで進むチームに成長した。ブランビーズはすでにオーストラリア屈指のチームなのだ。それを選手たちは本気で、東京にいる手腕さえ未知数なコーチの手に委ねようというのだろうか？　そんな危うい賭けともいえる選択を敢えてしようというのだろうか？

「ええ」。面倒くさそうにマッケンジーが答える。

「嘘じゃないだろうな？」

「嘘なんてつきませんよ、ペンブロークさん」。マッケンジーは辛抱強く言った。「本当ですとも。エディー・ジョーンズさんが僕たちの新しいコーチです」

その数日前、すでに私はキャンベラに到着していた。マッケンジーは私の就任を強く望んでいたが、そのためには周囲にも同じように、私の力量を認めてもらわなければならない。そこで私はロビンソン、グレーガン、ラーカム、ケーファーらと、キングストンにあるチームのお気に入りのイタリアンレストラン、ラ・カパンナで夕食をともにし、ラグビーについて飽くことなく語り合った。あとはシンダーベリーと会い、最終的な決定を下してもらうだけだった。私はひと目見て、シンダーベリーに好感を抱いたし、彼もまた、私にマックイーンの後任になって欲しいというプレーヤーたちの要望を快く受け入れてくれた。

私はすぐにその足で日本に戻り、サントリーと話し合いを持った。ブランビーズとの契約書は作成段階にあった。私がサントリーに話をつけ、合意書にサインをすれば、私のブランビーズへの就任のニュースをリリースできる。だがペンブロークの表情は依然として冴えず、マッケンジーは彼を安心させようとして言った。

「僕を信じてください。彼なら大丈夫です」

私がブランビーズのヘッドコーチに就任するには、ヒロコの理解が欠かせなかった。彼女は私が東京に戻る前から、すでにキャンベラ行きに賛成してくれていた。これが私にとって大きなチャンスであると分かっていて、家族3人、オーストラリアで再出発しようと決心していたのだ。一方、サントリーとの話し合いはそうすんなりとはいかなかった。私はクラブを軌道に乗せようとしていたところだったし、オーナーにすれば、契約1年目でコーチを失うわけで、気分が良いはずはない。巨大企業のトップたるもの、会社の方向性は自らが決めてきたのだ。少しでも衝撃を和らげなければならなかった。

そこでこんな提案をした。「もしこの先3年間、わがままを聞いてくださるなら、休暇の際には帰国して、サントリーのコーチを無償でやらせてもらいます」

彼が納得してくれたときには、胸が躍った。それ以来、休暇になればサントリーに戻り、コーチをしている。1998年からサントリーのコンサルタントを務め、2009年から2012年までの3年間はヘッドコーチを務めた。1997年に社長が理解を示し、私を自由にしてくれたその決断は、かえって我々の関係をいっそう強固なものにした。サントリーも自社のクラブ関係者が、世界のラグビー界のなかでトップレベルと目される仕事に就くのを誇らしく思ってくれたのかもしれない。こうした経緯があるからこそ互いの結びつきは今なお続き、年に3カ月は日本で過ごし、その間、純粋な楽しみとしてサントリーのコーチに励んでいる。

私のヘッドコーチ就任が報道されると、メディア各社もペンブローク同様、唖然とした。私は東京からシドニー経由の深夜便でキャンベラに到着。最初の仕事は、ACTラグビー協会でメディアの取材に対応することだった。オフィスはキャンベラ郊外の準工業地域、フィッシュウィックのビルの1階にあり、2階はトップレスバーだった。バーのキッチンに備え付けられた、油脂分や残飯、野菜くずなどを分離、収集するグリストラップのゴミを餌に育ったのだろう、オフィスのなかでは見たこともないほど大きなクロバエがうなりを上げて飛び交っては、窓ガラスにぶつかっていた。

ペンブロークとシンダーベリーはそんなあまり快適とは言えないオフィスで、私がやってくるのを待っていた。1時間もすれば、メディアが集まってくる。それまでに準備をしておかねばならない。メディア対応は重要な仕事だ。この2シーズンで見せたチームの成長を考えれば、今シーズン、後退は許されない。ペンブロークは私を座らせ、説明を始めた。

「退屈な話はやめだ」と彼は言った。「資金が潤沢にあるわけじゃないから、メッセージを発信したければメディアに注目されなきゃいけない。できるだけ彼らの興味を引くよう努めて欲しいんだ。はっきりと明確な言葉で、具体的にストーリーを語ること。ジャーナリストは逸話が好きで、名言を好む傾向にあるからね。笑顔を意識して楽しそうに振る舞おう。そうそう、ひげは剃ってくれ。無精ひげはテレビでは厳禁だ。不潔に見えるからね」

そのときはまだ、ペンブロークは私をよく知らなかったので当然だが、実は今でも、私は母親の決めた鉄則に縛られている。それは常に新しいぴかぴかのピンのように身ぎれいであれというもので、少しでもいい加減な格好をしていると小言を言われた。だからもちろんひげは剃るつもりでいたが、ペンブロークはその前にきちんと教えてくれた。彼は最初からすべてにおいて明快で、彼のそんなところが気に入った。

ペンブロークの準備したメッセージをしっかり頭に入れ、彼の作成したリリースとメモに従い、注意深く話を進めていけば良い。準備万端整い、あとは記者会見に臨むだけだ。

ひげを剃った私はすっきりと見え、ペンブロークはご機嫌だった。「プレゼンテーションですべては決まる。頼んだよ」

会見が始まっても思いのほかリラックスできていて、私のジョークに笑い声が上がる。どんなラグビーを目指すのか話し始めると、彼らは急いでメモを取った。質問も多かったが、答えられないようなものはひとつもなかったし、私には会見を楽しむ余裕さえあった。

「できはどうだった？」と、尋ねると、ペンブロークは答えた。

「まずまずかな」

私は彼の顔を見やり、そして頷いた。「慣れればもっと上手くやれると思う。今後も見てもらって、どこがどう良くなったか教えて欲しい」

「そういう気持ちがある限り大丈夫、もっと上手くなる」と、彼は言った。「でも、骨の折れる仕事だよ」

ペンブロークと私には、共通する部分がたくさんあった。彼の祖父母、おじ、おば、いとこは皆、リトルベイの私の実家からほど近い場所に住んでいたし、ランドウィックで学校代表として一緒にクリケットをやっていたマーティー・ガー（彼は後に、素晴らしいリーグラグビープレーヤーになる）は、彼のいとこだった。ペンブロークとは同じニューサウスウェールズ大学のラグビークラブに所属し、マンリーと戦った経験まで一緒だった。我々は意気投合した。ペンブロークは夕食をともにしながら、ブランビーズを理解するのに必要なあらゆる背景や見識を語り、さらになぜキャンベラのみならずオーストラリア全土、そして世界から注目される必要があるのか、その理由についても教えてくれた。

私がシドニーメディアがブランビーズに対して抱く敵対意識に触れると、ペンブロークは笑いながらこう言った。「すべての物語には悪役が必要なのさ。シドニーメディアにとって我々は敵役《かたき》だ。彼らのような伝統を重んじる人たちから見れば、我々は新興勢力に過ぎない。だから我々の成功が腹立たしいのさ。だがそんなのはどうでもいい。ブランビーズが勝ち続ける限り、彼らだって嫌でも取り上げざるを得ないのだからね」

シドニー各紙は常にブランビーズを、落ちこぼれ、はみ出し者、不良品などと呼んだ。

ペンブロークの説明によれば、これは『シドニー・モーニング・ヘラルド』紙のグレッグ・グローデンが言い出したのだという。「ある日、まずグローデンがそういう記事を書いた。なんて運がいいんだと思ったね」。そう言うとペンブロークは破顔した。「最高のタイミングだった。そもそもキャンベラは周りから批判されたり陰口を言われたりする街だから、そういうキャンベラのイメージに結びつく表現はマーケティングにうってつけだ。まず相手を挑発しなければと考えていたが、まんまと向こうから仕掛けてくれたってわけだ」

ペンブロークはさらに、綿密に計画されたプランを準備していた。タイトルは「ACT：世界への挑戦」。ペンブロークはコピーを手渡しながら言った。「『オーストラリアへの挑戦』よりも、言葉の響きがいい、そう思わないか？　世界のトップを目指そうというテーマを掲げれば、選手たちはフィールドの内外を問わず成長しなければと思うだろうし、サポーターや理事会、スポンサーにも、なんらかの良い効果が期待できるだろう」

最初にペンブロークがこのビジョンの概要を話したとき、プレーヤーの何人かは笑って取り合わなかった。マックイーンはブランビーズをオーストラリアで一番のチームにすると語ったが、これをさらにもう一歩進め、世界のトップチームになるという目標に変えたのだった。スーパーラグビー（スーパー12）が新たにテレビ局と契約したことで、我々は世界に大きな衝撃を与えることさえできるのだとペンブロークは主張した。

チーム発足時のメンバーは、未だに彼を「グローバル」と呼び、当時の彼の大風呂敷をからかっている。もちろんそれは冗談だ。彼らはペンブロークに感謝こそすれ、悪意を持つはずなどない。彼のビジョンは大いなる希望、到達すべき目標や行動様式への原動力であり、数年でそれを実現し、わずか30万人の都市のチームが、スーパー12のチャンピオンになったのだ。

初めてペンブロークの詳細にわたる説明を聞いたとき、彼が思ったことをありのままに語り、決して嘘をつかず、常に私を支援してくれる人物だと確信した。22年が経った今でもほぼ毎日言葉を交わしている。彼は才気あふれる戦略家で、イングランドチームの成功を願い、私がきちんとコミュニケーションを図っているか――すなわち、正確なメッセージを、適切なファンに、的確なタイミングで届けているか、確認してくれている。

マスコミとの関係を築くのは難しく、それは今でも変わらない。メディア各社にとってはいかに他社よりも正確な情報源を獲得するのかが重要なポイントで、そのせいか、四六時中彼らに見張られているような気分になる。ソーシャルメディアは社会を根本から変えてしまい、レポーターと仲良くビールを飲み、互いにのんびりあくびをし合うなどという関係は今では全く見られなくなってしまった。昔ながらのラグビー記者も、今ではブログやポッドキャスト、ツイッターや動画、注目を集める見出しやインターネットの接続状況など、それこそたくさんのことを考えなければならない。もちろん未だに多くのジャーナリストが、才能あふれる優れた記事を書きたいと望んでいる。確かにそうした記事も見かけはするが、残念ながらそのほとんどはつまらないし、間違った情報に基づいて書かれたりしたものが多い。しかも、記者たちのラグビーに対する理解力さえ、昨今では不足しているのではないだろうか。

さて、話をキャンベラに戻そう。レッズとワラターズよりも良い成績を収めたにもかかわらず、我々は未だにオーストラリアラグビー界のはみ出し者であり、アウトサイダーだった。グローデン、ピーター・ジェンキンスといったシドニーの著名なジャーナリストたちが本当に毛嫌いしているとは思えなかったが、そうした記事はかえってチームの結束を固くした。彼らから見れば落ちこぼれかもしれないが、我々が目指していたのは世界中でラグビーがプレーされる方法が変わるくらい影響力のあるチームになることだった。我々はブランビーズ――国内最強の、洗練され、完成されたチームなのだ。

その象徴的存在がジョージ・グレーガンだった。金髪のオーストラリア人プレーヤーたちに比べて、彼にはよほど面白い逸話がたくさんあった。彼はザンビア生まれのキャンベラ育ち、母親は黒人のジンバブエ人、父親は白人のオーストラリア人で、どことなく私の生い立ちを思い起こさせた。キャンベラは官僚とたくさんの政治家、そしてその取り巻き連中によって運営される実に退屈なところだというのがメディアの使う常套句だ。だがキャンベラは、決してメルボルンやシドニーのメディアが書き立てるような面白みに欠ける街ではない。人種と文化のるつぼであり、たくさんの大使館が立ち並ぶ、驚くほどの国際都市である。

グレーガンの物腰は控えめで礼儀正しかった。だからといって勝利にもこだわらないかと言えばそうではなく、逆にそこはどん欲だった。彼は偉大なラグビープレーヤーだったが、いつもチームメイトからからかいの対象になっていた。グレーガンは、ラグビーがプロ化されると、頭を剃り、少しずつ国際的なスーパースタープレーヤーらしい外見を備えていった。ジョー・ロフはいつも彼を指さしては、こう言ってからかった。「おい、あそこにいるやつが見えるかい？　俺はよく知っているから言うんだが、昔はアフロヘアで、紫のスーツを着て、キングスウッドを車で流すような、スポーツ専攻の学生だったのさ。それが今じゃどうだい」

ブランビーズでは、プレーヤーとして相応しくない格好をすることは禁じられていたのだ。

未だに覚えているのは、シーズンに向けてトレーニングを開始し、数週間が経ったある日のこと。我々は選手の体力数値を計測していた。プレーヤーの人数はそれほど多くなく、かといって足りないわけでもなかった。マックイーンはチームを大躍進させたが、組織はアマチュアと変わらなかった。使える予算はほとんどなく、プロ並みの設備もなかったので、生徒が廊下を走り回っているような高校のジムを借りてウェイトトレーニングを行った。私は、チームは半年前にスーパー12で準優勝したときがピークだったのではないかと思い始めていた。プレーヤーとしてはすでに高齢で、契約が続くまでしがみつこうとしていた者さえいた。

ラグビーも人生も本質は変わらない。表向きだけではなく、植物で言えば根の部分が大切だ。見えない努力を積み重ねてこそ、チャンスをつかみ、成功へたどり着ける。マックイーンとマッケンジーはブランビーズをゼロから作り上げ、偉大な業績を残してくれた。長期的な成功をもたらすために必要な基礎部分はすべて整っていたが、中期的視野に立った施策が欠けていた。年齢のいったプレーヤーを排除すべきだったが、そのときの私にはそれを断行できるだけの経験が不足していた。結果的に、チームには様々なレベルの選手が混在し、私もプレーヤーに対する評価や見方に自信が持てず、あとは実際のプレーを見て判断するしか方法はなかった。

我々は開幕戦から上手く噛み合わなかった。1998年3月1日、ブランビーズは最大のライバル、ニューサウスウェールズ・ワラターズとシドニーで対戦した。ワラターズは前シーズン9位、ブランビーズはオークランド・ブルーズに次ぐ2位だった。シドニー・フットボールスタジアムの空は晴れ渡り、我々は大きな期待を背負っていたが、結果は7対32の完敗。プライドは大いに傷ついた。あとから振り返れば、我々の準備はひどいものだったし、そもそもプレーヤーのマインドセットが間違っていた。対抗意識丸出しで、冷静さを欠いていた。私はこの結果にどう対応すべきか分からず、チームは最悪の状態だった。

キャンベラに戻ると選手にハードワークを課し、ホーム初戦となるオタゴ・ハイランダーズ戦は勝利したものの、翌週、引き続きキャンベラで行われたシャークス戦では再び星を落としてしまった。第4週にはヨハネスブルグのキャッツ（現ライオンズ）を破ったが、頭を悩ませたのは、このあと3週にわたり待ち受けるアウェーでの苦難——南アフリカ、ニュージーランド遠征だった。

我々はブラックパンの固いピッチで、ノーザン・トランスヴァールに7対24で敗退。チームには本当に力があるのか、自分には、本当にこのレベルのチームを率いる力があるのか——私は明確な自信が持てずに苦しんでいた。次はケープタウンに移動し、世界的にも有名なニューランズスタジアムでウェスタン・ストーマーズ（現ストーマーズ）と対戦した。1998年4月3日のこの試合は金曜日の夜でもあり、チケットは完売。しかもストーマーズには、パーシー・モンゴメリ、ジェームズ・スモール、ブライトン・ポールセ、チェスター・ウィリアムズ、ピーター・ロッソウ、ディック・ミューア、ボビー・スキンスタッド、そしてコーネ・クリーグといった好選手が揃っていた。だがストーマーズには好不調の波があり、つけ入るチャンスは十分あるはずだった。ところがいつのまにか、我々のあいだには不安という感情がまるで癌のように広がっていたのである。

映画『メン・イン・ブラック』のテーマが流れ、ストーマーズがフィールドに現れると、ブランビーズのプレーヤーに恐れと緊張がさざ波のように広がっていくのが分かった。黒いユニフォームのホームチームがグラウンドを縦横無尽に駆け回り、ケープタウンの4万人のファンは熱狂した。5トライを奪われ、我々はなんとかデイヴィッド・ノックスのペナルティーゴールで一矢を報いただけだった。最終スコアは3対34。なんとも無様な夜だった。

深夜、私はホテルの一室でベッドに座り、泣いていた。広い部屋のなかで打ちひしがれ、涙が頬を伝っていく。初めて打ち合わせをしたとき、ペンブロークは私にこう言った。「――一にも二にも、三にも四にも五にも、とにかく大切なのは勝つことだ。勝てなければすべてが立ち行かなくなる」。彼の言葉が頭のなかに響いていた。電話をしたが、彼は出なかった。疲れ果て、やり場もなく、打開策も思い浮かばない。「なんてざまだ、いったいなにをすればいいんだ？　この状況を打開するには、どうすればいい？」

開幕から6試合。そのうち4試合を落とし、翌日はニュージーランドへ出発する。待ち受けるのはクルセイダーズ。彼らはストーマーズよりも格上だ。この前の試合よりもさらに徹底的に打ちのめされるかもしれない。プロというハイレベルでのコーチングキャリアは、まだ始まったばかりだというのに、すでに終わりが見えているようだった。

私は顔を洗い、散歩に出かけた。美しい夜だった。月明かりのなか、キャンプスベイのホテルを出てビーチに腰を下ろし、気持ちを落ち着ける。「なんとかしなければ」と、私は考えた。「まず、この状況から抜け出るための方法を探すんだ。そしてすぐ行動に移そう」

ホテルに戻るころには、もとの自分を取り戻していた。翌朝、私があれほど取り乱していたなどとは、誰も知る由もなかった。私は揺るぎなく、自信にあふれていた。

もちろん、苦しい現実が終わりを告げたわけではない。ティマルーではクルセイダーズに26対38で敗戦。だが負けはしたが、ゲーム内容は良くなっていた。アタックの動きが良く、プレーに切れが戻り、我々も3トライ奪うことができた。

得点差は縮まってきた次の3ゲームも落としはしたが、ウェリントン・ハリケーンズとオークランド・ブルーズの2戦はいずれも3点の僅差だった。特にブルーズは我々が目指すべき水準を示してくれた。彼らのチームワーク、フィジカル、スキルは、世界のトップチームになるために追い越さねばならない目標だった。

地元キャンベラの人たちも最初は期待していたが、負けが込んでくると、わずか数カ月で辛辣な言葉を浴びせてくるようになった。ブルーススタジアムでは、コーチは特別観覧席のボックスシートから指示を出すのだが、ハーフタイムに選手のいるドレッシングルームへ向かうには観客席のあいだを通らねばならない。そんなときに野次が飛ぶのだ。

「ランドウィックに帰ったらどうだ、ジョーンズ。お前じゃだめだ」

「ジョーンズ、もううんざりだ。もうちょっとましな手は打てないのか」

「マックイーンを返せ！」

辛辣な言葉を浴びせられ、私は平静を装っていたが、心は傷ついていた。チームに大鉈《おおなた》を振るっていれば、もっと良い成績を収められたかもしれない。だが結局、参加12チーム中10位という成績でそのシーズンを終えた。

チームの状態は決して悪くなかったが、案の定、ＡＣＴ評議会は神経をとがらせていた。1年前には優勝争いをしていたチームが、私が指揮を執ったとたんに低迷を始めたのだから無理もない。シンダーベリーは質問を始めた。キャプテンのブレット・ロビンソンはチームを代表して参加したが、断固としてチームの目指す方向性は間違っていないと主張した。「もう少し時間が必要なのです」。選手は100パーセント、私の味方だった。ペンブローク、チームマネージャーのフィル・トムソン、そして私の3人は、シーズン中、毎週月曜日の午前7時に集まり、その週のプランを子細に検討し、前週のフィールド内外でのパフォーマンスを検証した。1年を通じて計画は順調に推移したが、残念ながら勝ち星に恵まれなかったのだ。怪我人が多かったが、それは言い訳にはならなかったし、耳を貸してはもらえなかった。

私はチームにいくつか変更を加えた。ひとつはデイヴィッド・ノックスを外すことで、厳しい決断だった。彼は一緒にマトラヴィル・ハイスクールに通い、ともにラグビークラブでプレーし、学校代表として同じクリケットチームに所属し、ランドウィックでは苦楽をともにした仲間だった。ノックスほど創造的なプレーができる選手は他にはいなかったし、前年もオーストラリア代表として招集され、キャップ数は13に伸びていた。さらにスティーブン・ラーカムとスターリング・モートロックはゴールキッカーとしての精度はもうひとつだったが、ノックスには安定感があった。だが私は、グレーガン、ラーカム、ケーファーを起点とした、新たな攻撃スタイルを確立したかったのだ。ノックスは私より3つ年下の34歳。トップレベルでプレーするには年を取りすぎていた。彼はそうした事情を告げられると幾分いらだったが、最終的には納得してくれた。おかげで今日まで長い年月が経っても、我々は良き友人である。

ノックスは、1996年のブランビーズ発足当時から、チームに大いに貢献してくれた。彼は人に迎合できる性格ではなく、学閥が存在するワラターズにはどうしても馴染めなかった。だが意見が言い合え、多様性があり、それでいて一体感のある、いわば海賊船のようなブランビーズはまさに彼にうってつけだった。地元の人たち、特にナイトクラブのオーナーたちは彼を愛し、彼もまたキャンベラでの日々を楽しんでいた。

プレーヤーの刷新以外に考えを巡らせたのは、運動能力はニュージーランドに及ばず、フィジカルの強さは南アフリカにかなわないという事実をどう埋め合わせるべきかという問題だった。我々は、賢いラグビーができるオーストラリア人の特性を再認識する必要があり、ブランビーズの若手プレーヤーにはこうした議論を徹底的に行わせた。なかでもロッド・ケーファーは、次のシーズンをいかに戦うかという戦術の立案過程では、いわば参謀役を務めてくれた。

クルセイダーズを率いていたウェイン・スミスは、すでにラグビーに劇的な変化をもたらしていた。それまでのスーパー12は、攻守が入り交じり陣形が整っていない、いわゆるアンストラクチャーの局面が多かったが、その分素晴らしいトライも生まれていた。だがスミスはそうしたゲームのダイナミクスを大きく変え、ブレイクダウンをボールを奪い合うコンテストの場に変えたのだ。ラグビーに新たなフィジカル的要素を持ち込んだクルセイダーズは、その年のスーパー12を制覇。彼らの新たな発想に、我々も大いに刺激を受けた。

チームの雰囲気は落ち着いていた。11試合中、勝ったのはわずか3試合だったが、プレーヤーは私を信頼していた。信頼感は交渉して生まれるものではない。ブランビーズのメンバーはチームに愛情を持ち、プレーヤー同士の率直で自然な関係を通して、お互いをよく理解し合っていた。そうして築き上げられた伝統によって、プレーヤーたちは飾ることなく、常に自分らしくいられたのだ。チームは自分にとってどのような存在なのか、彼らは素直に、ときには感情をぶつけて話をした。互いに心を許し合う仲間だったが、だからといって衝突を恐れていたわけでもない。分からない部分があれば議論を交わし、いったん納得すれば、あとはそれに従った。それは本来の共同体のあるべき姿だった。彼らは創造的イマジネーションをもって物事を深く考えられ、常に私がフィールド上のイノベーションを求めているのもよく認識していた。

ケープタウンで危うく自分を見失いかけた私は、そのまま取り乱してしまってもおかしくはなかったが、なんとか持ちこたえてチームの立て直しに取り組み、その後はパニックにならずに済んだ。人の気持ちなど考慮せず、チームの再建に大鉈を振るっていたら、もっと早く上手くいき、ひょっとしたらチームの成績も下位ではなく中位くらいになっていたかもしれない。だがそれはあくまで仮定の話だ。我々が本来考えたプランが機能し、劇的な変化をもたらすには時間が必要だったのだ。

初年度も終わりに近づくころ、クイーンズランドやニューサウスウェールズとの州対抗試合が行われた。ワラビーズプレーヤーには、現在のザ・ラグビーチャンピオンシップの前身、トライネーションズから11月の欧州遠征までのあいだ、休暇が与えられていたので、モートロック、ロフ、ラーカム、グレーガン、フィネガンら、ワラビーズプレーヤーはチームにおらず、ケーファーと私は残ったプレーヤーを使い、様々な戦術を実戦のなかで試すことができた。

ケーファーは私がこれまでコーチしたなかで、少なくとも戦略的で視野の広い考え方ができるという意味では、最も頭の切れるプレーヤーだった。これまでドゥワイヤーやマッケンジーとしか共有できなかった、なかなか言葉では伝えにくいラグビーの微妙な複雑さについても理解を示し、我々はすぐに打ち解けた。１９９８年、新たなシーズンの始まりを迎え、私はキャンベラに飛んだ。空港に迎えに来ていたのはケーファーだった。私に深い信頼を寄せていた彼は空港からの道すがら、実は引退を考えていると打ち明けてくれた。私は彼に強い口調で言った。「結論を急ぐ必要はない。そんなに早く引退したら、大きな間違いを犯すことになる」

そのとき彼はまだ26歳だったが、一度も、オーストラリア代表としてプレーできず、国際舞台で活躍するという夢をあきらめようとしていた。１９９５年にチャンスが巡ってきたがそれを活かせず、テストマッチデビューを果たせなかったのが大きな痛手になっていた。オーストラリア代表に選ばれ――当時、ＡＣＴから代表に選ばれるのはなかなか難しかった――シドニーで行われるブレディスローカップ第2戦にフルバックとしてプレーする予定だったが、ノースシドニー・オーヴァルで行われた最後のトレーニングセッションで足首を3箇所も骨折し、ワラビーズになるという彼の夢ははかなく消えた。その後、何人もの優れたプレーヤーたちと対戦したが、ワラビーズの傑出したセンターであるティム・ホラン、ジェイソン・リトル、ダニエル・ハーバートを押しのけ、自分が代表に選ばれるとは到底思えなかったのだ。だがケーファーは彼らとはタイプが異なり、トリッキーな動きと相手との間合いで、ゲームにインパクトを与えるプレーヤーだった。私は彼に、テストマッチで十分通用するレベルにあり、ブランビーズにとっても大切なキープレーヤーだと伝えた。

私の目に狂いはなかった。翌年、ケーファーはワラビーズに選抜され、１９９９年のワールドカップ優勝チームでプレーし、最終的にキャップ数は12を数えた。だが彼の最大の功績は、ブランビーズに新たなスタイルのアタッキングラグビーを導入する手助けをしてくれたことだった。

1998年9月、ニューサウスウェールズとのゲームで組織的ラグビーを展開し、開始20分で、我々の目指す理想的なトライを2本決めた。私は我が目を疑った。ゲームは最終的に大差で敗れはしたものの、その日の午後、スコアボードは一切気にならなかった。試合後、ケーファーとふたりドレッシングルームで、世界のラグビーを変えていけるかもしれないと熱く語り合ったそのときの高揚感を、今でも思い出すことができる。

ヘッドコーチとして初めてのシーズンが終わり、我々は自分たちの存在意義を確認し、なすべき目標を明確にするため、メンバー全員を集めてセッションを行った。チームには世界最高のクラブチームを目指すというビジョンと明確なチームカルチャーがありながら、それらをきちんと明文化していなかった。終日かけてチームビルディングに励み、一日が終わるころには、大きな紙にブランビーズ（ＢＲＵＭＢＩＥＳ）という語のそれぞれの文字に対応するチームの価値観が書き込まれていた。ＢはBetterment（向上）、ＲはRespect（敬意）、ＵはUnity（結束）、ＭはMateship（仲間意識）、ＩはIntelligence（知性）、ＥはEnjoyment（喜び）、そしてＳはSuccess（成功）というものだった。

ペンブロークは感激した。プレーヤーたちは自らの言葉で、チームの指針、いわゆるエートスを完成させたのだ。アイデンティティを具体的に示し、チームの基盤に新たな要素を加え、我々の物語に対する新たな枠組みを作りだしたのである。

１９９７年にワラビーズのコーチに就任したロッド・マックイーンは、その年も終わりに近づいたある日、新たな仕事に取り掛かった。まず、数人の専門家を代表チームのスタッフに加え、ストレングス＆コンディショニングコーチには、実直な物言いで知られる、白髪交じりのスティーブ・ナンスを任命した。リーグラグビーのブリスベン・ブロンコスでプレーし、プレミアシップを3度制覇した経歴を持つ人物で、その仕事ぶりは高い評価を受けていた。私も彼が好きで、年は離れていたが、ハードワークと率直な物言いを身上に、明晰さと卓越性を追い求めようとするところは共通していた。

ナンスは、私がブランビーズのヘッドコーチとして2年目のシーズンを迎え、非常に難しい立場にあると知っていた。彼は私の努力を認め、だからこそ皆の前を避けて陰に連れて行くと、アドバイスを与えてくれた。「ジョーンズ」と、彼は静かに言った。「もし今年上手くいかなかったら、おそらく君のコーチとしてのキャリアはそこで終わる」

人によっては、わざわざそんな話を聞かせるべきではないと思うだろう。だがプロのコーチとして私より長い経験があり、現実がよく分かっていたからこそ、そう言ってくれたのだ。まだ次の年もあるのだからと慰めを言い、大切な1年を無駄に使わせてしまったら、それこそ侮辱以外の何物でもない。我々にはそれが十分すぎるほど分かっていた。もしブランビーズが6位以内にまで躍進できなければ、私の前途はそこで断ち切られるのだ。自らの強い信念に忠実であり続ければ、もし上手くいかなくても後悔はない。自分の直感を信じて進むのだ――ナンスはそう、断固とした口調で語った。私はチームの今後の計画に全責任を負っていた。まだこのレベルでのコーチとしての経験が浅かった私は、昨シーズンは完全にチームを掌握しきれていなかった。その結果は悲惨なものだった。だが、今ではすべて自分の手でコントロールしている。自分の考えに従えというナンスの厳しいアドバイスを耳にした私は、自分とチームに対していっそう自信を深めた。

2年目のスーパー12の3カ月間は希望に満ちていた。古い木々は取り除かれ、グレーガン、ラーカム、ロフなどのワールドクラスのトッププレーヤーを中心に、チームの力を最大限発揮できる、新しいエキサイティングなラグビーを作りだしていた。私にとっては背水の陣でもあり、新たなチームに前シーズンのような過ちを犯させるわけにはいかなかったのだ。過去の経験はチームの基盤を強固にする糧となり、さらに私の手中には、機能させるべき新たなシステムがあった。今度こそ上手くいく――私はそう信じて疑わなかった。

こうしてブランビーズのラグビーは、少なくとも南半球では、誰もが憧れるひとつのプレースタイルになった。

我々が作りだしたのは、第3フェーズに最高のアタッカーを最も弱いディフェンダーに当てるという高度に組織化されたプランである。それはチェスに似ていて、上手く機能すれば、その破壊力は凄まじかった。高度に洗練された現代ラグビーのディフェンスとは違い、当時の各チームのディフェンスはまだお粗末で、わずかな工夫で、目の前のどんな対戦相手も倒すことができた。フィジカルに関しては我々よりも大きくて強いチームがたくさんあったので、新たな方法で対抗しようと考えたのだ。その結果、世界中に我々の戦略とアタックを模倣しようとするチームが現れていった。

イノベーションには、それを機能させようとする勇気が必要だ。型破りな方法を試し、万一それが上手くいかなければ誰もが厳しい批判にさらされる。価値ある新たな考えや手法を完璧なものに仕上げていくには、修正し、磨きをかけていく時間が必要だと知らねばならない。

私は常に、できる限りゲインラインの近くでプレーするというランドウィック哲学に基づくアタッキングラグビーを志向してきた。ランドウィックは何度もリーグ制覇をしてきたチームであり、この哲学は単なるラグビー理念ではなく、どんなゲームでも勝てるような具体的方法を真剣に模索したものだ。試合に勝つためには、相手チームの長所を封じようとするのではなく、自分たちの力を最大限発揮することに主眼を置かねばならない。ランドウィック・ウェイから不要な要素を取り除き、そのチームの特質にあった、流れるように機能するアタッキングラグビーを磨き上げようとしたケースは、これまでのキャリアを考えると2度あった。そのためには知性の高い、才能のあるプレーヤーが揃っていなければならず、まず2015年のワールドカップでの日本チーム、もうひとつは1999年から2001年にかけてのブランビーズだった。

最高のアタッカーを最も弱いディフェンダーに当てるという、21世紀になろうとする変わり目の時代には革新的だと考えられた戦法も、今ではごく普通に見られるプレーだ。現行のルールではフェーズを重ねられるよう攻撃側に有利になっており、プレーヤーも自分の役割を完璧に理解し、セットプレーではボールが確保できるよう、規律をしっかり守るようになった。つまり当時の我々の新たな攻撃パターンは、現代ラグビーの基本に取り込まれてしまったのだ。

このプランはリーグラグビーをヒントにしている。ケーファーと私はリーグのゲームを研究し、ひとつのシステムを作り上げた。たとえばジョー・ロフのようなプレーヤーが、動きの遅い大きなプロップに正対するよう仕向け、それによってフィールド上の相手ディフェンスを突破し、トライを奪おうと考えたのだ。

この形になるのに3フェーズ以上かかる場合もあるが、そこは気にしない。システムに縛られ、硬直化してはならない。第1フェーズか第2フェーズでギャップができれば、第3フェーズを待たなくともスタートを切る。アンストラクチャーの状態が生まれたかどうかの判断はプレーヤー自身が行うが、大抵は第3フェーズまで待っていた。生きたボールが供給され、的確にプランが遂行されれば、このプレーがもたらす成功率は驚くほど高かった。現在のディフェンスは高度に組織化され、突破するのはなかなか難しくなっているが、当時このシステムをマスターしていたブランビーズは、他のチームよりも確実に一歩前を走っていた。

大会がスタートしても、波に乗るには時間がかかった。これまで苦戦続きだった南アフリカで2試合、その後、ブリスベンに移動してレッズと対戦したが、思ったような形にならず、開幕から3連敗。だがスコアは僅差で、レッズとは18対19とわずか1点差だった。ボーナスポイントが獲得できたので順位は9位。3連敗こそしていたが、他の11チームのなかで、我々の総得点数56を上回っているのは3チームだけだった。私は自信を深めた。

気を取り直し、次のホームの2試合では勝利を収めた。ストーマーズ戦では、第3フェーズのクロスプレーで相手ディフェンスを崩し、ほぼ完璧なトライを挙げた。まずひとり目のプレーヤーが左へ走り、ふたり目が右へ。そこにできたギャップを3人目のランナーが突破したのだ。その1週間後の1999年3月27日、土曜日。我々はブルズを一蹴した。雨でコンディションは最悪だったが、我々の動きは力強く滑らかで、10トライを奪い72対9で圧勝した。パスやハンドリング、ラインブレイク、バックスとフォワードの連係など、息をのむようなプレーが随所に見られた。雨が激しく降り注いでいたが、ブルーススタジアムは我々のプレーによってまるで陽光を浴びて輝いているかのようだった。

順位は5位まで上がった。だが目指すプレーが完成するには、さらなる実戦と忍耐が必要だった。プレーオフで準決勝に進むためには、アウェーでの最終試合、オークランドでブルーズに勝利しなければならない。このゲームは、シーズンを通じて最も記憶に残る一戦となった。前半を終了して0対16とリードされていたが、自分たちのシステムを信じ、徹底して3フェーズプランを実行していった。結局我々は21対16で逆転勝ちし、順位を4位に上げた。私の胸は誇りにあふれていた。

だが5位のクルセイダーズは最終戦を翌日に残していた。ワラターズに勝てば彼らが4位となり、ブランビーズはプレーオフには進めない。我々の犯した過ちは、前年度に優勝したクルセイダーズのような力のあるチームに自分たちの命運を委ねてしまったことだった。結局クルセイダーズはワラターズに勝利を収め、決勝トーナメントに進出。レギュラーシーズンこそ4位だったがその後勝ち上がり、見事連覇を果たした。もう少しの冷静さと強い信念さえあれば——我々がその立場にいたかもしれなかった。

2年目のシーズン、チームはピッチの外、つまり社会活動と企業レベルでも大きく躍進し、私も充実した時間を過ごした。ペンブロークは世界中にブランビーズファンを根付かせていくという、誰が見ても馬鹿げた計画を抱いており、そのためにはまず身近なところから始めるべきだと考えていた。そこで我々は時間があれば、彼の車に中古のラグビーウェア、シューズ、ボール、パンツやポスターを積み込み、皆で同乗して、ACT周辺の小さな街のクラブを訪ねて回った。私は午後や夕方早い時間に、ジュニアチームや一軍チームの練習を指導した。学生であろうが、セカンド・グレードであろうが、全く気にしなかった。ホイッスルをくわえ、プレーヤーの楽しそうな姿を見るだけで幸せだった。その後、私たちはクラブハウスやパブに集まり、時の経つのも忘れてラグビー談義に花を咲かせたものだった。私はいつも彼らの話に耳を傾けた。近々ブランビーズの試合があれば、どんな選手を選んだら良いか意見を聞いた。もちろんそれに左右されはしなかったが、巷《ちまた》の様々なブランビーズファンの話を聞くのは、私にとっては良い経験だった。

イノベーションは好奇心から生まれる。話し相手がジョゼップ・グアルディオラやアレックス・ファーガソンならもちろんだが、たとえ機内で隣り合わせになった人でも、得るものはあるはずだ。謙虚な姿勢で質問し、傾聴すれば、何かしらの学びはある。年を重ねれば重ねるほど、自分がいかに物事を知らないか分かってくる。大切なのは、本当の意味で人に関心を持つことだ。そうすれば彼らの話は自らの疑問に対する答えとなり、成長を促してくれる心の糧になるだろう。

ブランビーズのファンを開拓するためにACT近郊を回り、そうした活動を続けているうちに、明らかに我々のようなラグビーをプレーしようとする人が増えていった。それはあたかも地道に1カ所ずつ、アタッキングラグビーという教義を流布していくような活動だった。私は今でも時間さえあれば、クラブや学校でラグビーを楽しく教えている。イングランド代表コーチとして選手を指導する時間は限られており、それ以外は比較的自由になるので、頻繁にクラブや学校でトレーニングセッションを行っている。満面に喜びを湛《たた》え、誰もが愛するラグビーというスポーツを楽しむ子どもたち――その姿を見るだけで、報われた気持ちになる。ラグビーはあらゆるものを与えてくれた。彼らのトレーニングを手伝うのは、それに対する私のささやかな恩返しである。

新たなシーズンに先立ち、マーク・シンダーベリーは、我々が心から待ち望んでいたスポンサーを探し出してきてくれた。ニューヨークに本社を置くコンピューターソフトウェア企業、CAテクノロジーズである。キャンベラに進出するにあたり、不良品と呼ばれる我々が世界一のチームを目指すという物語が気に入り、そのスポンサーになることで、世界中のテレビ視聴者に向けて露出を図りたいというのだ。我々もまた大会の舞台となるニュージーランド、オーストラリア、南アフリカの3カ国で企業イベントを行っても良いと提案。結果として、州チームのスポンサーとしてはそれまでにない、年間120万ドルで3年間という破格の契約となった。

ようやく幸運を手に入れた。これで世界的なクラブチームと対等に渡り合える。それまで国内の主要なゲームがニューサウスウェールズとクイーンズランドというふたつの巨大な州で行われてきたため、オーストラリアグビー協会はこの両州に多額の予算を計上してきた。つまりオーストラリアラグビー協会評議会からすれば、我々はニューサウスウェールズやクイーンズランドと対等な存在とは見なされず、それが我々の成長を阻害してきたのである。だが我々もこうして彼らと競い合う術《すべ》を手に入れたのだ。

第6章 ラーニングカーブ

LEARNING CURVE

選手との絆は週を追い、月を重ねるごとに、ますます深くなっていった。ロッド・マックイーンの定めた約束事に従い、私たち家族も、多くの選手と同じマンションに住んでいた。おかげでヒロコはジョージ・グレーガンの妻であるエリカや、ロッド・ケーファーの妻（当時はガールフレンドだった）のアマンダと仲良くなった。一方私は、そこで暮らす多くの選手や家族との付き合いに細心の注意を払っていた。もちろん彼らに親しみを感じ、良い関係を築こうと努めもした。だがトレーニングやセレクションについて、毎週、厳しい決断を下さねばならないことも忘れてはいなかった。

アルコールに関しては今より寛容な時代であり、選手たちになるべく定期的に飲みに行くよう勧めた。そう言いながらも私は、酒席が賑やかになる前に、何も言わずにそっと席を外すのが常だった。漫画に登場するマジシャンは、大抵煙のなかで消えていく。彼らはいつの間にかいなくなる私を、まるでそんな煙のようだと笑った。私からすれば朝早く起きるのが習慣だったし、選手と少し距離を置く必要があったからだ。

ラグビーシーズンに入ると、月曜日の夕方に選手の部屋に集まり、戦術について話し合った。これまでコーチをしたなかで、彼らほど高い知性を持った集団は他になかったが、唯一、ブランビーズに迫るチームがひとつあった。2007年ラグビーワールドカップで優勝したときのスプリングボクスだ。私はテクニカルアドバイザーとして参加していたが、チームにはジョン・スミット、フーリー・デュプレア、ビクター・マットフィールドがいて、彼らはマッケンジー、ケーファー、グレーガン、ラーカムと同じくらい頭の回転が速かった。ブランビーズは文句のつけようもないほど知性的だったが、その点ではスプリングボクスも、彼らに匹敵するチームだった。

ブランビーズのリーダーを務める優れたプレーヤーたちは、自らはもちろん、チーム全体の成長にもどん欲に取り組んだ。彼らはまた驚くべきスキルの持ち主でもあった。大勢の選手がいるチームには、精神力やプレーヤーとしての能力の面で劣るメンバーが必ずいる。私は彼らを特に厳しく指導した。口やかましい鬼コーチだというイメージは、どうやらこのころに出来上がったようだ。

理由は至って単純だ。プレーヤーの能力を最大限引き出そうとしたのである。これはジョージ・グレーガンには必要なかった。なぜならすでに世界屈指のプレーヤーであり、自分の力を高めるために努力を惜しまなかったからだ。だがトロイ・ジャックスとベン・ダーウィンはグレーガンとは違っていたし、互いに異なるタイプのプレーヤーでもあった。特にジャックスはこれまでコーチしてきた数千人のプレーヤーのなかで、誰よりも多くの叱咤激励を浴びせた選手だった。

彼はロックからフランカーに転じ、プロでやっていこうと必死だった。センスのあるタフな選手だったが、指がバナナのように大きくて使えず、とにかくボールをよくこぼした。シドニーのイースタン・サバーブズでプレーしていたので、私の志向するラグビーをよく理解していた。問題はラグビーの初歩的スキルであるパスとキャッチがトッププレーヤーに比べると格段に劣ることだった。このままプロとしてやっていきたければ上達するしかない。

私がジャックスに激しく檄《げき》を飛ばすのは、チーム内ではありふれた光景のひとつになっていた。当時のブランビーズ仲間は20年経った今でも、その様子を思い出すと笑わずにはいられないらしい。キャンベラのグリフィス・オーヴァルにあるトレーニンググラウンドは周りを背の高い木々に取り囲まれていたが、彼らによれば、私の怒鳴り声はそこらじゅうに響き渡っていたという。

「ジャッキジー、いい加減にしろ。なんでこんなのができないんだ？　ひとつだけだ、ジャッキジー、やることはひとつなんだよ。難しいものじゃない。真面目にやれ。それがお前のベストか？　ジャッキジー、よく恥ずかしげもなく、ここにいられるもんだ」。そして罵倒はさらに続く。

他のコーチにもう少し手加減すべきだと言われたが、私は聞く耳を持たなかった。ペンブロークはオフィスにまで叫び声が聞こえるため、近隣からの苦情を心配していた。さらに、ジャックスの素質を引き出すにはもっと他にいい方法があるのではないかと諭すように言った。

「いや、だめだ」と私は言い返す。「馬鹿言っちゃいけない！　できなきゃいけないんだ」

やり方を変えさせられる唯一の人物は、当の本人だけだった。元気のないジャックスをさらにもう一度怒鳴りつけると、彼は真っ蒼《さお》になりぶるぶる震えだし、声を上げた。私の言い方が気に入らない。特にジャッキジーと呼ばれるのは我慢がならないと言う。「俺をトロイと呼んでくれ。ちょっと話し合おうじゃないか。そしたら俺もちゃんとやる」

私はしばらく彼の顔を見つめ、軽く肩を叩いてこう言った。「もちろんだ」

我々には、プレーヤーひとりひとりが仲間やコーチの前で、ブランビーズの一員であることがどんな意味を持つか、率直に話をする伝統があり、それはしばしばメンバーの涙を誘った。毛むくじゃらで図体のでかいフォワード、ジャックスは、美しい詩を披露した。ボールさえキャッチできないバナナのような指をしたラグビープレーヤーとはどういうものかを詠《うた》った詩だった。そこにはチームや友人に対する愛はもちろん、私の日ごろの叱咤激励に対する感謝さえ述べられていた。読み終えたときには、誰もが涙ぐんでいた。私は、プレーヤーが全員の前で心を開いて語り合うこの時間が好きだった。我々のやることには意味があり、毎日全員で努力を重ねていこうとする姿が最もよく感じられたからだ。

もし今この２０１９年にトロイ・ジャックスをコーチするなら、もっと違ったやり方で鍛えるだろう。当時のような、相手の気持ちを逆撫でする激しい言い方は絶対にしない。もしもそのときに使ったような過激な言葉を今のプレーヤーに浴びせたら、二度と立ち直れなくなるからだ。

それは、ジャックスに対して容赦なく真実を指摘し、罵倒したことを後悔し、やり直したいという意味ではない。彼はそれほど才能に恵まれたわけではないのに、ワラビーズに選ばれた。２０００年に代表として2キャップ獲得したのである。スーパー12決勝戦にはブランビーズの一員として出場し、その後はフランスに渡り、ブリーヴとクレルモン・オーヴェルニュでプレーした。私は自分の指導によってその選手の限られた才能を最大限にまで引き出せた選手の例として、ジャックスの名をしばしば挙げた。同じように、ジム・ウィリアムズとマーク・バーソロミューもまた、スーパー12の優勝チームで主要な役割を果たし、ワラビーズのキャップを獲得するプレーヤーになった。そうした彼らの活躍は、まさにコーチ冥利《みょうり》に尽きる。

ベン・ダーウィンもワラビーズに選ばれたが、ジャックスがフランカーとして大成したのとは異なり、彼の場合はもともとプロップとして天賦の才を備えていた。残念ながら大きな怪我《けが》で引退したが、代表キャップは28を数えた。２０１５年11月、私がイングランドのヘッドコーチに就任すると、ダーウィンはロンドンの『デイリー・メイル』紙に寄稿した。「私にとってエディー・ジョーンズは、世界で最も嫌悪すべき人物だ。プロの選手を相手に長々と説教し、なじり、罵倒し、大きな声でやり玉に挙げたりもする。プレーヤーとして彼に接した4年間は、お世辞にも楽しい日々ではなかった。だがもし彼がいなければ、オーストラリア代表にもなれなかっただろう」

このコメントの前半部分は、私がある種のモンスターである証拠として、これまでメディアでたびたび引用されてきた。

さらに続く。「エディーには、プレーヤーやスタッフの人生を逆境に陥れてきた前歴もある。ラグビー界ではエディーの名を聞いただけで、依然として震え上がる人たちがたくさんいる。なにがそれほど人を恐れさせるのか。それは怒鳴ったり叫んだりするからではない。自分の能力に見合うだけの働きが果たしてできているのかという、誰もが心の奥底で抱く深い恐れに、直接土足で踏み込んでくるからだ。彼は1秒たりと気を抜くことを許さない。トレーニングの最中、リフトやタックル、あるいはパスでも、それが期待する水準に達していなければすぐにそれを指摘し、やり直させるのだ」

申し訳ないがダーウィン、私はサンタクロースではない。それは私の仕事ではないのだ。確かに友人として接したり、楽しい思いをさせたりもしなかったが、それについて申し開きをしようとも思わない。元オーストラリア首相、ポール・キーティングは政治についてこう語った。「友人が欲しけりゃ犬を飼えばいい」。私の仕事は、プレーヤーの潜在能力を最後の一滴まで絞り出すことにある。ダーウィンの言葉はもっともだ。だが彼がワラビーズになったからこそ、こうして人は耳を傾けてくれる。そうでなければ、誰が振り向いてくれると言うのだ。

私は選手に厳しいだけでなく、コーチに対してはさらに厳しい。ニューサウスウェールズ州代表でプレーしていたころ、クイーンズランドにトミー・バーカーというフランカーがいた。プレーヤーとしてはまずまずだったが、プロのラグビーコーチの素質はなかった。もう一度言うが、当時はプロ化に移行しつつある時代で、我々も過渡期にあり、たくさんの人が、プロのコーチという意味が理解できていなかったのだ。バーカーは人柄こそ良かったが、ブランビーズでコーチとしてやっていくのは難しかった。私は毎週行われるマネジメント会議でそれぞれのテーブルを回り、各コーチに優先事項、問題、とるべき手段を整理し、簡単にまとめて発表するよう求めた。たいして難しくはなかったが、どうしたわけか、バーカーだけは内容が整理できず支離滅裂で、話をしてもいつも落ち着きがなかった。見かねたデイヴィッド・ギフィンが資料を一緒に作成し、前日の夜には、ペンブロークがプレゼンテーションの準備を手伝っていた。

私はマネジメント会議の討議内容には正確さが必要だと考え、短時間にできるだけ多くの資料が提供されるのを期待した。だがいくらギフィンやペンブロークが助けようが、同じ繰り返し。バーカーは相変わらずしくじり、ぼそぼそ呟くばかりで、挙げ句の果てに私が癇癪《かんしゃく》を起こすというわけだ。

これ以上、彼を置いておくわけにはいかなかった。プロスポーツのような厳しい世界では、適性があるかどうかが重要だ。彼のことは好きだし、成功を望んでいただけに残念だが、互いのためにも袂《たもと》を分かつべきだった。

私にしたところで、常にプレーヤーやコーチの力を伸ばしてやれるわけではない。もちろん、やる以上はできる限り誠意をもって取り組むが、やり方が通用しない場合もある。ブランビーズは大切なチームであり、誰ひとり欠けることなく上手く仕事やトレーニングに取り組めるように計らってきたつもりだ。ブランビーズの厳しくも刺激的な3年間をともにした者なら、いかに私がメンバーの結束を図り、チームを強くするにはどうすべきかを真剣に考えていたか分かるはずだ。もちろん失敗はあった。人は誰でも過ちを犯すのだ。私はそこから学び、成長し、さらに良いコーチになれるよう、努力を惜しまなかった。

プロコーチとしての厳しい日常のなかでも、子どものころと変わらないラグビーに対する大きな驚きや感動を味わう瞬間はあった。この感情をもたらしてくれるのは、どうやらラグビーだけらしい。ジョージ・スミスは、その典型的な例だった。

1999年、オーストラリアに冬のシーズンがやってきた。私はスーパー12のタイトルを勝ち取るため、以前からユーウェン・マッケンジーと、新たな才能の発掘を懸命に続けていた。毎週金曜日の夜にはシドニーまで足を延ばし、ニューサウスウェールズのクラブ対抗戦を観戦した。我々が探そうとしたのは、見込みのあるまだ若いプレーヤーか、それまで誰の目にもとまらなかった、潜在能力を持ったベテラン選手だった。

高校生や、コルツと呼ばれる20歳以下の選手の試合にも訪れた。初めてジョージ・スミスを見たのは彼が高校生のときだった。以前からその才能についてそれとなく聞いていたが、高校レベルで結論を出すのは性急に過ぎた。彼が大人のゲームのなかでいかにプレーするか見たかったのだ。

そしてこの年の冬、19歳になったスミスは、マンリーでファースト・グレードラグビーにデビューした。今後も引き続き成長を見守るべき選手だと考えていたので、ゲームの翌日にはビデオを入手し、ユーウェンとふたりで早速そのプレーをじっくりと分析した。

最初は静かにしていたが、ゲームが進むにつれ口笛を吹いたり歓声を上げたり、ふたりともスミスが画面に現れるのが待ちきれなくなっていた。まだティーンエージャーだったがすべてが水準を超えていた。デビューしたばかりの若者が、29歳のベテランでさえなかなかできないプレーを見せる。まさに衝撃だった。

スミスはオープンサイドフランカーだ。チームの同じ7番、キャプテンのブレット・ロビンソンは今シーズン限りで引退する予定だった。ゲームを観るまで、まさかスミスがロビンソンの後継者に相応しい、素晴らしい才能を持ったプレーヤーだとは思いもよらなかった。

「彼と契約だ」。30分が経過したところで私は言った。「すぐにシドニーに行く。ブランビーズと契約してくれるまで戻らないつもりだ」

翌週、ユーウェンと私はスミスに会った。そのときの私は、たとえ彼に前科があっても構わないとまで思い込んでいた。スミスは入団に同意した。彼の輝くばかりの才能の陰に、なにか暗い秘密が隠されていたとしても、もちろん私はコーチとしてなんらかの手を打とうとまで決めていた。だがそんな心配は無用だった。スミスは控えめで礼儀正しい若者だった。彼はもともと素行に問題はあったものの、15歳になると、両親に連れられシドニーの学校を離れてしばらくトンガで生活した。スミスはそこで落ち着きを取り戻し、次第に穏やかな少年になっていったという。ブランビーズでプレーすることにスミス本人や両親の理解を得るまで、さして時間はかからなかった。

そのときにはまさか彼がオーストラリア代表として活躍し、111キャップも得ようとは想像もしなかった。これはフランカーとしては、かのリッチー・マコウに次ぐラグビー史上2番目のテストマッチ出場回数記録である。さらにスミスは、人から聞かれれば自分の持つスキルをすべて包み隠さず教えようとする、最も親切で偉大なフォワードプレーヤーだった。ただ弁才がなかったのでピッチの外では上手く答えられない場面もあったが、フィールド上では身体で示してくれた。性格的には人に指示をするリーダータイプではなく、いわゆるラグビーの天才だった。1999年も終わりを告げるころ、スミスはマンリーの暖かなビーチから、キャンベラの冷たく古臭い街へ引っ越す準備を始め、私は彼の加入に興奮を隠しきれずにいた。

ジョージ・スミスは、私がコーチしたなかでも、最も偉大なプレーヤーのひとりになろうとしていた。

ブランビーズは、時代の先端を走っていた。選手は常に礼儀正しく親切だった——が、ものには限度がある。不当な非難を黙って受け入れるわけにはいかない。我々の快進撃が、いかにオーストラリアの巨大な州やオーストラリアラグビー協会本部の神経を逆撫でしたか、言葉で表すのは難しい。南アフリカやニュージーランドがブランビーズのラグビーを認め、高く評価している一方で、チームを敵対視する国内のライバルたちは、シドニーやブリスベンのメディアを操り、我々が傲慢だと非難した。

私からすれば、どこが傲慢なのか分からない。傲慢とは、自らの重要性や能力を「誇張」することを言う。我々にそんなつもりは微塵《みじん》もなかった。我々は、外からは傲慢に見えるほどの自信を備えていただけだ。我々はラグビーに全力で取り組み、日々の生活は喜びにあふれていた。

プロ化して間もないころ、飲酒はラグビー文化の主要な一部を占め、それはブランビーズも例外ではなく、私もまた酒に対する否定的見解は持ちあわせていなかった。活気あふれる企業のように、一所懸命トレーニングに励んだあとで、金曜の夜に街へ繰り出し、バーでストレスを発散する。一緒に時間を過ごせば連帯感が生まれるし、悪いことはなにひとつ見当たらない。ほとんどの場合は問題ないが、ときにはしくじる者も現れる。これもまた会社員と同じだ。全体の80パーセントの人間は楽しく時を過ごし、適当な時間にバーをあとにする。15パーセントが多少深酒をし、残りの5パーセントは度を過ごし、翌日大変な目にあうというわけだ。

2000年3月19日、ケープタウンの日曜日の夜。ブランビーズはそこで少し道を踏み外す。

3シーズン目を迎え、スーパー12を制すという意識はチーム全体に浸透していた。発足からわずか5年のブランビーズが優勝を実現させれば、それはとてつもない偉業になる。

このころになると我々のシークエンスプレーは、選手の動きを型にはめてしまうと批判され始めた。シークエンスプレーとは、ボールを持ったプレーヤー、クラッシュする地点、そこに寄るセカンドプレーヤー、さらにはその次のシナリオまで事前に準備して臨む戦法をいう。だがゲームすべてが管理されているわけではなく、プレーヤーの才能あふれる素晴らしいトライもたくさん生まれていた。我々には有効なシステムがあり、しかも広い視野と創造性を持つプレーヤーが揃っている。硬直したチームになる恐れなど皆無だった。しかも私には、スーパー12のなかにブランビーズよりも優れたチームがあるとはどうしても思えなかった。

しかしながらラグビーというスポーツには、自分たちよりも格上の相手を倒せるという驚くべき可能性が潜んでいる。ホームでの開幕戦の相手はブルーズ。タフで戦力の揃った、勝利にどん欲なチームで、我々は15対18で星を落とした。この敗戦で完全に目が覚めた。

第2戦も、ホームであるキャンベラのブルーススタジアムで行われた。我々は持てる力を存分に発揮し、シャークスを粉砕。51対10での勝利は、次の南アフリカ遠征に向けて大きな弾みになった。我々はケープタウンへ飛んだ。ブランビーズはケープタウンではまだ勝利がなく、2年前に涙を流した因縁の地でもあった。そうした意味でも今回のゲームは極めて重要で、私にはこれまでにない確たる自信がみなぎっていた。プレーヤーたちも期待を裏切らず、最終的には29対14で快勝。勝ち点5を奪い、ストーマーズにはボーナスポイントさえ与えなかった。ニューランズの熱狂的なサポーターも、自分たちのチームが力負けした事実に足取りも重く帰路についた。

私はこのゲームの勝利がいかに重要だったか十分に分かっていたので、迷うことなく選手たちにケープタウンでの外出を許可した。大きな歓声が上がる。シャイなジョージ・スミスまで裸の胸をドラムのように叩く始末で、これは賑やかな夜になるぞと思ったものだ。かつてスミスがキャンベラにやってきたとき、彼は17歳のガールフレンドを連れていた。彼女はまだ若すぎたので、選手の家族同士の集まりでアルコールを口にするのは厳禁だったが、スミスはすでに酒の味を覚えていた。

その晩私は、有能で面倒見の良いチームマネージャーのフィル・トムソンとアシスタントコーチを連れ、ホテルの外で夕食を楽しんだ。南アフリカ産のワインを傾けながら、その日のゲームを細かく振り返り、チームの成長を確認した。次はプレトリアでブルズと対戦する。頭を切り替えねばならない。私は早めにベッドに入った。

日曜日は大抵メンバーの誰もが、一日静かにリラックスして過ごす。事件はその深夜に起きた。明くる日の月曜日、朝7時。部屋の電話が鳴る。私はすでに起きていた。

トムソンは事の経緯を直接話さねばと思い、早起きの私がもう起きているに違いないと、まず電話をかけてきたのだ。選手が数人、ちょっとしたトラブルに巻き込まれたので、部屋に行って説明したいと言う。

トムソンがやってきて、事件に関する選手の主張をそのまま話してくれたが、私は冷静だった。それによれば――午前1時、ロッド・ケーファァー、ジョー・ロフ、オーウェン・フィネガン、ピーター・ライアン、そしてビル・ヤングの5人がタクシーに乗り込む。食べ物を少し買い込んでからホテルに戻ろうとしたところ、あいにく運転手と口論になってしまった。運転手が追加料金を要求したので、酔っていたこともあり、タクシーメーターを引き抜いてしまったのだ。メーターはシガーソケットに接続されていたので、わずかな力で簡単に抜けてしまった。そこで運転手は、彼らを乗せたままシーポイント警察署に向かうと、事の顛末を訴えたのである。だが結局ケーファァーたちは運賃を支払っただけで、何事もなくそのまま帰された。

それほどの重大事とは思われなかったが、トムソンは相変わらず顔をしかめたままだった。彼はこの話を『ケープ・アーガス』紙の記者から聞かされていた。記者はトムソンにどう対応するのか、チームとしての公式見解を聞きたいと、ホテルの部屋まで電話をかけてきたのだ。マスコミはすでにこの件について報道する予定で、まだソーシャルメディアが世に出る前だったが、それにしても我々はそのあとの反響を懸念していた。

このとき、ペンブロークはキャンベラにいた。南アフリカ遠征に帯同するだけの予算がチームにはなかったのだ。トムソンは彼に事情をかいつまんで説明した。ここ数年、ペンブロークはチーム会議の際、たびたびメンバーの前で、いわゆる「悪夢のシナリオ」について話をしていた。今回の選手たちの行動には警察がからんでおり、まさに悪夢のシナリオだった。ペンブロークは落ち着いていたが、今回の事件がはらむ可能性も十分にわきまえていた。州やマスコミに潜む我々に対する批判的勢力にとって、キャンベラの成り上がり者たちを叩きのめすための、まさに待ち望んでいた好機だった。我々は腰を据え、今回の事態がどう展開していくか、しっかり見極めたうえで行動を起こそうと決めた。

この間、私は朝食前に話したいことがあるとトムソンを通じてチーム全体に伝達してもらった。活動停止や謹慎のような重い処分を科すつもりはなかったが、チームを重大な危機に陥れるかもしれない規律違反は放置できなかった。そこで私は、今回のような出来事は起きてはならないものであり到底受け入れられないという、簡潔で分かりやすいメッセージを伝えようと決めた。

当事者である5人の選手は二日酔いで深く反省していたが、悪意があってやったわけではないと主張した。静かな日曜の夜に、少しばかり羽目を外してしまったのだ。

私は右の眉を上げる——それはチームの誰もが知る、不機嫌である証で、5人はいかにもばつが悪そうに朝食会場へ向かった。その後、彼らが寝不足を解消するためにもう一度部屋に戻ったあとで、私は気持ちを切り替え、6日後に迫ったプレトリアでの次のゲームの準備に取り掛かった。ケープタウンには木曜日まで滞在する予定で、それまでしっかり練習を積まなければならない。

だが事はそうやすやすと運ばなかった。このあと丸2日間というもの、南アフリカとオーストラリアのメディアが騒ぎ立て、上を下への大騒ぎになってしまったのだ。扇動したのは『ケープ・アーガス』紙だった。彼らは件《くだん》のタクシー運転手、リエデワーン・エイブラハムズにインタビューをしたところ、彼はこう非難したという。——選手たちは「言葉つきや態度が悪く」、「酔って騒ぎ立て」、タクシーメーターを引き抜くと、「ビーチロード沿いにある背の高い壁」の上に置き去りにし、さらに運賃の支払いを拒否したうえ、彼の車に「意図的に損害を与えた」。

同紙には、「ACT・ブランビーズ、タクシーと争い逮捕」の見出しが躍った。

オーストラリアのメディア、特にシドニーの新聞各社は、恥をさらした5人のプレーヤーを即刻帰国させろと喚《わめ》きたてた。彼らの行動は子どもじみていて、自分自身を貶めただけでなく、チームも裏切ったのだ。あるまじき行為だったが帰国させるほどではないと判断した私は、彼らに罰金を科し、あくまでチーム内で処理しようと決めた。

当時、オーストラリアラグビー協会(ARU)の最高責任者はジョン・オニールだった。我々は親しい間柄ではなかったし、ワラビーズのコーチ時代にはよくぶつかったが、私は彼を尊敬していた。実際、優秀なビジネスマンで、オーストラリアのラグビーを一新するという素晴らしい業績を残している。だが彼はこのとき、メディアのあまりの過熱ぶりに屈し、我々がラグビーの信用を失墜させたとコメントを発表した。2003年にオーストラリアで開催されるワールドカップで頭がいっぱいのオニールにとって、ユニオンラグビーの社会的イメージが大切だったのだ。そんな彼の気持ちとは裏腹に、シドニーのタブロイド紙、リーグラグビーが一番人気の彼のホームタウン、シドニーのタブロイド紙……『デイリー・テレグラフ』は、ワラビーズのジャージーを着た彼らの姿をその一面に掲載。それは人々に、まるで犯罪者のようなイメージを植え付けた。これをきっかけに今回の騒動は、ブランビーズではなくオーストラリアラグビー全体に対する問題へとすり替わってしまった。オニールは激怒し、怒りの矛先をACTラグビー協会へ向けてきた。

ブランビーズCEOのマーク・シンダーベリー——このころ私が親しくしていた、気持ちの良い男だ——から電話が入る。「事件を起こした選手を国へ帰してもらうことになりそうだ」という彼の言葉を聞いたとたん、私は腹を立てた。

「あいつらを帰せと言うなら一緒に帰国するよ。辞めさせてもらう」と、きっぱりとした口調で告げた。

徹底して選手たちを守ろうと思っていたし、たとえ自分や家族の生活に大きな影響が生じるとしても、そのためであれば喜んでヘッドコーチは辞任するつもりだった。

シンダーベリーは私が本気だと知ると、すぐに腹をくくった。私が選手を守ろうとしたように、彼も私の擁護に回ってくれたのだ。我々は、マスコミやオニールに断固立ち向かおうと決めた。

すぐにペンブロークに電話し、「状況は?」と、尋ねた。

「ARUは、シンダーベリーにかなり圧力をかけている。僕にも今日、オニールから電話があったよ」と、ペンブローク。「これ以上ラグビーのイメージを傷つけたくないというのは分かるが、やり方が汚い。僕は君の意見に賛成だ。選手を帰すのはおかしい。できる限り手を尽くして、南アフリカ警察から事件の経緯に対する声明文を出してもらうつもりだ。そうなれば、今度はこちらの番だ。すぐに徹底的にやり返してやる。僕らが受けた苦痛の埋め合わせは必ずしてもらうさ」

警察の声明文は明快だった。「報道される事件の全容は、実際の出来事よりもかなり誇張されていると言わざるを得ない。選手は罪に問われてはおらず、料金メーターと車への損害もさほど大きなものではなかった」

反撃開始。最初のターゲットは、今回の一連の騒動を引き起こし、トムソンに対してもタクシー運転手に賄賂《わいろ》を渡したと非難した『ケープ・アーガス』紙だ。我々は、「英語圏のあらゆる新聞のなかで最低の報道基準」だと、数日かけて、その責任を問う声明文を世界中のメディアに送った。これは選手たちの身の潔白を証明し、どんな非難にも決して屈しない我々の強い姿勢を示していた。私はこの件についてこれ以上考えるのは止め、週末のブルズとの一戦の準備に取り掛かった。

この種の出来事は選手や関係者の心の動揺を招く有害なもので、決して看過されてはならなかった。私は今回の騒動を、選手たちのプロ意識をさらに高め、チームの結束をよりいっそう強める機会として使おうと考え、見事その通りになった。今回の騒動を引き起こしたケーファーやフィネガンら当事者たちは、大汗と一緒に自分たちの過ちを洗い流そうと、普段よりも真剣にトレーニングに励んでいた。チームメイトのなかには彼らをからかう者もいたが、大半は彼らの行動を公正に判断し、動揺もなくこれまで通り接していた。

木曜日にプレトリアに移動。空港からホテルへの道中で驚いた。街灯に「犯罪者ブランビーズは帰国しろ」というプラカードが掲げられていたのだ。プレトリアの新聞各社はまだ一連の騒動の渦中にあったのだ。ここまでくれば道化芝居で、このころには我々もそれをジョークにする余裕さえ生まれていた。

特に重要だったのは、選手の成長が見られたことだ。この騒動のなか、土曜日の午後にロフタス・ヴァースフェルドでブルズと対戦。28対19で快勝したのだ。

我々はオーストラリアに帰国した。報道機関が待ち受けていたが、我々も対応策を考えていた。飛行機が着陸するとすぐにペンブロークから電話が入り、キャプテンのブレット・ロビンソンとともに、このあとの流れについて説明を受け、認識を確認した。我々は今回の件がチームやラグビー界全体の評判を傷つけるものであると受け止めており、事件を起こした選手たちも事態の重大さをきちんと理解し反省している。ただし、これまで通り不当な非難に対しては一歩たりとも譲るつもりはない。

ペンブロークは空港で待ち受けるマスコミ各社に対し、選手の身の潔白を証明した南アフリカ警察の声明文についてほとんど取り上げてこなかった姿勢を激しく糾弾した。これは実に効果的だった。空港にはマスコミ以外に多くのサポーターが詰めかけ我々を心から迎えてくれた。そのなかには私の父も交じっていて、ペンブロークの役回りを自ら引き受け、私を非難して困らせた新聞記者たちを怒鳴りつけていた。父は我が子が——もっとも私はそのとき、すでに40歳になっていたが——可愛かったのだ。私はマスコミを気にするなと言い、父をなだめた。すべてはまるく収まるのだ。

キャンベラ空港では、プレーヤーを守ろうとタクシーが30台ほど列をなして待っていた。選手たちは感激した。

我々はその後、時差ぼけと汚名を解消し、その週の土曜日、キャッツを64対0で叩きのめした。ゲームのあと、キャッツのキャプテンで、現スプリングボクスのヘッドコーチであるラシー・エラスムスはこう語った。「一時はレフリーのコリン・ホークに、フィールド上にいるのは本当に15人なのか確認してくれと頼みに行こうかと思ったよ。どこからでもアタックしてくるので、20人いるような気がしてね」

次のハイランダーズ戦も勝利し、6ゲーム終わって5つの勝ち星。連勝が続き、リーグ首位に立った。

最終的にリーグ戦を9勝2敗の1位で終えた。2位のクルセイダーズには、6ポイントもの差をつけていた。

この年、我々の目指した3フェーズアタックはすでに芸術の域に達しており、選手の動きの滑らかさと鋭さに、観ている私でさえ見とれてしまうほどだった。なかでも完璧な勝利だったのはハリケーンズ戦だ。ハリケーンズにはクリスチャン・カレン、ジョナ・ロムー、タナ・ウマガ、アラマ・イエレミアなどのそうそうたるオールブラックスメンバーが揃っていた。個々の運動能力と身体能力はずば抜けていたが、我々は組織力で対抗し、47点を叩き出した。チームはまさに飛ぶ鳥を落とす勢いだった。

キャンベラで行われたプレーオフの準決勝では、キャッツに28対5で快勝。続く決勝戦の相手はクルセイダーズである。レギュラーシーズンでは最終節にクライストチャーチで対戦し、3万6000人の地元クルセイダーズファンの目の前で、17対12で勝利した。決勝戦の舞台は、ホームのブルーススタジアムだ。私のコーチとしてのキャリアのなかでも最高の夜になる――はずだった。

2000年5月27日土曜日。オーストラリア、キャンベラ、ブルーススタジアム。

雪模様の冷え込んだ夜にもかかわらず、スタジアムには2万6000人の観客が集まった。私は1992年にロッド・ケーファーがACTのプレーヤーとして、ニュージーランドと対戦したときのことを思い出していた。ケーファーは21歳になったばかりで、偉大なオールブラックスと対戦できるのを楽しみにしていた。ACTはオールブラックスに13対45で敗れたが、このときスタジアムに来た観衆はわずか2500人に過ぎなかった。8年後の今日、スーパー12の決勝戦でブランビーズを応援しようとスタジアムに詰めかけたのは、ほぼその10倍にのぼる大観衆である。キャンベラの人口の約10パーセントに相当する人数だった。

私の目は、観客席の賑やかな一角に引き寄せられた。そこにはクルセイダーズの応援団が陣取っていた。冷たいみぞれから身を守ろうと、気休めのような薄いビニールのレインコートを着て、チームカラーの赤と黒の旗や雨傘、横断幕を振っている。そのうちのひとつには「蝶のように舞い、蜂のように刺す。行け、行け、トッディー、目指せ、3連覇」と書かれていた。

モハメド・アリの有名な言葉を繰り返した陳腐なものだったが、勝てばトッド・ブラッカダー率いるクルセイダーズが3連覇を果たすという、このゲームの重要性をよく表していた。確かに2週間前にクルセイダーズに勝っている。だがヘッドコーチはロビー・ディーンズだ。そうやすやすと勝てる相手ではない。我々にしても相手が誰であろうが、これまで戦ってきたやり方でゲームに臨むだけだった。

センターはケーファーとモートロックとのコンビだ。ハーフバック団はいつも通りグレーガンとラーカム。ウイングにはジョー・ロフ。フルバックはシーズンを通して多くのトライを決めているアンドリュー・ウォーカー。フォワードにも、ビル・ヤング、ジェレミー・ポール、ジャスティン・ハリソン、ブレット・ロビンソン、ジム・ウィリアムズといった強力なプレーヤーが揃っていた。この試合はオープンサイドフランカーにジョージ・スミスではなく、ブレット・ロビンソンを先発起用した。彼はチームのキャプテンであり、この試合を最後に引退する予定で、そうした花道を与えるべき選手だった。今シーズンはもちろん、発足当時から今日に至るまで、チームに多大な貢献をしてきたのだ。スミスは19歳ながらプレーヤーとしてはすでにロビンソンを超えていたが、決勝戦で、しかも相手はクルセイダーズであり、私は経験を優先した。トロイ・ジャックスとベン・ダーウィンも、スミスとともにベンチスタートである。

凍えるような冷気に加え氷雨でボールも滑ったが、試合開始のホイッスルが鳴ると、我々はクルセイダーズに襲いかかった。バックスラインはテンポ良く次々とボールを展開。最初の80秒はクルセイダーズを自陣にくぎ付けにした。だが相手のフルバック、レオン・マクドナルドがルーズボールを拾い上げてカウンターアタックに転ずると、ハーフウェイラインを越えて攻め込まれ、ゴールポスト前で反則をとられる。クルセイダーズにペナルティーキックが与えられた。オールブラックスの10番でもあるアンドリュー・マーテンズがゴールキックを外すはずはなく、0対3でまずクルセイダーズがリードする。

シークエンスプレーを織り交ぜて攻め続けるが、クルセイダーズも十分に準備をしてきたと見え、我々の攻撃をなんとか食い止めていた。20分が経過し、マーテンズのペナルティーゴールでクルセイダーズが0対9とリード。モートロックもここ数年でプレースキッカーとして成長していたが、雪の舞うこの日のゲームでは正確性を欠き、ペナルティーゴールを4本外していた。対するマーテンズは23分、スクラムの反則からペナルティーゴールを決め、これで4本成功。0対12となった。

前半終了時点でスコアは3対12。私はチームの意思統一を図った。――自分たちのラグビーを信じるんだ。スコアはあとからついてくる。

後半が7分経過したところでジョージ・スミスを投入。チームには彼の才能が必要で、事実、すぐにチームは勢いづいた。スミスのランで大きくゲインすると、比較的やさしい位置でのペナルティーキックをもらい、モートロックがゴールを決めて6対12。後半に入ってからのブランビーズのボール支配率は89パーセントだった。ベンチにいるクルセイダーズの控えメンバーは、厳しい寒さにブランケットにくるまって震えていた。だがチームの戦いは悪天候のなかでも素晴らしく、劣勢になってもフォワード、バックスが一体となって跳ね返してくるので、我々も自陣からなかなか抜け出せなくなっていた。すると突然、クルセイダーズのナンバーエイト、ロン・クリブが密集から抜け出し、グラバーキックを放つ。この咄嗟《とっさ》の判断には誰もが驚いた。クリブはボールを追い、ゴールライン手前でつかむとそのまま飛び込む。グラスに注がれたビールを飲み、残りを頭越しに投げ捨てる仕草をして、喜びを爆発させた。52分、クルセイダーズが17対6でリード。

スミスのドレッドヘアが冷たい空気のなかで躍動する。鋭く内側に切れ込み、ディフェンダーをふたりかわすと、ギャップを突いてゴール下にチーム初となるトライを決める。モートロックがコンバージョンを決め、64分の時点でスコアは13対17。得点差は縮まり、ゲームの行方は分からなくなった。

残り時間8分。相手陣22メートル内でペナルティーキックを獲得。再びモートロックがゴールを決め、16対17。タッチライン上にはうっすらと雪が積もっていたが、私は熱く燃えていた。我々は攻撃を再開。南アフリカのレフリー、アンドレ・ワトソンは、ラーカムに対するハイタックルでマクドナルドに反則をとり、ブランビーズにペナルティーキックが与えられる。

ポイントは相手ゴールラインから38メートル、ピッチの中央とタッチラインの中間点で、やや難しい角度からのキックだった。私は大きく深呼吸をひとつした。モートロックはもっとやさしい位置からのペナルティーキックを何本も外していたので、今回もゴールポストに嫌われたら何と言って慰めるべきだろうかと考えていた。だが彼を疑うべきではなかった。精神を集中したモートロックが蹴りこんだボールは、寸分違《たが》わずH形のポールのあいだを通過した。

思わず拳を握りしめ、椅子から飛び上がった私は、危うく転げ落ちてしまうところだった。ブランビーズベンチもようやく沸き始め、プレーヤーたちも拳を天に向けて突き上げていた。

ブランビーズ19点、クルセイダーズ17点。残り時間はあと4分。我々の第2フェーズまでのアタックの精度は高く、ボール獲得数は相手を大きく上回っていた。今シーズン、我々は51トライを奪っており、時間の許す限り最後まで攻撃を続けるつもりだった。

我々は自陣でプレーを続け、フェーズを重ねていった。77分、アルゼンチン出身のタイトヘッドプロップ、パトリシオ・ノリエガがワトソンからペナルティーを取られる。

生きた心地がしなかった。マーテンズは――特にここ一番では――なかなかミスをしない。ポイントはゴール正面で自陣10メートルラインの後方。マーテンズはルーティーンに入ると前方へ助走し、右足を大きく振り抜いた。ボールは暗い夜空に舞い上がり、くるくると回転しながら、ゴールに向かって緩やかなカーブを描いていく。ポストのあいだを通過するのは間違いない。私はレフリーのフラッグが上がる前にうなだれていた。一瞬の後、クルセイダーズの応援席から一斉に大歓声がこだました。

ブランビーズ19点、クルセイダーズ20点。残りは2分を切っていた。

ウォーカーがキックオフのボールを蹴ると、再逆転をかけてフォワードが一斉になだれ込む。クルセイダーズのラックからマーテンズにボールが出ると、ブランビーズ陣地深く蹴りこんだ。ロフがライン際でキャッチし、右に左にディフェンスをかわしながら前進。自陣10メートルライン付近で倒される。グレーガンが素早くボールを拾い上げると、ラーカムへ。ラーカムの視線の先には、不思議な力を持つティーンエージャー、スミスがいた。ボールを受けたスミスは前進を図り、ケーファーへつなぐ。敵陣に入り倒されると、グレーガンが次のフェーズを展開する。ボールを受けたラーカムが捕まり、密集が形成された。

自陣10メートルライン上でブランビーズにペナルティーキックが与えられる。ウォーカーが進み出て、タッチを狙った。22メートルライン深く入りたかったが、ゴールラインとハーフウェイラインの中間くらいで、あまり効果的なキックとはならなかった。残り15秒。

ボールは気持ちを落ち着け、ラインアウトにボールを投入。後方にいるロビンソンがキャッチすると、グレーガンへトス。すかさず走り込んでくるモートロックにボールが渡るとそこでクラッシュする。第2フェーズはグレーガン、ラーカム、ケーファーとつながり、22メートル付近でタックルされる。さらにフェーズをふたつ重ね、グレーガンが目の覚めるようなリバースパスをロフに送る。切り札のアタッカーはすぐにクルセイダーズディフェンスのスマザータックルにあい、グレーガン、ラーカム、ケーファーのアタックラインは押し戻される。22メートルラインの内側で、ケーファーがクルセイダーズのプレーヤーふたりにタックルされる。

ブランビーズボールのスクラムだ。時計はすでに81分15秒を指していた。おそらくこれがラストプレーだ。テレビのモニターに私の映像が映し出される。私は疲弊したフォワードをじっと見つめていた。彼らは寒気《かんき》のなか身体から湯気を放ち、最後のスクラムのためにバインドし、体勢を整えていた。

組み合ったが安定せずグラウンドに崩れ落ちる。ワトソンはスクラムの組み直しを命じ、フロントローにしっかり姿勢を保つよう指示をした。

再度スクラムが組まれる。今度は動かない。グレーガンはスクラムの脇に立ち、ボールを投げ入れた。すぐにスクラムの後ろに回り込むと、左サイドにラーカムがいる。だがパスを出した相手はブラインドサイドから走り込んできたロフだった。ロフが捕まる。ラックからリサイクルされたボールは、今度はグレーガンからラーカム、そしてケーファーへと渡る。勢いよくタックルされたがなんとかボールを活かし、グレーガンから再度ラーカムへパス。その外側にいたスミスがボールをもらい突破を図るが、逆に押し戻される。再びグレーガンからラーカムへ。ラーカムは内側へ切れ込んできたロフにボールを浮かす。

時計は82分30秒。タックルされたロフは密集の下に巻き込まれ、ボールが身体の下敷きになってしまう。ワトソンはホイッスルを口にして鋭く吹いた。高く突き上げた左手は、クルセイダーズ側に伸びていた。ブランビーズの反則。ディフェンディングチャンピオンは安堵の声を上げ、ブランビーズのプレーヤーたちは重い足を引きずり、ペナルティーの位置から後方に下がっていく。ロフはひとり、現実が受け入れられないというふうに首を振っていた。

クルセイダーズのプレーヤーたちは、キャプテンのトッド・ブラッカダーに視線を送った。大切そうに抱えたボールをタッチに蹴り出そうとしていたが、彼は非常に思慮深く慎み深い人物であり、スーパー12決勝戦のこの最後の瞬間にも自分がロックであると思い直し、持っていたボールをスクラムハーフのベン・ハースト——正スクラムハーフのジャスティン・マーシャルは怪我で途中退場していた——に手渡した。ハーストがそのボールをタッチに蹴り出すと、試合終了を告げるホイッスルが鳴り響いた。

優勝の喜びに沸く赤黒ジャージーの渦のかたわらで、我がプレーヤーたちは敗北感に打ちひしがれていた。私はフィールドに足を踏み入れた。雪がうっすらと積もった芝生の感覚を靴底に感じたとたん、私の心を大きな痛みが襲った。

涙が頬を伝っていく。ロッド・ケーファーが私の姿を認めると、歩み寄ってきた。彼も泣いていた。恥ずべきことはひとつもない。重大な試合であるほど、負けたときの失望感は大きいのだ。

学ばねばならない教訓は、辛く厳しい、痛みを伴うものだった。20年経った今でも当時を思い出すと胸が痛むし、ときには胸が詰まって言葉を口にできなくなる。我々は十分な準備を怠り、クルセイダーズが我々より賢いラグビーを展開した——これがこのゲームで得た教訓であり、その後、私の頭から決して離れなかった。

両チームがグラウンドを引きあげるとき、オールブラックスとクルセイダーズの10番、アンドリュー・マーテンズは、ワラビーズとブランビーズの9番、ジョージ・グレーガンの姿を探し出し、今大会、我々2チームが他のどのチームより何倍も優れていたと告げた。だがクルセイダーズは、我々がどう戦うかを正確に把握していた。クルセイダーズのアシスタントコーチだったスティーブ・ハンセンは、2001年に私の後任としてブランビーズのヘッドコーチを引き受けないかと誘われたとき、同じような話をしている。結局ブランビーズではなくウェールズのコーチを選択したのだが――オールブラックスのコーチになるのはそのあとの話だ――そのとき彼はケーファーを始め、ブランビーズの主要なメンバーに会い、マーテンズと同じように、2000年の大会では2チームが頭抜けていたと言った。彼はさらに続けて、ブランビーズはリーグ戦でクルセイダーズを破りはしたが、その2週間後の決勝戦でも同じ戦い方で勝てると思い込んだのは間違いだったと語った。結局我々は、さらに高いレベルのラグビーを求めようとしなかった。考え方が甘かったのだ。一方クルセイダーズは準備に余念がなかった。彼らは我々の強みを消し、完璧に封じ込めた。

チームのフッカー、マーク・ハメットは、クルセイダーズの戦略を19世紀のマオリ戦争になぞらえた。「結局、マオリが百数十年前にヨーロッパ人に対してとったのと同じやり方で、ブランビーズに対抗しようと決めたのです。そのときマオリたちは、防御を基本的な戦略に据えていました。ですが守るだけでなく、チャンスがあればそっと忍び寄り、攻撃を加えました。我々の戦い方も同じです。チャンスが来れば一気に攻撃しますが、あとはとにかくディフェンスに徹していました」

決勝戦から2日後、私は「カプチーノ軍団」が集まるいつものカフェでジョージ・グレーガンと会い、次のシーズンはブランビーズのキャプテンになってくれないかと頼んだ。ブレット・ロビンソンが引退するのは周知の事実だったし、グレーガンもそのつもりだったようで、快く引き受けてくれた。私はさらに、決勝戦で同じ過ちを繰り返してはならないと強い口調で言った。我々は、クルセイダーズに何のプレッシャーも与えず、彼らが作戦を遂行するのを完全に許してしまった。その結果、ゲームにも負けてしまったのだ。

まさにこの日の朝から、私はグレーガンと2001年シーズンに向けて準備を開始した。優勝を逃したからこそ、さらに優れたチームになれると信じて疑わなかった。かつてのサッカーオランダ代表の二の舞になってはならない。彼らは1970年代から1980年代にかけて一世を風靡《ふうび》する見事なサッカーを展開しながら、ワールドカップで優勝できなかったのだ。素晴らしいラグビーを目指すのはもちろんだが、現状を把握し、状況に対応できるだけの力がなければ、悲願であるスーパー12での優勝は望めない。

そのためにはゲームにキックを取り入れる必要があった。我々はケーファーを加えて意見を聞いた。彼も賛成だと言い、さらにこれまでの2シーズン、記憶する限りグレーガンは一度もボックスキックを蹴っていないと指摘した。ボックスキックとは、スクラムハーフが密集の後ろに高く蹴り上げるキックである。そこでグレーガンは、シーズンオフになるとボックスキックに取り組んだ。さらにそれまで我々は、自分たちのランニングラグビーは多くのトライがとれるため、ペナルティーキックやゴールキックを外してもたいした問題ではないという誤った自信を持っていた。強いチームと戦うには、取れる点数はすべて取らねばならない。私はモートロック、ラーカム、ウォーカーに、キックに成功したらボーナスを弾むことにした。彼らはすぐに練習に取り組み、上達も早かった。

さらにゲームに対し、より戦略的な考え方をするようになった。シークエンス、いわゆる決められたシナリオ通りのプレーに頼るだけでは不十分なのだ。たとえばクルセイダーズのディフェンスのような手強い壁に攻撃を阻まれた場合、チームにより深い知性が求められる。大きな試合で当たる相手はしっかり訓練されており、我々も戦い方を変えねばならない。そのために2001年の決勝戦に備え、そこで必要となるだろう戦略を、レギュラーシーズンのゲームのなかで少しずつ試していった。中心となったのはケーファーである。ゲームの局面に対してどの戦略で行くかを判断し、指示するのが彼の役割だった。最初の15分はこう戦おうと決めておき、ケーファーがコールすると、次の10分は別の戦略を使っていく。一定の時間、プレッシャーをかけ続けたかと思えば、特定の時間帯に最も効果的なアタックを仕掛ける、といった具合だった。

戦略は詳細にわたり十分考え抜かれていて、今でこそ当たり前のようになってはいるが、我々はフィールド上のどんな位置からでも、それがラインアウトであろうがスクラムであろうが、次にどう動くのか全員が理解していた。当時はセットプレーを中心にしてゲーム展開が組み立てられていたが、現在はもっと流動的になっている。ただし時代によってゲームがどう変わろうが、試合のなかでプレッシャーをかけるべきタイミングは変わらない――つまり相手に疲れが見え始めるか、またはプレーヤーが交代したときである。ゲームプランは、相手のそうした弱みが表れる時間帯に合わせて組み立てられていた。

もしももう一度、クルセイダーズと雨の夜に対戦するなら、どのフェーズでどんな波状攻撃を仕掛けるかというわけいつもの約束事に加え、さらになんらかの方策を加えるだろう。おそらくキックを多用したゲーム展開を図るはずだ。我々は、自分たちの持つすべてのプレーを駆使しなくても、スーパー12の試合にはほぼ勝てると分かっていた。2001年のブランビーズは、昨シーズンの煌《きら》めくような攻撃一辺倒ではなく、より賢く、より効果的な戦い方ができるチームになるはずだ。

2001年2月23日、新たなシーズンが開幕する。昨シーズンの決勝と同カードになった初戦はクルセイダーズに51対16で圧勝したが、昨シーズンの経緯が頭から離れない我々にとって、これは不吉な前兆のようにも思われた。次の南アフリカツアーでは、さらに厳しい戦いが予想される。実際、ダーバンで新たな現実的アプローチに従いゲームに臨み、16対17でシャークスに敗れた。だが私は気にしてはいなかった。ターゲットはエリスパークで行われる次のキャッツ戦だ。我々はまだエリスパークで勝ったためしがなく、なんとしてもそのジンクスを破る必要があったのだ。

キャッツ戦では思うようなプレーはできなかった。最後にジョー・ロフがスペースを突いてトライかと思われたが、キャッツが押し返す。残り数分でキャッツが17対16とわずかにリード。ケーファーはランプレーを選択する。ところがグレーガンがこれを拒否し、ケーファーに言った。「ポジションに戻ってくれ。ドロップゴールだよ。

それで決着をつけよう」。「分かった！」にやりと笑ってそう言うと、ケーファーは本来の位置に戻った。

スクラムは安定し、きれいにボールが出る。グレーガンが完璧なパスを放る。ケーファーはボールをキャッチし、体勢を整えると、ドロップゴールを沈めた。面白みに欠けるプレーとはいえ、19対17とスコアは逆転。勝利を収めた。

レギュラーシーズンの成績は、11試合で8勝3敗の1位。以下、シャークス、キャッツ、レッズと続く。この年は珍しくニュージーランド勢がプレーオフに進出できず、クルセイダーズとブルーズはそれぞれ10位、11位だった。我々は自分たちで作り上げたシステムを着実に実行し、第3フェーズに奪ったトライは全体の7割を占めていた。だがなによりチームが成熟し、どんなゲームにも順応できるまでに成長しており、昨年のスリリングなラグビーに比べ派手さこそなかったが、私自身は今シーズンのスタイルのほうが好きだった。ラグビーの魅力は、決して停滞したり退屈になったりしないことだ。このスポーツは常に変化する。我々は他のどのチームよりも、その変化に十分対応できるチームになっていた。

準決勝のレッズ戦は30対6の完勝。準決勝のもう1試合はダーバンで行われ、シャークスがキャッツに見事な勝利を収めた。決勝戦は2年続けてホームで開催され、昨シーズンの失敗を取り戻すにはなにをすべきか、我々にはよく分かっていた。

2001年5月26日土曜日。オーストラリア、キャンベラ、ブルーススタジアム。

今シーズンの決勝戦は、前回クルセイダーズに敗れた試合の日と日付が1日早いだけだった。誰の頭にも前年の記憶が焼き付いて離れないからだろう、試合前のキャプテンの話はそれまで私が覚えているなかで最高のスピーチだった。

ブランビーズはいつも試合の前に一緒に食事をし、ブルーススタジアムから歩いてすぐのオーストラリア国立スポーツ研究所で、士気を高めるためにミーティングをした。そこでジャージーの贈呈式を行うのだ。まずトムソンが全員のジャージーをキャプテンに渡す。それを受け取ったキャプテンが、今度はメンバーに1枚ずつ手渡していくのだ。名前が呼ばれると、周りから大きな歓声が上がる。プレーヤーだけでなくチーム関係者全員がその都度、大きな励ましの声を上げ、あだ名を呼び、拍手をし、誇り高いブランビーズのジャージーを着る栄誉を称えるのだった。こうしてシーズン当初のクラブ内マッチから最終試合まで、レギュラーに選ばれたことに対する尊敬の念が示されるのだ。

グレーガンはあまりおしゃべりが得意ではなく、スピーチも苦手だった。どちらかと言えば行動で示すタイプだ。だがこの日はいつもと違っていた。ジャージーの贈呈式が終わると全員の前に立ち、静かにゆっくりと慎重に、そして断固として、これからなにをすべきか語り始めた。話していくうちに次第に気持ちが高ぶってきたようだった。我々の家族、ファン、この部屋だけでなくこれまでブランビーズに関わったあらゆるプレーヤーたちの歩みについても語っていった。その声には誇りと信念があふれていた。そして一段と語気を強め、我々の使命はまだ終わってはいないと語ると、片方の手のひらをもう一方の拳で繰り返し叩きながら、去年の過ちを二度と繰り返してはならないと結んだ。言い終わると自分のバッグを取り上げ、ドアを通り抜けてスタジアムへと向かっていった。

他のプレーヤーたちも彼のあとに続く。ペンブロークと私はいつも通り、最後に部屋を出ると、ゆっくりとスタジアムへ向かった。いつもと変わらぬ晩だったが、目指すスタジアムには数万人のブランビーズファンが詰めかけ、観客席から叫び声を上げているのが分かった。

互いに黙ったまま歩いていたが、道半ばで沈黙を破り、ペンブロークが言った。「で、どうなんだ?」

「大丈夫だ」と私。

「なぜ分かる?」

「みんなグレーガンに圧倒されていた。そりゃ負けられないだろうさ」

長いコーチ歴のなかで、グレーガンのスピーチに匹敵するものが唯一あった。ジョン・スミットのそれである。

2007年のワールドカップ決勝戦、試合前のドレッシングルームでスプリングボクスのメンバーに語った彼の言葉には、同じように人の心をとらえる力と明晰さがあった。個々に秀でた一流プレーヤーの心の奥底にまで届き、彼らの気持ちをひとつにまとめるようなスピーチをするのは、並大抵ではない。それをスミットはパリで、グレーガンはキャンベラで行ったのだ。

大きなゲームには、ホイッスルが鳴る前からその結果が分かる場合がある。めったにあるわけではない。ラグビーの試合は常に変化を伴うため、予測するのが難しい。だがこのときばかりは、はっきり見えていた。シャークスはスタートダッシュで試合を決めようとするチームだ。最初の40分から50分で相手を叩き潰《つぶ》すだけの力を発揮するが、あとの戦いにはそれほどの脅威はない。対するブランビーズはスタミナではシャークスにはるかに勝っているし、参加チーム随一の終盤の強さを誇る。前半終了前の10分と、後半最後の30分に、持てる力を最大限ぶつければ良い。我々はこれを「勝負の時間帯」と名付け、シャークスが停滞する時間帯が我々のピークになるよう工夫した。嵐は吹くに任せ、ハーフタイムに僅差で食らいついていれば良い。そのあとでゆっくり料理にかかるのだ。

シャークスも、ふたりのスプリングボクス――後に、一緒にワールドカップの優勝を果たすスミットとスタンドオフのブッチ・ジェームズ――を擁する素晴らしいチームに間違いはなかった。ジェームズは試合でペナルティーゴールを2本決めた。モートロックが怪我をしたため、ジェームズに対峙するブランビーズの選手はアンドリュー・ウォーカーだった。ハーフタイムで言うべきことはあまりなかった。前半終了時点で6対6の同点。プラン通りだ。簡単な指示以外、いよいよ攻めに転じ、彼らを切り刻む時間だった。

ジョー・ロフが2本、デイヴィッド・ギフィンが1本、計3トライを奪った。一方、ウォーカーはコンバージョンをすべて成功させ、ペナルティーゴールも3本決めた。シャークスは後半無得点。最終的に36対6で勝利した。

特にロフの2本目のトライは秀逸だった。後半54分、ブランビーズが16対6でリードしていた。グレーガンがスクラムからボールを拾い上げ、ラーカムへパスを送る。ラーカムは内側に切り込んできたケーファーに身体をひねりながら軽くパスを浮かした。フォワードがブレイクダウンをクリーンアウト。今度はグレーガンがギャップに走り込むギフィンにパスすると、ギフィンはシャークスのディフェンダー数人を巻き込みクラッシュ。グレーガンが密集に走り込み、次がいよいよ3フェーズ目だ。左サイドにはラーカム、ケーファー、ウォーカーとランナーが揃っている。だがグレーガンはラックサイドめがけて突進してきたロフに見事なパスを放った。

「ナイスパス！」テレビ解説者が思わず声を上げる。と、すぐにアナウンサーのゴードン・ブレイがマイクロフォンに向かって叫んだ。「ジョー・ロフだ！　彼の前には誰もいません！　ジョー、なんと素晴らしい！」

ロフはまるで急行列車のように40メートルを走り抜け、ゴールラインめがけてダイブする。再びブレイが叫び声を上げる。「今日2本目のトライ！　モーゼが紅海を割ったように、一気に走り切りました。魔法のようです！」

スーパー12の優勝トロフィーを暗い夜空に向けて高々と差し上げるグレーガンの姿を横目に、私は夢を見ているようだった。昨シーズンの表彰式では、優勝チームのキャプテンを務めていたブラッカダーは疲れ切っているように見えたが、グレーガンはチームメイトが押し寄せるまでのわずかなあいだ、スタジアムの四方にいる観客に向かい、笑顔でトロフィーを振ってみせた。

私は離れた場所からその様子を見ていた。達成感はあったが、優勝の歓喜のなかで、ほんのわずかな寂しささえ感じていた。そのときには分からなかったが、私の愛するチーム、自らの手で変革し作り上げてきたチームとともに過ごす時間は終わりを告げようとしていたのだ。ラグビーはいつも私に、様々な感情をもたらしてくれる。

ブランビーズとともに過ごした時間は、純粋な喜びに満ちていた。スタジアムをぐるりと見渡せば、ファンや選手たちの喜ぶ姿が目に入る。我々はキャンベラという都市に、そしてキャンベラはもちろんオーストラリアの、さらには世界中のサポーターに対して、かけがえのない最高の喜びを与えることができたのだ。我々の素晴らしいラグビーは彼らに誇りを与え、ブランビーズは今やまさに、ペンブロークの唱えた「世界で一番のラグビーチーム」になったのだ。

第7章 緑と金

GREEN AND GOLD

1999年のワールドカップでワラビーズを優勝に導いたロッド・マックイーンも、2001年を迎えるころには疲れが目立ち、夏のライオンズ遠征が終われば、しばらくラグビーから離れたいと漏らしていた。一方私は、初めてスーパー12を制したオーストラリア人コーチとなり、その実績からマックイーンの後継者と目され、2001年6月19日のライオンズ戦では、オーストラリアA代表の指揮を執るよう依頼された。A代表は、ワラビーズに準ずるオーストラリア代表チームである。

試合会場のゴスフォードは、シドニーの北方にあるベッドタウンだ。試合当日は天気も良く、暖かな晩となった。ライオンズはそれまでの3試合で241得点を挙げ、誰ひとりその勝利を疑う者はいなかった。A代表の準備期間はわずか5日間。オーストラリアラグビー協会ディレクターのスコット・ジョンソンと私は、フィールド全面を使ったラグビーでライオンズを疲れさせるゲームプランで一致した。

A代表のプレーヤーの多くは、ワラビーズまであと一歩の位置にいる選手たちだった。だからこそ彼らは必ずライオンズに一泡吹かせ、自身のラグビーキャリアに輝かしい1ページを加えるのだと意気込んだ。ライオンズはヘッドコーチにグラハム・ヘンリー、ゲームキャプテンはローレンス・ダラーリオ、メンバーにジェイソン・ロビンソン、マイク・キャット、ウィル・グリーンウッド、オースティン・ヒーリーらを擁する強力チームだったが、オーストラリアA代表はひるむことなく、準備したゲームプランを忠実に遂行した。当初の予定通りライオンズを走り回らせ、早い段階からゲームを優勢に進めていくと、最後は28対25で勝利を収めた。これは私のラグビーキャリアにとっても画期的な出来事となった。

6月30日にブリスベンで行われたテストマッチ第1戦では、ライオンズはワラビーズに29対13で雪辱を果たしている。これを見れば、A代表の勝利にいかに大きな意味があるか分かるはずだ。勢いに乗るライオンズは、残りのテストマッチ2試合を除けば、あとはブランビーズとのツアーマッチを残すのみだった。だが、ブランビーズはそれをフルメンバーで迎え撃つことはできなかった。代表選手はテストマッチに取られていたし、ケーファーは帰国するパット・ハワードに代わり、ラグビー交換留学でレスターに向かっていた。結局、スーパー12の決勝に出場したプレーヤーのうち、招集できたのはわずかに5人だった。一方、ライオンズは勢いづいていた。テストマッチ第2戦の4日前でもあり、ブランビーズ戦はレギュラー以外のライオンズメンバーにとって、オーストラリアチームと戦える最後のチャンスだったのだ。

ハワードはそのツアーマッチの前週に帰国していた。パリで行われたハイネケンカップ決勝にはレスター・タイガースのメンバーとして出場し、スタッド・フランセを破ったが、そのときレスター・タイガースには、10年前にともにプレーしたグラハム・ローンツリー、ダレン・ガーフォース、マーティン・ジョンソン、ニール・バックの4人がいた。ハワードはブランビーズの創立当時からのメンバーだった。3年間ウェルフォードロードで過ごしていたので、昨今の我々のプレースタイルにまだ慣れてはいなかったが、彼の加入はもちろん歓迎だった。ハワードは聡明で、祖父はかのシリル・タワーズ——ランドウィック・ウェイを生み出し、マトラヴィル・ハイスクールのコーチを務めた人物——であり、祖父と同じようにセンターとスタンドオフでプレーし、オーストラリア代表キャップも20持っていた。さらに父のジェイク・ハワードも、1970年代にプロップとしてテストマッチに7試合出場していた。

私はジェイクに、シーズンが始まったらブランビーズの選手になにか話をしてくれないかと頼んでいて、ちょうどハリケーンズ戦のときにその機会がやってきた。ジェイクは話が上手かった。そのスピーチのなかで彼が使ったある言葉を、私は今でも覚えている。「諸君、今日我々は、ゴミ箱の周りに集まって、餌を漁るジャッカルのようであらねばならない」

彼はブレイクダウンを制圧せよと言う代わりに「ジャッカルする」という言葉を使い、我々に発破をかけようとしたのだ。私が知る限り、「ジャッカル」という表現が使われたのはこのときが初めてだった。今ではお馴染みのラグビー用語で、これはフランカーがブレイクダウンでボールを漁る姿を動物のジャッカルになぞらえたものだ。ブランビーズでは、ジョージ・スミスが最もジャッカルに優れたオープンサイドフランカーだと言って良いだろう。

ブランビーズはリザーブメンバー主体のチームだったが、ライオンズ相手に素晴らしいプレーを展開した。後半20分が経過した時点で19対3とリードを奪い、まさに歴史的快挙を成し遂げようとしていた。その後、ライオンズはスクラムハーフのマット・ドーソンを投入し、反撃開始。点差こそ詰まったが、ロスタイムに入っても依然として28対23でリードを保っていた。ところが勝利目前で、ハワードがボールを高々と蹴り上げたのである。私は我が目を疑った。ブランビーズ・ウェイに従い、ボールをキープし続ければ良かったのだ。おそらくハワードは1998年からイングランドラグビーにどっぷり浸かっていて、レスター的思考法しかとれなくなっていたのだろう。ボールを手にしたライオンズはフェーズを重ね、怒濤《どとう》のように攻め上がる。私はトライを覚悟した。9フェーズを重ねたあとで、オースティン・ヒーリーがディフェンスのギャップをすり抜け、ゴール真下にトライ。コンバージョンで逆転され、28対30の敗戦となった。覚悟していたとはいえ、それでも心の痛みは変わるわけではなかった。

チームは勝てた試合を落として意気消沈し、私も落ち込み、ファンも大いに落胆した。私たちは歴史をつくるチャンスを逃してしまった。

ブランビーズでの最後の試合は、ブリティッシュ・アンド・アイリッシュ・ライオンズに勝利して幕を閉じるはずだった。我々の戦いは終始素晴らしかったが、最後の不用意なキックで敗れるはめになった。ロックのジャスティン・ハリソンなどは怒りが収まらず、本気でハワードにつかみかかるのではないかと思ったほどで、私はなんとか彼をなだめた。これは良い教訓となった。プレーヤーはプレッシャーを受けると、日ごろの習慣が出てしまう。ハワードもこの3シーズン、イングランドで習い覚えたプレーを選択し、思わずボールを蹴ったのだろう。

我々には、ハワードにブランビーズの戦略を徹底させるだけの十分な時間がなかったのだ。

敗れたのは残念だったが、私は意識をワラビーズに切り替えた。テストマッチで、コーチングスタッフの手助けを頼まれたのだ。スタジアムではロッド・マックイーンとアシスタントコーチのグレン・エラの近くに座り、ワラビーズがブリティッシュ・アンド・アイリッシュ・ライオンズとの最終テストマッチ2試合に勝利するのをメルボルンとシドニーで見届けた。試合前、ヒーリーの過激なコラムが『ガーディアン』紙に掲載されたが、ライオンズの助けにはならなかった。彼はコラムのなかで、グラハム・ヘンリーを激怒させ、ワラビーズデビューのハリソンを「のろま」「うすのろ」「間抜け」呼ばわりした。だがこれでオーストラリアは奮い立ち、残りの2試合を勝利で飾り、退陣するマックイーンへの最高のはなむけとした。ジョン・オニールはマックイーンを慰留したが、彼の気持ちは翻らず、2001年7月下旬、私はワラビーズのヘッドコーチに任命された。

本部がどれほどの勇気を持って私の就任を決断したのか分からなかったが、ブランビーズの成績を考えれば私の手腕は無視できず、他に選択の余地がなかったのだろう。悔しさで歯ぎしりし、様々な条件を付けながらも、彼らは任命に踏み切ったのだ。

ボブ・ドゥワイヤーが、私をワラビーズのメンバーから外そうと決断したのが、1989年7月。それからちょうど12年が経過していた。もちろん彼の決断はなんら間違ってはいなかったし、今こうしてワラビーズのジャケットを着るに相応しいと認められても、これで過去の汚名をそそいだという気持ちにはなれなかった。コーチとしてのキャリアと、プレーヤーとしての年月は、同じようには計れないのだ。マックイーンから、すぐにオーストラリアで一番孤独な人間になるだろうと警告されたが、ワラビーズを率いるのに躊躇はなかった。

だが私は、間違った自信を抱いていた。代表チームのコーチは州レベルとは大きく異なっていたのだ。もし今、代表レベルのコーチになるにはどんな準備をすべきかと問われても、非常に複雑で難しい職務なため、おそらく返答に窮するだろう。ヘッドコーチ就任時、私はこんなふうに語っている。「これ以上望むべきものは何もありません。ここオーストラリアラグビー協会には、トップレベルのラグビーに必要なものがすべて、しかも一級品で揃っています。目指すべきはさらなるトロフィーの獲得だけではありません。『いかに良いラグビーをするか』――これこそ我々が求めるべき最たる目標です」

私はワラビーズが、オーストラリア代表クリケットチームのように常に容赦なく「敵を叩きのめす」チームでありたいと願っていた。

この2年間、ワラビーズの戦いを注意深く見続けてきたので、私が引き継ぐチームはワールドカップで優勝したときがピークだったと分かっていた。今や全盛期の面影はなく、すでにチームの中心的プレーヤーは引退し、さらに数人があとに続く予定だった。ジョン・イールズは私に、6週間後に行われるトライネーションズを最後に、代表チームは引退するつもりだと告げていた。イールズはチームの気持ちを奮い立たせることのできるキャプテンであり、傑出したプレーヤーでもあった。トライネーションズは、ワラビーズのヘッドコーチとして初めて臨む大会だ。彼がそこまでチームを引っ張ってくれるのは実にありがたかった。彼は31歳。代表キャップも80を数えるベテランなのだ。

どう見ても、遠からずチームの勢いは下降線をたどる。私は、難しいがやりがいのある仕事に取り組もうとしていた。チームの再建という重要な課題である。マックイーンはテストマッチ43試合を戦い、負けはわずか8試合、引き分けが1試合で、勝率79パーセントという、オーストラリアラグビー史上、最も優れたヘッドコーチだった。その国の代表コーチになる場合、重要なのはタイミングだ。一般的には前任者が成績不振で更迭される場合が多い。だが今回は事情が違っていた。マックイーンは自らの意思で辞任するのだ。私は、ワールドカップを制覇したチームがピークを過ぎ、終わりに向かって行くのは自然な流れだと思った。

自分に託された仕事の難しさは十分に分かっていた。2003年の自国開催ワールドカップまでわずか2年。この限られた時間のなかで、上手くチームの世代交代を図らねばならない。だが代表チームのコーチになるというチャンスを逃すわけにはいかなかった。十分な準備ができる時間は残されてはいなかったが、クラブや地域のチームとはわけが違うのだと自らに言い聞かせた。常に注目を浴び、大きな期待という重荷を背負わされ、たくさんの意見に追われる毎日になるのはもちろん、代表チームのコーチとして選手を管理し、コミュニケーションをとる時間も今までよりもはるかに限られる。それまで日々顔を合わせてきたチームとは異なり、ゲーム数ははるかに少なく、プレーヤーとの日常的な接触はない。要するに代表とクラブは、全く異なるタイプのチームなのだ。

私がワラビーズのコーチとして早々に犯してしまうことになる間違いは、ここに原因があった。ブランビーズ時代には選手と深い絆を築いてきたため、国内のベストプレーヤーが揃う代表チームのなかにあっては、ブランビーズ出身のプレーヤーとの関係を変える必要があると考えた。私はこれまで、彼らに対して思った通り率直に、包み隠さず話をしてきたが、今後も同じような物言いを続ければ、彼らを身内のように特別扱いしていると思われるのではないかと心配したのだ。私は周りを気にするあまり、彼らとあまり接触しなくなった。私はあらかじめ自分の考えを説明しておくべきだった。彼らがそこまで私の気持ちを推測してくれるのを期待するほうが無理なのだ。こういう行き違いは、仕事ではよくあることだ。

さらに私には戦略担当責任者がいなかった。ペンブロークは、1998年から1999年にかけて、ロッド・

マックイーンの戦略担当としてワラビーズのワールドカップ優勝にも貢献した。だがこれ以上家族と過ごす時間を犠牲にしようという考えはなく、そのあとはラグビー界から身を引いた。この4年間というもの、地雷を踏まないよう常に気遣ってくれた頼りになる人物を失ってしまえば、そのあと私が大変な目にあうのは当然だった。一方で良い出来事もあった。ブランビーズのチームマネージャーだったフィル・トムソンがジョン・マッキーに代わり、新たにワラビーズのマネージャーに就いたのだ。トムソンはチームをまとめるのが上手く、周りの人を和ませる雰囲気を持っていた。ワラビーズのアシスタントコーチには、グレン・エラとユーウェン・マッケンジーが着任し、ラグビーに関するサポート役は申し分ない布陣となった。だが私は代表チームのコーチに就任したばかりという立場だったため、いきなりチームに大きな変革をもたらしたり、大きな要求をしたりするのはしばらく控えるようにした。

私は次のテストマッチに、ブランビーズのプレーヤーを抜擢した。アンドリュー・ウォーカー、ジョー・ロフ、ジョージ・グレーガン、デイヴィッド・ギフィン、オーウェン・フィネガン、ジョージ・スミスの6人である。彼らは2001年7月28日にプレトリアで行われた対南アフリカ戦に先発出場した。スティーブン・ラーカムがいれば7人だったが、あいにく怪我がまだ治っていなかったのだ。ブランビーズ時代、私に徹底的にしごかれたと語るベン・ダーウィンは控え選手としてベンチに置いた。

南アフリカは、特に高地にあるホームスタジアムでプレーするときは、手の付けようのないほど獰猛《どうもう》なチームだった。しかも前の週は、ケープタウンでニュージーランドに敗れていたので、勝利に対する意欲には並々ならぬものがあった。前半を終え0対14でリードを許したが、後半に入ると我々も徐々に巻き返す。ゲームはペナルティーゴールの応酬となり、最後はホームチームの南アフリカが20対15で勝利を手にした。

2週間後、我々はダニーデンにいた。代表チームのヘッドコーチとして臨む、初めてのニュージーランド戦だ。会場は、アウェーチームが勝てないことから「お仕置き部屋」の別名を持つカリスブルックスタジアムである。このときにはラーカムも復帰し、思い通りのラグビーができ、23対15で勝利。初めてカリスブルックでニュージーランドを破ったチームとなった。オーストラリアはそれまでカリスブルックで12戦12敗。しかも試合開始早々、2分でジョナ・ロムーにトライを奪われ、大きな試練になるかと思われたが、チームは粘り強く戦い、見事勝利を収めたのだ。スミスのブレイクダウンでの活躍とフォワードの頑張りからグレーガンとラーカムに生きたボールが出され、ディフェンス面ではニュージーランドのアタックを何度もスローダウンさせていた。

「先週はワラビーズの実力を疑問視する批判的記事がたくさんの紙面を飾りましたが、このチームは一度負けたくらいであきらめるようなチームではありません」と試合後、私は語った。「ボールによくからんでいきました。とても満足しています。パフォーマンスの部分でも、結果についてもね」

次の土曜日、南アフリカとの激闘は14対14の引き分けに終わった。終了間際にラーカムのドロップゴールで勝利を呼び寄せたかと思われたが、残念ながらボールはポストをかすめていった。スプリングボクスはこの引き分けのあと、次の戦ではオールブラックスに敗れ、優勝争いはオーストラリア対ニュージーランドの最終戦にもつれこんだ。

勝ち点はニュージーランドが8、オーストラリアが7、南アフリカが6となり、最終戦の勝者が大会の優勝を飾ることになった。9月1日、シドニーのスタジアムオーストラリアは、ワラビーズを率いてきたジョン・イールズの引退試合でもあり、9万9７8人の大観衆であふれかえった。

まさにイールズの有終の美を飾るに相応しい大舞台である。前半は我々のペースで、19対6でリードしたまま終了。だが案の定、オールブラックスも盛り返す。ワラビーズのプロップ、ロッド・ムーアが危険なプレーでイエローカードの対象となり、シンビンで10分間退場しているあいだに2トライを奪われ、19対23でニュージーランドが逆転。その後、互いにペナルティーゴールを1本ずつ決め、残り数分になったところで、オーストラリアがニュージーランド陣22メートルまで攻め上がる。ペナルティーキックを得たが、勝つためにはトライが必要だ。タッチに蹴り出して攻め続けるが、ニュージーランドの堅いディフェンスに阻まれ、ゴールラインを割ることができない。再度、ニュージーランドの反則。ラーカムがタッチに蹴り出し、ラインアウトからフォワードで押し込んでいく。最後はワラビーズのナンバーエイトである巨漢のトウタイ・ケフにボールが渡り、ゴールポスト近くにトライ。エルトン・フラットリーがコンバージョンを成功させ、29対26で我々が勝利した。

ワラビーズのヘッドコーチ就任後わずか6週間で、トライネーションズの優勝を果たした。世間の下馬評は散々だったが、我々は見事それを跳ね返した。疲れていても気分は良かった。生まれ育った街のスタジアムオーストラリアが、観客の熱狂と歓喜に包まれている。私はその様子を眺め、フィールド上を歩きながら、リトルベイやマトラヴィル・ハイスクールでの遠い日々を思い返していた。古きランドウィック時代の友人であるグレン・エラやユーウェン・マッケンジーは、アシスタントコーチとして今、私の側にいる。レスターとブリストルでのコーチの仕事を終え、ニューサウスウェールズ州を指揮するために帰国していたボブ・ドゥワイヤーは、遠く観客席のなかにいた。フィールド上の我々の姿を見下ろすランドウィック時代のメンターの顔は、いつもの笑顔でしわくちゃになっている。無理もない、かつての自分の教え子たちが成し遂げた優勝なのだ。

当時私は寸暇を惜しみ、脇目も振らず自らの仕事に打ち込み、コーチに対しても同じ働きを要求した。未だにボブ・ドゥワイヤーは、そんな私のエピソードを好んで語ろうとする。それは私がいかにコーチングスタッフに厳しい姿勢を求めるか、その一端を示す出来事だった。ヘッドコーチに就任してからの2年間は、私の様々な要求に対し、マッケンジーやグレン以上にそれに応えられるコーチがいるとは思えなかった。だがヘッドコーチとして指揮を執った最後の1年半のあいだに問題が起こり、ふたりの友人に代わる人物を探さなければならなくなったのである。

この話の発端は、トライネーションズでの優勝からおよそ3カ月後の2001年11月下旬に起きた。そのときオーストラリアは、ドゥワイヤー率いるバーバリアンズとカーディフで対戦することになっていた。彼の長いラグビー人生の最後を飾るゲームであり、試合の前に一緒に飲まないかと誘われ、私はマッケンジーとグレンを連れ、ドゥワイヤーとバーバリアンズのチームマネージャーであるスティーブ・ベーリックと5人でテーブルを囲んだ。

話が弾み、1時間も経ったころだろうか、マッケンジーが席を立った。「申し訳ありませんが、そろそろ失礼します。ジョーンズさんにレポートを書かないといけませんので」

「頼むよ」と私。「書き終わったら、部屋のドアの下の隙間から投げ入れてくれれば、あとで目を通すよ」

ドゥワイヤーが我々のやり取りを面白そうに眺めているのが分かった。バーバリアンズとの試合はエキシビションゲームで、公式戦ではない。誰もがリラックスして臨んでいるのに、相変わらず生真面目なやつだと言わんばかりの表情だった。

ドゥワイヤーがもう一杯ずつ皆の飲み物を注文し、マッケンジーが自分の部屋で仕事をしている一方で、我々はまだしゃべり続けていた。

次にグレンが席を立つ。「それじゃ皆さん、これでお暇《いとま》します」

「お疲れ様」と私。「君もレポートを忘れないでくれよ」

「いや、今日は無理だ」とグレンが言う。

「待ってくれ、今晩中の約束だったよな」

「今日は無理だと言っただろう」

「だめだ、グレン。寝る前にドアの隙間から入れておいてくれれば良いんだ」

グレンは首を振った。「もうこれ以上言わないよ、ジョーンズ。今晩は書かない、いいね？　バーバリアンズとの試合にコーチして欲しければ喜んで手伝う。でも今からレポートを書けと言うなら、コーチは辞める。書かないんだから、君もレポートが来るのを待つ必要はないんだ。それじゃあお休みなさい、ドゥワイヤーさん。お休みなさい、ベーリックさん」

グレンは彼らと握手をすると、さっさと出ていき、残された私は怒りに震えていた。ドゥワイヤーはふたりのやり取りをニヤニヤしながら見ていたが、彼はよく分かっていたのだ。私はときに、人に対して自分と同じような厳しさを要求しすぎる。周りにはそれを拒否する人間がいて当然なのだ。私の言いなりにならずに反論できるのは、半ズボンをはいた5歳のころからともに過ごし、今では36年に渡る親友のグレンぐらいだった。

「大目に見たらどうだ」と、ドゥワイヤーは笑いを噛み殺しながら言った。「コーチにはコーチの言い分がある。彼らの気持ちや行動を束縛せず、少しは自由にさせたらいい」

バーバリアンズには良いプレーヤーが何人かいて、ドゥワイヤーは彼らにのびのびとプレーさせた。前半までは彼らにリードを許したが、後半になってグレーガンを投入するとワラビーズの二軍選手たちがまとまりを見せ始め、徐々にチームが機能し、あとは一方的な試合展開で勝利を手にした。

「なかなか楽しかったよ」と試合後、ドゥワイヤーは言った。「だがなんとか一泡吹かせてやりたかったな」

マッケンジーもグレンも当時を振り返れば、緊張感のなかで激しい議論を重ねながらやってきたのを思い出すに違いない。互いに理解し合いながら、順調に物事を進めてこられたかと問われれば、その通りだと皆、首を縦に振るだろう。我々はこの2年と4カ月のあいだに采配を振るい、限られた選手たちを上手く使い、多くの成果を挙げてきた。そのためとはいえ、深夜2時まで働き、ときには準備のために朝7時からミーティングを行えば、誰でも愚痴は言う。だがそれはここ一番の重要なときだけで、彼らもそれが我慢できたのは、同じようにプレーヤーの力を最大限引き出したいという気持ちに突き動かされていたからだろう。

私が最初にぶつかった相手は、自分らが所属するオーストラリアラグビー協会（ARU）だった。事の起こりは単純だった。私は代表チームのヘッドコーチであり、同時にARUのハイパフォーマンス部門の責任者を兼務していた。当然、多くの競技場に足を運ばねばならなかったが、私はこの仕事が気に入っていた。ところがジョン・オニールがこのふたつの仕事を分離し、ハイパフォーマンス部門の担当ディレクターを別に置こうとしたところからトラブルが起こった。当初、私には何の異論もなかった。職務が減ればそのぶん時間が増え、ワラビーズの指導により集中できるようになるからだ。私の疑念は、この新たなハイパフォーマンス・ディレクターにブレット・ロビンソンが任命されたところから始まった。

ロビンソンとはお互いによく知る仲だった。彼は聡明な努力家でもあり、ブランビーズではキャプテンを務め、その後オックスフォード大学に渡り、臨床整形外科の博士号を修め、オーストラリアに帰国したばかりだった。我々は、「ブランビーズ・ヨーロッパ」と命名されたプロジェクトに携わり、ブランビーズのラグビーを知的財産権としてパッケージ化し、スコットランドラグビー協会に販売することに成功した。ロビンソンはまた、ワラビーズのヨーロッパ遠征時、オックスフォード大学とのツアーマッチをイフリーロードで開催するために尽力した。ワラビーズはこの試合を最後にオックスフォードとは対戦しておらず、オーストラリアのラグビー史に残る出来事となった。

そうした経緯から、我々は長年にわたり緊密に協力し合ってきた良き友人でもあった。だが彼がオーストラリアラグビー協会のハイパフォーマンス・ディレクターに就任するのはまだ早すぎた。それまでオリンピック種目、オーストラリアンフットボール、リーグラグビー、そしてサッカーなど、様々な競技におけるハイパフォーマンス・ディレクターに会ってきたが、彼らと比較すると、ロビンソンの経歴や資格には疑問が残る。18カ月間、オックスフォードの研究室で膝の手術に関する研究を続け、そのかたわらでアマチュアチームのキャプテンを務めたという経験は、プレーヤーのパフォーマンスレベルをアップさせる職務に就くには十分かつ適切だとは言い難い。

初日から躓いた。私からすれば彼は経験不足だったが、CEOのジョン・オニールが全面的に支援した。だが私には見過ごせなかった。職務分掌上、ワラビーズは技術面に関しては彼の指揮下に入る。ロビンソンは自分の仕事がチームにとって適切かどうか確認するため、事あるごとに報告を求めた。わずか2年前には、彼が報告する側だったのだ。立場が逆転したのに戸惑いを感じたが、それはまた彼にとっても同じだったろう。適当に調子を合わせていれば、それで済んだのかもしれない。だが私には無理な話だった。初めて代表ヘッドコーチという仕事に就き、すべての戦いに勝たねばならないと勘違いしていたのだ。そこに多くの時間とエネルギーを費やすようになり、ロビンソンと私のあいだに不信感が生まれていった。さらにオニールが介入し、私が些細《ささい》なことにばかりとらわれ大局を見失っていると、様々な場面で批判を繰り返した。しかもロッド・マックイーンのように快進撃を見せるわけでもなく、それがさらに彼をいらだたせた。来る２００３年のワールドカップへ向けた準備はすでに着々と進んでおり、このころはやりがいと難しさが相半ばする時期だった。

大抵コーチとＣＥＯの関係は、最初は良好でも、時間が経つにつれて次第にぎくしゃくするものだ。結果さえ良ければすべては良好、結果が伴わなければ用心すべし――オニールと私は、まさにそれを地でいく関係だった。私は上司に上手く合わせていけるタイプの人間ではない。プレーヤーにとって最高の環境を整えるのに集中しすぎるあまり、ときには上司の職務や責任から外れた行動をとってしまう場合があった。幸いにもロビンソンと私は、互いに腹を割って話し合う機会があり、今でも良き友人関係が続いている。彼は現在、ワールドラグビーの役員として大きな仕事に取り組み、オーストラリアのラグビー界でも、フィールドの内外を問わず、長年にわたり多大な貢献を果たしている。

私は今、代表ヘッドコーチとして、以前よりも大分賢くなった。すべての戦いに勝てるわけではないことも、重要な戦いを上手く見極めることが大切なことも理解できるようになった。勝てる戦いに集中するという部分では、日本での指導経験は大いに役立った。私には、以前の日本のヘッドコーチは皆、同国のラグビー界を取り囲む状況を根本から変えようとしたように思える。だが私は、日本代表のみを変えることだけに専念し、それ以外の協会内部の問題には、敢えて意識的に関わらないようにした。シドニーで味わった苦い経験を繰り返さないためにも、理事や役員同士の争いには足を踏み入れないと決めていた。

イングランドでは、クラブと協会の関係はさらに複雑で込み入っており、一筋縄ではいかない政治的駆け引きや激しい内紛が起こる。ワラビーズ時代に辛い思いをし、得難い教訓を学んでいなければ、混乱のなかでどうしていいか分からなかったに違いない。バース・ラグビーのオーナーがとった挑発的な態度に憤り、つまらない喧嘩に巻き込まれはしたが、それ以外は、クラブ同士の争いにフラストレーションを溜めないよう常に注意を怠らなかった。私にはイングランドのラグビー界を悩ませる種々の込み入った問題を解決するだけの力はなく、代表チームのセレクションとコーチングという本来の職務に集中するよう心掛けていた。ロビンソンとオニールから毎日のようにストレスを感じていたころに比べれば、イングランドでの日々はまだ穏やかなものだ。

自国開催のワールドカップが目前に迫るころ、オニールはオーストラリア国内のユニオンラグビーのすそ野を広げる運動を展開したり、プレーヤー同士のいざこざでチームがトラブルに巻き込まれればその原因を明らかにしたりと忙しく立ち働き、私は彼のそうした手腕には一目置いた。オニールは有能なCEOで、オーストラリアラグビー協会本部のなかにハイパフォーマンス管理チームを立ち上げ、完璧に掌握した。チームのトップであるオニールはメンバーに結果を求め、メンバーは彼に忠誠を誓った。「オニールの赤いズボンは怒りの象徴さ。不機嫌な証拠だから気をつけろ。君もやられるぞ」――これがメンバーの仲間内のジョークだった。彼が共同開催国であるニュージーランドを片付けたやり方を見れば――スタジアムの設営に対して国際ラグビーボード（IRB）から指摘があり、ニュージーランドは窮地に陥ると、その後ワールドカップから手を引いた――彼がどんな人物か分かろうというものだ。

オニールは頑固で、野心があり、他人を挑発するのも辞さない人物だ。役員たちは、何事も意のままに動かそうとする彼の運営スタイルを不快に思い、口にこそ出さないがそんな彼を嫌っていた。人前に出てスポットライトを浴びるのが好きで、いつもメディアのそばにいた。「オーストラリアのラグビー界で最も危険なポジションは、オニールとマイクロフォンのあいだだ」――これもまたよく知られた内輪のジョークだった。彼はどれだけスポットライトを浴びても、決して満足しなかった。ケープタウンで5人のプレーヤーが引き起こした事件以来、彼はブランビーズに不審と警戒の念を抱くようになっていた。我々の自律性が気に入らなかったのだ。ブランビーズでは、尊敬とは管理する立場にある人物に与えられるわけではない。自分で勝ち取るものなのだ。ブランビーズの選手にとって、オニールは尊敬を勝ち取っているようには見えなかった。彼は1999年のワールドカップ終了後、ワラビーズが優勝できたのも、クイーンズランドプレーヤーの影響力があればこそだと公の場で発言している。ブランビーズの選手たちは、このオニールのコメントを、チームの団結力を軽んじる、協会のCEOにあるまじき軽率な言動だと断じた。

オニールはジョージ・グレーガンが嫌いだったし、公平な言い方をするならば、グレーガンもオニールが好きではなかった。ジョン・イールズの引退後、私はグレーガンをキャプテンに任命したが、当然ながらオニールはこれが不満だった。グレーガンはチームのベストプレーヤーであり、生まれながらにリーダーの資質を備えていた。彼と私には、激しい競争心、豊富な運動量、強い向上心という共通点があったが、スポンサーや大衆に対して人懐こい表情を見せられるのが、私にはない彼の長所だった。様々な文化的バックグラウンドを持つグレーガンは、21世紀という時代の新たなオーストラリアを体現する人物だった。

オニールとグレーガンの対立は、選手が積極的に発言するようになるにつれ、徐々に深まっていった。ワールドカップは協会に数十年に1度というほどの経済的恩恵をもたらすイベントとなり、選手は大幅な利益の分配を協会に求めようと決めた。グレーガン、ラーカム、ロフ、モートロックといったブランビーズのプレーヤーたちが、ワラビーズのいわば労働争議を牽引し始めても、特に驚きはしなかった。彼らには確たる信念と、協会と争うのに十分な知性を備えており、ただ黙って従うだけでは収まらなかった。だがラグビーメディアという後ろ盾を持っていたオニールは、彼らとの戦いを選択した。

他国の協会、競争相手やワールドラグビーとの駆け引きには容赦のないジョン・オニールも、自分が仕掛けられる立場になると腹を立てるのだから面白い。人にやるのは平気でも、されるのは我慢ならないのだ。

経営者と選手とどちらの側に立つかと問われれば、私の答えは想像がつくだろう。経営者はこの先も私に仕事を任せるかどうか決定する立場にいる。だが私が大切に思うのは選手たちだ。決して経営の手助けをしようとは思わない。日々、選手を成長させるのが私の使命なのだ。

ラグビー界に落とされるお金に対し、選手がしかるべき報酬を受け取るのは当然だ。ラグビー界にもたらされる莫大な収益は、選手たちがフィールドの上で行う行為への対価なのであり、彼らの背後にいる経営サイドやコーチの仕事に対して支払われたものではない。選手の寿命は短く、昨今の試合はさらに激しいぶつかり合いが求められている。それに見合うだけの報酬が得られるよう、そうした運動を支持するのは当然だ。

ペンブロークからこんな話を聞いたことがある。オーストラリア放送協会（ABC）の仕事で1992年に南アフリカを取材に訪れた。ペンブロークのお気に入りのスタジアム、エリスパークは、アパルトヘイト（人種隔離政策）の撤廃に伴い、南アフリカが国際ラグビーの檜舞台に復帰することになり、歓喜に沸いていた。宿敵、オールブラックスとのテストマッチに先立つ国歌斉唱では、ルイ・リュイットと南アフリカラグビー協会は、アフリカ民族会議（ANC）の提示した条件に従わず、アパルトヘイト時代の国歌である『南アフリカの呼び声』を演奏した。ペンブロークはそのあとポートエリザベスに移動する。この年、ワラビーズは南アフリカ遠征で4試合を予定しており、8月にはイースタン・プロヴィンスと対戦するはずだった。

ポートエリザベスに着いたペンブロークがスタジアムに足を運ぶと、そこには思いがけない友人の姿があった。ワラビーズのナンバーエイト、ティム・ギャビンと、フランカーのウィリー・オファヘンガウである。彼らは観客席へ続く最上階の入り口に立ち、地元のサポーターを待っていた。前回大会の覇者である彼らは、ふたつのバッグに詰め込まれた中古のラグビー用具を販売していた。ペンブロークはそれを知ると困惑し、彼らがそんな屈辱的な仕事をしなければならない現実に怒りさえ覚えたという。協会には数千万ドルという巨額な資金が流れ込む一方で、国際的なスタープレーヤーが、わずかなお金を稼ぐために物乞いのような行為までしなければならない。これほど馬鹿げた不合理な話はないだろう。

1995年を境にラグビーがプロ化すると、プレーヤーは正当な報酬を得るために協会と闘うようになった。グレーガンのようにある程度教育を受け、弁が立つ者が常に先頭に立ち、道を切り開こうとし、必要であれば──どんな形でオニールや協会から邪魔が入ろうとも──私にはそれを支援する用意があった。選手にとって正しいことを行い、問題は解決しなければならない。

オニールは、ヘッドコーチは選手ではなくまず協会に忠誠心を示すという考えを持っていた。ヘッドコーチに就任する際の話し合いでは、この点については同意するどころか、議論の対象ですらなかった。もし彼から問われていたら、ありのままを話したに違いない。私はヘッドコーチであり、オーストラリアラグビー協会役員会の正規メンバーではない。オニールはグレーガンの前任者のジョン・イールズとは大変近しい間柄だった。イールズとグレーガンも仲が良かったが、性格は全く異なっていたのである。

２００２年、私は何人かのプレーヤーの不満に対応しなければならなかった。我々はオニールの支援のもと、リーグラグビーのスター、ウェンデル・セイラーの移籍話を進めていた。セイラーは、２０００年に行われたリーグラグビーのワールドカップで最優秀選手賞を獲得するほど、オーストラリアのスポーツ界では有名な選手だった。大会ではトライ王に輝き、代表チームのカンガルーズがワールドチャンピオンになるのに大きく貢献した。口数の多い生意気な選手で、ゴールドのチェーンと人を見下すような態度は、まるでアメリカンフットボールプレーヤーかボクシングチャンピオンのようだった。私はかえって彼のそういう人を食ったような態度に、なにかこれまでとは違うものをワラビーズにもたらしてくれるのではないかと期待した。セイラーは常に、自らの限界近くまでプレーしていた。

ワラビーズのゲーム内容を高める努力を続ける一方で、私は、リーグラグビーのプレーヤーがユニオンでプレーするのを奨励し、ブリスベン・ブロンコスのフォワード、ピーター・ライアンと、当時ペンリス・パンサーズに在籍していたニュージーランド人のフォワード、ゴードン・ファルコンのふたりをブランビーズに移籍させるのに成功した。来る日も来る日も厳しいトレーニングを重ねる彼らの姿は、ユニオンのプレーヤーが到達しなければならないひとつの基準になったのである。

ワールドカップで勝てるチームを作る鍵はプレーヤーの成長にあり、確実に上昇曲線を描きながら伸びていく堅実なプレーヤーを揃えたいと誰もが願うだろう。だが優勝するには特別な才能を持ったプレーヤーの存在が必要だ。彼らは大抵一匹狼で、扱うのはかなり難しい。それまで何人かコーチしたが、非常にクリエイティブでありながら、グラウンド外ではなにをするか分からず、チーム内に置くにはひとりかふたりが限界だ。彼らは情緒的に不安定で管理するのが難しく、常に監視の目を注がねばならない。

セイラーは非常にパワフルで、強靭《きょうじん》な身体を持っていた。我々には彼のような大型ウイングがいなかったこともあり、ユニオンへの移籍を強力に推し進めた。ユニオンが注目されつつある今、カリスマ性を持つ彼がプレーすればさらに人気の高まりが見込まれるため、オニールも契約すべき選手だと考えていた。私の再三の主張もあり、最終的にはユニオンも、セイラー、マット・ロジャーズ、そしてロテ・トゥキリの3人のビッグスターと契約を結ぶことに成功した。彼らは私の描くワールドカップのチーム構想のなかで、バックスリーを形成すべきプレーヤーだった。それはオーストラリアにおけるユニオンとリーグの再編を促す、新たな戦略だった。

ところが私は、ワラビーズの頑なな抵抗に直面しなければならなかった。スティーブン・ラーカムとマット・バークは、リーグラグビー出身者が、将来を嘱望された才能あるユニオン選手を差し置き、優先的に起用されるのに納得がいかなかった。しかもこれらリーダーの選手たちは、ユニオンでかなりの実績を残した選手よりも高い報酬を得ているのに加え、マット・バーク、ジョー・ロフ、ベン・チューン、クリス・レイサムらからポジションを奪いかねないのだ。予期せぬライバルの出現で不安な気持ちになった選手たちを扱うのは、コーチにとって簡単な仕事ではない。だがコーチはあくまで自分が下した判断を信じて進まねばならない。チームの決定が不公平だと感じる者がいたとしても、私が果たすべき責任は、そうした選手ひとりひとりの不安の解消ではない。あくまでチームの成功にあるのだ。

リーグラグビーに関心を持つ私は、13人制のプレーヤーの持つスキルと身体能力は、ユニオンのプレーヤーよりもレベル的に上だと感じていた。ゲーム自体かなり異なるので、ユニオンに順応するには時間が必要だったが、それでも総合的に見れば、今回移籍してきた3人のプレーヤーは十分期待に応えた働きをしていた。それまでリーグからの移籍に反対していた選手も、彼らの加入が明らかにワラビーズに良い影響をもたらしていると気づくにつれ、次第に異議を唱えなくなっていった。

明確な判断を下し、その意義を証明していけば、厄介な問題も自然に解消されていくものだ。

私は2002年6月下旬にメルボルンで行われる対フランス戦の代表チームに、セイラーとロジャーズを加えた。セイラーは先発、ロジャーズはベンチスタートである。彼らの移籍に直接影響を受け、腹を立てていたバーク、ラーカム、レイサムの3人は、チームの得点すべてを挙げ、勝利に貢献した。翌週のテストマッチ第2戦でもフランスを破り、次はいよいよトライネーションズだ。我々はホームでオールブラックスとスプリングボクスに勝利したが、アウェーのクライストチャーチとヨハネスブルグでは僅差ながら敗れた。11月の海外遠征でも同じような結果となり、アルゼンチンとイタリアでは勝利を収めたが、アイルランドのダブリンで敗れ、イングランド戦では31対32で星を落とした。トライ数はオーストラリアが3本、イングランドが2本で我々が上回ったが、問題はジョニー・ウィルキンソンの正確無比なキックだった。彼の決めた6本のペナルティーゴールと2本のコンバージョンキックが、試合の勝敗を決定したのだ。1年後、大一番となる試合で、彼の左足はオーストラリアのヘッドコーチたる私を再び悩ますことになる。

2003年、イングランドは南半球に遠征し、冬のオーストラリアを訪れた。このときのイングランドは世界屈指のチームだった。クライブ・ウッドワードと私は、テストマッチ前に激しい舌戦を繰り広げた。ウッドワードと彼が率いるイングランドは、私のみならず、あらゆる国々に大きな印象を残していた。彼はワールドカップで優勝できるチーム作りを目指し、その手腕を大いに示していた。ローレンス・ダラーリオ率いる大きなフォワードと、ウィル・グリーンウッドを中心とする速いバックスは、単に上手いだけでなく狡《ずる》さも兼ね備え、さらにトライゲッターのジェイソン・ロビンソンと、世界一のゴールキッカー、ジョニー・ウィルキンソンがいた。ウィルキンソンはキックはもちろんだが、ディフェンダーとしてもタックルの当たりの強さに定評があった。ウッドワードは、ラグビーがプロ化して間もないころのロッド・マックイーンやジョン・ハートといった、偉大なマネージャー兼コーチの歩みを踏襲し、上手くチームを作りながら、その周辺環境を整備していった。

イングランドがニュージーランドに画期的な勝利を挙げたちょうど1週間後の6月21日、我々はメルボルンでそのイングランドと対戦した。彼らはイングランド史上初めて、ニュージーランドにテストマッチで連勝したが、なによりウェリントンではフォワードの人数が足らないなかでの勝利であり、まさに特筆に値するものだった。ニール・バックとダラーリオにイエローカードが出され、シンビンで退場するという危機的状況で、フォワードは6人で対応しなければならなかった。そのあいだオールブラックスの容赦ないプレッシャーを受け、センターのマイク・ティンダルは急遽《きゅうきょ》、フランカーとしてプレーした。イングランドは、気迫あふれるマーティン・ジョンソンに率いられ、最終的に15対13で勝利を収めたのである。イングランドの得点はすべてウィルキンソンによるものだったが、彼らはチームの粘り強さと勇気を大いに示したと言えるだろう。

翌週、我々はイングランドに14対25で敗れたが、当時のゲームを振り返ると、彼らのチームコンディションはピークに達しており、そのゲーム運びの安定感と優位性には目を見張るものがあった。4カ月後にはチーム力に影が差し始めてはいたが、2003年のワールドカップ決勝戦では、メルボルンで我々を破ったプレーヤーのうち14人が出場している。唯一の変更は、先発のマット・ドーソンがキーラン・ブラッケンに替わっただけだった。

私はこのテストマッチを体験し、初めて「イングランドはワールドカップで、十分優勝が狙えるチームだ」と認識を新たにした。それまで私は、彼らの実力を疑っていた。彼らを母国のトゥイッケナムで破るのは難しい。だがそれは、常に我々の遠征が長く厳しいシーズンの終わりに組まれ、しかも寒くてぬかるんだフィールドで戦わねばならず、一方のイングランドはチーム状態が最高潮を迎える時期に対戦するという、互いのチーム状況が異なるためだった。イングランドが11月に我々を破ったところで、彼らが世界一のチームだとは思えなかったのだ。だがメルボルンでのゲームは、そんな私の考えを覆した。

彼らは試合運びが上手いだけでなく、スキルを活かし、自分たちの方法でボールを動かした。メルボルンのこの試合で忘れられないのは、キックオフからの執拗《しつよう》なモール攻撃である。45メートル前進し、自陣深くまで入られた場面だ。イングランドはこのモールから攻め込み、一連のアタックでトライまで挙げている。彼らは終始、強靭なフィジカルで我々を圧倒し、スコアボードを見れば11点差だが、実際にはそれ以上の実力差があった。私は試合を終え、彼らに追いつくには相当な努力が必要だと実感した。

イングランドはウッドワードと6年にわたり苦楽をともにし、1999年のワールドカップやシックスネーションズでは多くの心労を重ねていたが、我々はまだ進化の途上にあった。ワールドカップでイングランドと再戦したときにワラビーズとして出場したのは、このときのテストマッチのメンバーのうち、わずか5人に過ぎなかった。

イングランドは、ワールドカップでどんな試合に遭遇しても勝てるような戦い方を完成させていたが、私の場合はオールブラックスに勝利することが焦眉の課題だった。ジョン・ミッチェル率いるオールブラックスは、観衆を興奮させる刺激的なラグビーを展開していた。10番のカルロス・スペンサーは自由自在にチームを操る魔術師で、タナ・ウマガやジョー・ロコソコは、クリスチャン・カレンやジョナ・ロムーの系譜を継ぐチームの守護神のようなアタッカーだった。誰もがイングランドに対抗できるのは、ニュージーランドだけだと思っていた。

我々がワールドカップの決勝戦まで勝ち上がるとすれば、まず間違いなく相手はイングランドになる。そのためには準決勝でニュージーランドを倒さなければならない。ワールドカップ前のトライネーションズでは、そのニュージーランドと、シドニーとオークランドでの2試合が組まれていた。オーストラリア国民にワールドカップに臨む準備は万全だと示すためには、ホームでオールブラックスを倒す以上に効果的な方法はなかった。

ワラビーズのヘッドコーチに就任以来、短い期間ながらニュージーランドとはそれまで4試合を戦い、戦績は2勝2敗。5度目となるこの戦いは、ワールドカップまであと10週間を残す時点で、我々がどの程度の位置にいるのかが明らかになる大きな試練だった。

2003年7月26日にシドニーで行われたこの試合では、結果としてニュージーランドに50点を奪われ、多くの国民に困惑と屈辱を与えたが、それでもテストマッチから得たものは大きかった。もちろんメディアに叩かれ、サポーターからは罵《のの》られ、シドニーのスタジアムオーストラリアを埋め尽くした8万2096人の大観衆の目の前で21対50という大差で負けたことに傷つきもした。結果は散々だったが、不思議に気持ちは沈まず、逆に私のなかには自信さえ生まれていた。試合の枝葉末節を取り除いていくうちに、順調にいけばワールドカップ準決勝で対戦するであろうオールブラックスを倒す方法が明確に見えてきたのだ。

7つのトライを――そのうち3つはロコソコに――奪われたが、そのほとんどはカウンターアタックによるものだった。不注意なキックで相手にボールを渡し、相手にターンオーバーのチャンスを与えてしまったのだ。オールブラックスの賢いプレーヤーは、リターンキックに狙いを絞って待ち構えていた。彼らの戦略は、ボールを敵陣深く蹴りこみ、相手にキックを蹴らせ、そのボールから素早くカウンターアタックを仕掛けるという至ってシンプルなものだった。つまりボールを蹴り返さなければ、確実に彼らに勝つ確率は高まるはずだ。

この明らかな事実を指摘した者はいなかった。注目は、どうしてもオールブラックスの試合運びではなく、ワラビーズの勝ち目のなさに向けられていた。私は今回の敗戦で3連敗だったが、気にしなかった。自分の目で見たものがすべてであり、それが私に勇気を与えてくれた。ニュージーランドと対戦する前、南アフリカに22対26で敗れても、代表チームのヘッドコーチとしての評価は、テストマッチではなくワールドカップの結果で決まると分かっていた。もちろんトライネーションズは重要な大会だ。だがワールドカップで――特に自国開催で――優勝することに比べれば、物の数ではなかった。

ワールドカップで優勝するという目標は一切口にしなかった。そんなことをすれば一笑に付されるのが落ちだ。オーストラリアのメディアやスポーツ関係者は、自国開催のトーナメントでワラビーズが恥をさらす事態になりはしないかと、そればかり心配する始末だった。だが私は落ち着いていた。ニュージーランドに完敗した苦い試合の記録を分析した内容を、選手もしっかり理解していた。「この敗戦は」と私は強調した。「次にシドニーで戦うときに、オールブラックスを倒す決め手になるはずだ」

チームの雰囲気は、1年目のシーズンに10位で終わったときのブランビーズを思わせた。ラグビー関係者からチームは使い物にならないと酷評され、私もプロのコーチのくせにと批判された。それでも我々は自分たちを信じていた。戦い方を変えさえすれば、スーパー12でも優勝できたのだ。

ワラビーズを同じように変革するには時間が足りなかった。だが私はすでに、「常に、表面的なものの奥に隠れている真実に目を向けよ」というコーチングにおける根本的教訓を学んでいた。証拠はすべて揃っていた。そこから得られた真理をゲームに当てはめさえすれば良いのだ。

翌週の土曜日、パースで行われたスプリングボクスとの一戦に29対9で快勝。連敗は終わった。2週間後、トライネーションズ最終戦となるイーデンパークでのニュージーランド戦に向けて、我々はオークランドへ飛んだ。試合当日の夜はキッキングゲームに適した天候だったが、プレーヤーたちは新たに叩き込まれた合言葉を胸に試合に臨んだ。我々はオールブラックスの陣地にキックは蹴らなかった。雨で滑りやすいボールを丁寧に扱いながら、ポゼッションを保っていった。結果的には17対21で敗れはしたが、最後まで勝負の行方は分からなかった。終了近くには、スティーブン・ラーカムが密集のなかで、ゴールポスト脇にボールをグラウンディングしたかと見えたが、トライは認められなかった。だが私は大いに自信を深めた。というのもゲームが終了し、フィールドを重い足取りであとにするオールブラックスの選手の顔に、安堵の表情が浮かんでいたからだ。もちろん彼らは4戦全勝、トライネーションズのチャンピオンだ。だが次の対戦では、間違いなく彼らを攻略できるだろう。

ドレッシングルームでプレーヤーが待っていた。私は今日負けたこの気持ちを忘れず、目前のワールドカップで雪辱を果たすための原動力にしようと語った。――我々にはまだまだ成長の伸び代があるが、ニュージーランドにはそれがない。繰り返し言うが、準決勝でもう一度対戦すれば我々が勝つのは間違いない。世界は衝撃を受けるだろう。だが我々からすれば当然だ。なぜなら彼らの手の内は分かっている。ホームでは50点を奪われて惨敗し、大いに苦しんだ。ここイーデンパークでは僅差で敗れた。次はどうか。もちろん、勝利の美酒以外にはない。それは我々のキャリアで最高の勝利になるだろう。

ジョージ・グレーガンも同じ趣旨の話をした。私はゆっくりとテーピングを解《ほど》き、濡れたジャージーを脱ぐ選手を見ながら、彼らのなかに確固たる自信が芽生えていくのを感じていた。このオークランドの冷たい夜、我々には新たな信念が生まれたのだ。

ドゥワイヤーと私が何年にもわたり対戦してきた、元マンリーとワラビーズのコーチ、アラン・ジョーンズは、自身のラジオ番組で私のやり方に異議を唱え、多くの人を扇動しようとした。彼は過激な発言を売り物にするラジオのディスクジョッキーだった。標的を定めるとその相手を挑発し、怒らせ、馬鹿にするというのが彼の常套手段だ。事実このあと、元オーストラリア首相のジュリア・ギラードや、現ニュージーランド首相のジャシンダ・アーダーンに対しても同じ行為を繰り返している。ジョーンズはおそらく、私が数年前にマンリー・オーヴァルで彼の愛弟子を嘲笑したのを覚えていて、この機を利用し、執拗に罵り続けたのだろう。

トーナメントが近づくと、ジョーンズが書いたメールが多くの人の知るところとなった。そこには私が「のろまで、間抜けで、馬鹿で、低俗で、よせばいいのにまた余計なことをする典型的な例」だと書かれていた。しかも私のことをダメコーチだとこき下ろしていたのは、彼だけではなかった。彼には友人がたくさんいたのだ。メディアはこぞって、我々は役立たずで、これまでで最大のラグビーイベントが自国で開催されるというのに、足を引っ張ることしかできない存在だとこき下ろした。新聞、なかでもシドニー各紙の怒りは収まらなかった。その興奮ぶりは凄まじく、もはや滑稽でしかなかった。

ワールドカップのキャンプに入る前に、私は日本で休暇をとり、3週間サントリーをコーチした。記者会見もなければ、理事やスポンサーと話す必要もなく、教えるという純粋な喜びにどっぷり浸っていられる。これが私のリラックス法だった。ボールとホイッスルを手に、上手くなりたいと願う若者を指導する。まさに至福のひとときだ。日本にいると、落ち着いて物事が考えられるのも嬉しかった。

サントリーのキャンプは日本の島のひとつ、北海道の網走で行われた。網走はオホーツク海からの流氷が接岸することで知られる。常に深い雪に覆われる網走では、グラウンドが使えるのはわずか4カ月間だが、なにより惹かれたのは、これまで見たなかで最高の天然芝で覆われたフィールドの美しさだった。

シドニーのタブロイド紙『デイリー・テレグラフ』は、私を追いかけるためにはるばる網走までカメラマンを派遣し、できる限りたくさん写真を撮ってくるよう指示していた。ラグビーコーチが自分の休暇に、趣味でラグビーを教える——どこが間違っているというのだろう。練習中、ときにはカメラのレンズの届かない場所にずっといたこともあった。休暇中の私を写真に収める権利など、彼にはないのだ。そんないたちごっこに辟易《へきえき》した私は、サントリーにカメラマンを追い払ってくれと依頼した。適当な写真を1枚撮り、ラグビーグラウンドを歩き回ればそれで十分。あとはどう見ても互いに時間の無駄だ。

もしゴルフをしていたらこれほどしつこく追い回されただろうか？　そんなはずはない。日本でコーチをしているからこそニュースになるのだ。ワールドカップは目前に迫っている。だからこそ常に動向を注視され、ときに彼らの詮索の格好の餌食になるというわけだ。

大会は2003年10月10日から11月22日まで44日間にわたり開催される。この期間は暑くて湿度の高い環境が予想されるため、遠いノーザンテリトリーのダーウィンで暑さ対策の合宿を行った。そこは以前にA代表を連れて行き、感銘を受けた場所でもあった。国を代表して戦う以上、オーストラリア先住民にとって重要な場所を訪れるのは至極当然だと思われたのだ。

気温33度、平均湿度90パーセントの蒸し暑いダーウィンで、厳しいハードなセッションを数日続けたあと、チームを驚かそうと、カカドゥ国立公園に隣接するアーネムランド、その北西に位置するボラデール山へ飛んだ。我々が着いたのは、オーストラリアの主要都市から数百キロ離れた、先住民が古くから住む聖地だった。選手同士の絆を深め、我々の国土とつながるには理想的な場所だ。初日はボートに乗って洞窟画を見学し、夜には、先住民の歓迎を受けた。彼らは土着の踊りを披露し、先住民の戦士を表すペイントを選手に施した。その後、焚火を囲むと、自然に選手同士のあいだに会話が生まれていった。

我々はワールドカップの意義について議論し始めた。予定していたわけではなかったが、自分にとってワールドカップがどんな意味を持つのか、ひとりひとり順番に話していくうちに、チームがひとつにまとまっていった。人は弱い存在だからこそ互いの信頼が必要で、そこからより高度なパフォーマンスが生まれる好例だった。焚火の前で飲んだビールも、緊張をほぐす手助けになっただろう。だがチームの気持ちがまとまったなによりの要因は、グレーガン、ラーカム、ロフ、ギフィン、スミスらといった聡明な年長の選手がチームの中心にいて、彼らが団結の意義をチーム全員に理解させたからだった。誰もが皆、未だにこの日の様子を鮮明に思い出すことができる。

その晩以来、チームは大会中ずっと、ブーメラン、リズム楽器の一種であるクラッピングスティック、ワラビーの絵が描かれたユーカリ樹を持ち歩き、ゲームになると、ドレッシングルームの一番目立つ場所に飾るようにした。それは互いの団結はもちろん、我々が代表する国とそこに住む人々に思いをはせる縁となった。

2015年には、日本でも同じことを行った。九州で激しいトレーニングキャンプを行っていたが、あるとき海沿いに建つある神社を訪れた。日本の国歌には、国の礎となる「さざれ石」が歌われている。この神社にはそのさざれ石が祀《まつ》られており、そこで必勝祈願を行った。日本生まれではない選手も、深く心を揺さぶられたようで、これもまた特別な時間だった。

オーストラリア文化の中核に触れようとダーウィンを訪れたように、日本では九州で、日本という国の本質を感じることができたのである。

2019年のワールドカップに向けて準備を続けながら、私は同じようにイングランドでも、イングランド人らしさの本質、あるいはその根源となる場所を探そうとした。イングランド人らしさの明確な定義、あるいはその聖地を発見しようと大勢の人たちと話をしたが、不思議ととらえどころがなかった。

いずれにしても16年前、我々はダーウィンでオーストラリアの根源に触れ、ワールドカップに臨むひとつのチームとなったのだ。

予選プールAには、開催国であるオーストラリアの他に、アイルランド、アルゼンチン、ナミビア、ルーマニアがいた。我々はシドニーで行われた開幕戦で、アルゼンチンに24対8で勝利した。ワールドカップの初戦、しかも開幕戦となればそう簡単にはいかないが、幸いチームのパフォーマンスは満足のいくものだった。そのあとの対ルーマニアとナミビアの2試合は、それぞれ90対8、１４２対0の完勝だった。アデレード・オーヴァルで行われたナミビア戦は試合開始早々から思い通りの試合運びで、結局22トライを挙げた。私はクリケットプレーヤーで、後に代表コーチとなるダレン・レーマンをドレッシングルームに招き入れた。レーマンはひどく陽気な人物で、選手を大いに笑わせた。

我々のチームキャンプ地は、シドニーから５００キロほど離れた、ニューサウスウェールズの北部に位置する閑静な街、コフスハーバーだった。我々は懸命に練習に励んだ。だが私はプレーヤーよりも、グレン・エラやユーウェン・マッケンジーに対して、あらゆる要求を突き付けた。グレンが作ったその日の朝のトレーニングメニューに微調整を加え、午前3時半にドアの隙間からメモを入れると、彼はベッドから這い出してそれを見ては「全くなんてやつだ」とうなったものだ。さらに私は、彼の太り気味な体質を何度も指摘した。グレンは体重を減らそうと、時々眠い目をこすりながら朝5時半にジムに現れたが、そこに私の姿を認めると、さあやろうとけしかける私をしり目に、にやりと笑って新聞に目を通し始めるのだった。

大会は大成功で、3年前のシドニーオリンピックを思わせた。大会の計画、推進、運営は順調に進み、オーストラリア中で観戦チケットが売り切れとなり、ジョン・オニールと、トーナメントディレクターのマット・キャロルはその手腕を大いに評価された。オーストラリアンフットボールが人気のタスマニアでも、人々はラグビーに夢中になった。我々は試合の数日前にそれぞれの開催都市に入ったが、どこも雰囲気は素晴らしく、その盛り上がりにいつまでも浸っていたいと思わせるほどだった。

我々にのしかかる重圧は凄まじく、11月1日、チケットが完売したメルボルンのスタジアムで行われたプール最終戦では、初めて極度の不安を感じることになる。勝てば次の準々決勝の相手は比較的楽な相手のスコットランドになるが、負ければ強敵フランスと当たることになる。どちらが与《くみ》しやすい相手に当たるかが決まるゲームだった。詰めかけた大観衆は、まるでメルボルン競馬場からやってきたみたいに、我々がグラウンドに現れる前からすでにスタジアム全体が興奮している。しかもゲームはオーストラリア全土にライブ中継されるだけでなく、全世界にも発信された。南アフリカ対イングランドのプール戦に匹敵するような熱狂ぶりは、まるで初めてのテストマッチの大一番のようで——そして誰もがワラビーズの完勝を期待していた。

我々はあまりぱっとせず、アイルランドのほうがチームとしては優っていた。17対16でなんとかリードを保ったまま、残りはわずか数分。ここでローナン・オガーラがポストをめがけ、これまで何度も蹴ってきたドロップゴールを狙うが、今度ばかりは我々に運があり、ボールはわずかにポストをそれた。

重要なのは決勝トーナメントからだと再三口にしてきたが、やはり新聞各紙やテレビ番組で酷評された。またしても、オールブラックスに勝てるはずはなく、悪あがきをするだけだという言われようだった。

とは言えまずはスコットランドを叩きのめさなければならない。11月8日、ブリスベンのサンコープスタジアムで行われた試合では、モートロック、グレーガン、デイヴィッド・ライオンズがそれぞれトライを挙げ、スコットランドに33対16で快勝した。

苦しみながらもウェールズを退けたイングランドは、準決勝ではアイルランドを破った気分屋、フランスと対戦することになった。他のどのチームよりも安定した戦いを見せたニュージーランドは南アフリカを29対9で破り、大会ナンバーワンの優勝候補として順当に準決勝に勝ち上がった。我々は次の土曜日の晩、前回50点を取られたスタジアムで、そのニュージーランドと戦うのだ。世界中の誰もがニュージーランドの勝利で決まりだと考えていた。

選手も私も、ワールドカップに向けて準備を始めて以来、ひたすらこの準決勝に照準を合わせてやってきたのだ。コーチとしてのキャリアのなかで最大のゲームを迎えるというのに、私は不思議とリラックスし、自信にあふれていた。

第8章 栄光、そして失意

GLORY AND PAIN

2003年11月15日土曜日。シドニー、スタジアムオーストラリア。

カルロス・スペンサーはハカをリードしながら、ひとりワラビーズに迫っていく。ワラビーズはオールブラックスに正対し、じっと立ったまま動かない。列の中心にいるジョージ・グレーガンは、ハカを冷静に見つめながら、オールブラックスの気迫を受け止めていた。ニュージーランド人たちは、いにしえのマオリ戦士の魂が乗りうつったかのように舌を突き出し、手のひらで腿《もも》を打ち鳴らし、胸を叩き、ワラビーズを鋭く睨みながら、ハカの聖なる言葉を繰り返す。スタジアムの興奮は一気に高まっていった。観客席を埋め尽くす8万2444人の大観衆。そのなかの大勢のオーストラリアサポーターは、テレビ用に増幅されたハカの音声に対抗しようと、第二の国歌とも呼ばれ、オーストラリアで愛されている歌、『ワルチング・マチルダ』を大合唱していた。

素晴らしい光景には違いなかったが、私はすぐにでもゲームを始めて欲しかった。確信が揺らぎ始めている。試合開始のホイッスルが鳴る直前は、どんなコーチも心が落ち着かず不安定になる。これまで積み重ねてきた猛練習はすべてこの日のためで、もしゲームプランに間違いがあれば、最初のわずか数分でチームの歯車は狂い、見ている私も次第に冷静さを欠いていくだろう。そんな不安が頭をよぎる、まさにコーチ泣かせの時間帯だった。

我々の戦略は明確だ。相手がなにより優れているのは、スピードと身体能力を活かしたカウンターアタックである。我々はその強みを消さなければならない。そのためには常にオールブラックスに圧力をかけ、ボールを確保し続ける必要があった。もちろんそれだけではゲームには勝てない。だが私には、ボールを常にキープしながらチーム全員で突進を繰り返せば、たとえオールブラックスといえども必ずディフェンスにほころびが出るという確信があった。彼らに向かって前進し、積極的にアタックを仕掛け、流れるようなラグビーを展開するのだ。この基本戦略を実行するにはタックルミスをなくし、密集でボールを奪い合うブレイクダウンで規律を守り、反則を犯さないようにしなければならない。

さらに私は、ジョージ・スミスにある大切な役割を与えた。ニュージーランドの経験豊富なスクラムハーフ、ジャスティン・マーシャルを狙えと指示したのだ。なにもルールに反したことをさせようとしたわけではない。攻守の要となるマーシャルにプレッシャーをかけ、彼を孤立させようとしたのだ。もしオールブラックスにボールを与え、攻撃するスペースを与えようものなら、彼らは手がつけられなくなる。だがマーシャルが孤立すればオールブラックスは得点の機会を失い、スペンサーはリスクを冒して一か八《ばち》かの賭けに出るだろう。スペンサーは素晴らしいプレーヤーだが、大きなプレッシャーに弱い。ビッグプレーを好む彼は間違いなく判断を誤るはずだ。

私は深呼吸をひとつした。初夏の暖かな空気を胸いっぱいに吸い込むと、身体に力がみなぎってくる。この1週間というものメディアを利用し、我々には隠し玉があると言い続けてきた。少しでもオールブラックスが不安やいらだちを感じればそれで良かった。だがそんな小細工をしたところで、少しでも判断を誤ったりミスを犯したりすれば、凄まじいカウンターアタックを食らうのは目に見えていた。我々のプランなど簡単に吹き飛んでしまうのだ。

いよいよキックオフ。スペンサーの蹴ったボールは、くるくると回転しながら夜空高く舞い上がる。観客も一斉にボールの軌道を追い、歓声を上げた。ロテ・トゥキリが22メートルラインの外側でボールをキャッチする。キックは蹴らずにそのまま突進。数メートル進んだところで倒される。ラックが形成され、すぐにワラビーズにボールが出る。ラックの後ろにいたのはセンターのエルトン・フラットリーだ。すぐにパスアウト。ボールを受けたラーカムの外側、インサイドセンターの位置にはフラットリーの代わりにグレーガンが入っていた。グレーガンはひとり飛ばしてさらに外側のジョージ・スミスへパス。すぐにスミスが倒される。我々は当初の作戦通り、キックは蹴らずに徹底してランで突破を図った。ラーカムのロングパスがロジャーズへ渡ると、大きく前進。オールブラックスは2人、3人と襲いかかり、ロジャーズを引きずり倒す。

ボールは依然として我々の側にあった。グレーガンが素早くボールを展開する。トゥキリがディフェンスラインめがけて真っすぐに突っ込むが、すぐに倒される。依然としてキックは蹴らない。ボールは走り込んできたネイサン・シャープへ渡る。シャープはロックで、大きな身体にヘッドキャップを深くかぶっている。ディフェンスに阻まれるがすぐにグレーガンにボールを返し、次は第6フェーズ。息もつかせぬ連続攻撃だ。プロップのベン・ダーウィンが突進するが、オールブラックスのロック、アリ・ウィリアムズに激しいタックルを見舞われる。それでも密集から素早くボールを出すと、今度はラーカムから逆サイドを突いて走り込んできたモートロックに渡った。

さすがのオールブラックスもプレッシャーを感じていたのだろう、思わずラックのなかで手を使い、オーストラリアにペナルティーキックが与えられた。試合開始から1分7秒。我々の攻撃は第8フェーズに入っていた。「試合開始早々、オーストラリアの目の覚めるような攻撃が続いています」。私の席にもモニターはあったが、テレビ中継のアナウンサー、ゴードン・ブレイの言葉は大勢の視聴者には聞こえても、ありがたいことに私の耳には届かなかった。

それでもニュージーランドのディフェンスは崩れない。2分半にわたる連続攻撃のあと、ラーカムはパターンを変え、意表を突いてドロップゴールを狙った。残念ながら、ボールはゴールポストをわずかにそれた。

チームの戦いは申し分なく、ラーカムは賢かった。3点取れればなお大きいが、なによりドロップゴールを蹴れば試合再開まで一息つける。ここまでは完璧な試合運びだった。オールブラックスのプレーヤーの表情には、彼らの本音が透けて見えていた。「くそっ、こんなはずじゃないんだが」

観客のなかには白いジャージーを着た約1万人のイングランドサポーターが交じっていた。彼らは一斉にイングランド代表の応援歌、『スイング・ロー・スウィート・チャリオット』を歌い始めた。両チームの熱戦に自然に湧き上がったものだった。フラットリーがアリ・ウィリアムズに凄まじい勢いでタックルされると、こぼれたボールをモートロックが拾い上げ、ディフェンスのあいだを駆け抜ける。だが、別の味方プレーヤーが相手のディフェンスを邪魔したとされ、オブストラクションの反則をとられてしまう。我々の攻撃に28回のタックルを浴びせ続けたオールブラックスもこれで攻守交替。スペンサーのタッチキックはオーストラリア陣22メートル深くまで入った。

今度は我々がプレッシャーを受ける番になる。オールブラックスのジェリー・コリンズがゴールラインに迫り、黒いジャージーが一斉にボールを追って走り込む。ロコソコにボールが渡り、ゴールラインまでわずか十数メートル。と、そこへウェンデル・セイラーが激しくタックルに入った。

「セイラーのファインプレーだ」と、ブレイが叫ぶ。私はこのコメントを試合のあと、数日経ってから耳にした。「今日は気合いが入ってます」と、解説のティム・ホランが頷く。「ロコソコにスペースを与えませんでしたね」

オールブラックスはラインアウトからゴールラインに迫ろうと、マコウ、コリンズ、ケビン・メアラムと次々に前進するが、我々のディフェンスは崩れない。ボールはバックスに展開された。ダグ・ハウレットが矢のようなスピードでスペースに走り込み、外側のミルス・ムリアイナへパス。ゴールラインを割る直前、トゥキリがムリアイナへタックルに入るが、ムリアイナはそのまま右隅ぎりぎりに飛び込んだ。トライを確信したムリアイナだったが、イングランドのレフリー、クリス・ホワイトはTMOを要求した。

私は画面を食い入るように見つめた。試合開始からボールを保持し、思い通りの展開に持ち込みながら、ここでトライを奪われればダメージは大きい。トライシーンのビデオ映像が様々な角度から再生され、下された判定はノックオン。ムリアイナはインゴールに飛び込みながら、わずかにボールを落としていたのだ。

次のラインアウトでは、巧みなサイドステップでスペンサーが前進。オーストラリア陣22メートル内まで入ると、外側にフォローしていたレオン・マクドナルドにロングパスを放った。すると突然、スターリング・モートロックが素晴らしいスピードで走り込み、すれ違いざまにスペンサーのパスをインターセプト。緑と金の弾丸のように、そのまま一直線にニュージーランド陣のゴールポストめがけて走っていく。モートロックの姿が自陣10メートルラインからハーフウェイラインを過ぎるころ、オールブラックスのロコソコが猛追し、差を少しずつ縮めていく。だが22メートルラインを過ぎたところで勝負あり。モートロックはゴールラインめがけてダイビングすると、ポスト真下にトライを決めた。10分経過時点で得点は7対0。

「気迫ならオーストラリアが数段上ですね」と、ホランは興奮して叫んだ。「あのタイミングでボールを取られたら、まず誰も追いつけないでしょう。素晴らしいプレーです」

一番興奮していたのはグレン・エラだった。彼は私の耳元で大きな声で叫んでいた。「こいつは、いけるぞ」

私は表情ひとつ変えずに前を向きながら、素っ気なく呟いた。「うるさいぞ、グレン」

チームは当初の戦略を遂行し、フラットリーのペナルティーゴールでその差を10点とした。対するオールブラックスはマクドナルドが2本のペナルティーゴールを外し、本来のペースがつかめない。我々はさらにプレッシャーをかけ、ボールをキープし、フェーズを重ねていった。再びゴール前でのペナルティー。これをフラットリーが難なく決め、34分経過時点で13対0。

テレビモニターに私の姿が映し出される。私は無表情を決め込んだまま、一口、水を含んだ。

「あのエディー・ジョーンズの顔」と、ホランが言う。「まるで石のように無表情なところに、彼の気持ちがよく表れていると思いませんか？」

ホランはさらに付け加えた。「オールブラックスはこのままじゃ終わらないと分かっているからこそ、無表情なんです。このまま引き下がるような相手じゃない。あと6分で前半が終わりますが、このままオールブラックスに得点を与えない、ここが大事です」

ホランの言う通りだった。ラーカムからボールを奪ったオールブラックスは息を吹き返す。スペンサーにボールが渡ると、見る間に巧みなサイドステップでディフェンダーをふたり抜き去った。22メートルラインの内側深く入ると、タッチライン側のロコソコに展開すると見せかけ、外側に流れるディフェンスの逆を突いて内側に切れ込み、後ろからフォローしてきたキャプテンのルーベン・ソーンにパス。ソーンはタックルされながらもそのままゴールラインを割った。

私は目の前のデスクに思い切り拳を振り下ろしたい気分だった。ボールをターンオーバーしたあとのニュージーランドがいかに恐ろしいかよく分かっていながら、前半終了間際にボールを渡してしまった。13対7でハーフタイム。大観衆は我々をスタンディングオベーションで迎えた。

私はドレッシングルームで冷静に指示をした。――ランを中心にボールを保持しよう。マーシャルに生きたボールを渡さず、スペンサーにプレッシャーをかけ続けるのだ。当初の作戦を徹底して遂行すれば、勝利は我々のものだ。

後半開始7分、マーシャルはスミスの強烈なタックルで肋《ろく》軟骨を痛め、さらにその数分後、今度はモートロックに引きずり倒された。彼はオールブラックスのキープレーヤーとなるスクラムハーフである。なんとか起き上がりはしたものの、これ以上は無理だとベンチにジェスチャーを送った。もちろん代わりに入ってきたバイロン・ケラハーも優れたプレーヤーだ。――だが彼はマーシャルではなかった。マーシャルの退場はその後のゲームの勝敗を分けることになり、彼自身もまた悄然《しょうぜん》とした表情を浮かべていた。

今でもマーシャルは私に会うと、当時を振り返ってちょっぴり不満を漏らすが、彼の笑顔に恨みの影はない。互いに正々堂々と戦った結果だった。

16対7でリードしていた後半12分、ベン・ダーウィンが深刻な怪我に見舞われる。イヤホンを通じて報告してくる声にも、不安な響きが含まれていた。すぐに病院へ連れて行かなければならない。誰もが心配そうに見守るなか、このときばかりは時間が経つのが遅く感じられ、スタジアム内は静かだった。ようやく担架と救急用ゴルフカートが到着する。

観衆の健闘を称える拍手のなか、カートに乗ったダーウィンが退場していく。10分間の中断のあと、プレーヤーも私もゲームに意識を戻した。

ジャスティン・ハリソンは、オールブラックスボールのラインアウトを奪おうと高くジャンプ。上手くボールを手にすると、素早くグレーガンにトスをした。グレーガンからパスを受けたラーカムは、ディフェンスのギャップを鮮やかにすり抜けていく。ようやく捕まると、振り向きざまに走り込んできたジェレミー・ポールにボールを浮かす。ポールが倒され、密集から素早くボールが出てきたときには、左サイドのバックスラインに数的優位ができていた。オールブラックスも必死のディフェンスを試みる。走り込んでくるモートロックを引きずり倒すが、アーロン・メイジャーが思わずラックで手を使い、オーストラリアにペナルティーキックが与えられた。フラットリーがきっちりゴールを決め、後半14分経過時点で19対7となる。

後半戦の中盤はオールブラックスが激しく攻め立てるが、水も漏らさぬようなディフェンスで守り切った。ほんのわずかでも相手にボールを渡さず、それ以降は無駄なキックも蹴らなかった。カウンターアタックから反撃する機会のないニュージーランドは徐々にフラストレーションが溜まり、元気を失っていく。私もようやく、グレンが感じた勝利の予感を受け入れ始めていた。

22対10とリードしても試合は相変わらず作戦通りに進み、もはやストレスも感じなくなった。ワラビーズがオールブラックス戦でこれほど相手を圧倒し、思うようにゲームを運んだのは初めてだった。

「さて、これまでほぼ勝ち目はないと言われ続けたワラビーズでしたが」とゴードン・ブレイは、残り時間が数分となったところで数百万人の視聴者に向かって語り始めた。「文句のつけようのない素晴らしいパフォーマンスで、そうした批判は間違いだと示してみせたのです」。時計が80分を回り、ラーカムがタッチにボールを蹴り出すと、ブレイはさらに続けた。「ワラビーズはワールドカップ史上、3度決勝に進出する初めてのチームとなりました。（中略）ニュージーランドはここで姿を消します。ワラビーズの試合に臨む気迫が彼らを圧倒したのです。エディー・ジョーンズはこの1週間、自分たちには秘策があると言い続けてきました。そしてなんということでしょう、その通りやり遂げたのです！」

私はグレンと抱き合い、喜びを分かち合った。ふたりのマトラヴィル・ハイスクール出身者が母国を決勝まで導いたのだ。これまでのラグビーキャリアのなかで最高の瞬間だったが、私は歓喜におぼれそうになる感情をなんとか抑え、すでに次の決勝に向けて気持ちを切り替えていた。

メディアはオーストラリアの勝利に沸いた。大勢の報道関係者が押し寄せ、それまでの対応とは完全に雰囲気が変わっていた。週が始まるころには望みのかけらもない烏合《うごう》の衆と呼ばれたが、今は最高の待遇で迎えてくれる。しかも彼らはこじつけのような統計データを示し、我々は歴史の転換点にいるのだと主張する。1991年のワールドカップで初優勝したとき、チームは開幕戦でアルゼンチンをねじ伏せようと奮闘し、アイルランド戦では辛くも1点差で逃げ切ったが、これは今回の我々の戦績によく似ているというのだ。しかもその大会では、準決勝の相手もニュージーランドで、前半を13対0で折り返している。まるで今大会のワラビーズと瓜二つではないか——。

私は肩をすくめた。「過去はコーチが目を向けるもので、選手は今という時間のなかに生きています。12年前の出来事からなにかを学ぶとすれば、予想と結果は常に異なるという事実でしょう。我々はオールブラックス戦では上手く準備ができましたが、フィールド上でどのような結果になって表れるかは、誰にも分かりません。おそらくイングランドは、セットピースを中心に挑んでくるでしょう。自《おの》ずとゲームは単調な展開になります。ですがイングランドにはジェイソン・ロビンソンのような非常に賢い選手たちが揃っていて、ウェールズ戦を見ても分かるように簡単にゲームをひっくり返してしまいます。決勝戦は、一瞬の判断が勝敗を分けるでしょう」

さらに報道陣からは、7月のトライネーションズのニュージーランド戦と今回の予選プールのアイルランド戦の戦い方にかなり厳しい批判があったが、コーチとしてどう対処したのかと質問があった。「批判は単なる意見ですから気にしません。本当ですよ。結果が伴わなければ叩かれるのは当然です。今回のニュージーランド戦のように上手くいき、出場した選手たちが称えられればそれで良いのです」

私は顔を上げ、にこりとした。「それじゃ皆さん、決勝前にまたお会いしましょう」

私は人混みをかき分けて進みながら、次にメディアに囲まれるだろうジョン・ミッチェルの姿を思い浮かべていた。彼がオールブラックスの指揮を執ることは、もうないだろう。準決勝の結果はニュージーランドの人々の心を深く傷つけ、新しい優秀なコーチを望む声が一気に高まるはずだ。次の長い雌伏の4年間が始まった。1987年の第1回以来、オールブラックスは優勝から遠ざかっていた。そして今日、試合終了のホイッスルが鳴らされると、グレーガンは感情を爆発させた。

「あと4年我慢するんだな」と、彼はオールブラックスに向かって叫んだのである。「勝利は4年後までお預けだ」

人はグレーガンの言葉をむごい仕打ちだと言うかもしれないが、スポーツは厳しいものだ。7月に50点取られたときには、私だけでなくグレーガンもひどく傷ついた。我々はニュージーランドに——たとえば2000年のスーパー12の決勝で、クルセイダーズに1点差で敗退したように——何度も煮え湯を飲まされてきたのだ。今回の勝利を味わおうとする彼の気持ちは、私には痛いほど分かった。

私は父のテッドを探していた。ふたりの姉と私を育てるためにがむしゃらに働き、多くのことを教えてくれた。おかげで私たちは幸運で幸せなオーストラリア人として成長できたのだ。父は私の活躍を陰ながら見守り続けていた。ドレッシングルームに足を運んでくれたのはわずかに1度。初めてファースト・グレードのゲームに出場し、試合中に目を突かれたときで、息子を案じたためだった。

私は父の顔が見たかった。父に会い、この瞬間を——極めて重要なゲームに勝利し、これまでの苦労が報われたこの瞬間を——ともに分かち合いたかった。しばらく時間はかかったが、私はようやくその姿を見つけた。

「父さん」と叫ぶと、父は振り返り笑顔を見せる。笑ったその目には、息子を誇りに思う気持ちと喜びがあふれていた。

「よくやった」。彼はそう言い、また少し微笑んでから、決勝戦に思いをはせ、こう付け加えた。「来週が大一番だな……」

*

ラグビーは素晴らしいスポーツだが、ときには残酷な結果を招く場合がある。その晩、ベン・ダーウィンの担当医からの連絡に、それまで感じていた勝利の高揚感はたちまち吹き飛んでしまった。負傷の範囲と状態はまだ確定できていないが、ダーウィンの首をスキャンしたところ、椎間板が脊髄の上部を圧迫しているためとりあえず緊急手術が必要で、損傷の程度によっては四肢麻痺の可能性も否定できないという。

負傷に至る試合中の詳しい経過については、前後の状況を確認し始めたばかりだった。後半開始8分、ジョン・ミッチェルはタイトヘッドプロップのデイブ・ヒューイットに代え、スクラムに滅法強いケース・ミューズを投入。ミューズは相手にダメージ――もちろんダーウィンが受けたような身体的な意味のダメージではない――を与えようと意気込んでいた。4分後、スクラムが回転する。そのまま崩れ落ちると、ダーウィンが叫び声を上げた。「首が！　首が！」。ミューズの名誉のために言っておくが、もちろん彼はすぐさま押すのを止めた。さもなければダーウィンの怪我は、これくらいでは済まなかったろう。

医師は、ダーウィンが圧力を受けたまま頭から芝の上に崩れ落ち、そのまま四肢の感覚を失った経緯を憂慮していた。彼を担架に乗せるのに時間がかかったのは、救急医療隊員が麻痺した身体の部位を正しい位置に戻す必要があったためだ。その後、手足に刺すような痛みが戻ったのは良い兆候だったが、突出した椎間板が脊髄を圧迫しているのは依然として気がかりで、さらにスキャンが行われた。

人生は不確かなものだ。突然幸福が訪れたかと思えば、暗転もする。代表レベルの鍛え上げられた首も、スクラムの大きな圧力までは耐えきれなかった。もしダーウィンが首の骨でも折っていれば、いくらワールドカップの準決勝で勝ったところで意味のないものになっていただろう。

ブランビーズ時代、私はダーウィンにプレーヤーとして必要な強靭さを身につけさせようと、しごいたりおだてたりしたものだが、その晩の私には、そうしたダーウィンとの激しいやり取りを思い出す余裕さえなかった。キャンベラで指導を始めたころ、20歳そこそこだった彼も、あれからずいぶん成長し、今では27歳。代表キャップも28を数えていた。ダーウィンはタフで足も速く、積極的に前に出ようとするタイプで、体重118キロと体格にも恵まれていた。これまで順調に来ていたが、突然、もう一度自らの足で立って、普通の人生を歩めるかどうかの瀬戸際まで追い込まれたのである。

2回目のスキャンを終え、症状がはっきりした。適正に治療が施されたおかげで四肢が麻痺する可能性はなくなり、予後診断も良好。再びラグビーをする道は絶たれたが、身体は完全に回復するという。今後の生活は問題なく送れそうだった。

週も後半に入り、私はダーウィンのもとを訪ねた。チームジャージーの贈呈役を引き受けてもらいたかったのだ。尋ねたところ、自分で良ければ喜んでという返事だった。私は決勝戦を目前にして、彼とチームのつながりを保つべきだと考えたのである。

こうした人生の厳しい現実はさておき、オーストラリアの新聞各紙は国内の読者を煽るいつものやり方で、今度はイングランドにちょっかいを出し始めた。『オーストラリアン』紙は、ジョニー・ウィルキンソンがキックするところを写した写真に、「できるのはそれだけ?」という見出しを付けて掲載し、『ヘラルドサン』紙は、「なぜイングランドを嫌うのか?」と題した長文の記事を載せた。シドニーの『デイリー・テレグラフ』紙は、イングランドを「気難しい老人たち」のようだとこき下ろし、コラムニストのマイク・ギブソンは、使い古された決まり文句を引用しつつこう述べた。「イングランドのラグビーが退屈だって?　冗談じゃない。今さら当たり前のことを聞いてどうするんだ?　ローマ教皇はカソリックか?　ヒトラーは悪者か?　女優のカイリーは素敵なお尻をしている?　決勝はもう目前なのに、ラグビーファンから再三にわたって、イングランドのラグビーは退屈だと聞かされるのはもううんざりだ」

「ニュース速報。イングランドは退屈だ。イングランドのスポーツチームは、退屈さを芸術の域にまで昇華させた。オーストラリアがその固有の犬種であるキャトルドッグを繁殖させるように、イングランドは次々と退屈な人間を生み出していく。なかでもスポーツ界で最も退屈な人間は、間違いなくジェフ・ボイコットだ。彼がクリースに向かうと、観客席のクリケットファンは近くにいる誰かに、ボイコットがアウトになったら起こしてくれと頼むのだ。（中略）読者諸兄は、イングランドが観て楽しいラグビーを心掛けるとでも思っているのだろうか？馬鹿を言っちゃいけない。今、我々が話題にしているのは、一番人気の高い俳優があの退屈な能無しヒュー・グラントであり、一番エキサイティングな行為が列に加わることだと考えるような国なのだ」

クライブ・ウッドワードは、オーストラリアのファンがあまりにも「退屈だ、退屈だ、退屈だ」と繰り返すせいで夜も眠れないと言い、こんなジョークを付け加えた。「それはベッドのなかにいる妻が言った言葉じゃない。外から聞こえてきた声だがね」

『シドニー・モーニング・ヘラルド』紙は、マーティン・ジョンソンに「イングランドはラグビーを殺す気か？」との疑問を投げかける一方で、看板の立ったマンリービーチの写真を掲載した。そこにはイングランドの選手に関する告知がこんなふうに書かれていた。「警告：退屈なラグビーチームがここで練習を行う」

この2年、ウッドワードと私は、様々な場面で互いに非難し合ってきた。２００１年11月、オーストラリアのヘッドコーチとして初めてイングランドと対戦したとき、ウッドワードは、ニュージーランド人でリーグラグビーから転向したばかりのヘンリー・ポールを代表チームに選抜していた。

「我々はオーストラリア人を基本に選抜するが、イングランドではどうやらセレクションの基準が違うらしい」と、私。

ウッドワードはぬかりのない人間なので、短く的を射た言葉で反論する。「エディーはマット・ロジャーズやウェンデル・セイラーを獲得したのを忘れでもしたのか？」

ロジャーズとセイラーは、確かにポール同様リーグラグビー移籍組だが、根っからのオーストラリア人である。

私なら彼らに、いきなりトゥイッケナムでのテストマッチに出場しろとは言わないだろう。それ以来、ウッドワードと私は事あるごとに、意識的に衝突を繰り返してきた。ふたりとも世界一になるために懸命に努力を続けていたので、互いに譲れなかったのだ。

2001年にトゥイッケナムでオーストラリアとイングランドが対戦したとき、ウッドワードは記者会見の場にビデオテープを持ち込み、我々が不正行為を行っていると主張した。「エディー・ジョーンズの入れ智恵でしょう、オーストラリアはボールを持った選手の前に『おとり』、つまりデコイランナーを走らせますが、これは明らかな妨害行為です」と、ウッドワードは不満そうに語った。

記者に意見を求められると私はこう言った。「ウッドワードがそれほどルールに厳格だったとは知らなかったよ。それじゃあイングランドが、ラインアウトでどうやっていんちきしているか、教えてあげようか?」。その後私は10分間、イングランドの違反行為についてひとくさり語った。翌朝、記者が主に取り上げたのは、ウッドワードの唱えたデコイランナーではなく、ラインアウトに対する私の見解のほうだった。私はささやかな勝利を収めたのである。

数カ月後、再び記者に、レフリーのポール・ホニスと会う機会はあったかと尋ねられた私は、笑ってこう答えた。「いや、なかったね。でもきっと、まだウッドワードのビデオを見てるんじゃないかな」

イングランドは素晴らしいチームだったので、私はなるべく彼らをいらだたせようとした。私はウッドワードが、イングランドはディフェンス中心の守りのチームだと言われると、ちらりと怒りの表情を浮かべるのを知っていた。「イングランドは無理に退屈なゲームをする必要はないんです」と、私は言った。「意識しなくても自然にそうなりますから」

2003年6月、我々がイングランドに敗れると、ウッドワードはここぞとばかりにやり返してきた。「エディーはどうやら、トレーニングよりも記者会見の準備に余念がなかったようだ。長くこの世界でやってきたが、オーストラリアは全く変わってしまった。それまでは勝つことがすべてで、10点満点でパフォーマンスを採点したりはしなかった。エディーは今週ずっと、イングランドは年寄りの集まりで、テンポが遅く、退屈だと、我々を怒らせるために挑発を繰り返してきた。でももううんざりだ。できるならスタジアムの天井は閉じて欲しかった。彼らの言うランニングラグビーに絶好のコンディションになるからね。ところがエディーは開けておきたいんだ。あわよくば雨になるかもしれないし、そうすれば君たちはまたこう言うだろう。――なんて退屈なラグビーだって」

私は皮肉たっぷりに言い返す。「もちろん彼らはナンバーワンだ」。そして馬鹿にした口調で付け加えた。「何と言っても、分かりきったことしかやらないんだから」

イングランドのマスコミは、今回のワールドカップで優勝すれば、ウッドワードに爵位が与えられるだろうと盛んに報道していた。「そりゃ本当かい?」と私は言った。「今からウッドワード卿と呼ばなきゃいけないかな?」

決勝戦に向けた最後の記者会見では、イングランドと未来の騎士《ナイト》に対するチャレンジを宣言した。「我々が身上とするのは、アタッキングラグビーです」と私は言った。「最後まで果敢に攻め続けることをお約束します。皆さんの力でイングランドやレフリーをそう仕向けていただければ、手に汗握る、世界最高峰の素晴らしいラグビーを楽しんでいただけるでしょう」

我々は決勝戦の当日、午後早い時間に集合した。するとその部屋にベン・ダーウィンが入ってきた。首には頸椎ギプスが巻かれ、動きはぎくしゃくしていた。だがゆっくりではあったが自分の足で歩く姿に選手たちは感動した。自然と拍手が起こり、なかには涙ぐむ者までいた。今回で代表2キャップ目となるアル・バクスターの名が呼ばれ、ジャージーが手渡される。ダーウィンは彼に代わって出場するバクスターと握手を交わしながら、これで自分の選手としてのキャリアに終止符が打たれたのを、大きな悲しみとともに改めて実感していた。

私はダーウィンの姿に深い感銘を覚えていた。彼は入院先の脳神経外科病棟での話をしてくれた。もう二度と歩けなくなってしまった若者を見て、退院できた自分はなんと運が良かったのだろうと感じたという。ダーウィンはワールドカップの準決勝に出場できた幸せに触れ、さらにチームメイトには、これから挑む決勝戦を大いに楽しみ、健康でエネルギーあふれる身体があることに幸せを感じて欲しいと語った。

ブランビーズでともに戦い、今ではワラビーズのキャプテンでもあるジョージ・グレーガンは、彼のスピーチに応えようと席を立った。ところが感情の高まりが抑えられず、しばらく言葉が出ない。だがグレーガンは強かった。自らの気持ちに正直に、涙を流しながら、ダーウィンがチームにとってどれほど大切か、そしてこの決勝戦が自分たちにとってどれほど重要なものか語っていった。我々はこの1年、何の期待もされてこなかったが、オールブラックス戦で本当の力を知らしめることができた。そしてグレーガンは、その場にいる全員に対してこう締めくくった。ダーウィンの願いを叶えるためにも、大いにこの決勝戦を楽しもう。——そしてワールドカップで優勝するのだ。

2003年11月22日土曜日。シドニー、スタジアムオーストラリア。

ジャージーの贈呈式から4時間後、国歌斉唱が始まる。イングランドの『神よ女王を守り給え』、ワラビーズの『進め、美《うるわ》しのオーストラリア』が演奏されるあいだ、それぞれ22人のプレーヤーたちは互いに肩を組み合い、高揚感はさらに高まりを見せる。この日、シドニーには一日中冷たい霧雨が舞っていたが、スタジアムは熱気に包まれていた。

私が一番心配したのは、ニュージーランド戦を上回るような厳しいチャレンジができるだけの気力が、果たしてプレーヤーに残っているのかどうかだった。ワールドカップの決勝にピークを持って行けばいいと人は簡単に口にする。——だが素晴らしいパフォーマンスを見せた次のゲームこそ難しい。決勝戦までの1週間はバランスが大切だ。あまり手綱を緩めてはいけないが、かといって選手をあまり急かしすぎてもいけない。もちろん準備は万全だったが、イングランドほどの強敵を打ち破るのに必要なコンディションが整っているかどうか、判断は難しかった。

決勝では、準決勝とは全く異なる戦略をとった。イングランドはニュージーランドよりもさらに格上の、強力で規律の取れた――だが同時に平均年齢が高く、ゆったりとした試合運びをするチームだった。イングランドに勝つためにはボールをより速く動かし、ニュージーランド戦よりもさらにグラウンドを広く使ったラグビーを展開しなければならない。アタックについては準決勝同様、思い切って攻めるのに変わりはないが、ボール支配率にこだわる必要はなかった。私はプレーヤーに、エリアをとるためのキックを織り交ぜながら、イングランドを疲れさせるよう指示をした。さらにウィルキンソンが右の肩を負傷していると見ており、10番をターゲットにプレッシャーをかけ、相手のフォワードを動かし、極力セットピースを避ける試合展開に持ち込もうと考えた。

試合開始から最初の数分は、ニュージーランド戦のときのような鋭い連続攻撃を仕掛け、果敢に攻め込んだ。ラーカムの閃《ひらめ》きのある大胆なプレーに、イングランドはペースがつかめない。

グレーガンは、安定したスクラムから供給されたボールをラーカムにパス。ラーカムはそれまでの攻撃パターンを変え、左のコーナーポストめがけ、滞空時間の長いキックを蹴った。身体能力の高いニュージーランド戦では封じていたキックだった。だがイングランド戦では武器になる。ボールが飛んでいく先には、猛然と走り込むロテ・トゥキリの姿があった。ジェイソン・ロビンソンと競り合いになったが、ボールは身長のあるトゥキリの手に収まり、そのままインゴールに飛び込む。開始6分で5対0。

互いの気迫と肉体がぶつかり合い、ときには小競り合いさえ生じるような激しいゲームとなった。美しいラグビーとは言い難い。そもそも、イングランドがそういうチームなのだ。ジョンソン、ダラーリオ、バック、ヒルなど、プレーヤーの多くが百戦錬磨の老練な戦士たちだった。一方、ウィルキンソンは相変わらず素晴らしかった。肩が悪いはずなのに、なんということだろう、いつもと変わらぬ激しい当たりを見せていた。まるで身体がコンクリートでできているようで、とても生身の肉体とは思えなかった。そして彼の左足は、いつものように完璧だった。15分が経過した時点でウィルキンソンはペナルティーゴールを2本決め、気がつけばイングランドが1点リードしていた。イングランドにとって決定的なトライチャンスも生まれたが、ゴール前わずか数メートルでベン・ケイがボールをこぼす。だがイングランドはさらにペナルティーゴールを決め、9対5とリードを広げた。

イングランドは攻め続け、前半終了まであと2分を残すところで、ダラーリオが密集から抜け出した。内側にフォローしたウィルキンソンがボールを受け、今度は外側にパス。ロビンソンが素晴らしいスピードでゴール左隅に飛び込んだ。興奮した彼の顔は歪み、右手でボールを弾き飛ばした様子は、さながら激怒したバレーボールプレーヤーを思わせた。前半が終了し、14対5でイングランドのリード。

私は選手たちに、さらにイングランドを走らせるよう指示をした。そうすればスコアは自ずとあとからついて来る。

テストマッチは、アウェーで勝つのは難しい。これまでの歴史が示すように、レフリーは無意識のうちに、どちらかと言えばホームチームに有利な判定を下しがちだ。スタジアムには大勢のイングランド人がいて、応援歌の『スイング・ロー・スウィート・チャリオット』が地鳴りのように響いていた。だがワラビーズのホームであるのに変わりはなく、満員の観客席は明らかに白よりも金色で占められていた。2大会連続で決勝戦を担当する南アフリカ出身のレフリー、アンドレ・ワトソンも、いくつかの場面では多少オーストラリアに有利な笛を吹いていた。後半、我々はイングランドを無得点に抑え、エルトン・フラットリーは3本のペナルティーゴールを決めた。——特に最後の1本は22メートルライン上の比較的やさしい位置からのペナルティーキックだったが、残り時間はすでになく、外せば負けというプレッシャーのなかでのキックだった。フラットリーはこれを上手く沈め、我々は息を吹き返す。

14対14の同点。延長戦だ。

皆、疲労困憊。すでに力を出し尽くし、残り20分を戦うためになんとか気力をかき集めるような状態だった。私は選手たちに、もう一度フィールドに立てることにプライドを持とうと話した。最後の大勝負。イングランドは立っているのもやっとの状態だ。勝つのは我々だ。

ラーカムが頭を打ったため、状態を確認するあいだに代わって出場したのは、ちょうど21歳を迎えたばかりの若者、マット・ギタウだった。大きな責任が彼にのしかかる。私はギタウになにをすべきか分かりやすく説明した。ラーカムがいないあいだ、ギタウはよくやり、緊迫した場面にラーカムが戻って行った。

試合全体を見ればイングランドに分があったが、我々もまだ首の皮一枚で決勝の舞台にとどまっていた。80分の試合時間が終わって延長戦に入ると、コーチもピッチサイドに入ることが許されたので、グレン・エラも私もずっとタッチラインの外側にいた。試合そのものは拷問のようだったが、我々はゲームを楽しんでもいた。私は時々、隣の古い友人の顔を盗み見た。オーストラリア先住民であり、ラ・ペルース時代からの親友で、ランドウィック、サザーン・ディストリクト、日本、そしてオーストラリアをともにコーチしてきた――グレンだ。我々はワールドカップ決勝の延長戦に臨んでいた。かつて私たちはビーチや公園で架空のワールドカップを開催し、その決勝戦で延長戦を戦ったが、今我々は現実に、ワールドカップの決勝戦の場にいた。

グレンがこちらを振り返る。彼の目には、今では年を重ねた幼友達の姿が映っている。深夜2時まで働けと言った張本人で、日本人の血が流れ、幼稚園から小学校、さらにはマトラヴィル・ハイスクールまで、楽しい思い出とともに過ごした友人だ。我々はあまりに近くで、そして長い時間をともに過ごしていた。もちろんこれは、ほんの一瞬、頭をよぎった思いにすぎない。ゲームは相変わらず目が離せないほど緊迫した状況のなかで進んでいた。

戦況は芳しくなかったが、密集で競り合えるようになると、ボールが上手く回り始めた。トゥキリが走る。グレンと私も思わず飛び上がったが、タッチラインに押し出されてしまった。ふたりともうなり声を上げ、ため息をつく。もう一度折りたたみ式のパイプ椅子に腰をかけようとしたその瞬間、グレンが椅子を押し下げていたのを忘れ、ふたりともグラウンドの上に尻もちをついてしまった。耐え難いほどの緊張が漂う決勝戦のピッチの脇で起こった、まるでコメディのようなワンシーンに、我々は笑い声を上げていた。

ウィルキンソンが延長前半でペナルティーゴールを沈める。一方、我々もプレッシャーをかけ続けると、さすがのイングランドも延長戦後半終了まであと数分のところでミスを犯した。フラットリーは再び、比較的やさしい位置からペナルティーゴールを狙った。勝負を大きく左右する重要なキックだ。気持ちを落ち着かせ、ゴール成功。これで17対17の同点に追いついた。

残り時間はあと1分。ロジャーズは地域を挽回しようと22メートル内からタッチキックを蹴るが、角度がなかったせいか思いのほか距離が出ない。我々は窮地に立たされた。後半早々、イングランドは控えのルイス・ムーディをピッチに送り、ここまで大きく陣地を回復していた。今度もムーディがラインアウトボールをキャッチし、イングランドフォワードが前進を始める。ウィルキンソンがドロップゴールを狙っているぞと、ラーカムが大きな声で注意を促す。ところがスクラムハーフのドーソンがパスすると見せかけ、ラックサイドを突いて駆け抜けると、およそ15メートルゲイン。そこで潰された。

ウィルキンソンがスペースを確保しようと、数メートル後ろに下がるのが分かった。ドロップゴールを狙う気だ。最後に得意のキックでワールドカップの勝利をもぎ取ろうというのだ。彼もこれまで数度失敗していたが、この距離なら問題はないだろう。疲労の色が濃いイングランドフォワードも、ワラビーズの22メートル陣内でしぶとくボールをキープし続けていた。

ドーソンはまだラックの下に巻き込まれたままだった。ニール・バックが代わりにスクラムハーフの位置に入ると、走り込むキャプテンにオフロードパスを放る。最後の航海を終えるタンカーのように、大きなジョンソンが突進する。倒されたときには、前のラックから抜け出したドーソンが走り寄り、地面のボールを手にかけていた。

ジョージ・スミス、ラーカムらワラビーズの選手たちには、十数メートル先に立つウィルキンソンを倒すことはできない。私は目を閉じようとしたが、ウィルキンソンが外す可能性もなくはない。最後まで見続けなければと思い直し、顔を上げた。すると、彼が利き足とは逆の右足でゴールを狙おうとしているのに気がついた。私は拳を強く握りしめる。

ウィルキンソンはここが勝負どころと意識を集中し、前かがみになり、膝に手をついていた。おもむろに背筋《せすじ》を伸ばし、数歩後ろに下がる。ゴールラインから25メートル、ゴールポストのやや左側で身構えた。ワラビーズのプレーヤーがオフサイドラインを越えて走り出しそうになるのを防ごうと、ドーソンはレフリーに両手を広げてアピールする。ラックサイドには金色のディフェンスラインが延びていた。ウィルキンソンを倒すのに一縷《いちる》の望みをかけ、彼に向かって突進しようと待ち構えるプレーヤーたちだ。彼らはそこで、ドーソンがロングパスを放るのを待っていた。

パスが出る。ボールをキャッチしたウィルキンソンは顔を上げてゴールポストを確認すると、手の中のボールに視線を戻す。それまで飽くことなく何千回と繰り返してきたルーティーンに従い足元にボールを落とすと、右足を振り抜いた。楕円球は、スタジアムの投光照明のなか、夜空に高々と舞い上がる。軌道は正確だった。ボールはくるくると回転しながら、ポストに向かい飛んでいく。

大観衆の3分の1は興奮し歓声を上げ、3分の2は絶望にうめき声を漏らした。私はボールが、H形をしたポールのあいだを飛び去っていくのをただ黙って見つめていた。

なんということだろう。延長戦の最後で、ワールドカップの優勝は我々の手をすり抜けてしまった。

ウッドワードとイングランドベンチは大変な騒ぎだった。グレンと私はパイプ椅子に座ったまま身動きできずにいた。

ワラビーズのプレーヤーは、少しでも早く試合再開のキックオフをしようと、イングランドを急き立てる。これが最後のチャンスだった。イングランドはボールを確保すると、ドーソンは交通整理の係員のように両手をぐるぐると回した。

その先にいるのはマイク・キャットだ。最後のパスを受けるとタッチに蹴り出し、喜びに両手を高々と突き上げる。ワトソンがホイッスルを口にした。

試合終了を告げる笛が、フィールドに甲高く鳴り響く。勝利の歓喜にイングランドは走り回り、互いに抱き合っていた。

私は椅子から立ち上がり、グレンに手を差し出した。彼を引っ張って立たせると、うなだれるワラビーズの選手たちに言葉をかけ、イングランドを称えるためにフィールドに向かった。

同じワールドカップの決勝戦に敗れるにしても、この負け方は心にこたえたが、悔いはなかった。イングランドはこの1年半、世界のトップチームとして君臨し、かたやワラビーズは馬鹿にされ、笑いものにされてきた。だが我々は100分間全力で戦い抜き、一時はイングランドを土俵際まで追い詰めた。――イングランドは最後の30秒で、世界一のチームになったのだ。

ドレッシングルームには敗れて傷ついた男たちがいた。私はこれまでの努力を誇りに思わねばならないと話したが、耳を傾ける者はいなかった。それでも私は健闘を称えようと、ひとりひとりに声をかけて回った。だがそれは同時に、自分の心の痛みを和らげようとする行為だったのかもしれない。

第9章 ROCK BOTTOM どん底

ワールドカップを通じて最高のプレーを見せてくれた選手たちは、私にとって大きな誇りだったが、私自身は決勝戦に敗れたショックからなかなか抜け出せずにいた。だがそんなときでも、私はいつものように未来に向けて歩き出そうとしていた。決勝戦後の記者会見は、今後のビジョンを示すには理想的な機会だった。結局のところ、優勝を目指すべき大会があり、その準備期間はわずか4年と決まっているのだ。

「現在の代表選手の70パーセントから80パーセントは、次のワールドカップの舞台にも立ちたいと願っています。ワラビーズの未来は明るいと言って良いでしょう」と私は言った。キャプテンには引き続きジョージ・グレーガンを指名するつもりだった。「あくまで彼に、引き続きプレーヤーとして成長したいという強い意志があればの話ですが」

決勝戦から2日後、我々は首相官邸「ザ・ロッジ」に招待され、ジョン・ハワード首相、ジャネット夫人と酒席をともにする機会を得た。会もお開きとなり場所を変え、選手たちと夜遅くまでテーブルを囲んでいると、何人かが本心を語り始める。――ワールドカップは間違いなく人生の素晴らしい思い出だ。だが敗れたことを思うと未だに胸が締めつけられる。私も全く同じ思いだったので、彼らのそんな複雑な気持ちが理解できた。決勝トーナメントに全力で取り組み、ほとんど期待されなかったチームが予想を裏切る大活躍をし、オーストラリアの多くの人々の心をとらえたのだ。

敗戦から数日経ち、私はふと、ジョン・オニールに解雇されるのではないかという思いが胸をよぎった。物事がしっくりいかないとき、誰しもそんな予感を覚えた経験があるだろう。どういうわけかオニールとは、契約に関する話し合いの場を持っていなかった。ところがそんな懸念を感じ始めたころ、運命の歯車は私ではなく、オニールの足元で動き始めたのである。オーストラリアラグビー協会理事会はオニールを更迭しようとしたのだ。だがオニールは先手を打ち、契約満了まで1年を残し、自ら別の道へ進もうと決めた。プレスリリースにはその理由について、当たり障りのないきれいごとが並べられていた。だが私は、大方ニューサウスウェールズやクイーンズランド出身の理事会の実力者に愛想をつかされたのだろうと思っていた。

ワールドカップ決勝での敗退は私の精神を蝕《むしば》み、その事実に真正面から向き合えるようになるまで2年かかった。表面的には何も変わらず、次のワールドカップに向けて準備を始めていたが、心の奥底では深い痛みを覚えていた。

人生に対してなにかの変化が必要だとまでは思わなかったが、今から考えれば、決勝戦のあとでヘッドコーチを降りるべきだった。大きな責任を担う仕事からいったん離れ、しばらくゲームから遠ざかれば良かったのだ。だがそのときの私は必死だった。次は優勝し、今回の敗戦の埋め合わせがしたかった。人は誰でも、大きな目標に手が届く寸前でそれを取り逃がせば大きな挫折を味わうことになる。数年間は喪失感にとらわれ、失敗した痛みは心の奥深くにしまい込まれたまま、知らないあいだにその人の考え方を歪めていくのだ。

ワールドカップで優勝したコーチたちを見ていると、ひとつの教訓が得られる。スティーブ・ハンセンを除けば、彼らのその後は、残念ながらあまり芳しいものではない。ロッド・マックイーンは、オーストラリアを優勝に導くという偉業を成し遂げながら、その2年後にはラグビーから遠ざかってしまい、メルボルン・レベルズのヘッドコーチに復帰したものの、上手くはいかなかった。クライブ・ウッドワードは、２００５年のライオンズのニュージーランド遠征を指揮したが惨敗。以後、コーチ業には就いていない。ジェイク・ホワイトは南アフリカを率い、２００７年大会で優勝を成し遂げるが、その後は鳴かず飛ばず。グラハム・ヘンリーは２０１１年、第１回大会以来の優勝をニュージーランドにもたらすが、そのあとはアルゼンチン代表のアシスタントコーチを務めながら、コンサルタントとして活動している。ワールドカップでの成功を維持するのは実に難しい。

決勝で敗れたチームをコーチするのは、さらに複雑で困難な仕事だ。私もコーチを解任されていれば、いったんは身を引き、1年ほどは充電期間と称してゲームから遠ざかったかもしれない。だが私は逆の道を選択した。これまでよりさらに懸命にコーチの仕事に取り組んだのである。２００４年のトライネーションズは、３カ国ともホームで勝利しアウェーで敗れるという展開で、大会史上最も僅差での競り合いとなった。我々はスプリングボクスとオールブラックスをそれぞれパースとシドニーで破り、最後に大会の優勝をかけてダーバンへ飛んだ。

スプリングボクスとのゲームは、前半が終了した時点で7対3とリード。最終的にはトライ数もワラビーズが3、スプリングボクスが2だったが、ゲームスコアは19対23とジェイク・ホワイト率いるスプリングボクスに敗れた。大会は11ポイントで南アフリカが優勝。続くオーストラリアが10ポイント、ニュージーランドはワールドカップの後遺症か、ボーナスポイントは１しか取れず、結局8ポイントに終わった。

再び僅差の敗戦で順位も2位。フラストレーションはさらに高まった。チームを再建しなければならないのは分かっていたが、そう簡単にいくものではない。１９９９年のワールドカップで優勝したときのメンバー数人は今回の２００３年大会までプレーしたが、次の２００７年まではさすがに無理だ。そのまま残せば、ピークを過ぎたプレーヤーがチームに残ることになる。だが今彼らを外せば批判を受けるのは目に見えていた。一方で才能あふれる若いプレーヤーがいないのも悩みの種だった。代表チームのコーチは、すぐに現れては消えていく多くの才能に頼らざるを得ない、厄介な仕事なのだ。

ウッドワードは、ワールドカップの優勝から10カ月も経たないうちに辞任した。後任にはアシスタントコーチだったアンディ・ロビンソンが昇格したが、チームはなかなか安定しなかった。その年、我々はトゥイッケナムでイングランドを破り、スコットランドにも2勝を挙げたが、パリではフランスに敗れた。

私はプレースタイルと練習方法を変え、２００７年ワールドカップへ向けて万全の体制を整えようと全力を注いだ。新たなプレーヤーが成長するまでのあいだは、チームも辛抱しなければならない。国民の誰もがオールブラックスに憧れるニュージーランドでは、優勝できるチームを作り上げようと、毎年持てる資金を代表チームのレベルアップに躊躇なく注ぎ込める強さがあった。今やシックスネーションズの北半球6カ国とザ・ラグビーチャンピオンシップの南半球４カ国からなる、いわゆるティア１各国が同じ手法をとっている——ただしイングランドを除いて……。

私はワールドカップで勝てるチーム作りに躍起になっていた。２００５年はより厳しく激しいトレーニングを行ったため、例年よりも怪我人が多く出た。トレーニングにＧＰＳを導入したのも我々が初めてで、肉体だけでなく精神面にも大きな負荷をかけ、試合よりも強度の高いものにしようと考えた。今ではどの代表チームも取り入れているこうした手法も、最初に取り組んだワラビーズの選手たちにはかなりショックが大きかったようだ。何人かの主力選手に怪我人を出してしまったが、新たな戦略を採用することは、２００７年への準備として必要なことだった。私はどんな批判でも喜んで受け入れるつもりだった。

戦術面では、これまでよりもさらにボールを動かそうと考え、フランスのプレーを研究し、ワラビーズ用に微調整を加え、スクラムハーフの後方にフォワードを5人配置する、１－５－１に似たフォーメーションに変更したが、これはまだどのチームも採用していなかった。フィジカル面では、自分たちよりも大きなチームには対抗できないと考え、状況に応じた臨機応変な動きができるようにしようと考えた。

我々はこの新たなシステムを２００５年シーズンの最初の4試合で試し、結果的にサモア、イタリア、フランス、そして南アフリカから２１０点を奪い、最多得点記録を打ち立てた。だがそうした華々しい勝利の陰で、チームの雰囲気は緊張の度を増していた。そして問題が発生する。原因のひとつは、私がアシスタントコーチの選考を誤ったこと。そしてもうひとつが、成し遂げるべき仕事の大きさのために要求やストレスが高まり、それに耐えられなくなった私が、チームにひたすらハードワークを課すという悪循環に陥ったためだった。

私は、新しいアシスタントコーチに不満を募らせていた。ユーウェン・マッケンジーとグレン・エラに代わり、協会の推薦を受けてやってきたのがロジャー・グールドとアンドリュー・ブレイズのふたりだった。マッケンジーはニューサウスウェールズ・ワラターズのヘッドコーチに就任し、グレン・エラは久々の骨休めで休暇を取得していた。私はふたりの後任を受け入れたが、そもそもこの判断が間違いだった。グールドにコーチの経験はなく、ブレイズには経験があるとはいっても、ほんの申し訳程度だった。ふたりとも人柄は申し分なかったが、代表チームのコーチをするだけの能力は備わっていなかった。私は彼らの足りない部分を補おうと次々に指示を出し、彼らもそれに応えようと悪戦苦闘した。

最近ふたりは、このところずっと私の批判を——チームのために自分たちがどう貢献したかは説明もできないのに——続けているので、ずいぶん名前が売れてきた。だがもう十分だろう。

最初の敗戦は南アフリカラグビーの聖地、エリスパークで行われたゲームで、様々な要因が重なりチーム状態は最悪だった。まずスタジアムまで我々を運ぶバスが意図的に遅れた。しかもスタジアムに到着すると、スプリングボクスのジャージーを着た黒人男性がバスの正面に歩み寄り、いきなり凄まじい勢いでバスに頭突きを見舞ったのだ。彼の頭はぱっくりと割れ、見る間に傷口から血が噴き出した。南アフリカ以外ではまず見られない光景だ。結局、キックオフの80分前に到着する予定が、警察の先導にもかかわらずエリスパークに着いたのは40分前だった。

急いでピッチでウォームアップを済ませ、ドレッシングルームに戻ろうとすると、通路の前をなにかがふさいでいる。大統領、ネルソン・マンデラのゴルフカートだった。マンデラ杯を懸けたゲームに臨もうとする我々の行く手を、彼のカートがふさいでいる。本人に直接移動をお願いするわけにもいかず、待つしか方法がなかった。

その後ようやくカートが移動すると、急いでドレッシングルームで準備をし、グラウンドに戻ってキックオフに備えた。今にして思えば、私もコーチとしてあらゆる状況に備えておくべきだった。エリスパークは、そうした事態が起きる可能性のあるスタジアムなのだ。ゲームは前半終了時点で8対23。後半は健闘したものの、20対33で敗れた。

その数日後、私はチームで二番手のスクラムハーフ、マット・ヘンジャックをシドニーに送り帰した。彼はウェンデル・セイラー、マット・ダニング、ロテ・トゥキリと一緒にケープタウンのナイトクラブへ行き、トゥキリと口論を始めた挙げ句、グラスの酒を彼に浴びせたのである。一歩間違えば大変な騒ぎになっていたかもしれず、私は気分が悪かった。特に問題なのは、ヘンジャックがこうしたトラブルをしょっちゅう起こしていたことだった。

5年ほど前、同じケープタウンでブランビーズの選手数人が羽目を外し、タクシー運転手と騒動を起こしたときは、彼らを本国に帰せという指示に敢えて逆らった。それほどの出来事ではなかったし、地元警察もそれを裏付けてくれた。そしてなにより――全員が初めての規律違反だったからだ。だがヘンジャックは初犯ではなかった。今回の件で、席に居合わせた他の3人から罰金を徴収したときは多少の同情心が湧いたものの、ヘンジャックの本国送還は当然の措置だった。

さすがにヘンジャックもシドニーに帰ってきたときは深く悔いている様子で、待ち構えていた報道関係者にこう語った。「ワラビーズとして相応しくない行動だったと反省しています。皆さんの厳しい言葉を真摯に受け止め、できるだけ早くチームに復帰したいと思っています」

ブランビーズでは、このタクシー事件を機にチームがひとつにまとまったが、今回の騒動はチームの集中力を削いだだけで、その週の土曜日にプレトリアで行われた試合は16対22の敗戦となった。

我々はこの年、テストマッチ7連敗――南アフリカに3敗、ニュージーランドに2敗、ヨーロッパ遠征でフランスとイングランドに1敗ずつ――という不名誉な記録を残している。当然、メディアは我々を激しく非難した。

そのなかには引退した著名な選手や偉大な業績を残したコーチが専門家として加わっていた。私も評論家という名目で同じような仕事をした経験があるが、実に簡単だ。取り扱うのは過去のゲームばかり。いくらでももっともらしい話はできるし、毎週のように、発言の趣旨を変えようが一向に問題はない。要は侮辱するような言葉を交えて手厳しく批判し、相手を怒らせれば良いのだ。もしそれでラグビーに対する注目度や支援が高まるなら大いに結構。だが一方で、何の意味があって彼らがそんな発言を繰り返すのか理解に苦しむこともある。私はこの手の批評は無視するに限ると決めていた。

もし耳を傾けるべき話があれば、ペンブロークが目ざとく見つけて教えてくれる。私も年を重ねるにつれ、くだらないやり取りには関わらないようにしてきたが、それでもわざわざ友人が知らせてくれたり、母親にどうなっているのかと尋ねられたりして、否応なく耳に入ってくる場合がある。だが誰かが私やチームのことを論じている専門家による記事が掲載されたウェブページのリンク先をメールに記載して送信してきても、一切開かず、すぐに削除している。大きな目標や責任を抱えているとき、自分をサポートしてくれる人以外の意見に耳を傾ける必要はない。自分のことを大袈裟に称賛しているウェブサイトも、やはり同じように開く必要はない。そうした記事の内容は大抵信用ならないからだ。

コーチを始めたころ、私はリーグラグビーのパラマタ・イールズを率いるブライアン・スミスに会いに行った。彼は優秀なコーチで、ある忘れられないアドバイスをしてくれた。「覚えておくと良いでしょう。素晴らしいと言われてもそこまで良くはなく、逆にだめだと言われてもそこまで悪くないってことをね」。私はこれまで、この言葉を何度も心のなかで繰り返してきた。2018年にイングランドがテストマッチを6試合落とし、メディアから激しい批判を浴びせられたときも、そのわずか1年半前にトゥイッケナムでシックスネーションズを連覇し、美辞麗句を並べ立てられたときも、私はこの言葉を思い出していた。事実、悪いと言ってもそのときのトップチームと3パーセント、良いと言ってもそのときの平均的チームと3パーセント程度しか実力に違いはないと感じていた。トップレベルになれば、その差は、ほんのわずかでしかないのだ。

しかしながら、2005年のオーストラリアは悲惨だった。協会も上部組織から下部組織に至るまでひどいものだった。協会CEOには、ジョン・オニールに代わってゲイリー・フラワーズが着任した。私は前任者のオニールとそれほど深い関りはなかったが、彼の残した功績は大きかった。なによりオニールには、それまで一部のエリートのためだけに存在していたユニオンラグビーを、リーグラグビーやオーストラリアンフットボール、クリケットなどと並び立つ、国内の人気スポーツに成長させるというビジョンがあった。事実、2003年のワールドカップの成功は、多くの人々の注目をユニオンラグビーに向けさせることができたのである。

ところがオニールの後任には、それに匹敵する目標もなければ才能もなかった。フラワーズは好人物だったが、ラグビーに関しては素人同然だった。法律事務所のCEOとラグビー協会のCEOとでは勝手が違う。プロスポーツを細かく調査し評価するのは難しい仕事だ。多くの人からそっと耳うちされるかと思えば、メディアから公然と批判もされる。誰を信頼し、どの人物の意見を受け入れるか、よくよく注意してかからなければならない。オーストラリアラグビーに対して腹に一物を抱えた卑怯者たちは、陰に回ってあることないことをメディアに吹き込み、メディアはそれに踊らされて批判を繰り返す。そうこうするうちに、フラワーズはひとつ、またひとつ間違いを犯していく。日が経つにつれ、彼はCEOとしての影響力を失っていった。こうなればもう資質云々《うんぬん》の問題ではない。見ているこちらも、いたたまれない思いだった。

私はチームに集中した。この年、我々はたくさんの怪我に泣かされた。スティーブン・ラーカム、スターリング・モートロック、ダン・ヴィッカーマン、デイヴィッド・ライオンズが負傷のために長期離脱。一方エルトン・フラットリーは視界がぼやけてもとに戻らず、引退を余儀なくされた。そんななか2007年のワールドカップに向け、私は新たなスタイルを確立したかった。これまでのラグビーを踏襲するという安全策もあったが、大会から2年が経過した今こそ、新たな挑戦のときだった。

ワラビーズには最前列の右側でスクラムを支える、インターナショナルレベルのタイトヘッドプロップが不足していたので、フィールド全面を使ったラグビーを展開しようとした。そのためには10番のスタンドオフがフォワードのバックロー陣、すなわちスクラムの3列目を構成する左右のフランカーとナンバーエイトと連係しなければならない。攻撃面では、ボールを最初に受けるファーストレシーバー——通常は10番か12番——が、第3フェーズか第4フェーズまでアタックをリードし、そのあいだ、それ以外のプレーヤーは自分の判断でポジショニングしていく。つまり目の前で展開される戦況によってはポジションが入れ替わる場合もあるというわけだ。ブランビーズで開発し、その後ワラビーズに導入したストラクチャーを基本としたスタイルから、さらに動きのある攻撃的なパスラグビーへ移行しようとしていた。これはジョージ・グレーガンをスクラムハーフの役割に制限するものと誤解されがちだが、私は彼もまたその場の状況でランナーとしてアタックに参加することを促していた。

世界のラグビーは、プレーのテンポが徐々に遅くなる傾向にあった。驚くべきことだが、2007年では、1試合のキックは平均100回を超えていた。グレーガンはクイックボールで素早く展開していくスタイルを好んだが、密集でボールを奪い合うブレイクダウンの激しさが増すにつれ、キックを中心とした試合運びになるのはやむを得なかった。グレーガンは新たなスタイルに慣れようと努力した。私の戦略は正しかったが、それを機能させるにはチームがワールドレベルである必要があった。その意味ではラーカムの戦線離脱は致命的で、さらに私も自分の目指す方向性に固執しすぎていた。2005年11月に行われたワラビーズのヨーロッパ遠征では、私はもっとチームの実情に合った作戦をとるべきだったのだ。

マルセイユで行われたテストマッチでフランスに負けたとき、グレーガンと私はちょっとした言い争いをした。グレーガンはチームの指示に従わず、私はゲームのあとでメディアを前にし、あからさまに彼を非難した。グレーガンにすれば、それはチーム内で処理すべきだと考えていたので、私が公の場で非難したのが面白くなかったようだった。だが我々は大きなプレッシャーを受け、プレーの精度も低く、チームにはそれまでの悪い癖が出始めていた。私にすれば、ベテラン選手にはそういうときこそリーダーシップを発揮して欲しかったのだ。だが私にしても同じように敗戦というプレッシャーを受け、メディアの前でプレーヤーを非難するというミスを犯してしまった。ただ、我々はすぐに誤解を解き、互いの信頼関係を損なわずに済んだ。

翌週のトゥイッケナムでのゲームは散々だった。チームには代表経験がほとんどない、未熟なタイトヘッドプロップがふたりいた。ベン・ダーウィンの代わりにワールドカップ決勝戦に出場したアル・バクスターは、スーパーラグビーの出場経験も片手で数えるほどで、彼はまだテストマッチで通用するレベルではなかった。1週間かけて指導したものの経験不足はどうしようもなく、対面となるアンドリュー・シェリダンにいいようにあしらわれ、16対26でイングランドに敗れてしまった。

7連敗を喫した我々にようやく勝利が巡ってきたのは、ダブリンでのアイルランド戦だった。その後我々は最後のテストマッチに臨むため、カーディフへ飛んだ。非難の嵐は一向に衰える気配はない。アラン・ジョーンズは相変わらず、ワイドショー並みのたわごとを並べていた。彼は元ワラビーズヘッドコーチで、かつてマンリーを指揮していたころ、ランドウィックにいた私と衝突した人物だった。

「ワラビーズには問題がある」と、ジョーンズは言う。「それはプレーヤーではない。コーチが問題なのだ。時々エディー・ジョーンズはいったいなにを言っているのか、全く理解できないことがある。当然、プレーヤーはどうすべきか皆目見当がつかない。ときには、酷いコーチに指導されるくらいなら、何も指導されないほうがましなこともある。ワラビーズはタレント揃いだが、その才能が発揮されていない。本当の悲劇は、実力のないエディー・ジョーンズがオーストラリアのラグビーに関わっているという事実だ。この男は自らの報酬に見合うだけの仕事をどれほどしているというのだろう?」

そのとき私は多忙だったので、そうした話に関わる時間がなかった。だがどうしても熱くなる性分は変わらず、トゥイッケナムでの記者会見でスクラムの弱点について指摘されると、それはプロップのスクラム強化合宿を行うべきだと予算申請をしたのに、協会の理事会で却下されたために修正できなかったからだと反論した。私はそのとき怒りのために冷静さを欠いていたし、6カ月前、協会と私のあいだの行き違いを正すため、再びスタッフに加わったペンブロークからもたしなめられた。

「それは言うべきじゃなかったな、ビーバー」と、ペンブロークは言った。「公の場で理事会を非難しちゃいけない。絶対にね。帰国次第謝罪し、関係修復に努めるべきだろうな」

「嘘だろう？」

「嘘を言ってどうするんだ」とペンブロークは乾いた声で言った。私は自分の政治的判断の誤りでトラブルを起こし、大きなつけを払った過去の出来事を思い出していた。

今回の遠征を終えたらそのまま南アフリカへ行き、次のシーズンへ向けた準備のために施設の詳細な調査を行うつもりだったが、ペンブロークは良い顔をしなかった。

「ジョーンズ、まずは帰国すべきだ。今回の件では嫌な予感がする。チームの現状をどう改善するか、きちんと説明できるよう準備しておく必要があるだろう」

私は彼のアドバイスを容《い》れ、まずは目の前のウェールズ戦に勝利することだと意識を切り替えた。このときフラワーズはカーディフにいて、メディアに対し、私の信任投票はすでに決定事項であとは実施を待つだけだと語り、ピーター・ジェンキンスのインタビューでは明らかに私の解任を示唆していた。そのとき唯一私にできたのは、全力を挙げてウェールズに勝つことだった。ゲームは終盤まで14対6とリードしたが、再びスクラムが崩壊する。何度も崩れ、相手にペナルティートライが与えられると、22対24で逆転負けを喫した。ウェールズはワラビーズ戦の18年ぶりの勝利に沸いた。

テストマッチ後半の8試合は1勝7敗で終え、暗雲のなか、シドニーへ向け帰国の途についた。

私はしばしば当時を振り返っては、自分の意識が周りの人や選手のとらえ方といかにずれていたか、ある種の感慨とともに思い出す。成績不振についての責任は、甘んじて受け入れるつもりだった。だが私は、度重なる敗戦がいかにあっという間に人間関係を蝕んでしまうのかを知り、驚いたものだ。チームに反感を抱く選手はすぐに今回の動きをメディアにリークし、協会役員は遠征チームの宿泊先ホテルでは金色のマフラーを外し、理事はこの先の自分の立場を憂慮していた。まさにそれぞれの気持ちがばらばらになってしまった時期だった。

ゲイリー・フラワーズはあとで、私が「チームの信頼を失った」と語ったが、実際にチームがそうなったわけではなかった。ラグビーでは、チームは3つのグループに分かれる。まずゲームに出られる15人。彼らは最も幸せな部類に属する。そして出場する望みのないスーツ姿のメンバー。彼らは最も不幸な部類だ。さらにゲームに出られる可能性が残されたリザーブの7人（当時）。彼らは両者の中間にいる、やや幸せな人たちである。

この分類からすれば不満分子を見つけるのは簡単だ。誰にでも分かる。私が信頼を失ったわけではなく、そうした不満分子から話を聞きだしたにすぎない。しかも連敗の最中とあれば、不満を募らせるメンバーの比率はさらに高まっていたはずだ。優れたチームになればなるほど互いに協力し合い、そうした危機を乗り越えていく。大切なのは自分たちの弱みを真摯に見つめ、問題解決にあたること――私はまさにそうした取り組みを期待していた。だがこのときのワラビーズにはそれほどの結束力はなかったのである。

カーディフでの敗戦から5日後の2005年12月1日。私はそれまで、ペンブロークとふたりで、理事会で行うシーズン最後のプレゼンテーションの準備に取り掛かっていた。私はそこで、現状を踏まえて修正を加えた新たな計画に承認をもらうつもりだった。ところがこの日の早朝、ゲイリー・フラワーズからオフィスで会えないかと連絡が入る。ペンブロークは別の仕事の約束があり、ちょうどキャンベラからシドニーへ向かうところだった。我々はおそらくフラワーズはプレゼンテーションを事前に確認し、討議内容を詳細に洗い出すつもりなのだろうと考え、彼の要望を受け入れた。

プレゼンテーションの準備は万事整っていた。まず理事会に陳謝したあとで、ワラビーズが抱える様々な現状の課題について説明を行う。もちろん今季の不振に対する全面的な責任は自分にあるとしながらも、2007年のワールドカップに向けた現状の戦略的計画については、その方向性は間違っていないと主張する予定だった。

ところがフラワーズのオフィスに到着したとたん、すべては暗転した。時間を無駄にしたくないというフラワーズの姿勢からだろう、彼は同情的な口調ながら、私との契約を打ち切りたいと切り出した。

私はフラワーズの話に耳を傾け、反論はしなかった。もう一度チャンスが欲しいと頭を下げることもなく、我々は握手を交わし、紳士的なやり取りに終始した。だがあまりにも突然の話に、私はショックを受けていた。

オフィスを出ると最初にペンブロークに電話をかけた。まだ機内のようで、すぐに留守番電話に切り替わる。「ペンブローク、プレゼンはもう心配しなくていい。どうやらお払い箱らしい」

着陸後、すぐにペンブロークから折り返し電話が入る。「いったいなにがあったんだ？」

「オフィスに行ったら、契約は打ち切ると言われた」

「君の弁護士は誰？」

私が知っているのは、住宅を購入する際に助けてもらった弁護士だった。

「よく聞いてくれ」とペンブロークは忍耐強く言った。「今君に必要なのは、そういう弁護士じゃない。協会ときちんと話がつけられる雇用問題専門の弁護士だ」

報酬がなくなるのはさして気にならなかった。それよりもオーストラリア代表チームのヘッドコーチの座を失ったのが問題だった。私はすべて、ペンブロークの手に委ねると言った。

ペンブロークは彼の友人である、オーストラリア証券取引所に上場する国内有数企業のCEOに連絡をとると、電話口で尋ねた。「君の知っている、一番腕の立つ弁護士は？」。友人が教えてくれたのは、メディア王、ルパート・マードックの弁護士だった。すぐに電話をかけたが、留守番電話で捕まらない。一刻を争う場面だ。ペンブロークは別の人物に電話をした。

今度は学校の同窓生で、シドニーにある世界規模の法律事務所である、ベーカー&マッケンジー法律事務所のパートナー弁護士を務める友人だった。彼によれば、協会と交渉できる弁護士がまだオフィスに残っているという。ペンブロークは私を車に乗せ、急いで彼に会いに出発した。私は放心状態だったので、彼らの言うままに首を縦に振り続けた。ふたりは協会と連絡をとり、ようやく話が落ち着いたのはそれから6時間後だった。

翌日は公式発表が行われる日で、その日の午前中、ペンブロークはフラワーズや彼の運営チームと話し合い、なにを語り、なにを伏せるべきか、互いの基本原則のすり合わせを行った。協会の公式メディアリリースは事前に我々の承認を得るものとし、その後ペンブロークと協会は時間をかけて詳細を詰めていった。双方が納得できる言葉を探し、合意に至るまでに数時間が経過していた。私にとってはそれほど重大な問題とは思えなかったが、きちんと決着をつけるのがどれほど大切なことかは理解していた。

記者会見はその日の午後2時に開かれた。ペンブロークは私に——幾分めまいはしていたが——できる限り品位のある礼儀正しい会見になるよう予行演習させた。会見ではまずフラワーズが口火を切り、話を始めた。ペンブロークは協会の話を確認するために、報道陣に交じって聞いていた。

「すべて順調だよ」。10分後、彼は私に告げた。「彼らは約束をきちんと守った。今度は君の番だ」

ペンブロークは私に、1997年ごろの話から始めさせようとした。——当時私は日本でラグビーのコーチをしていました。そのあとの8年間でスーパー12とトライネーションズで優勝を果たし、ワールドカップでは決勝戦まで進みましたが、残念ながら延長戦で敗退。オールブラックス戦の勝率は45パーセントで、これはワラビーズの歴代ヘッドコーチのなかでは最高の数値です。テストマッチ57戦33勝23敗1分けという戦績は決して恥ずべきものではありません。この1年こそ結果は出せませんでしたが、長期的視点に立った強化の結果ととらえています。私はリスクをとり、そして敗れたのです。私はワラビーズに全力を傾けて参りました。あまりに力を入れすぎ、燃え尽きてしまったのです——。

私は記者会見をそつなくこなした。協会にもメディアに対しても寛容な姿勢を示し、笑いを誘い、怒りや皮肉を交えず真摯に話をした。最後に何人もと握手を交わし、拍手までもらった。カメラマンたちはワラビーズのヘッドコーチとしての最後の姿を収めようと、一斉にフラッシュをたき、カメラのシャッター音を響かせた。

ペンブロークは私の腕を強くつかむと言った。「よくやった、ビーバー。さあ行こう」

目の前の扉が開き、我々はエレベーターに乗り込んだ。シューッという音がして再び扉が閉まると、ふたりだけが残された。

ゆっくりと下降するエレベーターのなかで、涙が一筋こぼれ、あとからあとからあふれ出す。私はそれを止めることはできなかった。私はひとり泣いていた。

「ビーバー」と、ペンブロークは静かに言った。だがあとの言葉は続かなかった。

私は泣きながらかぶりを振った。私はペンブロークに自分の気持ちを伝えたかった。口元がこわばっていたが、なんとか動かそうと力を込める。

1階に着く直前、ようやく言葉が口をついて出た。「必ずもう一度、代表レベルのコーチに戻ってくる」

「もちろん、そうだろうとも」と、ペンブローク。

ペンブロークには分かっていた。夢にまで見ていた仕事を奪われたのだ。もとのようになるには長い時間が必要だろう。

車のところまでやってくると、私は冷静さを取り戻していた。「今晩はどこに泊まるの？」と私は尋ねた。

「母の家にね。タクシーをつかまえないと」

「大丈夫、送っていくよ」

私はもう泣いてはいなかった。シドニー湾沿いのノースショア北郊を走る車のなかで、ふたりは押し黙っていた。ペンブロークの実家の玄関先に車を停めると、母親が出迎えに現れた。

「今晩は、エディー」。彼女は私を見て驚いたようだった。「お元気だった？」

彼女が私の身に起こったことを知っているとは思われなかった。「ええ、おかげさまで、ペンブロークさん」と、私は答えた。「ご機嫌はいかがですか？」

互いに簡単な挨拶を交わすと、ペンブロークは母親を家の中へ急き立てながら言った。「また明日、話をしよう」

私は再び車に乗り込んだ。妻と娘の待つ家に帰ると思うとほっとして、肩の荷が下りるようだった。前の晩、家に戻り解任されたと告げても、ヒロコはただひと言、「で、私たち、次はどこに行くことになるのかしらね？」と尋ねただけだった。

ヒロコは真剣だった。私の言葉に一瞬驚いた様子だったが、すぐに彼女がもう一度ジェットコースターに乗り、ラグビーの導くままに私とどこへでも行くつもりなのだと分かった。

暖かな夏の夜。私は窓を開けたまま車を走らせながら、しばらく物思いにふけっていた。エレベーターのなかでペンブロークに泣き顔を見られたのは気にならなかった。私にとってラグビーがどれほど大切なものか、彼は十分知っていたからだ。それよりも頭から離れなかったのは、深い悲しみのなかで自分が口にした言葉だった。

――必ずもう一度、代表レベルのコーチに戻ってくる。

頭のなかで何度となく繰り返されるその言葉を聞きながら、車のアクセルをいつもより深く踏み込んでいた。早く家に帰り、そこからもう一度やり直すのだ。

会長でありオーナーでもあるナイジェル・レイから、数百万ドルの資金とラグビーに対する情熱を注ぎ込まれたサラセンズは、イングランドのラグビー史でもひときわ興味深い、特異な歴史を持つチームだった。設立から数十年は、グラウンドも定まらない弱小クラブだった。だがプロ化の波に引き寄せられるようにナイジェル・レイが現れる。1996年、彼がインターナショナルレベルの優れたプレーヤー、フィリップ・セラ、マイケル・ライナー、フランソワ・ピナールの3人を獲得すると、クラブは見る間に変わっていった。特にピナールはネルソン・マンデラと親密な関係を築き、前年のワールドカップで南アフリカを優勝に導いたキャプテンである。

それから10年後の2006年初頭、サラセンズはイングランド・プレミアシップの12チーム中9位にいて、どうにか降格を免れようと必死だった。スティーブ・ダイヤモンドとマイク・フォードの共同コーチ体制はふたりのそりが合わず、チームは機能しなかった。事態を打開するためダイヤモンドはチームを去り、フォードが引き続き指揮を執った。そして偶然にもサラセンズのCEOは、私のブランビーズ時代と同じマーク・シンダーベリーで、彼が理事会を説得し、私はコンサルタントとして2月からシーズン終了時まで就任することになったのである。

このときすでに、コーチとしてのキャリアのなかで最悪の時間を送るきっかけとなるクイーンズランド・レッズからのオファーを受けていたが、それは100パーセント、私の犯した過ちだった。誰にも相談せず、2006年の半ばから3年間チームに参加すると、口頭ながら合意の回答を返していたのである。14チームに拡大したスーパー14が動き出すまではまだ6カ月間の猶予があり、このイングランドでの短期滞在は、ワールドカップの記憶を整理し、スーパー14に臨むために頭を切り替えるには格好の時間だった。

イングランドに到着した翌日、私がシンダーベリーを訪ねたとき、ちょうどシドニーのラグビー記者、グレッグ・グローデンから電話が入った。彼は前年に私を苦しめた人物のひとりである。

「あいつに何の用があるんだ?」と、シンダーベリーが尋ねる。

「なんでもない」と私。「向こうが仕事で、かけてくるだけさ」

私は少しずつ自分を取り戻し始めていた。2006年3月、仕事初日にサラセンズのドレッシングルームを訪ねると、すぐに懐かしい雰囲気に気分が落ち着いた。私は選手たちに、短いあいだだが、降格の危機を脱するために必要なものは、すべて喜んで教えるつもりだと語った。彼らはその言葉を素直に受け入れ、5月10日の金曜日の夜、冷たい雨の降るイングランド北方のエッジリーパークで勇敢に戦い、プレミアシップの優勝に向けてひた走るセール・シャークスを15対9で降し、実に9試合ぶりの勝利を収めた。

私は再びコーチを始めた。メディアの喧騒やスポンサーとの交渉、理事会に対するチーム方針の表明から解放され、リーグへの生き残りをかけた重要な6週間をクラブとともに過ごし、サラセンズは私の指導に忠実に従った。このあいだ、私の役割はまさにディレクター・オブ・ラグビーそのもので、ラグビーに関するあらゆる決定を行い、チームが抱える問題をひとつひとつ解決していった。レスター・タイガースは相変わらずプレミアシップラグビーの覇権を争うトップチームで、多くの優秀なプレーヤーを抱えていた。私はレスター・タイガースに倣い、チームのあり方をサラセンズに合うように微調整し、将来的には海外プレーヤーに頼らないチーム作りを目指そうと考えた。だがそのときは降格の危機を免れるのが先決で、まずはチームの混乱を一掃しなければならなかった。

キーラン・ブラッケンがスクラムハーフ、その外側にいる10番のスタンドオフはグレン・ジャクソンだった。ブラッケンはイングランドスタイルのラグビーを好み、ジャクソンはニュージーランドスタイルのラグビーがしたかった。どちらも自分を曲げなかったので、ふたりが上手く機能するよう、こんな提案をした。「ブラッケン、君は自分より前のプレーに集中しよう。ジャクソン、君は自分より後ろのプレーを担当しよう。そうすれば上手くいくよ」

それぞれのポジションからすれば当たり前の話だが、これでチームは機能した。チームには優秀な海外プレーヤーもいた。コブス・ヴィサヒは、スクラム最前列の右側を担うタイトヘッドプロップで、タイニー・ランデルはナンバーエイト。ふたりとも気持ちの良いプレーヤーだった。トーマス・カステニェードは知性的なプレーヤーだが、残念なことに扱いが難しく、このときは自分のプレーを見失っていて、フルバックで苦戦していた。次に対戦するレスター・タイガースは4位以内をキープし、タイトル獲得をうかがう位置にいた。私はカステニェードに言った。「トーマス、次のゲームではウイングをやってもらう」

彼はぽかんとした顔で尋ねた。「なぜ？」

カステニェードは納得せず、私たちは話し合った。私は彼に、ウイングは比較的自由なポジションで、自分のやりたいプレーができると説明した。そのほうが彼の良さが活きると考えたのだ。だがカステニェードはフランス風に大袈裟に肩をすくめ、その週はずっと不機嫌なままだった。ところが試合当日になると、彼は満面に笑みを浮かべ、ドレッシングルームに現れるなりこう言った。

「コーチ、今日、俺はジョー・ロフになったつもりでやります」

私は笑い、カステニェードはピッチに向かうと、素晴らしいプレーをした。チームにとって新たな発見だった。そんな充実したときを過ごしながら、6試合中4試合に勝利。ハイネケンカップへの出場は逃したものの、私は良い仕事ができたと大いに満足だった。

ナイジェル・レイも私の手腕を評価してくれ、シーズン終盤にポルトガルのアルガルヴェで行っていたキャンプ地までわざわざやってくると、チームのヘッドコーチをやらないかと切り出した。しかも4年契約という好条件だった。

私は申し訳なく思いながら、クイーンズランド・レッズでコーチをする予定だと告げた。

「もうサインは済んでいるのですか？」

「いえ。でもいったん引き受けると言った以上、断るのは気が引けますし」

ずいぶんと義理堅い高尚な人間のように聞こえるだろうが、決してそうだと自慢したいわけではない。2015年にイングランドからヘッドコーチ就任の打診を受けたとき、私はすでにケープタウンでストーマーズの指揮を執っていた。多少の後ろめたさはあったが、そのときは結局、あとから話があったイングランドのヘッドコーチを選択した。クイーンズランド・レッズとの約束を果たしたからといって、私は常に高潔な人間だとは限らないのだ。

オーストラリアへ――これまでのキャリアのなかで最も不幸な出来事が待ち受けるオーストラリアへ、帰るときがやってきた。

代表チームのヘッドコーチを務めた者は、母国でそれより下位レベルのコーチを引き受けてはならない。一度でもテストマッチで代表プレーヤーを指導したら、地域代表やクラブチームの仕事に戻るべきではない。とにかく、それは正しいことだとは思えないのだ。私がクイーンズランド・レッズで遭遇した問題を見れば、よく分かるだろう。

それまでのスーパー12に新たに2チームが加わり、2006年からスーパー14が始まった。オーストラリアではパースにウェスタン・フォースが誕生。協会は新チームを補強するため、レッズからキャプテンのネイサン・シャープを始め、12人の選手をウェスタン・フォースに移籍させた。それはクイーンズランド・レッズにとってもウェスタン・フォースにとっても、何の意味もなさなかった。新生ウェスタン・フォースは14位で最下位、クイーンズランド・レッズは12位に終わった。

サラセンズの仕事で渡英する前、私はクイーンズランド・レッズのCEOと会っていた。そのとき彼は私に、メンバーの補強に50万ドルの予算を割くと約束してくれた。ところが帰国してみると、CEOと会長だけでなくハイパフォーマンスマネージャーに至るまで、皆解任されてしまっていた。私は新たな経営チームから、予算はないので今いるプレーヤーでやって欲しいと告げられた。

有望な若手プレーヤーも何人かいたが、チームの核となる選手たちはパースへ移ってしまっていた。ワラビーズを追われ、あれほど激しく動揺していなければ、レッズから誘いを受けても、今回のような問題は容易に予想できたはずだった。私は最初に舞い込んだオファーに何の疑いもなく飛びつき、こうしてすぐに後悔するはめになったのである。

できることはほとんどなかったが、シーズンが始まる前に少しでも準備しておかなければならない。私はチームを日本に連れて行き、練習を重ね、プレシーズンマッチを行い、わずかでもチームの向上を図ろうとした。選手のなかには、未来のワラビーズであり、後に代表チームのキャプテンまで務めるジェームズ・ホーウィルとスティーブン・ムーアがいた。さらに私は、リーグラグビーから選手の移籍を認めてくれるよう、協会に支援を要請した。ここ数年注目し続けていた、キャンベラ・レイダースのクリントン・スキフコフスキとの契約は承認してもらえた。もしあとふたりほどプレーヤーを補強できていれば、シーズンの行方は全く違ったものになっていただろう。チームにはスクラムの第二列を構成するセカンドロー、つまりロックを務めるフォワードプレーヤーが必要で、私にはルーク・オドネルという意中の選手がいたが、クイーンズランド・レッズも協会も、彼との契約までは認めてくれなかった。

そこで思い切って高校生をふたりチームに加え、スーパー14でプレーさせようと決めた。ウィル・ゲニアとクエイド・クーパーである。ふたりとも18歳で、クーパーの才能は誰しも認めていたが、ゲニアは当時全くの無名だった。パプアニューギニア出身で小太りのゲニアは、若手の養成機関であるアカデミーでは3番手のスクラムハーフだった。アカデミーに到着し、早速練習を視察すると、速くよく伸びるパスを放るゲニアの姿がすぐに目に留まった。その素質に驚きすぐにコーチと話したが、彼はやめたほうが良いと言う。「あいつは怠け者です。だから太るんですよ」

「なるほど」と私。「でもあの素質をそのままにしておくのはもったいないな」

ゲニアをスーパー14でプレーさせるために、私はあらゆる手を尽くさなければならなかったが、それでも若手プレーヤーにこれほど興奮したのは、ジョージ・スミス以来だった。チームに加わったその日から、ゲニアは変わった。歯を食いしばり厳しい練習に耐え続けるうちに、彼の体重は落ちていった。練習後や休みの日でさえ、ボールの入ったバッグを提げてグラウンドに出ると、ひとりで黙々とボールを蹴っていた。今ではゲニアは、テストマッチ出場100キャップを超える、献身的で偉大なスクラムハーフとなり、一方のクーパーもキャップ数は70を数えている。

大きく負け越したシーズンだったが、こうしていくつかのダイヤモンドの原石を掘り起こすことができた。

4年後の2011年、ユーウェン・マッケンジーはレッズのヘッドコーチとしてスーパーラグビーのタイトルを獲得。その晩、彼が送ってくれたメールは未だに忘れられない。「他の人はともかく、私には分かっています。あなたが礎を築いてくれたからこそ、この優勝があったのだと」。ありがたい言葉だが、未来の優勝チームが持つ潜在能力も、2007年にはほとんど発揮されずに終わった。

少なくとも出だしは好調だった。2月上旬のハリケーンズとの開幕戦では勝利を収めた。その後、ブルーズに僅差で敗れるとキャンベラに飛び、未だグレーガンとラーカムが率いるブランビーズと対戦した。レッズは経験の乏しい才能も限られたチームだったが、スクラムで揺さぶりをかけてブランビーズを抑え込み、3対0とリードして前半を終えた。ところが後半に入ると連続して3本、スクラムでペナルティーをとられてしまう。私の目には、レフリーがスクラムに対するジャッジを変えたように見えた。これでブランビーズは息を吹き返し、我々は3対6と逆転され敗れた。試合後、私はレフリングに対して納得ができず、激怒していた。ハーフタイムのあいだにレフリーが方針を変えたのは間違いなかった。ラグビーにはよくあることだ。我々が勝つ見込みは少なく、そうなればレフリーには影響力のある強いチームに有利に笛を吹こうという気持ちが働く。結果として、レフリーの判断や解釈の基準は変わってしまう。

2ゲームを残した時点で勝ち星はふたつ。残りの9ゲームは負け試合だった。ダニーデンでのハイランダーズ戦は忘れられない。元オールブラックスのナンバーエイト、マレー・メクステッドはこう言った。「チームに高校生がいるとは、なめられたもんだ」

まだ若いプレーヤーを育てるのに、コーチとしてもっと良いやり方があったかもしれない。私はそのシーズン、選手を伸ばすよりも、目の前の試合ですぐに勝ち星を挙げようと、かなり強引にハードワークを課していた。選手の成長を待つ余裕などなかったのだ。クーパーは素晴らしいプレーヤーだが、性格的に複雑な少年だった。プレーヤーとしてはまだ幼く、何かと標的にされ、彼にとっては多難な1年だった。特にワイカト・スタジアムを本拠地とするチーフスはクーパーを狙い撃ちにしたが、それはクーパーがワイカトで生まれ、15歳までそこで過ごしていたからだった。その日クーパーは懸命に耐えていたが、最後には感情を抑えきれなくなってしまった。

結局、長く厳しいシーズンは、散々な結果に終わったのだ。

スーパー14のシーズン最終戦は、プレトリアで行われた。我々はすでに最下位が確定していたが、対戦相手のブルズはレギュラーシーズンの1位通過を目指しており、その後スーパー14の初代チャンピオンとなるチームだった。メンバーにはブライアン・ハバナ、フーリー・デュプレア、バッキース・ボタ、ビクター・マットフィールドら、その後開催されたワールドカップ南アフリカ大会での優勝に貢献したプレーヤーが数多くいた。

開始早々、我々はペナルティーゴールで先制する。だがブルズは縦横無尽に暴れまわった。すべてはブルズに有利に動き、レッズに運は回ってこなかった。ゲームからなにか得られればと思い、一か八かの賭けに出てあらゆる方法を試みた。今さら僅差で負けてボーナスポイントを獲得しても仕方がない。本気でボールを動かし、トライを取ろうとしたが、逆にブルズに蹂躙《じゅうりん》された。

ブルズに13トライを奪われ、最終スコアは3対92。

最悪の負け方だった。東海大学で0対110、0対75で惨敗した経験はあった。

だがそれは日本の大学ラグビーでの話だ。ここは12年の歴史を持つスーパーラグビーの舞台なのだ。

プレトリアでの最終戦は痛みしか残らない、惨めなシーズンに相応しい惨敗だった。ツキにも仕事からも見放された私は、まさに人生のどん底にいた。

第10章
南アフリカをまとめる
THE SHAPING OF SOUTH AFRICA

プレトリアの大敗から4カ月と4日が経過した2007年9月14日、パリのスタッド・ドゥ・フランスのドレッシングルーム。前半が終了し、私は南アフリカのプレーヤーが組む円陣のすぐ脇に立っていた。目の前には、去る5月10日にあの未熟なレッズを叩きのめしたブルズのメンバーが数多く交じっている。南アフリカは前半の40分を通して、前回大会の覇者であるイングランドを制圧。私は過去に、イングランドに対してこれほど優位にゲームを運ぶチームの側に居合わせたことはなかった。ワールドカップのプールA、予選リーグ第2戦。手も足も出ないイングランドを前に、南アフリカはますます勢いにのり、20対0でリードしたままハーフタイムを迎えていた。

代表チームでの私の立場はテクニカルアドバイザーで、ヘッドコーチのジェイク・ホワイトに次ぐ事実上のナンバーツーとして重要な役割を果たしていた。8週間が経過した今、私もようやく「我々」という言い方が自然にできるようになっていた。プレトリアでの惨敗からここパリでの躍進へと、全く想像もしなかったような転身で、代表レベルでは、コーチの人生がいかに予測不可能かを示す証拠だった。このとき私は、ドレッシングルームで展開されるプレーヤー同士の話し合いに、大いに興味をかきたてられた。

誰も20点のリードを気にかけるふうはなかった。両チームの実力差は大きく、やろうと思えば100対0での勝利も可能に思えた。だがチームリーダーたちは、全く別の驚くような戦略を口にした。後半からはボールポゼッションは相手に譲り、ディフェンスの練習に充てようというのだ。

これはチームの驕《おご》りではない。ラグビー知能の高い彼らが、決勝トーナメントの先まで見据えて下した決断である。さらに南アフリカが本来持っている、ラグビーの激しい肉弾戦を楽しもうとする意識にかなっていた。

私はそのプランに異は唱えなかった。私の役目は戦略の指示ではなく、チームが硬直化しそうなときに様々な代案を示すことにあったからだ。さらに、ジェイク・ホワイトを補佐するのも私の役割だった。戦略に関するアドバイスを行い、様々な角度からの見解をプレーヤーに伝え、さらにはメディア対応を代行し、彼の負担を軽減するよう努めていた。

誰もが抱くスプリングボクスのこれまでのイメージは、図体ばかりでかくて頭の巡りが悪く、邪魔する者は誰であろうと叩き潰すが、賢明なチームにはやすやすと裏をかかれるというのが相場だった。だがこのときの南アフリカは非常に知的なチームだった。ヘッドコーチのジェイク・ホワイトを始め、ジョン・スミット、フーリー・デュプレア、ビクター・マットフィールド、スカルク・バーガー、ブライアン・ハバナ、ジョン・デヴィリアスやその他のプレーヤーたちに至るまで、ラグビーに対する好奇心の塊だった。ブランビーズで作り上げてきた攻撃スタイルについてあらゆる質問を受けたが、それは彼らの物事にこだわらない開放的な姿勢と、深い探究心の表れと言って良いだろう。

後半戦、スプリングボクスのプレーヤーには、トーマス・カステニェードのようにジョー・ロフを真似ようとする者はひとりもおらず、ハーフタイムの決定通り、イングランドにボールを持たせた。彼らのタックルの威力は凄まじく、イングランドに1点も許さず、最終スコアは36対0で南アフリカの快勝に終わった。

これはイングランドラグビーにとっては大きな屈辱だった。同時に南アフリカが2007年ワールドカップの優勝候補として一躍脚光を浴びたゲームであり、私はチームがこのまま決勝まで進むのはまず間違いなく、相手はニュージーランドになるだろうと予想した。もしそこで勝って優勝すれば、私にとって2003年ワールドカップの決勝戦敗退に対する、ある種の埋め合わせになると考える向きもあった。だが私にはそんな意識は全くなかった。ジェイク・ホワイトとプレーヤーたちは、私を純粋にチームの一員として接してくれ、私は彼らのそんな心遣いに心から感謝した。それに報いるには、今後も彼らがますます向上していけるよう、チームに最もいい形で付加価値を与えていくことだった。

私はこの9年間、南アフリカのラグビーチームをいかに倒すか考え続けてきた。ところが今はこうして、この野獣のようなチームの腹の奥深くにいる。全く不思議な感覚だった。これまで何度となくスプリングボクスと戦ってきたが、それはしばしば不快感を抱き、ときには笑いを誘うこともあるようなものだった。2003年8月、ブリスベンでスプリングボクスを20点差で破ると、ワラビーズのプレーヤーは、彼らが噛みついたり唾を吐いたり、目を突いたりしたと非難した。私は激怒し、スプリングボクスを「国際ラグビーの面汚し」だと吐き捨てた。懲罰委員会は試合後、ワラビーズのフッカー、ブレンダン・キャノンの顔を故意に殴ったとして、誰もがその名を知る有名なロック、バッキース・ボタに8週間の出場停止処分を下した。また、ワラビーズのナンバーエイト、トウタイ・ケフに対するハイタックルを理由に、ロビー・ケンプソンには4週間の出場停止が命じられた。それでも黙ってはいられなかった。「これらはスプリングボクスが故意に行ったもので、ラグビーというゲームに対する冒とくです。我々は彼らの行為に対して大きな怒りを覚えると同時に、多くの人にこの現状を知らしめるべきだと考えます。こうした卑劣な行為は二度と繰り返されてはならず、スプリングボクスは自らの行動をよくよく振り返らねばなりません」

その後、頸部を固定する支持具を装着され、ストレッチャーで運び出されるケフの姿を目にした私の憤りは収まらなかった。この日ケフは脊髄脳しんとうのため、病院で一晩過ごさねばならなかった。選手たちも声を上げる。「誰かが指で目を突いてくるんだから、恐ろしくてゲームになんか集中できるはずがありませんよ」とキャノンは指摘する。一方、ジョージ・グレーガンは記者にこう語った。「彼らの姿勢は間違っています。相手プレーヤーを潰すためだけに向かってくる。チームキャプテンは人に唾を吐く。そんな連中です。少なくともここ数年のトライネーションズを見れば分かりますよ。騒動が起きるゲームの対戦相手はいつも同じ――あいつらなんです」

南アフリカのコーネ・クリーグは、口に溜まった血を吐いたとき、誤ってその一部がワラビーズのフランカー、フィル・ウォーにかかってしまった事実は認めたが、すぐに謝ったし、この件はすでに済んだことだと付け加えた。だがそれが本当だとしても、我々は納得できなかった。唾を吐いたり、噛みついたり、目を指で突いたりするような行為はラグビーには必要ないのだ。クリーグは再三にわたる我々のこうした主張に対し、こう語った。「あれは偶然の出来事だったのです。もしもまだオーストラリア側がわざと唾を吐いたのだと責めたてるなら、私としても法的措置に訴えざるを得ません。それにしても次の対戦相手がニュージーランドでほっとしています。彼らはラグビーの正しい肉体的なぶつかり合いの方法を、ちゃんと分かっているチームですからね」

私はスプリングボクスに対して怒りを露わにする場合でも、普通ならそこにユーモアを加えるよう心掛けている。2005年にマンデラ杯をかけて行われたエリスパークでのテストマッチの試合前、南アフリカはあらゆる手段を講じて、少しでも我々がグラウンドに立つのを遅らせようとした。そのころ私は、ヘッドコーチのジェイク・ホワイトを、アメリカのアニメ、『ザ・シンプソンズ』の登場人物のひとり、サイドショー・ボブになぞらえていた。シンプソン家の長男、バート・シンプソンの最大の敵というのは別にしても、サイドショー・ボブは自称天才で反動主義者である。

あるときジェイク・ホワイトが、週を通してずっと、なんでも知っているかのように得意げに語り続けたことがあった。「ワラビーズは、スクラムが得意なわけでもなければ、モールが得意なわけでもありません。だから対戦相手に合わせてゲームを組み立てなきゃいけないんです」。このとき私は彼の言動を、こう語って笑い飛ばした。「彼が今週、我々のことを話し始めたときから気づいていました。彼は自分のチームから注意をそらしたかったんですよ。だからこう言ってやりました。あんまりしゃべるからサイドショー・ボブにでもなったかと思ったってね」

実際のところ、ホワイトと私には7年以上の付き合いがあった。最初の出会いは2000年後半、当時スプリングボクスのヘッドコーチだったハリー・ヴィルヨン率いる南アフリカの代表団のひとりとして彼がキャンベラにやってきたときだった。彼らの目的は、ブランビーズが作り上げた3フェーズ攻撃パターンの効果のほどを視察することだった。1996年、ロッド・マックイーンのはからいで初めてプロチームの視察ができた経験を持つ私は、他のコーチがトレーニングキャンプを訪ねてきても、受け入れを拒むようなことはしなかった。すべてを公開したわけではないが、良いアイデアを共有するのがラグビー精神だと考えていたのだ。

それ以来ホワイトと私は連絡を取り合い、スケジュールの許す限り、顔を合わせて話をした。2004年11月、スプリングボクスとワラビーズがともに英国遠征をしたときには、対戦チームの情報を交換した。我々がイングランドと、スプリングボクスがスコットランドと対戦する前の週に、我々はスコットランドと、スプリングボクスはイングランドと対戦していたのだ。互いの情報は大いに参考となり、翌週土曜日のゲームでは、両チームとも勝利を手にした。

あるとき私は、ホワイトがスプリングボクスのヘッドコーチとして大きなプレッシャーを受ける様子を目撃した。英国遠征の数カ月前、2004年8月だった。ヨハネスブルグで行われるニュージーランド戦に出場する先発メンバーのなかに、黒人がブライトン・ポールセひとりしか選抜されていないという理由で、南アフリカラグビー協会長にセレクションのやり直しを命ぜられたのだ。やむなくホワイトは、私が常に南アフリカのベストプレーヤーと称賛するフーリー・デュプレアを外さねばならなかった。代わりに入ったのは、ボラ・コンラディだった。それなりに実力のあるスクラムハーフだが、デュプレアとは格が違う。ホワイトは依然として人種割り当て制度を遵守しなければならなかったのである。

アパルトヘイトが撤廃されたとはいえ、南アフリカにはさらなる変革が必要だった。だがコーチは勝ち負けの数字で判断されるだけに、ホワイトやプレーヤーに同情せざるを得なかった。世界のラグビー界を見渡しても、南アフリカほどコーチングが難しそうな国は他にはなかった。——そしてそれに続くのがニュージーランドであり、イングランドだった。

ニュージーランドの国民がオールブラックスにかける期待の度合いは桁外れだ。オールブラックスの成績ひとつで、国全体のムードが左右される。私の見るところ、世界で一番のラグビー大国だろう。彼らが私を意識しているのは分かっていたし、私にしても彼らを意識していた。だが冗談を言い合いこそすれ、互いの心の奥には、ラグビーの持つ価値に対する深い思い入れと相手への敬意があった。ニュージーランドはラグビーの心の故郷だ。とは言え、昨今彼らは多くの問題に直面している。フランスや日本、そしてアイルランドから相当数のオファーが寄せられ、多くのプレーヤーが、しかも一番脂ののった時期に引き抜かれるようになった。もちろん彼らも手は打っているが、それでもプレーヤーの流出を食い止めるのは難しくなりつつある。今やオールブラックスジャージーの価値は、目の前に積み上げられるユーロ、ポンド、円による査定額で決まるようだ。

イングランド代表チームをコーチする場合に感じる難しさと複雑性は、また別の問題である。イングランドでは、ラグビーはまだ成長の余地のある重要なスポーツのひとつだが、ニュージーランドのような国民的な人気スポーツとまでは言い難く、そのせいで協会とクラブチームのあいだには軋轢《あつれき》が生じる。慎ましやかな国民気質のため、チーム内に根っからのリーダーが育ちにくい。またオーストラリアのような協会と代表選手が直接雇用契約を結ぶ国とは違い、イングランドではいったんプレーヤーがクラブから代表チームに移行しても、彼らは依然として所属クラブの選手であることに変わりはない。イングランドの代表チームを率いる難しさの一端はここにある。今私は、イングランドラグビーへの貢献のひとつとして、クラブレベルから代表レベルへの移行がスムーズに行われるよう力を尽くしている。それが成功すれば、この国のラグビーにとって大きな遺産になるだろう。イングランドは常に世界のトップにいるべきチームであり、今のプレーヤーや協会理事たちもそうあるべく全力を注いでいるのだ。

だが南アフリカが置かれた状況は、信じられないほど難しい。まず国内のラグビーファンの勝利への要求が恐ろしく高い。勝率が9割に満たないと、怒りで沸騰するほどだ。その一方で、ヘッドコーチがチーム運営に対して持てる力を発揮できるのはおよそ5割に過ぎず、アパルトヘイト廃止後の政治体制は、ラグビーそのものやスプリングボクスというチームの成長を至るところで阻害している。だが２０１９年のラグビーワールドカップで、黒人や有色人種プレーヤーたちが活躍する姿を見るにつけ、近年の代表強化プログラムが実を結びつつあると分かり、大いに勇気づけられる。今や彼らも、パフォーマンスに基づく代表セレクションを行って欲しいと明確に主張するようになった。世界のラグビー界では、南アフリカは未だ眠れる巨人だが、今後もこの強化プログラムを維持していけば、さらに大きく発展を遂げるだろう。

２００６年、スプリングボクスはトライネーションズ全6試合で4敗を喫した。辛くもホワイトは理事会での不信任決議を免れ、引き続きヘッドコーチとして留任。4敗のなかにはサンコープスタジアムでの惨敗が含まれていて、そこは当時、私がコーチしていたレッズの本拠地だった。

テストマッチが行われる週、私たちはブリスベンでコーヒーを前に語り合った。ホワイトからアドバイスを求められ、こう言った。「いいかい、このスタジアムのピッチには注意すべき要素がたくさんある。まずとにかくボールがよく転がる。ディフェンスに意識を向けるべきだ」。スプリングボクスが0対49で大敗したのを見ると、おそらくホワイトは私のアドバイスを忘れていたのだろう。この苦い経験のせいか、ホワイトはこれ以降、私の判断に全幅の信頼を寄せるようになった。

２００７年のトライネーションズで、南アフリカは全4試合中3敗。ニュージーランドには6対33の完敗だった。第1回大会以来、20年間優勝に縁のなかったニュージーランドは、この戦いで再びワールドカップ優勝候補の筆頭と目され、一方の南アフリカは世界の注目を失った。だが私の見る限りこの敗戦はあながち悪いものとばかり言えなかった。かえって南アフリカは過度のプレッシャーから解放され、誰にも邪魔されずに準備をし、大会に臨むことができたのだ。

トライネーションズも終わった7月下旬、私は休暇で日本を訪れ、サントリーをコーチしていた。このあとイングランドへ向かい、サラセンズのアドバイザー兼ゼネラルマネージャーに就任する予定だった。レッズの成績が振るわなかったにもかかわらず、マーク・シンダーベリーとナイジェル・レイの私に対する評価は変わらず、2007年8月からサラセンズに加われるよう上手く取り計らってくれた。

私はもう1年、レッズで指導にあたるつもりだった。会長とは馬が合ったし、なによりチームの混乱を招いた責任の大半は私にあったからだ。新たな基盤を確立するのは容易な仕事ではなかったが、それがチームの喫緊の課題であり、次のシーズンには全力で取り組もうと考えていた。だがあるとき会長に誘われ、ふたりで豪華な朝食を摂りに出かけると、彼は言った。「君もこの辺で身を引くのが賢明だろう」。「そうかもしれませんね」と私。食事を終えると、私は自由の身になっていた。

ワラビーズを解任され、レッズからはやんわりと退任を促された私は、イングランドで初心に戻り、新たなスタートを切ろうとしていた。前回のサラセンズでの仕事は成功を収めていたし、プレミアシップという舞台に臨むのも楽しみだった。

そんなとき突然、サントリーのトレーニングセッションの合間にジェイク・ホワイトから連絡が入る。家族を連れてサファリを楽しみに来ないかというのだ。

南アフリカの動物保護区で数日過ごせば、ヒロコもチェルシーも喜ぶだろう。私たちは彼の誘いをありがたく受け入れ、ロンドンでサラセンズに合流する前に、まず南アフリカに立ち寄った。

家族とともにダーバンで落ちあい、そこで数日を過ごすと、ホワイトはスプリングボクスを相手にトレーニングセッションをやってみないかと言ってきた。「いいのか?」と思わず言葉を返す。「願ってもないことだ」。スプリングボクスのプレーヤーと一緒にピッチの上を駆け回る――想像しただけでもわくわくする。私はまるで、クリスマスイブの子どものようだった。

最初は黙って、彼らがサインプレーの練習を行うのをじっと見ていた。彼らもどんなふうに見られるか、楽しみにしているようだった。感心する部分もいくつかあったが、まだまだ粗削りなところがたくさん残されていた。

ひととおり終わるとメンバーは円陣を組んだ。キャプテンのジョン・スミットは感謝の言葉を述べると、私のほうを見て言った。「ジョーンズさんの目から見てどうでしたか？　是非、感想を聞かせてください」

「悪くない。でも10点満点で採点すれば、そうだな、4点ってところかな」

冗談ではないかという顔で、スミットは私をまじまじと見つめた。「4点ですか？」

「そうさ、間違いない。かなり修正の余地があるね」

嘘ではなかった。彼らの才能からすれば4点に過ぎなかったのだ。私は歯に衣を着せないタイプだ。たとえ彼らの反感を買おうが気にしなかった。

私はスプリングボクスのプレーヤーに、同じムーブでも私ならどう行うか示したうえで、次のセッションで徹底的に反復させた。彼らは私のコーチングを気に入ってくれたようだった。なぜならそのあと、ホワイトは耳を疑うようなオファーを提示したからだ。「どうだろう、ワールドカップが終わるまで、我々スプリングボクスのテクニカルアドバイザーとして残ってくれないか？」

彼の口からその言葉を聞いたとたん、私は思わずホワイトに抱きついていた。これほどのチームのテクニカルアドバイザーができる？　しかもこんなワールドカップの直前に？　本当なのだろうか？

このときの私がどれほど喜び、興奮していたかは、筆舌に尽くし難い。目の前にホワイトがいて、チームに加わるチャンスを与えてくれた。しかもそのチームは、決勝まで進む力を十分に備えている。私は前年、大きな実績を残したわけではなかったのに、トーナメントを目前に控えたこの大切な時期に一緒に戦おうと誘ってくれたのだ。

もちろん異論はなかった。だがその前に、サラセンズに状況を伝え、筋を通さなければならなかった。幸いにもシンダーベリーとレイは私の話を受け入れ、ワールドカップが終了するまでスプリングボクスに帯同することを許してくれたのである。ヒロコにはチェルシーとともに、一足先にロンドンへ向かってもらった。チェルシーが新たに入学する学校の新年度が9月から始まるためだった。妻と娘がイングランドへ向けて旅立つかたわらで、私はスプリングボクスとともにキャンプに入った。

当然ながら、南アフリカとオーストラリア両国から、激しい非難が巻き起こった。熱烈なスプリングボクスファンの一部はオーストラリア人が、しかもよりによって特に嫌いな人物が準備段階からチームに加わるのが、我慢できないようだった。オーストラリアでは、もともと私を批判したい人間はいくらでもいたので、例によって酷評された。ジョン・オニールは――再び大好きなメディアに登場する機会を得て、間違いなく喜んでいた――前回の決勝で敗れたのはジョーンズの無能さのためであり、彼がテクニカルアドバイザーに就任したのは、ひとえにその悲劇的結末に対する心理的、感情的埋め合わせのためだと断じた。「ジェイク・ホワイトとエディー・ジョーンズの取り合わせはどう見ても滑稽だ。所詮はサイドショー・ボブとビーバーなのだ。ふたりが組んだところで、ワラビーズの勝利に影響するとは思えない。いや、かえってそのほうが与しやすいのではないだろうか」

私はオニールの意見に反論はしなかった。その前にラグビーに携わる多くの人たち同様、ワラビーズの2007年のワールドカップが悲惨な結果に終わるのではないかと予感していたからだ。私が解任されたあと、代わりにヘッドコーチに就任したのはジョン・「ナックル」・コノリーだった。最初に彼がヘッドコーチの座を逃したのは、1995年のワールドカップ終了後に遡る。実績から考えれば、クイーンズランド・レッズで成功を収めたコノリーが次期ヘッドコーチの最有力候補だった。だがクイーンズランド州とニューサウスウェールズ州が後任争いをし、結局このときはニューサウスウェールズ州が勝利を収め、彼らの推すグレッグ・スミスがヘッドコーチの座に就いたのである。コノリーはこれで大いに傷つき、そのあとの10年間は歴代ヘッドコーチのグレッグ・スミス、ロッド・マックイーン、私、そしてワラビーズそのものまで批判し続けた。オニールの前任者であるゲイリー・フラワーズはこの経緯を知っていながら、コノリーをヘッドコーチに任命した。閉ざされた空間にマングースを放すようなもので、CEOに再任されたオニールには、その危うさが分かっていたはずだった。復讐は忘れたころにするのが良いという言葉がある。ワールドカップが始まれば、それなりの結果が出るだろう。私はオニールの嘲笑に対し、南アフリカの勝利をもってお返しができるのを楽しみにしていた。

その後、ワールドカップから1年も経たないうちに、オニールはニュージーランド人のロビー・ディーンズをワラビーズのヘッドコーチに据えた。ディーンズが報道陣にうっかり漏らしたところによれば、オニールは私がワラビーズのヘッドコーチでいるあいだに、すでに彼に接触していたのだという。

いったんスプリングボクスと一緒に働けると決まったとたん、私はすぐに仕事を始めたくて我慢するのが大変だった。実際にチームのコーチングを始めると、私がブランビーズやワラビーズで生み出したラグビーを、彼らが非常に深く理解しているのに気づき、大いに驚いた。ジョン・スミットは、実はスプリングボクスのアタックは、ブランビーズの攻撃パターンがベースになっているのだと教えてくれた。練習後、食事とビールをともにしているとき、彼らからブランビーズで築いたラグビーについて矢継ぎ早に質問を浴びせられた。これまで、ゲームに対する知的好奇心が最も高いのはブランビーズだったが、スプリングボクスもそれに匹敵した。マットフィールド、デュプレア、スミットやその他のチームリーダーたちの資質の高さは言うまでもないが、すぐに彼らが人格者だということも分かっていた。

スタッフとしてチームに加わって間もない頃のあるミーティングで、近づいてきたマットフィールドからこんな質問をされた。「もっとゲインラインに近いエリアでプレーしたいんですが、ブランビーズでは確か5人ショートラインアウトを採用していましたよね？　そのときウイングがラインアウトの先頭にいませんでしたか？　私たちもそのやり方を取り入れてみたいんです」

我々はざっくばらんに話し合い、私はスプリングボクスにそれまでにない、特にバックスラインのプレーに関する要素を組み入れた。幸いにも長い間、グレーガンやラーカムにコーチしてきたので、スプリングボクスで同じハーフバックスを構成するデュプレアとブッチ・ジェームズにも、フラットラインやカウンターアタックについて話ができた。彼らはまるでスポンジのようにそれらを吸収していった。

こうしてスプリングボクスは、自分たちの強みを活かした攻撃的なラグビーを作りだしていった。彼らのゲームは激しいディフェンスが持ち味である一方、アタックのバリエーションは様々なチームのプレーを寄せ集めたものに過ぎなかった。それでも彼らの目指す方向性は正しかったが、我々はデュプレアとジェームズにさらにゲインラインにフォーカスさせ、ゲインラインと平行にプレーする明確なイメージを持たせるようにした。

スタンドオフの二番手は、アンドレ・プレトリアスだった。才能があるのは間違いなかったが、プレーにむらがあった。トーナメントを勝ち進んでいくには、昔のヘンリー・ハニボールのようにいざというときに頼れるプレーヤーが必要で、私の見るところ、ジェームズがその系譜を継いでいた。スプリングボクスはかなり深いバックスラインを敷いていたので、ホワイトと相談しながらポジショニングに調整を加え、大きなフォワードの後ろにフラットなバックスラインを置くようにした。このシンプルな考え方に選手たちは信念を持って取り組んだ。

ホワイトと私の仲は上手くいっていた。ふたりともラグビーに夢中で、互いの友人とも気が合い、プレーヤーを成長させるために必死になって働こうとするところも一緒だった。私はふたつの点で、ホワイトに貢献していた。出来上がった組織に部外者としてやってきた私には、組織全体がより客観的に、はっきり見えていた。ホワイトは、スミットやデュプレアたちを19歳以下の代表レベルから教えてきているので、お互いに気心は知れていたが、その分緊張感が生まれたり意見が食い違ったりする場面もあった。そこに私という人間がやってきたのは、彼らにすれば、ホワイトよりも気楽に話ができる相談役ができたようなものだった。私はホワイトのように大きな責任がなく、気負いもなかったし、ヘッドコーチの立場もよく分かっていたので、ホワイトの身になって考えることもできた。スプリングボクスのなかで上手くやれない選手はひとりもいなかった。私はセレクションに関わっていなかったため、選手からも気兼ねなくアドバイスを求められた。

さらに私は、すでに4年前にワールドカップの決勝まで進み、準備の仕方や緊張感についても十分経験を積んでおり、ホワイトにかかるメディアからのプレッシャーや期待をなるべく軽減できないかと考えた。スプリングボクスでの仕事を終えたとき、もしこの先、もう一度代表レベルのヘッドコーチになったら、コーチの他に、自分の意見をきちんと持った右腕とも言うべきスタッフを持とうと心に誓った。代表レベルのコーチには、信頼できるアドバイザーが必要なのだ。

現在私がヘッドコーチをしているイングランドでは、元オーストラリアンフットボール選手でコーチも務めた、ニール・クレイグがこれに当たる。私の右腕と呼べるスタッフだ。私がスプリングボクスと共有したようなユニオンラグビーに関わる技術的な知識はないが、私にはない視点や感覚を持ちあわせている。スプリングボクスとともに過ごした期間は、いかに代表チームをサポートすべきなのかということを私に教えてくれた。

私はホワイトのコーチングスタッフも気に入っていた。多様な性格の人物が集まった、素晴らしく強力なチームだった。ホワイトはイングランド人の学校長で、ハルト・スマルは細部にまで精通した聡明で真面目なアフリカーナー（アフリカーンス語を話すオランダ系白人）だった。2016年に短期間ながらスプリングボクスのヘッドコーチを務めたアリスター・クッツェーは、南アフリカの有色人種コミュニティの出身で、口数が少なく控えめながら、物の見方が鋭く、ユーモアのセンスのある人物だった。さらにストレングス＆コンディショニングコーチのデリック・クッツェーは実に4つの学位を持ち、常に明るくよく笑う、ブルームフォンテーン出身の気さくで優秀なアフリカーナーだった。彼らは皆私をチームに温かく迎え入れ、チームに貢献できるよう計らってくれた。

これは、国際的にも認められた他国のエリートチームにコーチングスタッフとして加わり、異なるラグビー文化に触れるという、私の人生のなかでも特に大きな意味を持つ初めての経験となった。東海大学やサントリーでコーチをしたり、あるいは1996年にほんの少しのあいだ、日本代表に携わったりしたが、2007年のスプリングボクスへの帯同はまったく別物の経験だった。それはまさに私にとってかけがえのない経験であり、このあと、日本やイングランドで代表チームを率いる際には、この南アフリカで得た教訓のいくつかを拠りどころにしたものだ。おかげで、ラグビーをプレーする国はそれぞれが独自の特性を持っているのだとよく分かった。スプリングボクスは本質的に保守的であり、ディフェンスを中心にゲームを組み立てるチームである。南アフリカとニュージーランド両国の対戦の歴史を紐解《ひもと》けば、スプリングボクスは困難に遭遇すると、「ボールを高く蹴り、相手に向かって走り、叩き潰す」という旧来のスタイルを踏襲してきたのが分かる。だがホワイトと私は選手たちと、そうした昔ながらの方法に逆戻りすることが、チームにとってどんな意味を持つのかという大切なポイントを議論することができた。

　ホワイトは非常に賢明な人物だった。我々は、すべての物事はワールドカップに収斂《しゅうれん》されていくというビジョンを共有していた。彼は世界最大のトーナメントにチームのピークを持って行くことが肝要であり、その過程で何度かチームが負けることがあってもかまわないと考えていた。ワールドカップ直前のトライネーションズでは、ホワイトに大きなプレッシャーがかかっていたが、それでもベストメンバーで戦うのは初戦の1試合にとどめた。ゲームは勝利したが、ワールドカップに備え、その後のゲームではなるべく戦力を温存しようとした。私はそんなホワイトの覚悟に敬服した。

　決勝トーナメントが近づくにつれ、ホワイトは信じられないくらい神経質になっていった。ジョン・スミットと私は、彼の緊張がチームに影響しないよう手を打つのが自分たちの役割だと考えていた。

　２００７年９月９日、パリのパルク・デ・プランスで行われた初戦で、私はホワイトがプレッシャーに圧《お》し潰されまいと必死にもがいているのが分かった。後にスミットが明かした話では、対戦相手のサモアと並んだとき、プレーヤーたちも突如として大きな不安に襲われたのだという。サモアのフォワードの身体が大きく、まるでモンスターのように感じられたのだ。

　最初の20分はサモアの猛攻が続いた。7点をリードされ、次々と体力勝負を挑んでくる彼らのプレースタイルに、プレーヤーたちは徐々に元気を失っていくように見えた。

「いったいどうしたっていうんだ?」と、ホワイトは呟いた。

「落ち着けよ、ジェイク」と私。「嵐はもう少しで止むさ。サモアは身体こそでかいが、ずっとこの調子で戦えるはずがない。慌てずに冷静にプレーしていれば大丈夫さ」

幸運にもチームは類まれなキャプテンに恵まれていた。スミットは私たちが話していたのと全く同じ話を、うろたえるプレーヤーたちにピッチ上で伝えていた。

事実、嵐は過ぎ去り、あとは我々のペースだった。ブライアン・ハバナの4トライを含む合計8トライをマークし、最終スコアは59対7で勝利を収めた。

ホワイトは私のアドバイスを参考に、チームを予選プールから決勝トーナメントへと導いていった。前回大会での私の経験は特にプール戦で顕著に活きた。サモアを退け、イングランドを撃破して一息つくと、次に30対25の僅差ながらトンガを降し、最後は疲れの見えたアメリカから64点を奪って勝利した。

興味深いことにこの大会では、どのゲームもテンポの遅い、ディフェンスとキックに頼った試合運びが多く、ラグビー本来のプレーはあまり見られなかった。2003年以降は、ニュージーランドが傑出していて、他のどの国よりもはるかに先を行くように見えた。オーストラリアは一見、攻撃力の高いチームに見えたが、私は選手の個性やサインプレーを知っていたし、2005年に南アフリカを破ったときほどスクラムやフォワードプレーに安定感はなく、あまり大きなチャレンジはしてこないだろうと分かっていた。スプリングボクスの前評判は高くなかった。だがそれも予選プールのイングランド戦の前半終了までの話で、それ以降は俄然《がぜん》注目を浴びるようになった。

決勝トーナメントの組み合わせも南アフリカに有利に見えた。大会の開幕戦で開催国フランスがアルゼンチンに敗れたことで、我々の決勝トーナメントでの行方はある程度見えてきた。決勝までは順調に勝ち進むだろう。だが私は不満だった。

9月29日、土曜日。我々はマルセイユにいた。翌日モンペリエで行われる、予選プール最後のアメリカ戦に臨むためだった。宿泊先のホテルの建物は古く、アパートのようなつくりで、各部屋のテレビから大きな音が漏れてくる。皆、プールBの最終戦、ウェールズ対フィジーのゲームを観戦していた。どちらか勝者がプールBの2位になり、決勝トーナメントで我々と準々決勝を戦うことになる。誰もがウェールズが勝つだろうと思っていた。

私はすでにウェールズの分析をすべて終えていたので、フィジーが試合終了3分前にトライを決め、38対34で逆転勝利を収めたとき、スプリングボクスの選手たちが大きな歓声を上げたのにいらだちを覚えていた。

ビデオ分析はしっかりやり直したが、それでも準々決勝では、南アフリカはフィジーに敗戦の一歩手前まで追い詰められた。それはなんとも不思議な試合だった。我々は3トライを奪い、後半16分まで20対6とリード。しかもフィジーはセル・ランベニがシンビンで10分間の退場となり、14人で戦わなければならなかった。これで南アフリカが安心したのか、突如その後の3分間で、あっという間にフィジーに2トライを返される。コンバージョンも決まり、後半19分、突如としてスコアは20対20の同点となり、まさに敗れておかしくない状況に追い込まれた。

青く晴れ渡る空の下、ほとんどフランス人で占められているスタジアムの観衆は、皆フィジーをあと押しした。わずか数分でチームの勢いは逆転。フィジーはパスがつながると自信を持ってプレーし始める。スプリングボクスは、ワールドカップの番狂わせを許してしまいそうな状況だった。

沈みゆく船を押しとどめ、安定させるには、強力なリーダーシップが必要だ。スミットは自分の周りにプレーヤーを集めると、はっきりと力強く語った。「いいか、みんな。我々がやるべきことは単純だ。この先は自陣に踏み込ませずに相手陣で戦うんだ。全員でディフェンスに集中しよう」

特別、素晴らしい話をしたわけではないが、なによりスミットは一息入れ、チームを落ち着かせたかった。自分たちの強みが発揮できるエリアで戦うのだと、浮き足立ったスプリングボクスの立て直しを図ったのである。南アフリカフォワードに圧倒され、ボールが手にできなくなったフィジーには手の施しようがない。スミットの指示は的確で、我々はゲームを支配した。ジュアン・スミスとブッチ・ジェームズがそれぞれトライを奪い、パーシー・モンゴメリはコンバージョンふたつにペナルティーゴールをひとつ決め、追加点を挙げた。結局、スコアでは37対20と南アフリカの完勝に見えるが、スコア以上にゲームは緊迫していた。スミットの落ち着いた判断とリードがなければ、フィジーに負けてもおかしくなかった。

準決勝は、それほど苦しまずに済んだ。アルゼンチン代表のピューマーズはスクラムハーフのアグスティン・ピチョットのキックを起点にゲームを組み立てる。いわばチームの守護神であるピチョットを徹底的にマークすれば良かった。彼を孤立させれば、ピューマーズには他に打つ手はない。我々はゲームプラン通りに試合を運び、37対13で勝利した。

南アフリカはワールドカップ2度目の決勝進出を果たし、私にとっては2回連続の決勝戦となった。

ヘッドコーチのブライアン・アシュトンに反抗した1人の選手の存在が、イングランド代表チームに変化をもたらした。イングランドはマルセイユで臨んだ準々決勝でオーストラリアを破り、多くの人を驚かせた。イングランドはスクラムとブレイクダウンでオーストラリアを圧倒し、それまでの4年間ずっと怪我に泣いてきたジョニー・ウィルキンソンが4本のペナルティーゴールをすべて決め、12対10で勝利した。

その晩遅く、さらに大きな出来事がカーディフで起こる。ワールドカップでオールブラックスを散々悩ませてきたフランスが、1999年のトゥイッケナムでの勝利に続き、オールブラックスに20対18で逆転勝ちを収めたのだ。

イングランドは勢いに乗るホスト国フランスを相手に、パリで準決勝に臨み、辛くも勝利を手にした。残りわずか5分まで8対9とリードを許したチームを、ウィルキンソンが救った。ペナルティーゴールとドロップゴールを沈め、14対9でフランスを降したのである。

決勝戦が行われるその週、ジェイク・ホワイトのナンバー2を務める私の最も大切な仕事は、ヘッドコーチとチームに安心感を与えることだった。このとき、リーダー格の選手数人は、ホワイトに対する不安を口にしていた。私はとても難しい立場に立たされていた。ホワイトはそれまでの重圧に加え、イングランドが起死回生の逆転勝ちしたことで神経をすり減らし、さらにいらだちを募らせていた。

5週間と1日前のイングランドとの戦いには完勝している。理屈のうえでは自信を持って当然だった。しかしどんな百戦錬磨のプレーヤーも、大一番を前にすれば不安になるものだ。イングランドはここにきて、ワールドカップ史上最も驚くべき復活劇を遂げようとしているのだろうか？　彼らは明らかにチームとしてまとまりを見せ、自慢のフォワードとウィルキンソンの左足を軸に戦いを進めている。だが私は、あらゆる面でスプリングボクスに分があると見ていた。スクラムやラインアウトのセットプレーは、我々のほうが上だ。数値上、モンゴメリのプレースキックはウィルキンソンよりも精度が高い。ハバナやデュプレアのいるバックスラインは、イングランドにはない鮮やかな切れ味がある。しかもイングランドの切り札、ジェイソン・ロビンソンは、すでに決勝前に体力を消耗し疲れ切っていた。

傍で見ていた私からすると、最後の週を迎え、ジェイク・ホワイトは気力を持ち直すと、チームを上手くリードしたと思う。当然プレッシャーはあっただろうが、練習の場や、重要なチームミーティングではそんな様子はおくびにも出さず、巧みに選手を選び、物事をしっかり考え、自らの仕事の責任を果たしていた。ときには些細なことでホワイトと選手が衝突したが、互いに緊張した状態であり、それも当然だった。だからこそ私のいる意味があった。私は技術的な見解を述べ、ときに緩衝役を果たし、最後の不安や懸念を払拭《ふっしょく》していった。

選手全員が記者会見に臨まねばならないというのも、スプリングボクスにとっては初めての経験だった。会見場には少なくとも300人の報道関係者と150台のカメラが待ち構えていて、彼らは今週末に決勝があるのだと、改めて思い知らされたようだった。この時期、選手に別段変わった様子は見られなかったが、ホワイトには目にするすべてが、たとえば選手の妻がホテルを訪ねてくるといった些細な出来事さえ、チーム運営に支障をもたらす重大な問題として映り始めていた。そんなとき私は、選手になんら非はなく、あくまで我々の役割は、彼らの意識をワールドカップでの優勝に向けさせることなのだと、静かに諭さねばならなかった。

ホワイトはラグビーに対する深い見識を持った優秀なコーチだったが、決勝戦が近づくにつれ、選手たちはしばしば私を頼るようになった。私は自分でも寛《くつろ》いだ親しみやすい雰囲気を作ったり、ゲームプランを詳細に検討したりしながら、彼らに安心感を与えるよう努めていた。

２００７年10月20日のワールドカップ決勝戦は、4年前のような張り詰めた緊張感がみなぎるゲームではなかった。パリの冷え込む夕べに行われた試合は、２００３年のようなトライもなく、決してスリリングな試合内容ではなかったが、南アフリカもイングランドも互いに全力でぶつかり合った。客観的に見れば、両チームとも堅実なプレースタイルに終始し、ラグビーの質としては面白みに欠けるやや退屈なものだった。だがホワイトも私も、試合内容には満足していた。我々は常にイングランドに一歩先んじ、終始ゲームの主導権を握り続けていた。マットフィールドとボタはラインアウトを制圧し、それはまるで、コーチ陣の出る幕はないぞと言わんばかりの展開だった。イングランドがゲームの流れを変えるには、我々を狂わせるようなにか大きな閃《ひらめ》きのあるプレーが必要だったが、彼らにそれができるとは思えなかった。我々はプレッシャーをかけ、これまで通りのラグビーをし、彼らの意識をスクラムに集中させれば良かった。イングランドはセットピースで優位に立ちたかったが、我々もそうはさせなかった。モンゴメリのキックも冴えていた。ペナルティーゴールを3本すべて成功させ、9対3とリードしたまま前半を終えた。

イングランドは後半開始早々、目を見張るような素晴らしい突破を見せた。それまでどうしても破れなかったディフェンスラインを、マシュー・テイトが鮮やかに切り裂いたのだ。彼の突破を起点に、最後はウイングのマーク・クエイトが左隅に飛び込み、トライを挙げたかに見えた。ところがダニー・ロッソウがゴール間際でタックルに入る。これはトーナメントの白眉となるタックルで、１２０キロの巨体を誇るプレーヤーがあれほど素早く動けるとは信じ難く、まさに記憶に残るナンバーエイトの素晴らしいディフェンスだった。ロッソウは、クエイトがゴールラインに向かってダイブする瞬間にタックルに入っていた。イングランドのプレーヤーとサポーターはトライを確信し、かたや南アフリカは、ロッソウがタッチに押し出したと信じて疑わなかった。

際どいプレーだったためＴＭＯにかけられ、ビデオレフリーのスチュアート・ディキンソンの判断に委ねられた。数分間、映像を繰り返しチェックした結果、ディキンソンは、ほんのわずかクエイトの足がタッチラインに触れたと判定。トライは認められなかった。だがその前に南アフリカの反則があり、イングランドにペナルティーキックが与えられた。ウィルキンソンが難なくゴールを沈める。イングランドはトライが認められれば10対9で逆転だったが、ペナルティーゴールのみで6対9となった。

もしロッソウのタックルがなく、イングランドがトライを決めていれば、勝負の行方はどうなっていたか分からなかった。南アフリカがイングランドに屈していた可能性もあるだろう。だがもしトライが認められていたとしても、南アフリカはなんとか勝利の糸口を手繰り寄せ、最終的には逆転していたのではないだろうか。

その後南アフリカがひとつ、イングランドがふたつ反則を犯した。イングランドの反則はペナルティーゴールが狙える位置だったので、南アフリカは2本とも見事に成功させた。後半20分が経過した時点で15対6とリードし、あとはイングランドを無得点に抑え込んだ。スコアが変わらなかったのは、我々がゲームの流れをよく見ながら賢いラグビーをしたからだ。決して、一般のラグビーファンの記憶に残るような試合ではなかったが、スプリングボクスの非常に知的で効果的な試合運びは、まさに称賛に値した。また、これほど短いあいだに心を通わせた選手ひとりひとりのプレーに、私は心を躍らせた。彼らはワールドチャンピオンになったのだ。

フーリー・デュプレアは、私がいなければワールドカップでの優勝はなかっただろうと未だに言い続けている。大変ありがたいが、私がいなくても、おそらくスプリングボクスは優勝していたに違いない。私がやったのは、新しく建った家の内部を確認し、そのしっかりした基礎の上に生じた小さな不具合を手直しすること。つまり軽度の欠陥をあちらこちらに見つけ出しては、その上からペンキを塗っていったにすぎない。

コーチの観点からすれば、2007年のワールドカップを制したのはジェイク・ホワイトだった。彼は自らの手でジュニアレベルから育て上げた選手を軸にチームを作り上げ、世界のラグビー界のなかで最も難しい仕事を全うしながら、実に過酷な3年間を送った。誰もが憧れるラグビーの最も高い頂きにたどり着くのに、彼はこれまで幾多の困難をくぐり抜けてきた。ともに過ごした13週で、少しでも彼の仕事が軽減できていたなら幸いだ。だが仮に貢献できたとしても、手伝ったのはほんのわずかな期間であり、それほどの手伝いができたとは言い難い。

それにもかかわらず選手たちは私を仲間として受け入れてくれ、胸を打たれる思いがした。ワールドカップ決勝戦の晩、夕食会の席で、選手たちはスプリングボクスのブレザーを着るのを拒んだ。南アフリカ国籍のない私には協会から支給されず、彼らはひとりブレザーのない私を気遣ってくれたのだ。宝物のような、緑と金色のジャケットを、わざわざ脱いだのである。新たなワールドチャンピオンが、最大の感謝を示してくれた瞬間だった。

後日、ブライアン・ハバナから、信じられないほど貴重なプレゼントが送られてきた。大会からひと月ほど経ち、サラセンズの仕事にも慣れてきたころ、大きな荷物が届いたのである。中身がなにか皆目見当がつかなかったので楽しみに荷物を開けると、中から出てきたのは、額に入ったハバナ自身のワールドカップのブレザーだった。しかも額の周りは、チームのメンバーたちと撮った思い出深い写真で埋め尽くされている。私が南アフリカの成功のために尽くしたほんのささやかな行為からすれば、あまりに寛大で、大きな感謝の証《あかし》だった。

決勝戦のあと、コーチングスタッフのひとりとして、私にもワールドカップの優勝メダルが贈られた。初めて優勝チームの一員であるという実感が湧き、2003年に味わった辛さの幾分かが軽減されたような気がしたものだ。だが私にとっては、メダルよりも——実際、メダルは遠くケープタウンに置いてきた——思い出にこそ大きな価値があった。心に刻まれた、素晴らしい男たちと過ごした13週にわたる数々の光景こそ、これからも、金メダルよりも生き生きとした輝きを放ち続けるだろう。

南アフリカは私に、5年にわたる試練のさなか、3カ月の小休止を与えてくれた。2003年の12月から2008年のクリスマス前週までは、この3カ月を除けばつまらない単調な仕事の連続で、どうにか仕事に喜びが見出せないかともがいていた。コーチングこそ最もやりがいのある仕事だと考える私には、この状態は耐えられなかった。ワラビーズでの最後の2年では辛酸をなめた。ワラビーズを追われてから人生の過ちとなるレッズのヘッドコーチに就くまでのあいだ、サラセンズでコンサルタントとして活動した6週間は、試練のはざまで気持ちを整える唯一の機会だった。スプリングボクスと過ごして得た楽しさや居心地の良さは、私の心に豊かさをもたらしてくれたが、そのあとのサラセンズでの14カ月間ですっかり消耗してしまった。再びイングランドでクラブラグビーに携わったこの期間は、私にとって苦い思い出しか残らなかった。

ワールドカップで元気を取り戻した私は、２００７年11月、大きな期待と幾分の高揚感を胸にイングランドへ到着した。素晴らしい選手たちが揃い、イングランドラグビーをリードするサラセンズで、再び自らの力を試すのだ。仕事はチームのゼネラルマネージャーで、日々のコーチングに携わるわけではなかったが、やる気にあふれていた。前回、任期を終えたときには、サラセンズやイングランドラグビーに明るい未来を感じながら母国に向かったものだった。出発に際し、新任ヘッドコーチには、ランドウィック時代からの古い友人であるアラン・ギャフニーが適任だと、マーク・シンダーベリーとナイジェル・レイに強く推薦した。

イングランドに戻ると、アランは引き続きヘッドコーチを務めており、私は経営上の問題に集中するかたわら、新たな人材の発掘を続けた。そんななか、久しぶりに見るプレミアシップラグビーのレベルの低さに愕然とした。前回サラセンズに携わったときには、それほど問題があるようには見えなかったが、ゲーム内容は進歩するどころか後退していた。現在ではイングランドにも素晴らしいクラブが存在し、サラセンズはそのなかでもトップクラスだ。だが今日のレベルに至るまでには十数年という長い道のりが必要だった。

今でも多くのゲームを観戦するが、イングランドのラグビーはなぜ変わっていかないのかと、しばしば疑問に思うことがある。固有の文化、シーズンの長さ、天候、複数大会の開催もしくは試合数、蔓延するイマジネーションやスキルの欠如——レベルの向上を妨げる要素は様々ある。友人には、毎週毎週、何の面白みもない退屈なゲームを観ていてイングランドのラグビーに失望を感じないのかと聞かれるが、私はいつも正直に、気にならないと答えている。イングランドのクラブを改革するのは私の仕事ではないし、ここ数年で分かったのは、そもそもクラブやそのサポーターが好むのは今のプレースタイルなのだ。したいようにさせるしかない。だが当時、コーチでもなく、あくまでサラセンズのゼネラルマネージャーだった私には、どう見てもプレミアシップのゲームにはラグビーの醍醐味が失われていると感じられていた。

もちろんイングランドのクラブチームにも多くの優秀な人材がいて、特に初年度に、そうした人たちに数多く出会えた。サラセンズはフィールドの上では振るわず、最終順位は12チーム中8位だった。そうしたなか、我々はクラブの改革のための基礎作りに着手し始めていた。

前回、サラセンズに関わったとき、リーダーシップが欠如しているのに気づいていた。ピッチ上に、皆から頼られる精神的支柱となるような人物がいないのだ。私がまず取り組んだのは、自らが範を示し、周りを奮い立たせ、チームを変えられるプレーヤーを探すことだった。さまざまな観点から調査したが、どう見てもバース・ラグビーのスティーブ・ボーズウィックが適任だった。ポジションはロック。新たにイングランド代表チームのキャプテンにも指名されたボーズウィックの契約はもうすぐ満了になるはずで、私は彼に会いにバースまで足を運んだ。ボーズウィックはバース・ラグビーに約10年間在籍。レポートによれば知性豊かで、忠誠心が高く献身的であり、他の模範になれる人物だという。

スティーブと会って話をすると、その評価に間違いはなく、さらにこれまで会ったどんな選手よりも几帳面《きちょうめん》で、てきぱきとしていた。まだプレーヤーとして成長したいと望んでいた彼は、27歳という年齢を考えると次が最後のチャンスと分かっていたので、納得できる移籍先を探していた。ボーズウィックは具体的な質問がびっしりと書かれた、大判のメモ帳を手に現れると、私がサラセンズへの移籍に関する条件を説明する間もなく、彼のほうから先に、矢継ぎ早に質問を浴びせてきた。

私は冗談めかして言った。「面接するのはこちらのほうだと思っていたんだが」

実のところ私は、質問を重ねる彼の姿勢に好感を持ったし、その真剣な姿に誠実さと勤勉さがにじみ出ていた。だからこそ私は後年、彼を右腕と頼み、日本とイングランド両チームのフォワードコーチに任命したのだ。そのとき私には、クラブのカルチャーを変革できるのは、彼をおいて他にはいないとはっきり分かった。私がサラセンズにいた期間は長くなかったが、ボーズウィックは２００８年から２０１４年まで在籍し、クラブに大きく貢献した。

2008年と2019年のサラセンズを比較すれば、その違いが分かるだろう。多くの人の力でクラブの改革が実り、現在のようなヨーロッパラグビーの名門クラブとしての地歩を築くことができたのは事実だ。だがプレーヤーの考え方を改め、サラセンズの進むべき方向性を決めたり、チームの価値観や行動様式を築いたりするのは自分たちなのだという考えを選手のあいだに根付かせたのは、やはりボーズウィックの功績だった。

サラセンズには、他にも特筆すべき人物がいた。私が最初にコンサルタントとして在籍した当時、アンディ・ファレルがチームに加わった。頭が切れ、リーダー的素質を備えた信頼に足る人物で、2008年を迎えるころには、彼が偉大なリーグラグビープレーヤーであり続けた理由がよく理解できるようになっていた。残念ながらサラセンズでは怪我に泣かされたアンディに、回復したら少しコーチングをしてみないかと勧めたものだ。長くリーグラグビーを続けてきたので、当時はユニオンラグビーのスタイルに馴染もうとしていたが、彼がユニオンに大きなインパクトを与えるのは容易に想像がついた。実際、その後彼が成功し、2020年からアイルランドのヘッドコーチに就任すると聞いても、私は特に驚きはしなかった。

2018年からイングランドのキャプテンを務めるオーウェン・ファレルはアンディの息子で、彼もまた傑出したプレーヤーだ。新たなシーズンが始まると、私はアラン・ギャフニーからサラセンズのヘッドコーチを引き継いだ。ファレルがプレミアシップにデビューしたのはわずか17歳。アングロ・ウェルシュカップのラネリ・スカーレッツ戦である。初日から目を引いた。才能はもちろん、彼は最初からフィールド上で存在感を示した。自分より10歳以上も年上のプレーヤーに全く物怖《ものお》じせず、大声で指示が出せるのだ。チームのプレーヤーは、イングランドの私立高校出身者で占められていたが、ファレル親子は彼らとは異なる存在だった。ふたりともイングランド北部にある生まれ故郷のウィガンと、その街に根付く労働者階級のスポーツであるリーグラグビーの伝統を誇りにしていた。この北部地域一帯にユニオンラグビーを啓蒙し、広めていくには、まだまだやるべきことがたくさんあった。北部出身のワールドレベルのプレーヤーは、直近ではマーク・ウィルソンの名が挙げられるが、彼も注目されるまでは大変な苦労が必要だった。

オーウェン・ファレルは、サラセンズのアカデミー出身で、同様の選手にはジョージ・クルーズ、ジェイミー・ジョージ、ジャクソン・レイ、そしてウィル・フレイザーらがいた。それぞれ一軍に昇格すると活躍し、ジョージ・クルーズとジェイミー・ジョージはイングランド代表にまで選ばれた。サラセンズには有名選手がたくさん所属しており、私も2年目を迎え、ヘッドコーチとしてチームに取り組み始めたところで、大きな変化が訪れる。

ＣＥＯのマーク・シンダーベリーから電話があり、オフィスを訪ねたいという。やってきたシンダーベリーは見知らぬ男を連れていた。彼はエドワード・グリフィスという名で、１９９５年にスプリングボクスがワールドカップで優勝したときのマネジメントチームにいたという。シンダーベリーはすぐに本題に入り、昨晩行われた理事会で組織の変更が決定されたのだと告げた。彼は浮かぬ顔でグリフィスを示して言った。「彼が新しいＣＥＯだ」

グリフィスを知れば知るほど、オニールに似ていると思わずにいられなかった。ふたりとも組織運営には長《た》けているのだろうが、共感できるタイプの人物ではない。グリフィスが開口一番に言った言葉は、全く不可解なものだった。「もしあなたが嫌だと思われるなら、私はＣＥＯにはなりません」。私はそんなことを言える立場ではない。ましてクラブの経営権はすでに南アフリカの合弁企業に引き継がれ、新たなサラセンズの理事会ですでに彼はＣＥＯに任命されている。グリフィスは分かっていながら、そう言ったのだ。私は肩をすくめ、次の言葉を待った。だがしばらく待っても、彼は黙ったままだった。現場には一切干渉しません——そう何度も口にしながら、実はそれが一番の目的だという人間はよくいるもので、グリフィスもその手のタイプの人間だった。

もっと広い心を持つべきなのだろうが、ワラビーズでの経験から、信頼の置けないＣＥＯと一緒には働けないと思っていた。私はエドワード・グリフィスのやり方に我慢がならず、クリスマスが来るころには、シーズンが終了したら手を引こうと決めた。ところが実際には、シーズンが終了するまで気力が続かなかった。新たな運営組織が選手に対してとったやり方は最低で、グリフィスは着任すると、月曜の午後、選手20人と個別面談をし、契約更改の是非について告知していったのだ。私にすれば問題だった。彼らと週末の土曜日の試合に向けて準備を始める予定だったからだ。契約の打ち切りを告げられた選手たちの顔は一様に暗かった。元オールブラックスのロック、クリス・ジャックや同じニュージーランド人でチームの得点王、グレン・ジャクソン、さらにサモア出身のプロップ、センサス・ジョンストンも、解雇される15人の選手のなかに交じっていた。

フィジー出身のスクラムハーフ、モセセ・ラウルニもそのうちのひとりだった。一方、同じフィジー出身のウイングで彼の親友、カメリ・ラトゥボウの名は契約更新選手のリストに載っていた。ところがラトゥボウが「ラウルニが辞めるなら俺も辞める」と言うと、ラウルニの名前が復活する始末だった。私は選手たちとパブに集まった。我々は皆、怒っていた。私はこれを機にきっぱり辞めようと決断し、２００９年2月をもって退任するとサラセンズに告げた。

ヒロコも私も、日本に戻るつもりだった。タイミング良く、問題を抱えていたサントリーが数人を派遣して来て、チームの面倒を見てくれないかと持ちかけてきた。今のキャリアを考えればかなりの降格だが、家族にとっては正しい選択だった。これまであちこち転々としてきたが、そろそろ皆で落ち着くべきときだった。私個人は、いろいろな国で様々な仕事をするのは楽しかったが、愛する家族にとっては必ずしもそうではなかった。チェルシーは14歳で、まだ高校の3年間を残していた。イングランドではいい学校に通っていて、チェルシーもそこが気に入っていた。だが私たちは、今必要なのは安定した生活環境だと考えたのだ。彼女にとっても、また私たち家族にとっても、このあとの3年間は1カ所に落ち着くべきだった。日本に優れたインターナショナル・スクールがあり、チェルシーはそこに通うことになった。今は私のキャリアではなく、チェルシーを第一に考えるときだった。

私は父親としても変わりつつあった。それまでチェルシーには、私のようにタフな人間になって欲しくて、かなり厳しく接していた。彼女が辛い思いをしているときも、冷たく突き放すように、そんなことはたいした問題ではないから前を向いて進みなさいと言ったものだ。娘は自分とは違う人間で、もっと優しく接すべきだと気づくまで、ずいぶんと時間が必要だった。こんなこともあった。レッズのヘッドコーチをしていたころ、あるとき私たちはゴールドコーストに出かけた。当時チェルシーは12歳で、私たちは暑いなかテニスをした。悪戦苦闘するチェルシーをしり目に、私は言った。「どうした、チェルシー、もう1セットやるぞ」。彼女は少し調子が悪そうだったがテニスを続け、結局、熱中症に罹《かか》ってしまった。私は自分が恥ずかしかった。彼女はまだ幼い女の子で、あれほど厳しくすべきではなかった。この件があってから、私は若い選手たちに気遣いをするようになった。少し優しく接することで、コーチングも幅が広がったようだ。

サラセンズを離れる前、私はおかしな誤解を残さぬよう、クラブの株式の10パーセントを持つドミニク・シルベスターと会った。彼は好人物で、我々は馬が合った。「いいかい、エディー」と、彼は言った。「今回の決断は、君のキャリアにとって良いものだとは言い難い。日本は世界のラグビーから見れば遅れた国だろう」

「確かにそうですね」と私。「でもこれは家族のためです。今は家族を優先すべきときなんです」

第11章 日本代表を作り上げる

THE MAKING OF JAPAN

何度も判断を誤り、挫折し、失望を繰り返してきた私は、純粋にコーチングを楽しもうと思っていた。サントリーサンゴリアスには深い愛着があった。これまで様々な配慮や支援を与えてくれたサントリーは、今までも、そしてこれからも、私の人生の大切な一部であり続けるだろう。一方で私には別の望みもあった。日本代表をコーチしたかったのだ。これまで日本の戦いを観続けてきたが、彼らが目指したのはニュージーランドスタイルのラグビーで、何度チャレンジしても上手くいかず、失敗ばかり繰り返していた。だが私には別の考えがあった。日本独自の方法で臨むのだ。自分たちを見つめ直し、そこから導き出した個性を信じるべきなのだ。身体が小さく、傑出したアスリートが揃っているわけではないサントリーサンゴリアスは、まさに日本代表と同じ課題を抱えている。私にとっては、格好の実験の場だった。すでに9年間も優勝から遠ざかっている彼らに、チームの特徴を活かしたラグビースタイルを示してやらねばならない。

私はチームのカルチャーに少し手を加えた。彼らは名門企業、サントリーの選手だということに安住し、それほど熱心に練習に取り組んでいなかった。ところがサントリーサンゴリアスよりもリーグの上位にいるチームは

った。

工場を持つ製造業の企業であることが多く、これらのチームの選手たちにはひたむきさという共通点があった。だがサントリーサンゴリアスの選手には、傲慢さや甘さが目立っていた。

私はクラブに新たな方向性を打ち出した。キックに頼らない、日本で一番アグレッシブなアタッキングラグビーを展開するチームになろうとしたのだ。そこで開幕前の練習試合は選手を鍛えるために、1チーム12人、使うのはフィールド全面という変則マッチで行った。初戦から3連敗したものの、徐々に選手のフィットネスは高まっていった。

水曜日、控えチームがゲームに臨んだ。我々はサントリーサンゴリアスが目指す新たなラグビースタイルで戦った。前半はリードされたが、ハーフタイムに、後半も引き続き同じ戦法で行くことを再確認。すると後半に入り、突如歯車が噛み合い始め、50点を奪い勝利した。これが分岐点となり、次のゲームではレギュラーチームが70点を取り完勝。ここからサンゴリアスは一気に飛躍した。

クラブ全体の士気を高める努力もした。前任コーチは下戸だったので、選手はチームで飲みに行くのをあきらめていたが、私は試合が終わるたびに全員を連れ、都内のバーで1時間ほど飲むようにした。これは以前私がヘッドコーチをしていたころからのチームの伝統で、ラグビーでは仲間意識が重要なため、なんとか復活させたかったのだ。上手くいったのは、サントリーサンゴリアスに素晴らしい性格のプレーヤーが何人もいたからだろう。入団2年目を迎えていたジョージ・グレーガンも、そのひとりだった。

ジョージ・グレーガンをサントリーに導いたのは私だ。当時私はまだサラセンズにいたが、グレーガンに、ラグビーキャリアの最後を日本で送ったらどうかと勧めたのだ。最初は彼もその考えに驚いたようだったが、結果としてグレーガンは日本での日々を楽しみ、偶然にも再び私が率いるチームの大きな戦力になったのである。すぐにクラブの戦績は向上した。サントリーサンゴリアスの古き良きライバルで日本ラグビーの古豪でもある東芝ブレイブルーパスには、開幕前の練習試合こそ0対30で完敗したが、その後、私の在任中は一度も負けなかった。

それは私にとってもクラブにとっても、実に幸せな年月だった。世界のトップレベルにはほど遠かったが、全く気にならなかった。日本のラグビーの人気の低さにも慣れた。「サッカーファンは自分が応援するチームを愛し、ラグビーファンはラグビーという競技そのものを愛する」――私は常々、そこに両者の違いがあると感じていたが、日本では逆だった。チームのサポーターはほぼサントリーの社員で、自社のチームは愛しても、ラグビーそのものは愛してはいなかった。

ジョージ・スミスとフーリー・デュプレアを獲得し、サントリーサンゴリアスのレベルはさらにアップした。当時、ジョージ・スミスはフランスのトゥーロンにいて、私はサントリーのクラブ責任者と一緒に彼のところまで足を運んだ。オフシーズンに身体を休めていたスミスは身体も絞れておらず、ベストの状態からほど遠かったため、同行したクラブ責任者は彼の外見に気乗りしない様子だった。私は、今はまだ身体が仕上がっていないが、間違いなく一流のラグビー選手でチームにとっていい刺激になると請け合った。半信半疑だった彼も、最後は私の判断を信用したようだった。

一方スミスはすぐにこの話に乗ってきた。フランスでは実力が発揮できず、新たな機会を求めていたのだ。ジョージ・グレーガンがすでに在籍していたことも大きかった。スミスは仲間を大切にする男だ。私は2001年のスーパー12の決勝で、ブランビーズの優勝が決まったあとのドレッシングルームをよく覚えている。このとき選手たちは、初代キャプテン、ブレット・ロビンソンへの敬意の証《しるし》としてお金を出し合い、オックスフォードから彼を呼び戻したのである。ロビンソンは1年前、激闘の末にわずか1点差で敗れるというクルセイダーズとの決勝戦を最後に引退していた。選手たちが勝利の雄叫《おたけ》びを上げ、喜びを分かち合い、涙を流すなか、スミスは7番のジャージーを脱ぐと静かにロビンソンに歩み寄り、それを差し出しながらこう言った。「受け取ってください。あなたの7番です。これはあなたにこそ、相応しい」

スミスは、2000年にスタッド・ドゥ・フランスで行われたフランス戦でオーストラリア代表デビューを果たし、いきなり「マン・オブ・ザ・マッチ」の活躍でラグビー界に衝撃を与えた。試合後、メディアからインタビューの依頼が殺到する。そのなかにひとりのオーストラリア人ジャーナリストがいた。スミスが名前を尋ねると「ピーター・ジェンキンス」だという。そのとたん、スミスは無言で立ち去った。ジェンキンスがケープタウンで起きた「タクシー事件」で、騒動に関わった5人のうちの1人であり、さらにブランビーズの評判まで貶める不当なメディア攻撃を先導した張本人であることを知っていたのだ。しかもジェンキンスは、キャプテンのジョージ・グレーガンに対しても辛辣な批判を繰り返していた。スミスにはそんなジャーナリストの取材を受けるつもりなどさらさらなかったのである。これだけでも、彼がいかにチームやチームメイトを大切にする人物か分かるだろう。

スミスはサントリーサンゴリアスで持てる力をすべて発揮し、最初から活躍した。チームにもしっかり溶け込んだ。世界のラグビー史に名を残すほどのフランカーではなかったが、謙虚で気取りがなく、全体練習後、さらに他の選手と一緒に居残り練習するのも厭《いと》わなかった。また酒が好きな彼にとっては、試合後に東京のバーで過ごすのも楽しみのひとつだったようだ。

1年目のシーズンは、トップリーグのプレーオフ決勝戦こそロビー・ディーンズ率いる三洋電機ワイルドナイツ（現パナソニックワイルドナイツ）に敗れはしたものの、日本ラグビーフットボール選手権大会では見事優勝を飾り、さらに翌年、フーリー・デュプレアが加入すると、トップリーグの優勝と、日本ラグビーフットボール選手権大会2連覇を成し遂げた。デュプレアは、ジョージ・グレーガンが退団すると聞きつけ、代わりに入団できないかと自ら電話で問い合わせてきたのだ。シャイな彼の性格を考えればあり得ない行動だった。当時デュプレアは29歳。世界最高のスクラムハーフと評されていた。長く第一線で活躍し、この先も引き続き南アフリカ代表としてプレーしたいと願っていたが、さすがに彼もこのあたりで休養が必要だと感じていた。プレトリアでは誰もが知るスーパースターだが、そんな彼には東京での匿名生活は大いに魅力的だった。

ランニングゲームをマスターした我々の次の目標は、キックゲームの習得だった。狡猾なボックスキックの名手であるデュプレアなら、サントリーサンゴリアスのラグビーに新しいオプションを加えてくれるはずだ。しかもチームにデュプレアとスミスがいれば、フィールドには常にふたりのコーチがいるようなものだった。

デュプレアは、スミスに比べるとやや神経質な面があり、これまで一度もプレトリアを離れたことがなかった。だが彼は、自ら日本に来ようと決意した。私と同じマンションに住み、家族ぐるみで親しく付き合った。日本語を習い、1週おきにランチに出かけては、ふたりでラグビーについて語り合った。

デュプレアと同じブルズでプレーし、2007年ワールドカップではスプリングボクスの一員として優勝も経験したダニー・ロッソウもサントリーサンゴリアスに加わった。しかし、日本ではあまり活躍できなかった。その巨体は日本のプレースタイルに合わなかったのだ。それでもロッソウは懸命に努力し続けた。

デュプレアとジョージ・スミスが牽引したサントリーサンゴリアスは、素晴らしいチームというレベルから、ほぼ無敵の軍団と言われるまでに成長した。そんななか、私は日本で生活し、日本人のアシスタントコーチたちと働くうちに、強くなる鍵は日本人選手にあると気づいた。日本人選手は、外国人選手を中心にチームが運営されていると感じたとたん、表情にこそ表さないが、それまでのような努力をしなくなり、当然チーム全体が機能しなくなるのだ。

サントリーサンゴリアスのキャプテンは竹本隼太郎。身長は173センチと小柄ながら、ナンバーエイトを務めていた。ハードな練習を率先して行い、他の選手の模範になりながらチームを引っ張る優れたプレーヤーで、なにより外国人スター選手と日本人主力選手をつなぐ、重要な役割を果たしてくれた。一方、ジョージ・グレーガンやデュプレアも彼の立場をよく理解し、自ら大声で指示は出さず、彼を通して自分の考えがプレーヤーに浸透するようにした。これで日本のクラブとしてのプライドが維持され、チームがひとつにまとまった。実質的な原動力は外国人――私、グレーガン、スミス、デュプレア――でも、竹本というキャプテンの存在によって、サントリーサンゴリアスは常に日本のチームであり続けたのだ。

日本代表を指揮するときも同じ方法をとり、日本人選手が自分たちのチームだと感じられるよう心を砕いた。外国人選手は、日本文化の神髄を知ることがいかに重要か理解したうえで、日本代表としてプレーする権利を得るべきなのだ。私はこれを、名著『和をもって日本となす』から学んだ。アメリカ人作家、ロバート・ホワイティングが1980年代の日本のプロ野球について書いた本だ。著者は助っ人外国人選手に対する取材を通じ、日米文化の違いを鮮やかに描き出していた。アメリカ人は個性を大事にし、日本人はチームを、そして「和」という概念を重んじる。「和」とは「グループの調和」を意味する日本の言葉だ。ホワイティングも著書のなかで引用しているが、日本には「出る杭は打たれる」ということわざがある。個人はチームよりも目立ってはいけないのだ。

「和」とはチームの結束であり、集団の調和であると同時に、自己犠牲や勤勉さを表す。このような理念は、まさにラグビー精神そのものだ。私にはなぜ日本のラグビーが強くないのかが理解できなかった。ラグビーはスーパースターがいるから勝てるというスポーツではない。様々な体型や体格の人間が連係しながら、ひとつのユニットとして共同作業をするチームゲームなのだ。

とは言え、日本の社会はなかなか複雑だ。私の日本語能力はなんとか用が足せる程度でしかなく、それを補おうとするうちに別のスキルが身についた。感情を表に出さず、面と向かって意見を言うのが苦手な選手たちから言外の意味をくみ取り、彼らの真意を推しはかるのが得意になったのだ。私はそうした能力を駆使し、竹本ら日本人リーダーの助けを借りつつ、必要に応じてそれぞれの選手が抱く本音の部分に踏み込んでいった。

我々は流れるような攻撃的ラグビーを展開し、トップリーグのプレーオフ決勝戦でパナソニックを破り、リーグ優勝を果たした。パナソニックはヘッドコーチであるロビー・ディーンズのもとで、クルセイダーズスタイルのラグビーを展開したが、我々のスピードとアグレッシブさがそれに勝《まさ》った。私はこの結果に大いに満足し、オーストラリアにいるボブ・ドゥワイヤーに試合のビデオを送った。

ドゥワイヤーは我々のテンポと素早いパス回しを高く評価し、バックスのフラットラインの動きを褒めてくれた。これは、マトラヴィル・ハイスクールとランドウィックで、シリル・タワーズとボブ・ドゥワイヤーに叩き込まれた戦術だった。ドゥワイヤーは、我々の攻撃型ラグビーがサントリーサンゴリアスでどのように開花したかについて語り、日本は桜だけでなく、なにかを咲かせるには良い場所なのだろうと彼らしいジョークを飛ばした。彼は、ブランビーズを率いていたころの私は、3フェーズアタックというひとつのストラクチャーに頼りすぎだと感じていたようで、本来のランドウィック・ウェイの原点へ立ち戻ったことをたいそう喜んだ。私はこの優勝を通じ、自分にはそれぞれの文化や才能に合わせて指導する能力があるのではないかと感じていた。ブランビーズスタイルは21世紀初頭のスーパー12に最適だったが、テンポの速い、流れるようなラグビーはサントリーサンゴリアスに、そして日本代表にぴったりだった。

およそ3年、サントリーで充実したときを過ごした私は、2012年に日本代表ヘッドコーチのオファーを受けた。ワラビーズ、レッズ、サラセンズと苦しい日々を送ったせいで自信を失っていた私も、すっかり気力と情熱を取り戻していた。ワールドカップへ向け、この3年間でしっかり準備をすれば、なにか大きなことを成し遂げられるはずだ。

日本での暮らしは、私の両親、とりわけ母が耐え忍んできた過去について、深く考える貴重な機会も与えてくれた。サントリーサンゴリアスをコーチしていたころ、母はふたりの姉と私にデイヴィッド・グターソンの『ヒマラヤ杉に降る雪』という本をプレゼントしてくれた。第二次世界大戦時に日系アメリカ人が受けた人種差別をテーマに書かれた、美しくも悲哀に満ちた本だった。

私は母が少女のころ、母親とともにカリフォルニア州の強制収容所に収容され、父親はそれとは別に、遠くアーカンソー州の収容所に送られたと聞き及んでいた。グターソンの小説を読んだとき、娘のチェルシーは16歳だった。母が父親と離れ離れになったのは17歳で、チェルシーはそれより1歳若いだけだった。もしこの先4年間も娘に会えなかったら、どれほど辛いだろう。

この本を読み、終戦後、祖父が家族全員を日本に連れ戻した理由が理解できた。耐え難い経験をしたアメリカという国に、それ以上とどまりたくなかったのだ。祖父たち日系人拘留者は、アメリカ南部の根深い人種差別に苦しみながら、アーカンソー州の湿気の多い不快な沼沢地の排水作業に従事させられた。アメリカ南部で黒人に対する人種隔離的法律として制定されていたジム・クロウ法は、反日感情にも大きな影を落としたのである。

1943年、アーカンソー州議会は、「日系人は、市民権の有無にかかわらず、州内で土地を購入または所有することを禁止する」という内容の外国人土地法を可決。人々は手作りの看板を屋根から吊し、その偏見を露わにした。そこにはこう書かれていた——「ジャップは立ち止まるな：ここは白人地区」「ジャップの立ち入りを禁ず：お呼びでない」

最後の日系人強制収容所は、アメリカを相手にミツエ・エンドウが起こした訴訟に対し、最高裁判所が拘留は不当であるとの判決を下したことを受け、1946年3月に閉鎖された。母と同じく、サクラメント出身の日系移民の娘であるミツエ・エンドウは、訴訟を取り下げれば釈放するという政府の申し出を拒否し、人が拘束された場合に、その是非を裁判所の判断に委ねようとする人身保護令状を請求。アメリカ政府による日系アメリカ人収監の合法性を糺《ただ》そうとしたのだ。エンドウの弁護士は、彼女がカリフォルニアで生まれ、一度も日本に行ったことがなく、敬虔なキリスト教徒であると証明した。彼女は英語しか話せず、兄はアメリカ陸軍に勤務していた。最高裁判所による声明文は、戦時転住局には「移住手続きを明白に遵守している市民を服従させる権限はない」という明確なものだったが、これはフランクリン・D・ルーズベルトによる収容所の閉鎖宣言を考慮し、その発表の翌日に出された。

もちろん、母の苦しみはそれで終わらなかった。家族ともども日本に戻ったが、日本語に英語なまりがあったため、今度はこれまでとは異なる偏見に向き合わなければならなかったのだ。

母はそのころ、日本に駐留していたオーストラリア人兵士の父と恋人同士になっていた。私は後に、当時のアメリカ政府は自国兵士に対して比較的緩やかな対応策をとっていたことを知った。1945年に戦争花嫁法が成立し、米兵と日本人女性との婚姻関係が認められ、約3万5000人の若い日本人女性が夫とともにアメリカへ渡っていたのだ。ところがオーストラリアではそうはいかなかった。オーストラリア人兵士が日本人妻を連れて帰国できるようになるには、その後まだ数年を必要とした。

厳しい倫理観を持つ戦中派のオーストラリア国民は、そうした行為は戦争の傷痕を刺激する身勝手で不適切な行為だと考えたのだ。私は日本に腰を落ち着けるようになり、そうした事実を知るにつけ、両親に対する感謝と尊敬の念をいっそう深めていった。私たち姉弟がこんなにも幸せな生活を送れるのは、両親があらゆる苦労も厭《いと》わなかったためだと、その深い愛情に感謝せずにはいられなかった。

私がサントリーにいたころ、父と母は、私たち家族に会うために2度ほど来日した。1950年代に出国して以来、日本に戻って来たのはそれが初めてだった。母の実家はまだ広島にあったが、親戚や友人が少なかったため、そのつながりは薄れていた。父と母は新婚のころに住んでいた東京の家を探そうとした。その場所は現在、東京でも有数の高級住宅街になっていて、結局見つけられなかった。東京は60年で大きく様変わりしていたのだ。残念だったが、両親が再びこの街を歩き回れたのがどれほど嬉しかったか、手に取るように分かった。ふたりは表立って口にはしなかったが、私自身は、母国オーストラリアと母の祖国日本の両国でヘッドコーチを務めたことを誇りに思っている。

日本代表チームをコーチするのは、私のキャリアのなかでもやりがいのある魅力的な挑戦だった。彼らは自分たちを「ブレイブ・ブロッサムズ（勇敢な桜の戦士）」と呼んでいたが、私には馬鹿げた名前としか思えなかった。こんな意味に聞こえていたのだ。「さあ、フィールドで戦おう。そして全力を尽くそう。負けても最後にわずかな点を取りさえすれば、誰もが満足するのだ」。そんな考えは、到底受け入れられるものではない。

テクノロジー産業という分野で、日本人は常に偉大な発明を続けてきた。だがラグビーは恥ずかしげもなく人の真似ばかりしている。私はその現状を変えたかった。我々は日本代表のための新たな戦い方を生み出す必要があり、そのためにサントリーサンゴリアスでその枠組みを作り上げようとしたのだ。日本人選手は小柄なので、その分、素早くアグレッシブな攻撃的ラグビーを仕掛ける必要があった。それに見合う体力と持久力をつけ、セットピースは極めてスマートに行わなければならない。

ヘッドコーチ就任から1週間後の2012年5月、U20日本代表がU20ウェールズ代表と対戦し、7対119

で惨敗した。翌日、デベロップメントコーチを集め、こう言った。「日本の人口は1億2000万。ウェールズは300万。大きな国が小さな国にこれほど悲惨な負け方をする。いったいなぜか？　その理由を考えてきて欲しい」。彼らをいくつかのグループに分けると、3つのポイントを持って戻ってきた。

1：体格が劣る。
2：ハードな練習をしていない。
3：農民気質が染み込んでいる。

最初のふたつはよく理解できたが、3つ目のポイントが分からない。彼らの説明によれば、第二次世界大戦の前までは、日本人の75パーセントが米を作って暮らしていたという。農村には村を支配する有力者がいて、それぞれ米の石高が割り当てられていたため、収穫を得ようと農民を酷使した。制度に反抗したり体制をかき乱したりすれば村から追い出され、独力で生活しなくてはならない。だから誰もが規則を守り、命令に従った。デベロップメントコーチたちは、こうした日本人の農民気質はテクノロジーによって変化した社会にあってもびくともせず、未だに上役を喜ばせるために生き、リーダーシップを示すことに臆病なのだと説明した。

私は納得できなかった。日本人は2度も原子爆弾を落とされ、戦争で国土を破壊し尽くされたにもかかわらず、並外れたリーダーシップを発揮して経済大国にまでのし上がったのだ。我々は、これまで日本人が発揮してきたリーダーシップの本質をとらえ、チームのなかに醸成していかなければならなかった。そして同時に、選手にはいっそうハードなトレーニングを課し、フィットネスとストレングスを鍛え上げ、ラグビースキルを向上させる必要があった。

バックアップスタッフは、スコット・ワイズマンテルとジョン・プライヤーのふたりのオーストラリア人だった。私はスクラム、ラインアウト、全般的なアタックとディフェンスを担当し、ワイズマンテルはバックスのアタックラインの指導に集中した。ストレングスとコンディショニングはプライヤーが担当したが、これはなかなか厄介な仕事だった。あまりハードに長く走らせると筋肉が落ちてしまう。だが筋肉は——特にフォワード陣は——しっかりつけなければならない。プライヤーは研究を続けた結果、フラン・ボッシュが考案したストレングス&コンディショニングに関するアイデアを活用した。ボッシュは、持久力および瞬発力の強化と筋肉量の増加を同時に実現するよう身体を自己組織化するディファレンシャルシステムを提唱したオランダの生体力学者だ。

なによりも難しかったのは、農民気質を打ち壊すことだった。我々は何度も選手の自主性を発揮させようとした。いったんレフリーの笛が鳴り、ゲームが始まってしまえば、プレーヤーは私やワイズマンテルやプライヤーに頼れなくなる。選手たちは自分たちの力でチーム内のリーダーを見つけなければならない。だから私は、彼らを普段とは違う状況に置いてみた。

たとえばある部屋に隠しカメラを設置し、そこでミーティングをやるから集まるようにと選手に連絡する。我々コーチ陣はその部屋には行かず、別の場所から彼らがどのように対応するかを観察した。またあるときは、選手に特定の場所でチームバスを待つように指示しておきながら、チームバスが絶対に車庫から出ないように手配した。選手たちは、最初はどうしていいか分からず右往左往していたが、最終的には数人が指示を出し始めた。彼らは我々が必要とするリーダーシップを示したのだ。

こうしてグループのなかから自然に生まれてきたリーダーたちを通し、チームプランを浸透させていった。サントリーサンゴリアスのときと同じように、日本人選手にはプランを納得させなければならない。目標は、当時16位だった日本を、世界ランキングのトップ10に押し上げることだった。トップ10は、常にシックスネーションズとトライネーションズの参加国、合計9カ国で占められている。さらにアルゼンチンはイタリアよりもはるかに強かったので、トップ10圏内は不動だと思われた。それ以外にもフィジー、サモア、トンガなど、ラグビーに力を入れている島国がひしめき合っている。しかし私は、日本がイタリアに代わって、主要10カ国の一角を占め、2015年ワールドカップでは決勝トーナメントに進めると信じていた。

ニュージーランド出身の前ヘッドコーチ、ジョン・カーワンは、選手選考で外国人選手を優先した。なかでも、ニュージーランドと太平洋の島国出身の選手が数多く選ばれた。だが私は正反対の方向を目指していた。日本人主導のチームにしようとしたのだ。最初に代表メンバーに選出した外国人選手はリーチ マイケル――彼は一部の日本人選手よりも上手に日本語を話した――だけだった。リーチはニュージーランド人だったが、15歳から日本で暮らしていた。私は彼が好きだったし、卓越したリーダーになるだろうと思っていた。しかしリーチは完璧に日本社会に溶け込んでいたので、かえって日本的すぎるのが気がかりだった。ニュージーランド人の血が流れている人間ならではの荒々しい闘志を示して欲しいと願っても、彼はいつも、あまりに消極的だった。

２０１２年の4月から5月にかけて開催されたアジア五カ国対抗のレベルは低く、日本はカザフスタン、アラブ首長国連邦、韓国、香港の各国・地域を次々と撃破し、簡単に全勝優勝を遂げた。4試合の総得点数は３１２、総失点はわずか36だった。パシフィック・ネーションズカップは全敗したものの、フィジー、トンガ、サモア各戦の惜敗は、我々の進歩を示していた。当時は日本スタイルへ移行し始めたばかりで、変化はまだそれほど見えなかった。私は純日本チームにこだわった。最終的には、大きな身体と経験を持つ外国人選手が数人必要になるのは分かっていたが、まず日本人だけでチームを作り、私が本気で取り組んでいることを日本の人たちに理解してもらいたかった。日本人選手が率いる外国人選手との混合チームが必要なのだと気づいて欲しかったのだ。

しかし、パシフィック・ネーションズカップ直後のフレンチ・バーバリアンズ戦が、これほどの大惨事になろうとは全く予想していなかった。バーバリアンズとは、日本での2連戦が組まれていた。初戦は２０１２年6月20日に東京で行われた。わずか3日前のサモア戦を14対16で落としていたため、メンバーを入れ替えた。このとき、ある地元クラブチームのホームページにはこんな記事が掲載されていた。「これはあくまで噂だが、土曜日に到着したバーバリアンズは、早速六本木のバーをハシゴしまくった。おそらく試合後半にはバテてしまうだろう」

前半の日本チームは最悪で、傑出した実力があるわけではないフランスチームが、まるで世界王者のようだった。ディフェンスが切り裂かれ、試合開始わずか2分で最初のトライを奪われた。まるで日本選手がここだと示し、突破させたかのようだった。チームにはやる気が見られず、覇気も感じられない。前半を終わって7対32で済んだのはまだ良かった。私はハーフタイムに檄を飛ばした。それが効いたのか日本は後半になると盛り返し、バーバリアンズは予想通り、動きが止まった。

ある観戦レポートには、日本のマインドセットに関する問題点が簡潔に示されていた。「結局、後半だけ見れば日本が勝ち、チェリーボーイズは21対40で立派に散った。気を取り直し、日曜日の再戦でフランスにそれなりのやる気を出させられるか、見ものである。もちろん観客も、お上品なテニス観戦の拍手以上に選手たちを応援できれば、大いに彼らの力になるだろう」

闘志の欠如、礼儀正しさ、現状肯定――私はもう、うんざりだった。自らを辱める行為だと分からないのだろうか。敗戦が決定的になってから、ようやくやる気を出し始めるのでは話にもならない。それまでは優しくソフトなやり方で指導してきたが、結局誰も理解しなかった。このときばかりは腹の虫がおさまらず、試合後の記者会見では怒りを爆発させてしまった。

「全く情けないパフォーマンスでした」と、私は言った。「闘志が全く見られない。前半はフレンチ・バーバリアンズのやりたい放題。セットプレーは完全に負けていました。なによりがっかりしたのは選手の姿勢です。日本代表としてのプライドもない。代表選手は誰にすべきか、もう一度真剣に考え直します。若手はこれがチャンスだと、思い切り相手にぶつかっていくべきだったのに、全く不甲斐ない。ハーフタイムに怒鳴り散らしました。勝ちたいという気持ち、変わろうという気持ちがない。だったら、選手を替えていくしかありません……今日のパフォーマンスについては皆さんにお詫びします。全責任は私にあります。必ずチームを改善してみせます」

マイクを渡されたキャプテンの廣瀬俊朗は、この状況を笑ってごまかそうとした。私は廣瀬が好きだし、尊敬もしている。今でも日本に戻ると必ず会ってコーヒーを一緒に飲む仲だが、そのときは彼の笑いが許せず、思わず激情に駆られてしまった。同時に私の頭のなかでちょっとした計算が働いた。この機会に、それまでずっとひっかかってきた日本ラグビーのぬるま湯的体質をすべてぶちまけ、徹底的に批判しようと決めたのだ。

「笑いごとじゃない」と、彼が話そうとするのを遮った。重苦しい沈黙。私はもう一度繰り返す。「笑いごとじゃない。そこが日本ラグビーの問題点なんだ。真剣に勝とうとしていない。勝ちたければ、ピッチで相手を叩き潰すしかないんだ。今の自分を変えなければ、もっと成長しなければ日本代表にはなれない。皆さんは日本ラグビーをどうするつもりですか？　私の言う道を選びますか？　それともチームの半分をニュージーランド人にすれば良いんでしょうか？」

「プレーヤーは自らの責任を負わねばなりません。1日も早くそういう選手に成長する必要があります。ワールドカップまであとわずか3年です。未だに我々は勝利の本当の意味が分かっていません。それを理解できる選手を少しでも早く、増やしていかねばならないのです」

私の顔は石のように無表情だった。「私のミスです。日本の優秀な若手選手を選んだつもりでした。彼らを成長させたと思い込んでいました。今すぐ辞任したほうが良いですか？　私は今回の敗戦と期待外れのパフォーマンスに対して、喜んで全責任を負うつもりです。すべて私のせいです。私のコーチングが間違っていました。ゲームに勝つには、チームにニュージーランド人が6人いれば良いでしょう。それで良いですか？」

私の言葉は地震のように、閉鎖的な日本ラグビー界の土台を揺るがし、誰もが私が本気だと理解した。その通り進んでいくことに多くの人が不安や懸念を抱いたが、なによりそこには明確なビジョンが存在した。将来の日本代表選手は、徹頭徹尾、献身と勇気、やる気と決意の塊でなければならない。これらは日本代表としてプレーするためには譲れない、必須の資質だった。

4日後、はるかに戦力をアップしたフレンチ・バーバリアンズとの再戦で、我々は18対51と大敗した。バーバリアンズは、引退を表明しているふたりの選手――フランス代表として44試合に出場したフッカー、ウィリアム・セルバと、かつてフランス代表として戦った経歴を持つプロップ、リオネル・フォール――を出場させるという演出も計画していた。いち早くリードを奪ったバーバリアンズに対し、我々はあきらめず、果敢に攻めた。後半開始直後には11対17まで追い上げたものの、最後は地力に勝るフランスに突き放された。だが私は、スコアは気にしなかった。注目したのはパフォーマンスの改善度だった。

「このように」と私は言った。「ときには良いチームに敗れます。奪われた得点は、ほとんどターンオーバーからでした。残念ながら、我々はいくつかのミスを犯しました。しかし我々も格上の相手を、一時は逆転できるところまで追い詰めたのです。私は、今日出場した選手たちのパフォーマンスに満足しています。彼らは全力で戦いました。スコアは今の我々の位置を示すものです。今日、我々はどこを改善すべきか明確に把握できました」

我々には勇気と個性と独創性があり、我々にしかできないことを成し得る力がある——私はそう信じていた。そのためには選手と彼らのマネジメントを上手く融合させなければならない。厳しい言葉を口にする一方で、私は彼らの成長に必要な日光と水を確実に与えられるようにしたかった。コーチに必要なスキルとは、選手が日々最善を尽くし、向上し続けたいと願わずにはいられない環境を作りだすことにあるのだ。

２０１２年11月、我々はヨーロッパ遠征に赴き、まずブカレストでルーマニアを退けた。これは日本がヨーロッパの地で挙げた初めての勝利だった。続いて翌週、トビリシでジョージアを破った。彼らは強靭な肉体を誇るチームであり、我々にとってはフィジカル勝負の中身の濃いゲームだった。最初は押され続けたがしっかり踏みとどまり、高速でアグレッシブなラグビーで対抗した。後半、自陣22メートルライン奥深くからボールをつないでトライを決めたときには胸が躍った。そのあとも同じパターンで攻撃を繰り返し、25対22で勝利を収めた。満足のいくゲームで、選手たちも納得した表情を浮かべていた。

日本代表ヘッドコーチ就任1年目の締めくくりは、フレンチ・バーバリアンズとの第3戦だった。ジョージア戦の1週間後で、上り調子にあった我々は、フランスのル・アーヴルで対戦した。前半終了時には20対26で負けていたが、テンポを上げるよう指示すると、プレーヤーたちは持てる力をすべて出し切り、戦った。最終的にはフレンチ・バーバリアンズの完勝だったが、5カ月前に比べれば試合に臨む姿勢が驚くほど改善されていた。

選手たちは帰国したが、私のヨーロッパ遠征はまだ終わらなかった。ル・アーヴルからパリへ移動した。私は以前からフランスのスクラムの強さに惹かれていた。技術は理にかない、選手は強くアグレッシブだった。日本チームに最適なスクラムコーチがこのフランスにいるはずなのだ。私は候補の3人と面談し、最後に会ったのが、33キャップを持つ元フランス代表フッカー、マルク・ダルマゾである。2012年12月のことで、当時45歳のダルマゾは、スクラムに対する熱い情熱と深い知識を持っていた。

彼の言うことはほとんど理解できなかったが、その目は喜びに輝いていた。ダルマゾは落ち着こうと一息入れ、ポケットから紙切れを取り出したがなかなか開けない。私は紙と格闘するその手がひどく震えているのに気がついた。精神疾患でもあるのかと心配したが、ダルマゾが書き殴ったメモを見ながら、スクラムに対する考えを声に出して読み始めたとたん、私は心から感動した。彼はスクラム全体から細部に至るまで、そのひとつひとつにこだわりを持っていた。フランス語を母国語とする彼の英語は、決して流ちょうではなかったが、フランス式スクラムに関する理論は、まるで互いの母国語のようによく理解できた。

その場で仕事のオファーを申し出ると、即座に彼は同意した。パーキンソン病に罹っていると教えてくれたのは、面談のずっとあとだった。私はダルマゾに、あなたの価値は十分に分かったので心配無用だと言った。彼はブラックジョークを通して自らのパーキンソン病を語り、私はそんな彼の姿に、さらに一段と好意を深めた。

「私の新しいフィアンセは」と、彼は病気をそう呼んだ。「見てくれこそ良くありませんが、私を助けてくれます……彼女に会えて良かった。この病気がなければ、今の私はなかったでしょう……彼女は教えてくれたのです。人生にチャンスが訪れたら決して逃してはいけないと。先の心配はしていません――彼女が最後まで一緒にいてくれるから。だってそうでしょう？　誰だって退化していくんです。誰もが年をとり、髪が薄くなり、動作が遅くなっていきます。私は年をとるのが他人よりも少しばかり早かったかもしれない。でもそれは、フィアンセが毎日必死に頑張ってくれるからなんです」

私はダルマゾのその姿勢に感服し、同時に、スクラムに対するある意味常軌を逸した、一途《いちず》なまでの愛情に惚れ込んだ。我々はすぐに、ダルマゾのスクラム教室は場所や時間に関係なく開かれるのだと知った。私は何度、ホテルの廊下でその即興セッションが行われるのを見たことだろう。ロックは突然のセッションに巻き込まれ当惑顔だったが、ダルマゾはプロップとフッカーにロックを加え、全力でスクラムを組ませてはその姿勢を確認した。さらにダルマゾは組み合ったフロントローの下にできるトンネルに仰向けに横たわり、選手の組み手をチェックしたかと思えば、今度はスクラムの上に乗り、飛び跳ねながら強度を確かめ、頭のおかしなアーティストさながらに咆哮《ほうこう》するのだった。

日本チームのスクラムは目に見えて向上した。ダルマゾに言わせれば日本人は小柄だが、そこにはどんなスクラムにも対応できる柔らかさがあるのだという。その柔軟な身体のために、たとえスクラムが崩れても、世界のラグビーチームのなかで最高の姿勢が保てるのだと断言した。これは、フランスやイングランド、アルゼンチン、南アフリカといったスクラムの強いチームと対戦する場合、我々のパワー不足を補うのに大いに役立った。

ダルマゾは、我々のラインアウトを変革したスティーブ・ボーズウィックと気が合った。ボーズウィックは私がサラセンズのヘッドコーチをしていたときのキャプテンで、当時はまだ現役でプレーしていたため、ハートフォードシャーと東京のあいだを頻繁に行き来してくれた。彼は身長の低いフォワード陣が、世界各国の大きなプレーヤーを相手にラインアウトで対抗する方法を編み出すのが上手かった。２０１４年に現役を引退すると聞きつけた私は、彼を日本のフルタイム・フォワードコーチに就いてもらおうとすぐにアクションを起こした。彼の緻密さと献身性はもちろん素晴らしかったが、なによりボーズウィックはフォワード全員と親密な関係を築き、しかも彼らに尊敬されていたのだ。しかも恥ずかしいことに、私のほうがはるかに長く日本に住んでいたにもかかわらず、気がつけばボーズウィックのほうが流ちょうな日本語を話していた。

我々は常に個人ではなく集団をベースに物事を考えていったので、チームはすぐに独自の「和」を作りだし、絆をどんどん深めていった。しかし私はまた、個人主義的な選手――日本のスポーツでは打たれることの多い「出る杭」たち――の面倒を見るのにも時間をかけた。彼らに「和」の一部になって欲しいと願いつつ、一匹狼的な性格も失って欲しくはなかった。

山田章仁《あきひと》は天賦の才に恵まれたウイングだった。彼は、わずかなスペースさえあれば相手プレーヤーをするりとかわす、独特なサイドステップを持っていた。私はいつも、他のバックスプレーヤーよりも大きな身体をしているのに足が速く敏捷に動ける彼を、まるで忍者のようだと言っていた。私は日本に戻る以前から彼の相談にのり、アドバイスを与えてきた。休暇のたびに来日して無償でサントリーを指導していたときも、時間を割いて彼に会った。だが山田は奔放な若者で、髪を染め、変わった色のスパイクを履いていた。スーパースターだった彼は、23歳でベンツを乗り回していた。日本の名門大学、慶應義塾大学在学中には、彼がシドニーのワラターズ・アカデミーにラグビー留学できるよう手配したこともあった。それほどまでに素晴らしい選手だったのだ。

ところが山田は躓いた。弱小チームのホンダヒートに30万ドルの契約で迎えられたが、プレーの輝きを失い、強豪チームのパナソニックワイルドナイツに移籍した。私が日本代表ヘッドコーチになったとき、彼はすぐに日本代表になるだろうと誰もが予想した。だが私は彼の姿勢に問題があると思っていたので、代表候補に選ばなかった。「出る杭を打つ」私なりの方法だった。その後彼を招集したが、できが良くなかったのでまた外した。私は山田が、私なりのメッセージに気づくまで、日本代表に選んでは落とすことを繰り返した。

山田から電話をもらったとき、ようやく彼が私のメッセージを理解したと分かった。今すぐにでも会って話ができないかと言う彼の言葉に、カフェで待ち合わせることにした。店に入ってきた彼の姿を見たとたん、椅子から転げ落ちそうになった。頭が丸刈りだったのだ。「いやはや、変われば変わるもんだ」と内心思った。山田は口を開くと泣き出し、涙ながらに、どれほど日本代表としてプレーしたいと願っているか、その思いを語り始めた。どうやら本気で取り組む覚悟を決めたようだった。私は、今日から一緒に新たなスタートを切ろうと言い、彼を次の代表候補チームに呼び寄せた。山田は集中し、必死にトレーニングに励んでいたが、私にはなによりも、彼らしい個性が失われなかったのが嬉しかった。

山田なら必ず期待に応えてくれると信じていたし、事実、２０１５年のワールドカップのサモア戦では、意表を突くような身のこなしを披露した。ゴール前でアレサナ・ツイランギに行く手を阻まれ、スペースがないように見えたその瞬間、くるりと身体を反転させ、彼独特のサイドステップでツイランギを置き去りにし、トライを決めたのだ。山田のような個性的なプレーヤーはどんなチームにあっても貴重な存在で、私は常にそうした選手をチームに加えたいと考えていた。インターナショナルレベルでは、こうした型にはまらない意外性のある選手が必要なのだ。

私はまた、日本の失われた才能をよみがえらせた。五郎丸歩《ごろうまるあゆむ》は優れたフルバックだったが、２０１１年のワールドカップではジョン・カーワンの選考に漏れ、それ以降は用済みとして打ち捨てられていた。ふたりの考えは合わなかったのだ。カーワンは外国人を中心とした代表チームを作ろうとしたが、五郎丸は代表チームを日本人で構成すべきだと考えていた。彼には、英語を話すプレーヤーが代表チームの中心にいるのが我慢ならなかったのだ。私は、ゴールキッカーとしても高い才能を持つ五郎丸を、代表チームに復帰させたかった。しかし最初は、取り付く島もなかった。彼にとっては明らかに、私は以前と同じ外国人コーチ——彼は外国人が大嫌いだった——に過ぎなかったのだ。ミーティングでは後ろの方に座り、全く口を開かず、不機嫌そうにむっつりと黙り込んでいた。

私もあきらめなかった。チームの意義を理解していた日本人選手たちに、我々が目指す方向性を差し向かいで伝えてもらった。私の理想は、日本人主体の代表チームで日本独自のラグビーをすることだ。次第に彼は、この構想を受け入れるようになり、ほどなくミーティングでは最前列に座ると、的確な質問をするようになった。その変化は目を見張るほどだった。

およそ2年半後、五郎丸歩は２０１５年ラグビーワールドカップの代表メンバーに名を連ねた。

チームの精神的支柱も発見した。新キャプテンのリーチ マイケルは、ジョージ・グレーガンやジョン・スミットにも劣らぬ優れたリーダーだった。彼はわずか15歳のときに、交換留学生として北海道の札幌にやってきた。ニュージーランド人とフィジー人を両親に持つリーチは生まれ故郷のクライストチャーチを離れ、ひとり日本人家庭でホームステイをした。彼はラグビー選手として日本で生きようと決意し、時折ニュージーランドに帰国した以外は、来日以来15年間のほとんどを日本で過ごしていた。優秀なフランカーで、スーパーラグビーのチーフスでもプレーした。だがなにより卓越していたのはリーダーとしての資質である。リーチはもっとはっきり自己主張をすべきだという私の思いを理解し、あらゆる面で積極的な姿勢を示し始めた。彼がチームと私をつなぐ完璧なリンク役になると、我々はさらに新たな次元へと飛躍していったのである。

私は選手に、これまで以上にハードワークを課すようになり、チーム運営は必然的に過酷なものになっていった。ラグビーワールドカップでベスト8に進出するという目標を達成するには、やるべきことがたくさんあったのだ。

練習密度の濃い日は、午前4時15分に起床した。選手は体重が減らないように、4時半にプロテインシェイクを飲む。歩いてトレーニングに向かい、ウォームアップし、午前5時に練習を開始する。1時間トレーニングしてから朝食。休息と睡眠をとり、さらにトレーニング。昼食後、再度休息をとり、次のセッションに臨む。夕食後は、ウェイトトレーニングを行い、最後に疲れた身体をほぐす。これでようやく長い一日が終わり、選手はベッドに向かう。

さらにコーチ陣にはこのあと2時間ほど仕事が待っていた。トレーニングのビデオを見て、ミーティングを計画し、進捗状況と翌日の練習について話し合うのだ。コーチ陣の献身と熱意は並大抵ではなかった。

2週間にわたる高地合宿では1日5回のトレーニングを行った。あまりの練習量に選手たちの心のなかに不満が渦巻いていたが、時間が経つにつれ自分の身体の力強い変化に手応えを感じ、自信を覚えていった。このハードワークで選手のパフォーマンスはさらに向上した。

2013年6月、大阪と東京でウェールズと2連戦を行った。第1戦、我々は思うようなラグビーを展開し、ウェールズを窮地に追い込んだ。前半を終わり11対6とリードし、後半も引き続き主導権を握っていた。ウェールズは、主力選手の一部がライオンズのオーストラリア遠征に取られていてベストメンバーではなかったが、それでも十分レベルの高いチームだった。ところがさすがのウェールズも我々の攻勢に浮き足立ち、いつもの調子に戻れずにいた。そのとき、小柄なウイング、福岡堅樹《けんき》がミスを犯した。

福岡は身体こそ小さいものの、スピードにかけては世界でも指折りのウイングだ。また非常に聡明でもあった。福岡のプレーを初めて見たのは、彼が大学のラグビー部でプレーしているころだった。弱小チームで、福岡のラグビーに対する理解力が不足しているのがすぐに分かった。かなり荒削りではあったが、天性のスピードとパワーがあった。初めて福岡を代表に呼んだのは、ウェールズ戦2カ月前のフィリピン戦だった。できるだけプレッシャーのないなかで良いスタートを切らせたかったのだ。彼は格下相手のゲームに途中出場し、チームが121対0で圧倒するなか、2トライを挙げた。彼にとってウェールズ戦は大きなステップアップである。我々のテンポで攻めていたとき、福岡が相手にショートパントを蹴るという手痛い失策を犯した。ウェールズはそこから切り返し、この試合唯一のトライを決め、22対18で棚ぼた勝利を手に入れた。

金星を挙げる絶好の機会を逃した私は、内心はらわたが煮えくり返る思いだったが、今回は自分の胸の内にとどめることにした。無様な結果に終わったフレンチ・バーバリアンズ戦とは違い、試合内容にはほぼ満足していたからだ。ただ最後まで勝ちきれず、単純なミスから決定的なトライを許してしまった。私はその晩まんじりともせず、ミスをなくす方法について考え続けた。チーム力は上がっているが、歩みは遅い。時間は容赦なく過ぎていく。

大阪のホテルに宿泊していた我々は、翌朝バスで駅に向かう予定だった。ウェールズとの第2戦は、次の土曜日に東京で行われる。

ホテルのロビーに選手が集合すると、私はホワイトボードを前に全員に向かって言った。「いいか、よく聞いてくれ。昨日は勝てたゲームを落とした――しかし、もう過去の話だ。バスに乗る前に、来週こそどうやってウェールズを倒すのか、ざっと説明する」

彼らに伝えたかったのは、攻撃的でアグレッシブなラグビーをしつこく続けることだった。全員が同じ目的を共有し、激しい波状攻撃を繰り返すのだ。集中力を維持し、相手に体勢を立て直すゆとりを与えてはならない。私は具体的な戦術プランを解説した。たまたまロビーに居合わせた他の日本人は、不審に思ったに違いない。「あの連中はなんだ？　いったいなにをやってるんだ？」

私がそこで目指したのは単純なことだった。選手たちの頭のなかに、ウェールズを倒せるだけの準備は終わっているのだと、しっかり植え付けたかった。東京に戻る新幹線に乗り込む前に、勝利の確信を持たせておきたかったのだ。

２０１３年6月15日、日本はウェールズを23対8で破った。私は福岡堅樹を使い続け、彼はそれに応えてくれた。日本はふたつのトライを決め、五郎丸歩がキックで13点を挙げた。「チームにとても満足しています」と、私は記者会見で言った。「我々は世界のラグビーのトップ10に勝った最初の日本チームになりました。歴史に名を刻んだのです。ウェールズは確かにベストメンバーではありませんでした。ですが我々はテストマッチで非常にいいゲームをしました。選手の健闘を称えたいと思います。彼らは決してひるまず、何度も挑戦し、タックルやラインブレイクをし続けました。素晴らしい結果です」

フレンチ・バーバリアンズに屈服させられてから、あと5日で丸１年。チームの進歩は著しく、私は次のテストマッチ――11月に東京で開催される強豪オールブラックスとの一戦――に大きな期待を抱いていた。我々は新たな未来に向かい、確実に進歩を続けていると感じていた。

第12章 人生の転機

LIFE-CHANGING MOMENTS

なんとか苦境を乗り越えたと思ったとたん、人生はまた人に試練を与える。２０１３年10月15日、私は疲労を感じていた。南アフリカのダーバンに出向き、シャークスのアカデミーでプレーするフルバックの青年に――彼は南アフリカと日本の血を受け継いでいた――今後のラグビー人生を日本に賭けてみないかと話をし、帰国したところだった。私は相変わらず、将来性のある若手選手のスカウトに駆け回っていた。空港からすぐに国内線に乗り継ぎ、キャンプ地のある宮崎へ向かった。宮崎に着いてからは、真っすぐキャンプ地を目指した。今回の合宿は、日本にとって国際ラグビーに対する最大のチャレンジ、オールブラックス戦の準備のためだった。

宮崎でマネジメントチームと一緒に昼食を摂ったが、依然として胃のむかつきは治まらなかった。だが私は、せいぜい時差ぼけのせいだろうと高をくくっていた。食事を終え、車でキャンプ地へ向かう。少しでも眠っておこうと思ったが、眠れなかった。それどころか、ひどい頭痛に襲われた。ようやく到着して車を降りると、左足の下のほうがこわばっていた。ダーバンではかなりの距離を走っていたので、左足のハムストリングに痛みはあった。それが、キャンプ地までのドライブで筋肉が緊張したのだろうとしか思わなかった。

キャンプ地を歩き回るあいだ、身体が思うように動かなかった。「なんてことだ」と私は思った。「いったいどうしたんだ？　こいつは普通じゃない」。私はひと言も口にせず、身体の不調を気づかれないよう、自然に身体を動かすことに集中した。放っておけばそのうちおさまるに違いない。

自分の部屋に入るとベッドに腰をかけ、窓から海を眺めた。黒い不吉な雲が、遠くから海原へ向かって流れていく。左腕を上げようとしたとたん、違和感があった。腕が異様に重い。私は立ち上がり、携帯を探すとヒロコに電話をかけた。

彼女の声を聞くと気持ちが落ち着いた。だがそれまでの出来事を話すうちに、私のなかで再び不安が頭をもたげ始める。言われるまま横になると、ヒロコはチームマネージャーにはこちらから連絡すると言い、私たちは電話を切った。頭と左半身の感覚が鈍くなっているのが分かった。痛みはなく、なんとも言えない重苦しさがあるだけだった。

マネージャーの顔を見ると、幾分気分が良くなった。彼は私に、台風が近づいているし、家から遠く離れた場所で足留めされたくないので、次のフライトで東京へ帰りましょうと言った。医者を呼ぶかと聞かれたが、そのまま休むことにした。

少し眠り、目覚めたときには気分は落ち着いていた。数時間後、我々は空港で出発を待っていた。機内では相変わらず激しい頭痛に悩まされ、左腕は上手く動かなかった。目を閉じてじっとしているうちに、無事到着した。立ち上がろうとしたとたん、事態は思ったよりも深刻だと分かった。

左半身が動かないのだ。身体を大きく右に傾けながら、なんとかタラップを降りた。左腕と左足はぶらぶらして力が入らない。地上に降りると左手で鼻を触るよう言われたが、やはりできなかった。私はここにきてようやく、脳梗塞を患ったらしいと気がついた。まるでコンピューターが静かにシステムを閉じていくように、私の身体もひとつずつ、徐々にその機能を停止していくようだった。

スタッフの迅速な対応のおかげで数分後には救急車に乗せられ、病院へ直行する車のなかでサイレンの音をぼんやり聞いていた。

私は鎮静剤を投与され、その後3日間は眠ったままだった。

意識が戻ると、ヒロコとどうにか言葉を交わした。彼女は心労のせいで体調を崩していた。担当医がやってくると、枕元で、この数日の様子を教えてくれ、体調が戻るまで病院で治療を受けましょうと言う。

「でも先生」と私は言った。「のんびりとは、していられないんです」

だが、医師はきっぱりと言った。「入院が必要です」と。

その言葉の意味に気づいた私は、反射的に身体を起こそうともがいていた。「試合の準備があるんです。相手はオールブラックスなんだ」

医師はゆっくりと首を振る。「だめです、エディーさん。残念ですが、今回は試合には行けません。絶対安静です」

言葉つきがやや不明瞭で、相変わらず左腕が上手く動かなかったため、さらに5日間の集中治療が必要だった。血圧も高かった。ベッドに横になりながら、いつになったらコーチの仕事に戻れるだろうと考えていた。損傷を受けた私の頭には、二度とコーチの仕事ができなくなるという考えは浮かばなかった。だがなすすべもなくベッドに横になっているのだけは耐え難かった。私の生活習慣や仕事のやり方のいったいなにが、今回の病気につながったのだろう？　気をつけていれば、こうならずに済んだのだろうか？

私はもとのように元気になると信じていた。日本をワールドカップに連れて行くのだ。「もしも」、「そうは言っても」、「万一」などと、否定的なことを考えても意味がない。

体調の回復具合を見計らい、集中治療室から一般病棟に移されると、これでリハビリが始められると考えた。「たいしたことじゃない」と、私は心のなかで言った。「退院するんだ。一刻も早く退院するんだ」

リハビリが始まった。あまりにペースが遅い。物理療法程度では生ぬるいと、さらに自分でリハビリに取り組んだ。慌てずにもっとゆっくりやりなさいと注意され、一応頷いて中断するが、彼らがいなくなるのを待ち、夜になるとリハビリを続けた。散々注意され小言を言われた挙げ句、夜の8時になれば杖を突き、病棟内を少しなら歩いても良いと許可された。早速最上階に行き、円形のフロアを何周も歩き続けた。10日後、腕立て伏せと腹筋運動を始めた。それを見て驚いた看護師に、無理をしないでと大きな声で注意されるが、私は笑って「はい、はい」と答え、いなくなるともう一度その続きを始めるのだった。

私の体調は明らかに回復しつつあり、すでに自宅療養できるほどだったが、病院側は当初のリハビリ計画があと2週間ほどで終わるので、それまで入院を続けたほうが良いだろうと言う。早くヒロコとチェルシーと一緒に過ごしたかったが、一番大切なのは身体を治すことだ。私は病院の勧めに従った。退院するころには、体調はかなり良くなっていた。完治にはまだほど遠かったが、身体の麻痺は軽くなり、身体機能ももとに戻りつつあった。気がつけば、かつてのあの恐ろしい体験は私のなかで色褪せ、少しずつ過去の出来事になっていった。

かつて誰かが、脳梗塞からの回復をこんなふうに譬《たと》えていた。——書斎に入ると、書棚にあったはずの本が床の上に散乱している。あなたは落ちた本を1冊ずつ、もとの位置に戻さなければならない。

実際、骨の折れる作業だった。私の頭は脳梗塞で混乱し、誰かとしゃべったり人の話を聞いたりという、それまでなんでもなかったことが難しく、いらいらするばかりで、身体が思うように動かないのもストレスのひとつだった。だが私の身体はゆっくりとではあったが、確実に回復に向かっていた。もっとも完治と言えるまでには、さらに6カ月ほど要したが。

2014年4月、私はコーチングセッションを再開した。実に久しぶりのセッションである。幸運にも私のために、身体に残ったわずかな麻痺を完全に取り除く専門的トレーニングプログラムを、ジョン・プライヤーが作ってくれた。私はウェイトトレーニングとランニングを続け、少しずつ気力と体力を取り戻していった。あの恐ろしい経験のおかげで、以前より健康的な生活を心掛けるようにもなっていた。バランスの取れた食事を摂り、酒の量も減らした。今ではたまに赤ワインをグラスに一杯飲む程度だ。

周りの人から、脳梗塞を経験してなにか変わったかとよく聞かれる。確かに変わった。ひとり部屋で静養していると、いろいろな考えが頭に浮かんでくるものだ。以前よりも大人しくなったし、リラックスすることも覚えた。イングランドで指導していたときの選手たちは冗談だと笑うだろうが、この体験は私に立ち止まって物事をじっくりと考える機会を与えてくれた。なにより家族、友人、ラグビー、そしてコーチの仕事に対する愛情が一段と深まったのが最大の変化だろう。私は再び仕事ができることに感謝した。大きな喜びと満足を与えてくれる仕事に就けた私は幸せだった。

自宅近くの教会にも通い始めた。これまでめったに足を運んだためしはなかったが、教会にいると心が落ち着いた。感動的な出来事をきっかけに改心したというわけではない。どちらかと言えば私にとって教会とは、自分自身を振り返り、健康な生活、温かな家庭、そしてやりがいのある仕事に対する感謝の思いを捧げる場所だった。私は人それぞれ、自分なりの目的を持ち、人生を生きているのだと強く信じるようになっていた。

私の場合は、ラグビーのコーチをすることだ。取り得はそれしかない。好きな趣味があるわけでも、死ぬまでにやり遂げたい冒険があるわけでもなかった。ごく普通の生活を送りながらラグビーの指導ができれば、それで満足なのだ。コーチングから得られる喜びを言葉で説明するのは難しい。私はストレスや不安に負けず、自分の才能を最大限に活用し、とにかく本気でチャレンジしてみようと決めた。毎日の生活は――少なくとも以前に比べれば――仕事一辺倒ではなくなり、物事がきちんと考えられるようになった。

東京では、家から歩いて10分のところに教会があり、毎週日曜日に通った。偶然にも牧師は南アフリカ人だった。しかもラグビーが大好きな大柄のオランダ系白人で、私と出会えたのをずいぶん喜んでくれた。私はいつもあとからそっと入り、誰よりも早くこっそり出ていったが、それでも毎週、欠かさず通った。

その後、教会よりも心の安らぐ場所は未だに見つかっていない。今では新しい街で教会を見つけると、必ず中に入る。表立って口にこそしなくても、病気が回復したときの感謝は忘れなかった。それは、私たちよりもより尊く偉大ななにものかを純粋に信じる行為だとも言える。そうした意識は病気と向き合うなかで得られたもので、私を正しい方向に導くきっかけになった。私には、自分がなにをどのようにしたいのか分かっていたし、誰もが

1秒たりとも無駄にできる時間などないと気づいていた。命は尊いのだ。

数カ月前、私は自分自身のコーチとしての長所と短所をじっくりと振り返り、気性の激しさを和らげる必要があると考えた。そこで私は、スポーツ心理学の専門家、荒木香織を招き入れた。日本のラグビー界は非常に保守的で偏狭な社会だ。そこへ女性の心理学者を招聘したのは画期的な出来事だった。実際には、私には性別という考えは念頭になく、単に彼女が聡明で鋭敏な心理学者だというただそれだけの理由だった。選手を深く理解し、彼らが信念を持って物事を判断できるような手助けができるなら、どんなテクニックでも身につけ、活用したいと考えていた。

荒木はチームのために素晴らしい仕事をしてくれたが、なかでも一番大きかったのは、私に対するひとつの提言だった。

「エディーさんはね」と彼女は、丁寧ながらも遠慮のない口調で言った。「仏頂面が過ぎるんですよ」

私はまさしくその仏頂面で、彼女に説明を求めた。

「エディーさんは、大抵顔をしかめて歩き回っています」と、彼女は言った。「いつもぴりぴりしていて、機嫌が悪そう。でも誰にもその理由が分からない。周りが喜ばせようとしても、相変わらず不機嫌なままです。エディーさんが明るくなれば、みんなが変わりますよ」

機嫌が悪いことはめったにないと異論を唱えたが、最近はワールドカップに向け、チームに万全の準備をさせるにはなにが必要かあれこれ悩み、多忙を極めていたと認めざるを得なかった。普段の生活では、私は心配性ではない。だが国際スポーツは過酷な世界で、どうしても心がそちらに奪われてしまう。ヘッドコーチとして、仕事の要求とストレスから逃れるのは極めて難しいのだ。

「是非、やってみてください」と、荒木は言った。「それがエディーさんのためであり、選手のためでもあるんです」

もちろん彼女は正しかった。私は意識的に自分の表情を和らげ、周囲の雰囲気を明るくしようと努めた。20

15年のワールドカップに向けてやらねばならない仕事が山積みになっていたが、選手とスタッフの両方に臨時の休日を増やすよう試みた。我々の計画は明快で、常に進捗状況のチェックも怠らなかった。我々が今どの段階にいて、どこまで進む必要があるのか、正確に把握できていた。まさに格段の進歩だった。私はさらに荒木のアドバイスを得ながら、もっと笑い、もっと面白いプログラムを作ろうと決めた。

私は時間があるときに格闘技を研究するのが好きだったので、2014年には総合格闘技UFCの元ファイター髙阪剛をキャンプに招き、コンタクトの際に低い姿勢を保つ方法を伝授してもらった。我々はワールドカップ初戦の南アフリカ戦に向けて準備を始めていた。髙阪が教えてくれたのは、それまで知り得た知識とはまた違う、選手にとって有益なものだった。

私はゆっくりと、そして慎重に、いかにスプリングボクスを倒すかという種を植え始めていた。その一方で、なるべく親しみのある話し方を意識しながら、選手の意思を確かめるために対話を重ねていった。2014年の6月から7月にかけて、我々は合宿を行った。このときブラジルではサッカーのワールドカップが開催され、我々もトレーニングの合間にテレビでゲームを観戦した。日本はグループステージ最下位に終わったものの、大会から感じる胸の高鳴りと興奮は、14カ月後に参加するラグビーワールドカップの雰囲気を知るうえで絶好の機会となった。

ブラジル大会での台風の目はコスタリカだった。当初評論家は、イタリア、イングランド、ウルグアイと同組のコスタリカは世界ランクも低く、グループステージでは最下位に終わるだろうと予測した。ところが結局、コスタリカが1位通過を果たし、イタリアとイングランドは敗退という結果になった。ノックアウトステージに進んだコスタリカは1回戦でギリシャを破り、オランダとの準々決勝ではPK戦の末に敗退したものの、見事ベスト8に輝いた。

私はコスタリカを例に、日本もワールドカップではほとんど期待されていないが、世界に衝撃を与えることができると語った。ワールドカップで優勝するまではないにせよ、決勝トーナメントに進出する力は持っている。

そのためには、予選プールを突破しなければならない。最初の2試合――2度の優勝を誇る南アフリカとの戦いと、そのわずか中3日で迎えるスコットランド戦――が難関だった。なかにはスコットランド戦に照準を合わせ、スプリングボクス戦には二軍を出せと言う人もいた。だが私は、大会初戦で南アフリカを破り、準々決勝への道を切り開くと宣言した。

最初は誰も信じなかった。スティーブ・ボーズウィックや他のコーチたちでさえそうだった。しかし彼らが気づかないあいだに、私はすでに「ビート・ザ・ボクス（打倒スプリングボクス）」作戦を進めていた。

私はこの前年、スコットランドに敗れ、ロシアとスペインを一蹴したヨーロッパ遠征のおりにミュンヘンまで足をのばし、世界のスポーツ界でその名を知られる名コーチに会いに行った。

日本代表ヘッドコーチ時代の私に最も大きな影響を与えた、ジョゼップ・グアルディオラである。リオネル・メッシ、アンドレス・イニエスタ、シャビといった比較的小柄なプレーヤーでも世界有数のサッカー選手になれる――彼が率いたFCバルセロナは、この事実を証明した素晴らしいチームだった。彼は数多くの試合で勝利を重ねたあとはサッカーから離れ、1年間休養していた。私は彼のティキ・タカに魅了されていた。ティキ・タカとはFCバルセロナ、特にグアルディオラが創始したと言われるプレースタイルで、ショートパスと巧みな素早い動きでボールポゼッションを維持し、相手ディフェンスをこじ開けてスペースを作りだすのが特徴だ。私はこのプレーについて彼と話がしたかった。日本は大柄なチームを打ち負かす方法を見つけなければならず、小柄な我々が試合に勝つ唯一の方法は、ボールを素早くスペースに運ぶことだったのだ。

グアルディオラは驚くほど寛大で、私のためにかなりの時間を割き、そのうえ、バイエルン・ミュンヘンのトレーニングセッションまで見学させてくれた。それはなんとも興味をそそられる光景だった。彼は世界有数のプレーヤーたちと様々な言語でコミュニケーションを取りながら、驚くべき強度のトレーニングを行っていた。所定のウォームアップが終わると、プレーヤーを3つのグループに分け、集中力を切らせずに、スペースに対する意識を鍛えるトレーニングに取り組ませた。特に、あるセッションは時間にするとわずか30分間ほどなのに、休憩に戻ってきた選手たちは精神的にも肉体的にも消耗し切っているように見えた。氷点下という外気のなか、苦しそうな顔から汗が流れ落ちている。グアルディオラのカミソリのような鋭い指示と要求は、選手を限界まで追い込んでいく。しかもセッションには明確な意図があり、プレーヤーにそれを理解させながら激しいトレーニングを行うので、他の多くのチームが伝統的に行っている2時間の練習で得られる以上の成果を、わずか30分で達成していた。

私もトレーニングを短時間集中方式で組み立てていたが、グアルディオラと見解が一致したと喜ぶどころではなかった。その洗練された複雑なコーチングパターンに比べれば、私のセッションなど素人に毛の生えたものでしかなく、ただただ恥じ入るばかりだった。プレーヤーの心を開かせるように全員に語りかけたりしたかと思えば、ひとりの選手を隅のほうに連れて行き、自分の正確な意図を伝えたりと、彼のチームに対するコーチの仕方は大変参考になった。ときには自分の手で選手を導きながら指示していくので、選手は自分になにが求められているのかを誤解することはなかった。その姿は刺激的であり、さらに感動的でさえあった。

トレーニングは午後7時まで続いた。その長い一日の終わりに、グアルディオラは自分のオフィスで、さらに私のために2時間ほどかけてスペース、動き、パス、トレーニング、そして勝利について話してくれた。私は半ば放心状態でミュンヘンを離れた。コーチングの達人と会って話をするのは実に有意義な経験だ。バイエルン・ミュンヘンを訪れる前まではコーチングのプロとしてある程度の自負を持っていたが、帰るときには、我々がどれだけ遅れているか思い知らされ、複雑な気持ちだった。

私は東京に戻る飛行機のなかで、まだまだ学ばねばならないことがたくさんあるのだと痛感していた。もうこのくらいで大丈夫と思っても、実はそうではない。謙虚な姿勢と好奇心を保ち、日々片時も時間を無駄にせず、自らの姿勢やスキルを高めていかなければならない。それがコーチに相応しい姿であり、周囲を啓発していける唯一の方法なのだ。これは、スポーツはもちろんビジネスにも通じる重要な教訓だった。

様々なスポーツにおける名コーチたちとの出会いは、かけがえのない貴重な経験だ。私は後年、その道で一流と称されるアレックス・ファーガソン、ルイ・ファン・ハール、リック・チャールズワースらとの会話から多くのヒントを得た。新しいトレーニング理論もあれこれ調べてみたが、そのなかに、目標に対する課題を分類し、段階的かつ計画的にトレーニング内容を配置し、目指すゲームに勝利しようとする戦術的ピリオダイゼーションというものがあった。すぐにカタールに行き、第一人者のアルベルト・メンデス・ビジャヌエバに会った。彼の説明によれば、このコンセプトは数年前にポルト大学のビトール・フラデによって考案されたのだという。

メンデス・ビジャヌエバの唱える戦術的ピリオダイゼーションは、戦術的思考を基本とした4つの領域から構成されていた。すなわちディフェンス組織、オフェンス組織、ディフェンスからアタックへの移行、アタックからディフェンスへの移行の4局面である。トレーニングはそれぞれのプレーの特定の瞬間に着目し、それを論理的に分析して行うもので、そこで向上したフィットネスレベルとスキルレベルは、そのままゲームに活かせるという。つまりこのトレーニングはあらゆる面で、試合当日にチームに必要なフィジカルとメンタリティを高めてくれるものだった。

ワールドカップに向けた重要なステップと、私の人生の節目となる出来事が再び重なった。2015年5月、アジアラグビーチャンピオンシップの第3戦。我々は福岡市で韓国と対戦しようとしていた。日本は初戦から2連勝し、我々はすでに次の、より重要な大会となるパシフィック・ネーションズカップに向けた準備を進めていた。そのあとはワールドカップに向け、来日するウルグアイと国内で対戦し、その後ジョージアに遠征する。そのために必要な確認は、事前合宿で行う予定になっていた――だが目前の試合も重要だった。南アフリカを倒すためのラグビースタイルを実戦で試そうとしていたのだ。

韓国戦の5日前、姉のダイアンがシドニーから電話をかけてきた。父があと数日の命だという。

その知らせに、私はショックを受けた。もちろん前回帰国し両親に会っていたので、父がこの先そう長くはないと分かっていた。生きようとするエネルギーはすでに失われ、父は静かにそのときを待っていた。人は自らの手で生死は選択できない。だから父はまるで影のようにひっそりとこの世界にとどまっていた。

父は96歳だった。私は父が他界する前に連絡がもらえたことに感謝した。すぐに帰国し、亡くなる前の父にひと目会い、そのあとで日本にとんぼ返りするか、あるいは最後まで韓国戦の指揮を執り、その足で帰国し、母とふたりの姉、ダイアンとヴィッキーの4人で一緒に過ごすか、そのどちらかだった。悩んだ末に、結局、5月9日の韓国戦を終えてから帰国することにした。

2015年5月6日、私が連絡を受けてから24時間も経たないうちに、父は亡くなった。たとえ死に目に会えたとしても、私に父は救えなかったし、ただ臨終間際の抜け殻のような父の姿を目にするだけだったろう。

3日後、韓国には勝ったが、私は試合の行方よりも、ただ帰国したい一心でその場にいた。

シドニーまでのフライトは長い。私は機内で、父が私のために、そして家族のためにしてくれたことをひとつひとつ思い出していった。父の姿がはっきりと目に浮かんだ――善良で礼儀正しく、勤勉でなにより家族を大切にした父――だが彼はもうこの世の人ではなかった。思わず胸が詰まる。今でも父について質問されると、上手く言葉に表せない。

アメリカのシンガーソングライター、ハリー・チェイピンには、父と息子の関係を歌った名曲『Cats in the Cradle』がある。前半部分では、仕事が忙しく息子にかまう時間がとれない父親の姿が歌われる。最後は父親が年をとって退職し、十分な時間ができたころには、息子は自分の生活が忙しく、もう父親を振り返ろうとはしなくなる。自分と両親、そして自分と子ども――時代を超えた親子の関係がそのまま描かれた歌だった。

もし、もう一度チャンスがあれば、父の死に目に会うために大急ぎで帰国しただろう。もちろん断言はできない。ただひとつ言えるのは、父の最晩年にもっと親孝行をしておけば良かったということだ。コーチという仕事の責任を果たすには、現場で多くの時間を費やさねばならない。それはとりもなおさず、家族に多大な犠牲を強いることでもあった。

一方、母は至って元気だ。父が亡くなってから4年が経ち、2019年で94歳になった。未だに私を見守り、ありがたいことに何かと気にかけてくれる。

私はと言えば、何度も当時を思い出しては、かけがえのない家族というものの大切さを改めて噛みしめている。こうして父の話をしようとすると、今でも涙があふれる。それは父に対する感謝や愛情の証であると同時に、失った悲しみの涙でもあった。

選手たちは、我々のワールドカップ計画に全面的に賛同し、やる気になっていた。彼らは今ではトレーニングに行こうと言わず、代わりに私の作ったスローガンを合言葉にした。「ボクスを倒しに行こう」、そう選手は口々に叫び、トレーニングセッションに向かっていった。実際、我々はトレーニングを「ビート・ザ・ボクス（スプリングボクスを倒せ）」と、呼んでいた。スティーブ・ボーズウィックはさらに上手《うわて》で、我々はスプリングボクスをもう4回も倒したと選手に発破をかけた。意味が分からずきょとんとした選手にスティーブは、香港、韓国、カナダ、ウルグアイの4カ国を撃破したことを思い出させた。つまり、どの試合も南アフリカを十分倒せるだけのラグビースタイルでプレーできていたという意味だ。その後、ワールドカップ前の最終強化試合でジョージアと対戦。彼らを仮想スプリングボクスとし、「ビート・ザ・ボクス」のゲームプランが遂行できるか、その完成度を追求しながらプレーした。もちろんこれらの国は、いずれもスプリングボクスほどの力はない。しかしそれは問題ではなかった。この段階では、選手にそのような信念を叩き込むのが重要だった。

対南アフリカ戦のゲームプランはシンプルで、この3年間取り組んできた、高速でアグレッシブなラグビーをすることだった。ゲームのテンポを保ち、セットプレーを避け、インプレーの時間を長くし、できるだけ僅差のスコアでついていく。そうすれば必ず、スプリングボクスの選手の脳裏を不安がよぎる。我々は肉弾戦を恐れない勇気を持ち、果敢に低くぶつかり、数人がかりのタックルで相手を止め、その一方で積極的に前に出て、フラットで攻撃的なラグビーを展開する。ダメージを最小限に食い止めるためではなく、あくまで勝つためにプレーするのだ。

スプリングボクスのプレーヤーひとりひとりを詳しく分析し、ワールドカップが近づくころには、全員が自分の対面の選手を隅から隅まで知り尽くしていた。スプリングボクスと聞けば、誰もがそのチームの持つ神秘的雰囲気に畏れを抱く。だが個々の選手を、自分たちと同じように間違いも犯す等身大の人間として見れば、歴史的勝利も想像しやすくなった。

私は本当に、日本が勝つチャンスは十分あると思っていた。そのためには、そのゲームで南アフリカが力を出し切れないこと、かつ我々が過去最高のパフォーマンスを発揮することが条件だった。彼らに最初から本気で臨まれれば勝ち目はない。それは火を見るよりも明らかだった。しかしワールドカップの初戦なら、彼らの不意を突けるかもしれない。

彼らには、大きさ、強さ、パワー、経験の面で、我々よりもはるかに大きなアドバンテージがあった。しかし、スプリングボクスを知り尽くしている私には、彼らがヘビー級ボクサーのようなプレーをしたがるのも分かっていた。大きく構え、比較的ゆっくりとプレーをし、力でねじ伏せようとするだろう。セットプレーのパワーとフォワードの巨体を利用し、フィジカルで圧倒してくるはずだ。だがそうさせてはならない。彼らとフィジカルで互角に渡り合えば、彼らを精神的に粉砕できる。

我々はポゼッションを保ち、ボールを大きく展開し、彼らを動き回らせるのだ。すべてはスプリングボクスが走らざるを得ない状況をどれだけ作りだせるかにかかっている。そのためには、より低く、より素早くプレーする必要があった。彼らが身体を当てに来るのは構わないとしても——当然そうしてくるだろう——捕まってはならない。追い詰められようが、彼らを走らせ続けるのだ。

２０１５年７月から12週間にわたり行った「ビート・ザ・ボクス」キャンプで、私はかつてないほどのハードワークを課した。日本の南に位置する島、九州の宮崎で、選手たちは過酷なスケジュールをこなした。とは言え、根拠のない無茶なトレーニングではない。ジョン・プライヤーの助けを借り、運動強度にメリハリをつけた科学的なトレーニングだった。私は選手たちに、気を抜かず常に全力で取り組む姿勢を求め、彼らもそれに応えられるようになりつつあり、肉体もさらにたくましくなっていた。しかしこうしたトレーニングは、選手にとって精神的にも肉体的にも相当厳しいものだった。単に激しい練習がしたかったのではない。セッションは肉体的に過酷なのはもちろん、かなり頭を使うものでもあった。精神的に限界まで追い込まれるので、選手にとってはいっそう辛かったはずだ。1日1度ならなんとかこなせるセッションも、5回も繰り返されれば、最後までやり遂げるのは難しい。しかも我々は、最初の5週間は1日も休みなくトレーニングをし続けたのだ。

毎日1時間刻みの綿密な計画が立てられ、基本的なハンドリングやスクラムの練習はもちろん、レスリングやボクシング、サイクリング、あるいは各自独自の課題に取り組んでいるときも、選手は常に極限まで身体をいじめ抜いていた。彼らが苦しみながらも、身体機能を向上させ、心身ともに変化していく様子を間近で見るのは、実に素晴らしい体験だった。日本人選手は、日本ラグビーを変えるのは我々だという強い信念のもと、常に我慢強くひたむきで、外国人選手もかなわないほど必死に練習に没頭した。彼らの勝利に対する意欲も時間とともにいっそう深まり、「ビート・ザ・ボクス」の掛け声は、宮崎のキャンプ地中に染み渡るかのようだった。

南アフリカ戦に向けた最後のゲームは、そのちょうど2週間前、2015年9月5日にグロスターで行われた。対戦相手はジョージアで、そのフォワードは我々を粉砕しようと、まるで野獣のように向かってきた。これは南アフリカと闘うための最高のシミュレーションになる。ここ数年、ジョージア戦ではフォワードが圧倒され、力勝負に負けて何度も接戦を落としてきた。だが今回は我々も万全の準備で臨んだ。彼らのスクラムを突き崩すと、ゲームの最後にトライを決め、13対10で激闘をものにしたのだ。我々はもう一度選手たちに、君たちはボクスを倒したんだと言った。

この1年間、我々が目指してきた南アフリカ戦が近づくにつれ、キャンプの雰囲気は不気味なほど静かになっていった。私は試合前日の金曜日の午後に、初めて大きな不安に襲われた。リーチ マイケルは、キャプテンが指揮を執る試合前の前日練習、キャプテンズランのために選手をグラウンドに連れ出した。マイケルのキャプテンズランにはとても儀式的な特徴があった。皆神経がひどく高ぶっているように見えたので、私はリーチに怪我をする前に引きあげるよう伝えた。

何も言い残したことはなかった。これまで積み重ねてきた練習を、そして多くの時間をともに過ごしてきた若者たちひとりひとりの個性を信頼するしかなかった。土曜日の朝、ブライトンの空は晴れ渡っていた。私はリーチと連れ立ち、煌めく海に面した浜辺のカフェに行った。ふたりでコーヒーを飲んでいると、不安はすべて消え去っていた。リーチはあまり語らなかったが、その心には確かな思い――大胆かつ勇敢にプレーするのだという明確な信念――が、みなぎっているのを感じた。

リーチは準備ができていた。日本代表は万全だった。

この3年間、彼をはじめとするすべての選手が示したその成長ぶりに、私は心打たれる思いだった。我々の努力は決して無駄にはならないだろう。

私はリーチを見ながらこう言った。「よく聞いてくれ。我々には失うものは何もない。ここで行くべきだと思ったら、思い切って行け」

「はい」と、キャプテンは顔を上げて力強く頷くと、落ち着いた口調で続けた。「そうします」

2015年9月19日土曜日。イングランド、ブライトン、ブライトン・コミュニティ・スタジアム。

試練の時だ。グラウンドへ向かうバスのなかでは時間の経つのが異様に遅く、スタジアムに到着すると、大きな不安が濁流のように押し寄せてきた。

過去の記録は、我々に不利なものばかりだ。日本はこれまでワールドカップでわずか1勝。しかも、それは24年前のジンバブエ戦にすぎない。そのうえ、大会での1試合あたりの平均失点は48だ。だがそうした記録は今の我々にはどうでも良かった。この悲惨な歴史の足かせや、スプリングボクスの猛攻に耐え切らねばならない。

私にできることは何もない。あとは選手とこれまで積み重ねてきた準備を信じるだけだ。

ドレッシングルームでは、リーチが話を終えようとしている。彼のリーダーシップは素晴らしかった。選手たちは落ち着いていたが、皆集中していた。準備は整った。

私に向かって頷くリーチの目には揺るぎない意志があった。彼はメンバーに静かに声をかけた。「さあ、行こう……」

選手たちが通路を下っていく。私はひとりまたひとりと、彼らが出ていくのを見つめていた。最後にドレッシングルームをあとにすると、彼らのスパイクの音が響く薄暗い廊下を歩いて行った。

選手たちは一歩一歩確かめるように、力強い足取りで、まぶしい日差しに輝くフィールドへ出ていった。私は、赤白の段柄ジャージーに白いパンツとストッキングを身にまとった彼らの姿が好きだった。

焼けつくような日差しの午後、スプリングボクスはパンツの上にトレーニングウェアをはいている。しかし上半身はいつも通りの、緑と金色の半袖ジャージーだ。彼らは我々を打ちのめす準備ができているように見えた。

私は、彼らが最初から力勝負で挑んで来ようとしているのが分かった。まず激しく身体を当て、叩き潰そうと向かってくるだろう。私はゲームプランを微調整し、テンポの速い試合運びはそのままに、最初からスプリングボクスにボールを奪われても気にするなと選手に伝えた。南アフリカは伝統的に、ディフェンスを中心にラグビーを組み立てる。もちろん彼らが一番喜びを感じるのは、タックルに来た相手を弾き飛ばす瞬間だ。ならば彼らに向かってこさせれば良い。なぜなら、スプリングボクスのゲームは、あくまでアタックではなくディフェンスが基本だからだ。ボールを保持し続けても本来のリズムは出ないだろうし、逆に我々にタックルで倒されれば余計いらいらするはずだ。

あくまで日本は、ゲームを通じて素早くボールを動かし、身体の重いスプリングボクスのプレーヤーを右に左に、前に後ろにと、フィールド全体を走り回らせるのだ。

主審のジェローム・ガルセスが試合開始の笛を吹く。スタジアムを埋め尽くす3万6666人の大歓声に、私の気持ちはようやく落ち着いた。これで不安から解放され、ゲームに集中できる。

キックオフ。我々は闘志を燃やしながらも、冷静だった。最初の試練が訪れたのは、五郎丸の自陣からのキックを、スプリングボクスのフルバック、ザイン・カーシュナーがキャッチして走り出したときだった。右サイドをフォローしてきたウイングのブライアン・ハバナは、カーシュナーからパスを受けると、そのまま右タッチライン沿いを駆け抜けていく。これこそスプリングボクスのサポーターがお金を払ってでも観たいと思う好プレーだ。しかし、我々には次の動きが分かっていた。ハバナをタックルで仕留めると、アウトサイドセンターのマレ・サウがブレイクダウンからカウンターアタックに出る。フェーズを重ねながら、素早くアグレッシブに動き、35メートル前進。これでスプリングボクスも、意欲的に攻めようとする我々の姿勢に気づいたはずだ。

後半6分、日本はプレッシャーをかけ続け、五郎丸がペナルティーゴールを決める。日本が3対0と先制した。解説者のジョエル・ストランスキは元スプリングボクスの10番で、20年前に南アフリカで開催されたワールドカップ決勝でドロップゴールを決め、スプリングボクスを初優勝に導いた人物だ。テレビカメラが私をとらえているのが分かった。私は無表情のまま、じっと前を見つめていた。「皆さんも、もう両チームの違いにお気づきでしょう」と、世界中の視聴者に向けてストランスキが言う。「南アフリカは——大きくて強く、パワフルです。ランニングゲームは苦手ですから、力で日本をねじ伏せようとするでしょう。一方こちらのエディー・ジョーンズ率いる日本は、高速ラグビーで対抗しています。ボールをテンポ良くつなぎ、素早い動きで、ゲーム全体のスピードを上げようとするでしょう」

前半17分、怒涛のように押し寄せるスプリングボクスに、我々はゴール前にくぎ付けになる。スプリングボクスのラインアウトだ。ビクター・マットフィールドは高くジャンプし、クリーンボールをキャッチ。フォワードプレーヤーが緑と金色のくさびのように彼の左右に突き刺さる。フォワードの密集プレーのひとつ、モールが形成された。ボールはすぐに最後尾のブラインドサイドフランカー、フランソワ・ロウに戻される。前方にはテンダイ・〝ビースト〟・ムタワリラ、スカルク・バーガー、ビスマルク・デュプレッシー、ルアン・ピナールらがいて、ゴールラインに向かいモールを引っ張っていく。ロウはまるでジャッカルが餌を漁るようにその最後尾で身体をかがめ、大きな手にボールを抱え込む。三上正貴と山下裕史は、巨大な5人のスプリングボクス選手になすすべがなく、他の選手も急いで戻るが間に合わない。スプリングボクスはそのままゴールラインを割り、ロウがボールをグラウンディング。

前半18分、3対7で南アフリカにリードを許す。キャプテンのリーチに目をやると、期待通り落ち着いてメンバーに指示をしている。彼の表情は一段と気迫に満ちていた。

11分後、そのリーチが試合を一変させる。ラインアウトからモールを作ると、そこに日本選手が次々と加わり、10人で押し込み始めた。南アフリカはじりじりと後退し、日本はさらに前進する。ボールははっきりとは見えなかったが、日本の赤と白の固まりのどこかにあり、スプリングボクスは必死にその勢いを止めようとしている。

スプリングボクスを相手に、日本のフォワードが堂々と真っ向勝負を挑む姿を見て、私は興奮のあまり跳び上がりそうだった。徐々にゴールラインが迫ってくる。すると突然、リーチがモールから離れ、インゴールに飛び込んだ。彼の左手が伸び、ボールがゴールラインを越える。トライだ。

私は椅子から跳び上がり、右手の拳を突き上げる。最高の気分だ。

観客の興奮が収まるまでしばらく時間がかかった。五郎丸がコンバージョンを決め、前半31分、日本が10対7と再びリード。

スプリングボクスも必死だ。試合再開、彼らはリスタートのキックから猛反撃に出る。ラインアウトからモールを作り、1分もかからずにそのままフォワードが押し込むと、デュプレッシーがスプリングボクス2本目のトライを決めた。

ハーフタイムまで残り7分。勝負の行方を左右する大事な時間帯だ。南アフリカにトライを奪われそうになるが、我々のディフェンスは崩れない。10対12と、スプリングボクスがわずかにリードして前半を終えた。

ハーフタイム。私は嬉々としていた。素晴らしい戦いだ。選手たちは汗をかいているが、それほど息は上がってはいないし、不安な様子もない。すべてプラン通りに進んでいる。残り20分までこの僅差を維持できれば、時間とともにプレッシャーが重くのしかかるのは彼らのほうだ。

「さすがエディー・ジョーンズだ」。ハーフタイムに元スプリングボクスのフランソワ・ピナールが、我々のハイテンポのゲーム運びを称賛した。だが私に言わせれば、これこそ日本のラグビーなのだ。前半40分、我々のできは素晴らしかった。

後半開始2分に、五郎丸がペナルティーゴールを沈めて逆転するが、リードは長くは続かない。日本サイド、22メートルラインの外側で、スクラムハーフのルアン・ピナールがスプリングボクスの強力なセカンドロー、ルード・デ・ヤハーにパスを送る。デ・ヤハーは目の前にできたディフェンスのギャップを見逃さず、長身の体躯ながら驚くべきスピードで走り抜けると、ゴールポストのすぐ右に飛び込み、トライ。

「キリンだ」とアナウンサーのゴードン・ブレイが叫ぶ。この大きなアフリカーナーが再び立ち上がると、ブレイは表現を修正する。「いや、まるでキリンのような人間だ」

デ・ヤハーに次々とチームメイトが駆け寄った。彼の笑顔がはじける。私にはリードを奪い返したスプリングボクスの安堵が手に取るように分かった。パット・ランビーがコンバージョンを決め、13対19で南アフリカが逆転。

後半11分、五郎丸がペナルティーゴールを沈め、3点差に迫った。その後、スプリングボクスの陣内深く攻め込むと、バーガーが反則。日本に再びペナルティーキックが与えられた。小柄なスクラムハーフ、田中史朗はタップキックですぐにアタックを仕掛けようとするが、リーチはいったんメンバーを落ち着かせ、ゴールポストを指さした。

五郎丸は自信にあふれていた。後半13分、19対19の同点。テレビ画面に日本のサポーターの姿が映し出される。ある中年男性は、日本代表の大健闘に今にも泣き出しそうだった。「なんというゲームでしょう！」と、ブレイが叫ぶ。

最初の一区切りとなる、目標の1時間が経過する。依然として計画通りだ。ランビーと五郎丸がお互いにペナルティーゴールを決め、22対22。

スプリングボクスは我々の息の根を止めようと、全力で挑んでくる。ピナールに代わり、怪我でリザーブに入っていたフーリー・デュプレアがピッチに入った。彼はビスマルク・デュプレッシーとの交代選手、アドリアン・ストラウスが猛然と走り込んでくるのを見るとパスを送った。この肉付きの良いブロンドのフッカーはスペースを疾走し、ゴールラインを割った。「キリンの次は」と、ブレイが言う。「サイの登場だ」

10番のランビーに代わり途中出場したハンドレ・ポラードがコンバージョンを決める。スコアが29対22と、南アフリカのリードが広がったところで、彼らのプレッシャーが幾分和らぐ。スプリングボクスはさらにふたつのペナルティーキックを得たが、どちらもトライを狙うためにタッチキックを蹴ってきた。もう1本トライを奪われれば万事休すだ。しかし我々は踏ん張り、彼らを押し戻した。

その後、我々は目を見張るような鮮やかなプレーで、試合をひっくり返した。バックスは理想的なフラットラインを敷いていた。インサイドセンターの立川理道がポラードを引きつけ、倒される寸前に小さなパスを放る。ボールを受けた10番の小野晃征は、外側に展開すると見せかけながら、内側にフォローしてきた左ウイングの松島幸太朗にリバースパス。スプリングボクスのディフェンスはそこで一瞬、動きが止まる。変幻自在の松島はコースを変え、右のコーナーフラッグめがけて斜めに走りながら、さらに外側のプレーヤーへパスを送った。フルバックの五郎丸だ。ボールを受けると、さらに彼の右には山田章仁がいたが、五郎丸の目の前には相手ディフェンスの姿はない。そのまま走り切り、まるで澄んだ水の中に飛び込むようにインゴールでボールを押さえた。

予想もしなかった展開に、ブライトンのスタジアムがどよめいている。チームメイトが駆け寄り、五郎丸を抱きしめる。思わず私も立ち上がっていた。

五郎丸は自分の心を――そして私の胸の高鳴りを――落ち着かせると、コンバージョンを沈めた。時計は後半30分。南アフリカ29点、日本29点。

この先の結果はどうあれ、この時点ですでに我々はワールドカップ史上、前代未聞の素晴らしいゲームを展開していた。

後半33分、スプリングボクスのポラードがペナルティーゴールを決め、再び南アフリカが32対29とリードする。ゲームはまだこれからだ。計画通り、我々はアタックを継続する。赤と白の波になり、波状攻撃で彼らに襲いかかる。

時計は後半38分55秒。スプリングボクスのゴールラインからわずか5メートル地点で日本ボールのラインアウト。世界有数のロック、マットフィールドが、これまでの膨大な経験と知識をもとにチームをまとめているあいだ、私は最後の賭けに出る。それまで、できの良かった山田を下げ、ニュージーランド生まれの控えウイング、カーン・ヘスケスを投入した。

もうひとりのニュージーランド出身選手、マイケル・ブロードハーストが高く跳躍し、ボールをクリーンキャッチ。フォワード全員でモールを作ると、さらにバックス数人が参加し、全力でゴールラインを目指してドライブをかけていく。

ゴールラインをはさみ、10人の日本選手がスプリングボクスのディフェンスに激突。そのまま緑と金色の固まりの上に崩れ落ち、重なり合う。数人の日本選手が拳を突き上げ、トライだと主張した。確かなことは誰にも分からなかった。フーリー・デュプレアはその場から距離を置いて傍観したが、それはあたかも主審のジェローム・ガルセスに、トライとして認める価値のないものだとアピールする行為だった。

ガルセスはインゴール後方まで下がると、両手で空中に正方形を描いた。TMOに裁定を委ねるという合図だった。やり取りをするガルセスの声がモニターから聞こえてくる。ボールがグラウンディングしたか確認できなかったので、TMO側でモニターをチェックし、確認して欲しいと言っていた。

「クラーク・ケントはどこだ？　今こそ君の透視能力が必要だ」と、ブレイがヒーローコミックの「スーパーマン」の主人公を引き合いにしたジョークを飛ばす。確かにビデオからもボールは確認できない。

「地下のどこかにいますよ。きっとそこから確認してくれるでしょう」と、ストランスキ。

「はっきり分かる映像はひとつもないな」とTMOは、最終的にガルセスに告げる。「5メートルスクラムで再開――赤ボールだ」。スプリングボクスのヘッドコーチ、ハイネケ・メイヤーは、急いでトランシーバーで指示を出す。ヤニー・デュプレッシーと〝ビースト〟ことテンダイ・ムタワリラがフィールドに呼び戻される。彼らはすでに交代していたが、スプリングボクスのフロントローが負傷したため、一時的な代役として戻ってきたのだ。このふたりの代表キャップは合わせて132。つまりそれだけのノウハウを持っている。メイヤーが強力なベテランをふたり再投入したのに、日本代表プレーヤーは誰ひとり気づかなかった。フォワードは円陣を組み、熱心にプレーの確認をしている。

立ち上がると、様々な感情が心のなかで渦を巻いた。希望とプライドがないまぜになる。どうか選手たちの最後の大きな努力が実りますように。「エディー・ジョーンズは」とブレイ。「大番狂わせまであと一歩……もしこれが成功すれば」。二番手のスクラムハーフ、日和佐篤がスクラムにボールを入れる。「残り13秒」と、ブレイが叫ぶ。

日本がフッキングし、ボールをスクラムの後方に送ったとたん、レフリーの左手が伸びた。南アフリカの反則を示したが、レフリーはアドバンテージルールに従い、日本に有利な展開になるかどうか確認するためにしばらく静観する。だがスクラムが回転してしまい、レフリーは笛を吹いた。

五郎丸が冷静さを失わない限り、引き分けに持ち込める。

私はモニターから顔を上げ、フィールド上に目をやった。リーチが主審のガルセスに話しかけ、残り時間を尋ねているのが見える。

賢明な行動だ。あとはゴールポストを指させば良い。

引き分けに持ち込むか、それともあくまで勝ちに行くか、あなたならどうするかとブレイがストランスキに尋ねる。「私には分かりませんね」と、ストランスキは正直に答える。「でもご存知のように、かつてダニー・クレイヴン博士は、引き分けは妹にキスをするようなものだと言っています」

私なら喜んでふたりの姉の頬にキスをして、ワールドカップ史上、最も有名な引き分け試合を祝うだろう。ところがリーチがカリフラワー耳を引っ張りながら真剣に考え、出した答えは違っていた。止めろと彼に向かって首を横に振ったが、私の姿は彼には見えない。「3点を狙え！」と、私は叫ぶ。「3点だ！」。もちろん、私の声も彼には届かない。

観客は熱狂と興奮が頂点に達し、ほとんど混乱状態に陥っていた。彼らもまた、日本がスクラムを選択――つまりトライを狙い、勝ちに行こうとしていると分かったのだ。

私は怒りに任せ、トランシーバーを激しく床に叩きつける。トランシーバーはコンクリートに当たり、粉々に砕け散った。

私はすぐに、リーチが真の勇気と本当の信念を示したのだと気づき、心を落ち着かせた。リーチは妹にキスをするつもりはさらさらなかったのだ。まさに勝利の女神からの歴史的キスを求めていた。勝利を得るためなら敗北の危険も厭わないという覚悟だった。

彼は、今朝コーヒーを飲みながら私と交わした会話を覚えていた。彼は自分の直感を信じることにしたのだ。

これこそリーダーシップだ。リーチはかつて控えめで従順な男だった。しかし、その彼は今、勝つ可能性に賭けるという勇気ある行動へチームを引っ張っていこうとしている。

「よくやった」と、私は心のなかで言った。「思い切って行け」

マットフィールドが手を叩く。なにも自分の対面、日本チームのキャプテンを称えたわけではない。日本の攻撃を封じ込めようと、チームメイトに最後の奮闘を促す彼なりのやり方だった。

「これは最大の番狂わせになりそうだ」と、ストランスキ。

「それも、これまで類を見ないほどの」と、ブレイが同意する。

「スポーツ史上、まれに見る」と、ストランスキが締めくくった。

スクラムが崩れる。汗にまみれ、最後の力を必死に振り絞る両チームのフォワードが、再び組み合った。

日和佐はボールを投入すると、スクラムの後ろに素早く回り込む。デュプレアがぴたりと彼のあとについていく。ボールは日本の控えのナンバーエイト、アマナキ・レレイ・マフィの足元にあった。再びスクラムが回転する。

主審のガルセスはスクラムの組み直しを命じた。リーチとマットフィールドのふたりとも、ガルセスと言葉を交わし、判定を確認する。次のスクラムが最後のワンプレーだ。ロスタイムは1分。

両チームが位置につく。「クラウチ！」ガルセスが号令をかけると、フォワードが身をかがめて姿勢を保つ。「バインド！」ガルセスが指示すると、双方のフロントローが、相手の肩の下に頭を置く。「セット！」両チームが組み合うが、互いの力を支えきれず、すぐにスクラムが崩れ落ちる。

ガルセスが笛を吹く。指先を合わせてスクラムの形を作り、辛抱強くもう一度組み直すよう伝える。

リーチがフロントローに近づき、落ち着いて行けと声をかけた。

カメラは人目もはばからず泣いている日本のファンのしわくちゃの顔をアップにした。ストランスキが言うように、これは「大きな喜びの表現」だ。私には、彼らがどんな思いで戦況を見つめているのかが分かる。私たちにできることは何もない。ただそのときを待ち、願うだけなのだ。

「日本チームによる輝かしいパフォーマンス」と、ブレイが言う。「これこそまさにラグビーの頂点、ワールドカップに相応しいゲームだ」

3度目の組み直しが行われた。スクラムが保たれると、私には両チームのフォワードが発する怒声が聞こえるようだった。

そして、それは起こった。再び回転し始めたスクラムからボールが出る。日和佐はキャプテンとしてチームを牽引するリーチとともに、ボールをしっかり確保した。

すべては上手くいく。私はずっとそう感じていた。

これがあるからやめられない。我々が最も輝く瞬間がやってくる。いよいよだ。

日和佐は前へ素早く動き、左から突進してくるリーチにパスを送る。私の旧友、デュプレアが進路をふさぎ、リーチを引き倒すとラックが形成された。ボールがリサイクルされるとすぐに日和佐が走り込み、ロックのブロードハーストにパス。たちまちスプリングボクスの巨漢ディフェンダーに、ふたりがかりでタックルされる。さらにフェーズをふたつ重ねるが、南アフリカの守りは堅い。日和佐はサイドを変え、今度は右に展開した。アタックラインが整っている。真壁伸弥にパスを出すが、タックルされる。ラックからボールが味方に出ると、日和佐は右コーナーめがけて走り込むリーチに、小さくリバースパスを浮かした。

リーチはボールを胸に、ゴールラインに向かって突進する。彼を倒したのは、金髪のサイ、ストラウスだった。日和佐がすぐさまブレイクダウンに駆け付ける。今度はボールを左に振り直す。ゴールライン沿いに立つ立川にパス。立川はふたりのバックスを飛ばしてロングパスを放った。全速力で走り込んだマフィがそれをキャッチ。「さあ、行くぞ」と、ブレイはマイクに向かって叫ぶ。サウとヘスケスがゴール前のスペースを目指して懸命に走る。

マフィはサウを飛ばし、ラインの一番外側にいたヘスケスへスピンをかけたパスを放った。ヘスケスはスピードを落とすことなくボールをキャッチ。ふたりのあいだにいたアウトサイドセンターのサウが、ゴールラインを指して指示をする。

ヘスケスの前には誰もいない。彼は左隅のコーナーと白く光るゴールラインだけを見つめていた。ヘスケスが飛び込むと、私は思わず立ち上がる。「新たな歴史だ！」と、ブレイが叫ぶ。勝利を決めるトライだった。

周りは涙で抱き合う男たちばかりだったが、私は泣かず、笑顔でハイタッチをした。我々は成し遂げたのだ。リーチの勇気と、選手たちの大胆な想像力、不屈の精神、豪胆さに感謝しなければならない。我々はあきらめず、最後にゲームに勝ったのだ。

「今日の日本は、とにかく素晴らしいのひと言でした」。ストランスキはモニターで繰り返し流されるトライのリプレーに熱狂していた。「彼らはゴールキックを狙わない勇気を持っていました。トライを取りにいったのです。マフィは確かなスキルで、ここしかないというタイミングでパスを出しました。ヘスケスはコーナー目指して走り込み、日本の勝利をもぎ取ったのです。これは単にユニオンラグビーだけにとどまらす、広くスポーツという世界の歴史のなかでも、長く語り継がれる勝利のひとつと言って良いでしょう。その勝利は、チェリー・ブロッサムズの頭上に輝き続けるのです」

五郎丸はコンバージョンを外すが、勝利は変わらない。試合終了の笛が鳴り響いた。

南アフリカ32点、日本34点。

「我々はこの目で、歴史の瞬間を目撃したのです」と、おそらく結果を信じかねているだろう世界中の何百万人もの視聴者に向け、ブレイが叫ぶ。そのとき私は喜びにあふれ、はしゃぎまわるスタッフにねぎらいの言葉をかけていた。美しい、陽光あふれる、喜びに沸き上がる午後、我々の人生は変わった。

「ラグビーにおける奇跡だ」と、ブレイが再び叫ぶ。「エディー・ジョーンズは、今、日本の歴史を変えたのです」

16. 2002年シックスネーションズで、クライブ・ウッドワードの知恵を拝借しようと試みる

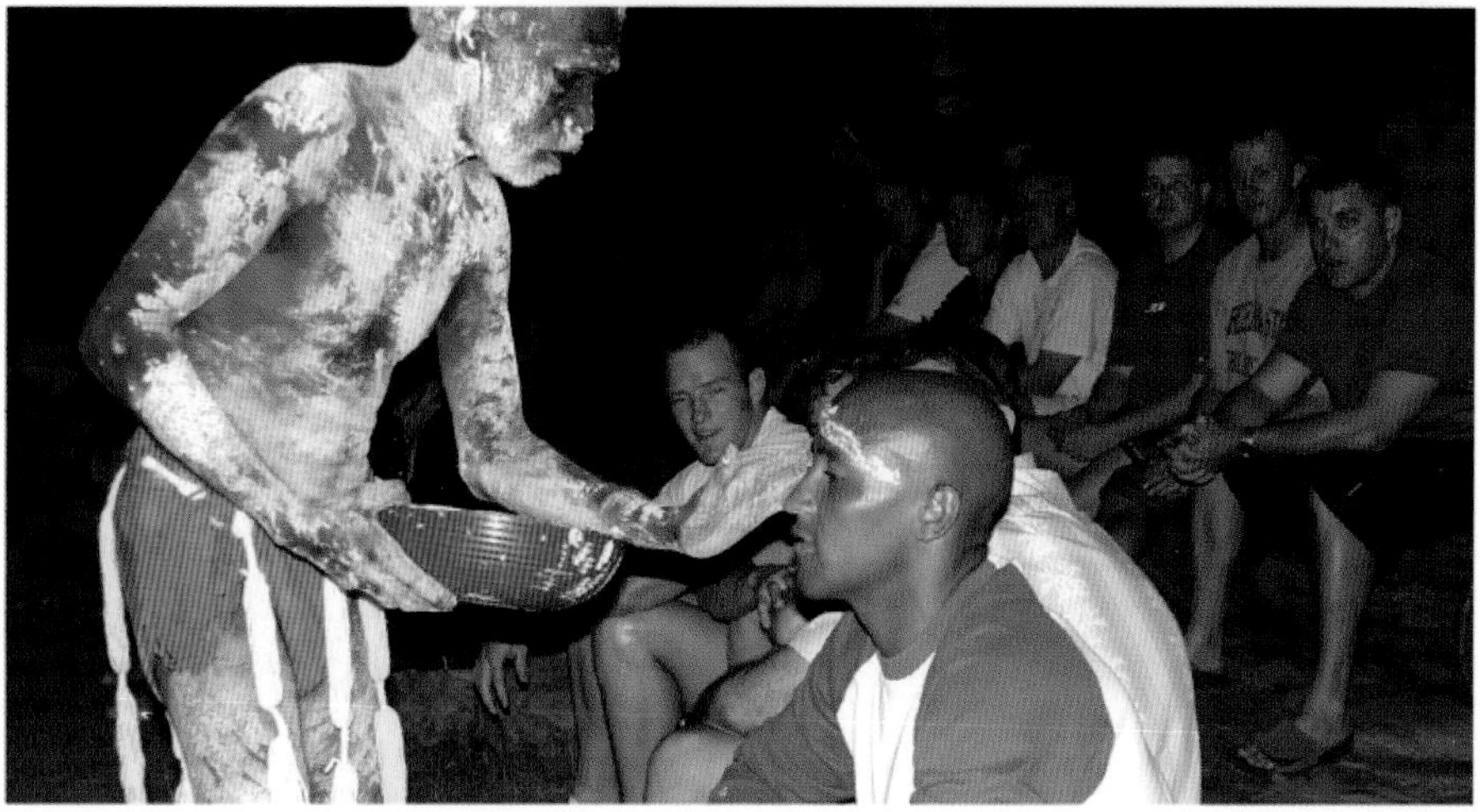

17. 2003年のワールドカップの準備のため、ダーウィンの深い森のなかで一夜をともにし、互いの絆を深めあうオーストラリア代表選手たち

18. ピッチを駆け回るジョージ・スミス。2003年ワールドカップ準決勝でニュージーランドを撃破する

19. 2003年ワールドカップ決勝、イングランドに僅差で敗れ、落胆する選手たち

20. オーストラリア代表ヘッドコーチを解任された直後の記者会見で

21.クイーンズランド・レッズの練習風景。不遇の時代だった

22. 2007年ワールドカップで南アフリカヘッドコーチ、ジェイク・ホワイトと。
コーチとして幸せな時間を過ごした

23. 南アフリカのブレザーこそないが、優勝メダルを手にしての一枚

24. 日本ラグビーフットボール選手権大会を制覇し、歓喜に沸くサントリーの選手たちに胴上げされる

25. 2015年ワールドカップで南アフリカを破り、歴史的勝利に胸を張る日本代表選手たち

26. イングランド代表チームのヘッドコーチに就任

27. 2016年のシックスネーションズのグランドスラムから数カ月後、イングランド代表アシスタントコーチのポール・ガスタード、スティーブ・ボーズウィックと喜びを噛みしめる

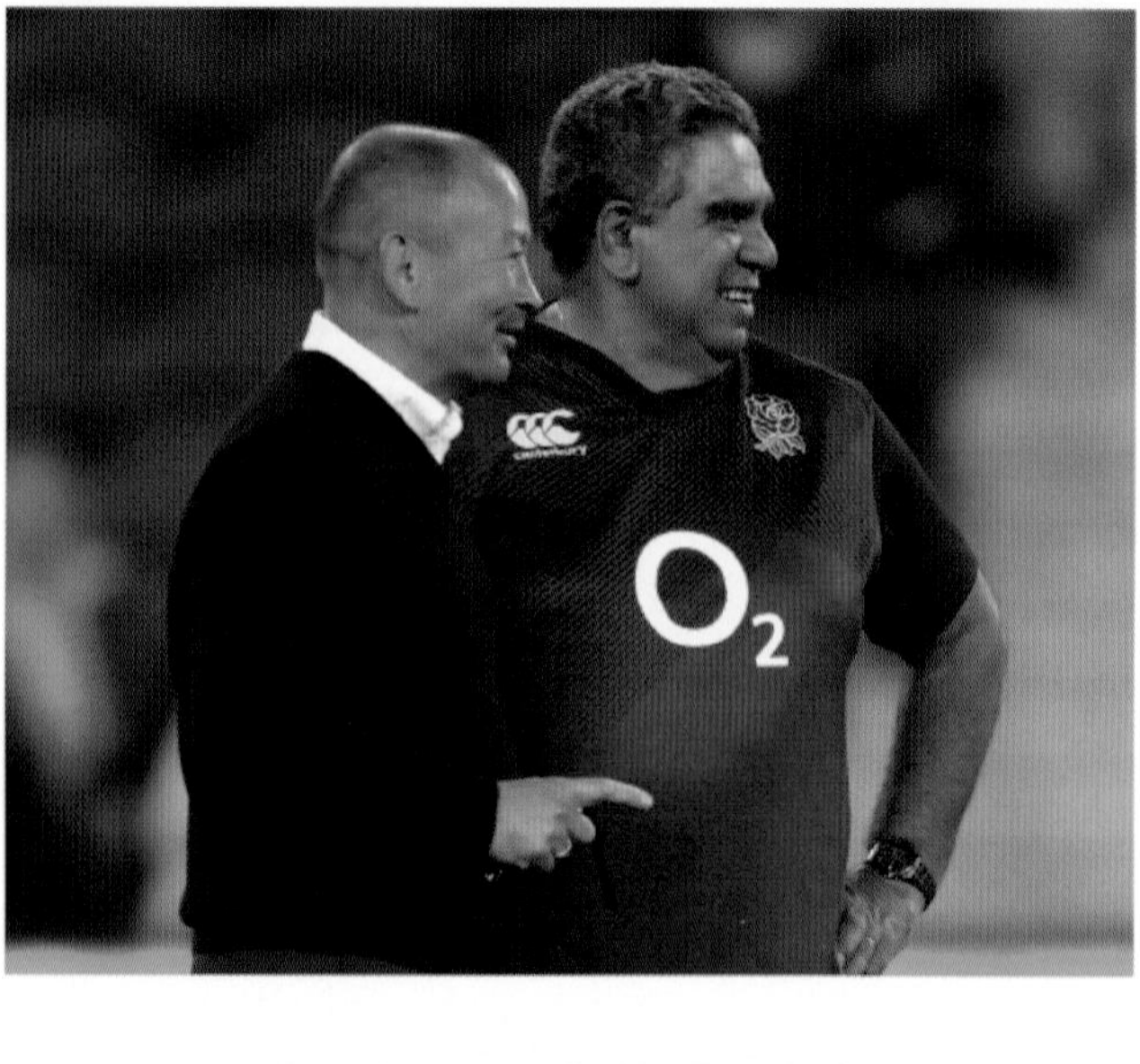

28. 2016年、イングランド代表のオーストラリア遠征で、重要なテストマッチ初戦の戦況を、旧友のグレン・エラと見つめる

29. アイルランドに敗れるも、2017年のシックスネーションズを連覇し、
優勝カップを掲げるイングランド代表選手たち

30. 2018年のシックスネーションズでスコットランドに13対25で敗れ、
ジョージ・フォードら選手たちを励ます。2018年は苦難の年で、ここから7敗を喫した

31. ニュージーランドのハカをV字フォーメーションで見つめるイングランド代表選手たち。
このあとの19対7の勝利を予感させる

32. 2019年ワールドカップ日本大会、決勝戦で南アフリカに敗れ、意気消沈する選手たち

第13章 次なる冒険とグランドスラム

THE NEXT ADVENTURE AND A GRAND SLAM

私は後悔をしない人間だ。過ぎ去った過去はもとには戻らず、変えることもできない。にもかかわらず、もっと違うやり方ができたのではないかとつい考えてしまう。――2015年10月11日、日曜日の午後。私はあまりに疲弊しており、グロスターのドレッシングルームで選手たちにかけるべき言葉が見つからなかった。日本のワールドカップでの戦いは終わりを告げ、私は完全に消耗し、抜け殻のようになっていた。

私の過ちだった。彼らの努力に対して私がどれほど感謝の念を持っているか、そして母国である日本に対して彼らがどれだけのことをやり遂げたのか、選手たちに示すべきだった。それこそ今回の日本チームの大躍進に相応しい、ワールドカップの幕引きだった。事実、南アフリカ戦の勝利は世界中の何千万もの人々を興奮させ、日本のラグビーを根本から変えた。もちろん私は大会以来、ほぼすべての選手に対し、個々に感謝の念は伝えてきた。だが戦いの熱気が残るなか、代表チーム全体に対し、彼らの戦いを称えるべきだったのに、私はその機会を逃してしまったのだ。

南アフリカ戦の4日後、スプリングボクスを破った喜びに浸る間もなく、我々はスコットランド戦に臨んだ。

試合開始30分、私はスコットランドを破るにはどうすべきかに集中していた。初戦のような勢いを維持し、もう1カ国ティア1チームを破ることができれば、予選プールの通過と決勝トーナメントへの進出はほぼ確定する。激戦から体力を回復し、次に備える時間的余裕のない我々にとって、スコットランド戦は南アフリカ戦同様に厳しい――実際にはより困難な――チャレンジだった。対するスコットランドはこれが大会初戦で、しかも南アフリカ戦を観た彼らに油断が生まれるはずがない。スコットランドは準備万端整っていた。

それでも我々は力強い戦いを展開した。アマナキ・レレィ・マフィのトライと五郎丸のコンバージョンで、一時は7対6とリードを奪い、前半を7対12で折り返した。だが、チームに後半を戦う余力は残っていなかった。激闘からわずか96時間。疲労はどうしようもなく、すでに前半戦でエネルギーを使い果たしていた。結局スコットランドに5トライを奪われ、10対45で敗れた。

スコットランド戦とはうってかわり、次のサモア戦は10日後だった。体力を回復した我々は、26対5で完勝した。

我々が日本のラグビーに与えた影響は絶大だった。スコットランド戦は、日本の人口の4分の1に相当する約3000万人がテレビ観戦したのである。多くの人々の関心がラグビーに向けられ始めた今、我々はさらに勝利を重ねる必要があった。一方、次の対戦相手のアメリカも、予選プール最終戦となる日本戦でなんとか1勝を挙げようと必死だった。

選手の体力は明らかに低下しており、私は彼らに発破をかけた。この時点で予選プール敗退は明らかだったが、我々に対する評価を確立しなければならない。アメリカはフィジカルを前面に押し出してくるタフなチームで、勝つのは容易ではなかった。だが選手たちは期待に応え、28対18で勝利を収めた。我々は南アフリカとスコットランドと並び、予選4試合で3勝を挙げた――しかしボーナスポイントの差で、決勝トーナメントに進出したのは南アフリカとスコットランドだった。

東京に戻ると、空港には数千人のファンが詰めかけ、大きな歓声で出迎えてくれた。6週間前、100人にも満たない見送りのなかで出発したのに比べれば雲泥の差だった。日本代表選手のワールドカップでの活躍は日本人の誇りを呼び覚ました。彼らのパフォーマンスは武士道の徳とされる忠義、勇気、慈悲、高潔を体現したもので、日本社会の持つ優れた一面を見せてくれたと世界から評価され、日本人は皆彼らを誇りに思ったのだ。スポーツが人々を結びつけ、勇気づける特別な力があることを改めて思わせる素晴らしい機会だった。

今でも日本に戻り、ラグビーをプレーする子どもたちの数を示す統計値を目にするたびに驚かされる。2015年に南アフリカを破って以来、1・5倍から2倍に伸びているのだ。

2019年の終わりまで、日本のヘッドコーチを続けるつもりだった。事実、2015年を迎えて早々には、新たに4年間の延長契約にサインした。だがワールドカップの開幕もあとひと月に迫るころ、私のなかで、これ以上続けるべきではないという気持ちが大きくなっていた。このままでは私自身、コーチとして成長できないし、日本代表は新たな発想を持った別のコーチが率いたほうが良いのではないかと感じるようになっていたからだ。2003年のワールドカップ終了時にワラビーズのヘッドコーチを辞任すべきだったという忸怩たる思いを持ち続けていたことも、理由のひとつだった。さらに、新たに着任した日本ラグビーフットボール協会の会長とCEOにはなんら親しみを感じなかったし、彼らも契約解除に喜んで応じてくれた。私はすでに新たなチャレンジに心を奪われていたので、彼らの対応はかえってありがたかった。

私は南アフリカのケープタウンをホームとするストーマーズのヘッドコーチに就任する予定で、この仕事ほど私の気持ちを高揚させるものは他になかった。もちろんブランビーズのときも心は躍った。だが今では私も十分に経験を積み、どうしたらパフォーマンスの高いチームを作れるか、よく分かっていたのだ。

これまでずっと、南アフリカのチームをコーチしたいと願っていた。私の考える世界の2大ラグビー大国はニュージーランドと南アフリカである。私はオーストラリア人だ。オールブラックスをコーチするのはまず無理だろう。だとすれば、あの美しいケープタウンでストーマーズを率いるチャンスを見逃すことはできなかった。南アフリカ、とりわけケープタウンには、素晴らしい才能を持ったプレーヤーがまだまだたくさん埋もれている。しかも私には、2007年にスプリングボクスとともに過ごした経験があり、南アフリカのプレーヤーの力を最大限に引き出せるという自信もあった。

私はストーマーズならスーパーラグビーを制覇できると信じていた。新たなサポートスタッフとも積極的に連絡を取り合っていた。このチームの選手たちのことを気に入っていたし、すでにサポートスタッフとも良い関係を築いていた。ミーティングとトレーニングセッションをそれぞれ1度ずつ行っていたのだ。私はこの経験を通じて、東京ではなくケープタウンを選んだのは間違いではなかったと確信を深めていた。

同じ頃、私よりも興奮している人物がいた。ジェイク・ホワイトだ。ホワイトは私に、スチュアート・ランカスターがチームを去り、イングランドが新たなヘッドコーチを探していると教えてくれた。私たちはランカスターが有能なコーチだと分かっていたが、イングランドが自国開催のワールドカップで、しかも予選プールで敗退してしまっては、彼の続投はどう考えても難しかった。

ホワイトはかねがね、イングランドのヘッドコーチになりたいと口にしていた。彼はもう応募したと明かしてくれたが、私にはそのつもりはなく、相変わらずストーマーズのコーチに専念していた。偶然にもホワイトと私の代理人は、同じヨハネスブルグのクレイグ・リビングストンで、運命の歯車はそこから回り始めた。ホワイトは金曜日に面接を受けたという。「そりゃ良かった」。私はそう言い、彼の幸運を祈ると、この話はそこで終わったかに見えた。

ところが次の木曜日、突然、代理人のリビングストンから連絡が入った。イングランドラグビー協会のイアン・リッチーが、土曜日にケープタウンで会いたいと言っているというのだ。相手は協会のCEOで、それほどの人物から是非会いたいとまで言われたら、話も聞かずに断っては礼を失する。これはリビングストンも同じ考えだった。

「分かりました」と、私はリビングストンに言った。「話を聞くくらいなら問題ないでしょう。先方と時間を調整してください」

金曜の夜、今度はホワイトから連絡が入った。もっぱら私との共同コーチの可能性について話してばかりいるのを見ると、どうやら面接の結果は芳しくなかったようだ。私たちは2007年にチームを組んで成功を収めていたので、時折、またふたりで一緒にやろうと話していた。世界的に見ても、イングランドでコーチをするのはかなり骨の折れる仕事だと分かっていたので、私はそれについて異論はなかった。私はホワイトに、近々リッチーに会うことになっているので、そのときにこの件について必ずその話をしておくと請け合った。

リビングストンが締結したストーマーズとの契約には、ティア1国から仕事の依頼を受けた場合には契約が解除できる旨の条項が盛り込まれていたが、土曜日の朝に目が覚め、今日はリッチーと会う日だと思ったとたん、私は多少の後ろめたさを感じた。ケープタウンの仕事には満足していたが、もしイングランドでの仕事を提示されれば、引き受けてみたいと思ったからだ。イングランドをコーチする――考えただけでも胸が高鳴った。

リビングストンの御膳立てで、リッチーと私はウォーターフロントの高級ホテルで会った。部屋の窓からテーブルマウンテンの美しい姿が望めた。おかげで私はリッチーと初対面の挨拶を交わし、簡単に世間話をしたあとで、イングランドのヘッドコーチに興味があるかと聞かれたとき、その景色をジョークに使うことができた。「そうですね」と私は、ちょっぴり笑みを浮かべながら言った。「このケープタウンの景色を見たら、ロンドンに行こうって人がどれほどいると思いますか？」

リッチーは笑いながら、ケープタウンの輝く陽光とテーブルマウンテンの雄姿に対抗するのは、確かに難しいとジョークを返してきた。私はリッチーが気に入ると同時に、彼という人物に深い感銘を受けた。すでに十分な調査を行い、私の過去の仕事を知る人たちと話をしていたようで、彼ほど周到な準備をしてきたＣＥＯは他にいなかった。どこまでも慎重で、プロの仕事に徹した人物だった。

私はホワイトと連絡を取り合っていて、彼からふたりでコーチにあたるのはどうかと提案があったとリッチーに告げた。だがリッチーはそれには興味を示さなかった。彼はイングランド人らしく礼儀正しかったが、彼の様子を見れば、共同コーチは面倒で煩わしいと思っているのは明らかだった。彼の考えは、明確なビジョンを持ったひとりの人物にイングランドを任せ、その人物がCEOである自分に対して、チームのパフォーマンスについて100パーセント責任を持つというものだった。そして、彼の考えるその人物こそ私なのだという。

私たちは仕事やイングランドのラグビーについて、とりわけワールドカップでの失敗と、リッチーが抱く将来のビジョンについて語り合った。話が進むにつれ、リッチーやイングランドラグビー協会とともに、代表チームを世界のトップに押し上げるというその仕事のやりがいに、私の気持ちは次第に高揚していった。変に強気な駆け引きに出たり、ヘッドコーチの仕事に興味があることを隠したりするつもりもなかった。2003年にワラビーズのヘッドコーチとしてクライブ・ウッドワード率いるイングランドと決勝を戦ったが、実はその前からイングランドのヘッドコーチという仕事に惹かれていた。大会前のある静かな晩、グレン・エラと私はとりとめのない話に興じていた。私は彼に、オーストラリア以外にヘッドコーチができるとしたらどの国がいいかと聞かれ、即座に答えたものだ――イングランド。人材は豊富でプレーヤーもたくさんいるが、残念ながらその潜在能力が十分活用されているとは言い難い。もちろんイングランドは、数週間後に開催されるこの年のワールドカップで優勝を果たすのだが、このあと――特に2011年には――凡庸なチームに逆戻りしていた。

2012年から2015年にかけてランカスターに率いられたイングランドは、まずまずのラグビーを展開していた。だがプレーヤーの能力こそ高かったが、リーダーシップをとる選手がおらず、チームに独自のスタイルがなかった。私ならイングランドをもっと一貫性のあるチームにできるはずだ。サラセンズをコーチした経験から、イングランドラグビーに対する自分なりの見識が得られたので問題ないと語ると、リッチーは安心したようだった。私の関心は、イングランド代表選手の能力の向上と、優勝が狙えるチーム作りに向けられた。

もっぱら人をいらつかせ、しかも厳しい要求を突き付けるという、私の前評判を聞いていたリッチーは、失礼な言い回しがないように言葉を選びながらも、私の「マネジメントスタイル」について質問をしてきた。年月とともに穏やかになってきたかどうか、知りたかったようだ。

「ええ、落ち着いてきたと思います。脳梗塞で入院してからは特に」と私は正直に答えた。病気の影響だけでなく、これまでコーチした大半の選手たちと友情を保っていることもきちんと説明した。未だにメディアには、かつて私がどんなふうに怒鳴り声を上げたかを語る人たちが現れる――だが彼らでさえ、怒鳴られたプレーヤーはその後大きく才能を開花したと付け加えるようになっていた。さらに私は、ラグビーはこの20年で大きく変化し、プロ化当時のような荒っぽい口調で選手に指示をすることはもはやできないのだと強調した。

話も終わるころには物事はすべて順調に運び、私たちは握手を交わした。翌週の月曜日、もう一度会ったときに契約は成立し、私は2019年までヘッドコーチとしてイングランドを率いることになったのである。

このニュースを耳にしたホワイトは腹を立てた。私の前では口にしなかったが、ふたりでチームを組む案をあと押ししなかったと思っているのは間違いなかった。だがリッチーは、共同コーチはあり得ないと明言していたし、ケープタウンに向かったときにはすでに私をヘッドコーチに任命するつもりだったと、後日語っている。私には後ろめたい気持ちなど全くなかった。ホワイトの落胆ぶりは大きかったが、私は今までの実績を買われてイングランドのヘッドコーチに任命されたのだ。ホワイトが傷ついたとしても、そのために積年の夢だった絶好の機会を辞退するわけにはいかなかった。

それよりもストーマーズにこの件を伝えるほうが、気が重かった。就任後わずか2週間で、契約解除を申し出なければならない。ストーマーズのヘッドコーチは、私にとっては夢のような仕事だった――私の目の前にさらに素晴らしく、いっそう大きな夢が現れるまでは。ストーマーズのマネジメントチームとコーチ陣は残念がったが、理解を示してくれた。皆、私に提示されたチャンスの大きさを分かってくれたおかげで、別れを告げるという辛い気持ちもずいぶんと楽になった。

まさに一陣の風が吹きすぎるように、気がつけば私の人生は大きく変わっていた。ケープタウンでの新たな生活を始めようと、木曜日の晩にオフィスを整え、暮らしの準備を始めたとたん、翌週月曜日の夜には、世界有数のチームのヘッドコーチとして、ロンドン行きの便に乗っているのだ。

そのとき私の気持ちがどれほど高ぶっていたか、言葉で表現するのは難しい。2015年のワールドカップでは、イングランド、ウェールズ、オーストラリアの3カ国が同じプールだったので、スティーブ・ボーズウィック、リー・ジョーンズ——我々のウェールズ人ディフェンスコーチ——と私は、3人で熱心にゲームを観た。私にはイングランドが、プレースタイルに混乱を来しているように映った。フィットネスも標準以下だった。ロンドン行きの機内で、私は早速仕事に取り掛かった。最初にやるべきは、イングランドに合ったプレースタイルを確立することだった。

私は過去に、戦術を決定し、それをサポートするためにトレーニングの調整を図る「戦術的ピリオダイゼーション」モデルを日本チームに取り入れたが、それはイングランドに対しても効果的であると分かっていた。我々のとるべき戦術は、イングランドラグビーの土台——強力なセットピースと攻撃的なディフェンス——のうえに築かれねばならない。パズルの最後の1ピースは、いかにアタックを仕掛けるかだ。

成果を出すためにじっくりと時間をかけるわけにはいかなかった。コーチは非情な仕事だ。すぐに結果を出さなければ、すぐに首を斬られる。そうなれば、2019年にこのチームの指揮を執ることはできなくなる。

2015年11月19日、ヒースロー空港に到着したときの私の格好たるやなかった。取るものも取り敢えず出発したため、上はTシャツに下は短パン、しかも履いているシューズは汚かった。空港には地元メディアが待ち構えていて、オーストラリアの新聞報道で私の姿を目にした母は大いに怒り、きちんとした身なりをし、相応の靴を履くのがいかに重要か、再びくぎを刺されるはめになった。もちろん母は正しく、私の注意不足だった。十分な準備をするだけの時間がなく、服装にまで気が回らなかったとはいえ、おかげで、私という人間が本当にイングランドに相応しいのか、周囲はまだ疑ってかかっているのだという事実を、再認識する良い機会になった。

身なりもいい加減だったが、到着後のスケジュールも上手く運ばなかった。空港から迎えの車に乗り、予定ではイングランド代表チームがトレーニングの拠点として使っているサリー州にあるホテル、ペニーヒルパークへ向かうことになったが、ホテルの周りはすでに報道陣で埋め尽くされており、仕方なくリッチーCEOの自宅からそれほど遠くないウィンザーにある小さなホテルへ入った。そこで一晩を過ごし、翌日、リッチーと協会のディレクター・オブ・ラグビーであるロブ・アンドリューと3人でミーティングを持った。彼らはまず、トゥイッケナムにあるイングランドラグビー協会内部を案内してくれた。巨大なオフィスに600人以上のスタッフが働く様子はまさに壮観で、私にとってその日は、記憶に残る特別な一日となった。今でもイングランドラグビー協会は、ラグビーの発展と成長に寄与しようと常に努力を続けている素晴らしい団体である。

私のヘッドコーチ就任発表記者会見は、11月20日に開かれた。今回は準備にぬかりはなかった。イングランドという場所柄、ピンストライプのダークスーツに赤のネクタイを締め、ぴかぴかに磨き上げた靴を履いた。絶大な影響力を持つ英国メディアが、私の成功や失敗を大きく左右するのは間違いなかった。彼らに好印象を与えたかったので、努めて明るく友好的に振る舞った。イングランド初の外国人コーチであり、オーストラリア人であり、そして私がエディー・ジョーンズである以上、無条件で認めてもらうのはまず不可能だ。少しでも弱みやためらいを見せれば、彼らは容赦なく襲いかかってくるだろう。私はしばしばメディアとの関係を、西部劇のワンシーンに譬えたものだ。土地の男たちで賑わうバーにガンマンが入ってくる。男たちはその見知らぬガンマンに上から下までじっと視線を送り、少しでもうさん臭さを感じればすぐさまテーブルを蹴倒し、拳銃を打ち込んでくる。それが英国メディアなのだ。

新聞やラジオ、テレビ、あるいはネット上のデジタル・メディアの世界では、頭が固くギャラの高い、イングランド代表経験者たちが中心を占め、とんでもなく競争心の強いジャーナリストたちがその脇役として周りを固めている。彼らは誰かを怒らせるのが目的なので、言動に注意しなければ上手く利用されるのが落ちだ。一言一句たりとも不用意なことを口にしてはならない。2018年、スコットランドに敗れたあと、マンチェスター・ユナイテッドの名監督として知られるアレックス・ファーガソンに会いにいった。このとき彼は私に、最も有益なアドバイスを与えてくれた。「新聞を読むのは止めたほうがいい。頭にくるだけだから」

トゥイッケナムの満員のプレスルームで、私は言った。「リッチーCEOと話をしました。我々が目指すところは明確です。このトゥイッケナムが活気づくような、常に勝てるチームを作り上げることです。そのためには今後4年間で、次のワールドカップで活躍できる若手プレーヤーを、組織としてしっかり育てていかなければなりません」

私はスチュアート・ランカスターの手腕を認めていた。選手たちをハードワークも厭わない堅実なプレーヤーに変えたのはもちろん、２０１９年チームの中心になるだろう有能な若手選手をたくさん見出したからだ。これはリッチーにも依頼されている仕事だったが、私はコーチを育成する必要性も訴えた。「２０１９年まで一緒に仕事をしてくれるコーチ陣を選定するのも、我々の目標のひとつです。心配はしていません。イングランドには優秀なコーチがたくさんいますからね」

イングランドのスポーツ関係者は、自国開催のワールドカップで予選プール敗退を喫したのは、自分たちになんらかの誤りがあったためだととらえていたので、この件については上手く運んだ。多くの人が、自国の代表チームに外国人コーチを呼ぶのは気に入らなかったようだが、私には的確な人選ができる自信があった。我々は勝たねばならず、なによりもそれが優先事項だった。

すぐにでも取り掛かりたかったが、まだ仕事は始められなかった。出足が遅れたのは、ひとつには就労ビザの問題だった。加えて11月下旬に、ロサンゼルスで開催されるティア2、10カ国によるワールドラグビー・ワークショップに協力する予定になっていたからだ。

イングランドラグビー協会会長、ビル・ボーモントには、イングランドがティア2にまで滑り落ちたとは知らなかったと冗談を言われた。だがボーモントとリッチーは、日本の成功を他のラグビー発展途上国と分かち合えれば、ひいてはイングランドラグビーにも有形無形の恩恵がもたらされると理解を示してくれた。さらにワークショップの理念も、国際試合の数を増やそうとするイングランドラグビー協会の姿勢にかなったものだった。

ロサンゼルスでワークショップの仕事を終えたあとも、就労ビザの認可はまだ下りなかった。そこで私はいったん東京に戻ってヒロコに会い、年明け早々、ロンドンで生活をともにするための最終手配を行った。彼女はケープタウンに立ち寄る機会さえなかったが、いつものように、次の冒険に臨む準備ができていた。彼女は常に私の人生や仕事を理解し、支援を続けてくれている。

2015年12月1日、私はようやく正式にイングランドのヘッドコーチとして活動を始めた。最初に取り組んだのは、主だった代表選手と話をすることだった。その次に、プレミアシップに所属する各クラブのディレクター・オブ・ラグビーを訪ね、できるだけたくさんのゲームを観戦した。そうこうするうち、私はすぐに彼らの多くが、素晴らしい才能を発掘し成長させるためなら喜んで協力しようとしているのに気がついた。私はイングランド人の国民性をさらに理解するため、イングランド文化にどっぷり浸かってみようと考えた。4年前の日本同様、イングランド人の特性に潜む彼らの本質を、ゲームスタイルに取り込む必要があったのだ。

本格的に動き始めた最初の土曜日、私はトゥイッケナムのホテルの部屋をあとにした。凍えるような寒い日だった。散歩がてら向かったのはハリクインズのホームスタジアム、トゥイッケナム・ストゥープである。ロンドン・アイリッシュを迎え撃つハリクインズには、マイク・ブラウン、ダニー・ケア、ジョー・マーラー、クリス・ロブショーら、多くのイングランド代表選手が顔を並べていた。チームには、オーストラリア代表61キャップを持つロック、ジェームズ・ホーウィルもいた。彼はかつて私がクイーンズランド・レッズで悲惨なシーズンを送ったとき、若手のひとりとしてチームに所属していた選手だった。

試合はハリクインズが38対7でロンドン・アイリッシュを降した。グラウンド状態は劣悪でロンドン・アイリッシュは弱く、ゲーム自体そう面白いものではなかったが、スタジアムに集まったおよそ1万5000人の地元ファンは大いに楽しみ、満足したようだった。私はケアとロブショーのパフォーマンスが特に印象に残った。その晩私は、そのロブショーと一緒にコーヒーを飲む約束をしていた。1対1で話す初めての代表選手に彼を選んだのは正しかった。彼は素晴らしいキャプテンだった。芳しくない結果に終わったワールドカップだったが、そのあいだ、イングランドを牽引したのはロブショーである。キャプテンとして臨んだゲーム数は、ウィル・カーリングに次いで歴代2位。かのマーティン・ジョンソンでさえ、ロブショーには及ばなかった。

私はロブショーを——たとえ彼に対するこれまでの私の批評がそぐわないものだとしても——尊敬していた。イングランドがオーストラリアに敗れ、予選プール敗退が決まったあと、私は『デイリー・メイル』紙にこう語った。「デイヴィッド・ポーコック（オーストラリアの7番）は生まれながらのボールハンターです。ボールの争奪戦で、彼の右に出るプレーヤーはいません。残念ながらスチュアート・ランカスターは、彼に匹敵するプレーヤーを抱えてはいませんでした。確かにロブショーは素晴らしい選手です。ただしクラブレベルでは優れていても、代表レベルで見ると物足りない。ボールキャリーも上手い、タックルもしっかりする、でもこれというものがありません。そこが彼の限界です。なんでも平均以上にこなす器用な選手ですが、ポーコックのような、オープンサイドフランカーならではの傑出したスキルや嗅覚に欠けています」

私は今でも、これがロブショーの7番としての能力に対する妥当な評価だと思っている。だが英国メディアは私のこのコメントを、クリス・ロブショーの代表選手としてのキャリアに終止符を打たせようとするもの、あるいは大口叩きのエディー・ジョーンズのいつものプレーヤーいじめと受け取ったようだ。私の言いたいことは少し違っていた。ロブショーをどう使うかだ。まずは彼をよく知らなければならない。私の見るところ彼の適性は6番で、事実、このときのゲームで見せた彼のパフォーマンスは、まさにそれを証明していた。

明らかにロブショーはワールドカップ後、イングランド予選敗退の尋常ならざる重荷を一身に背負っていた。その責任感やストイシズムには頭が下がる。まさにリーダーの鏡のような男だ。彼には、プレーヤーとしてのこれまでの実績はさておき、今はすべて白紙の状態だと告げた。さらに、6番でプレーする意志があるなら、代表選手として選んでも良い。そのために、今はハリクインズのために必死でプレーすべきであり、それができれば、代表メンバーに名を連ねるチャンスが生まれるはずだと語った。キャプテンの件は口にしなかった。彼にはあくまで、まずプレーヤーとして活躍することを求めたのである。

ロブショーはイングランド代表になることに対し、真摯かつ現実的な心構えで、情熱を持って取り組もうとしていた。私の言葉にしっかり耳を傾ける彼の姿には、イングランドでナンバーワンのブラインドサイドフランカーになろうとする彼の強い意志がはっきり見て取れた。

個人的にはチームの雰囲気を変えるためにも、キャプテンは別のプレーヤーにすると決めていた。確かにロブショーは勤勉で努力家だ。だがもっと強いリーダーシップが発揮できる人物が必要だった。私の知る限り、どの分野であれイングランド人が能力を発揮するとき、そこには必ず強力なリーダーがいる。すぐに頭に浮かぶのは、政治家で言えばウィンストン・チャーチル、クリケットならマイク・ブレアリー、ラグビーであればマーティン・ジョンソンの3人だろうか。歴史に名を刻む優れたイングランド代表チームにも、決まって並外れたリーダーシップを持つキャプテンがいた。強力なリーダーシップを必要とする国家や国民があるが、イングランドもその例外ではない。私は2015年以降のイングランド代表チームに対して、とりわけその感を強くしていた。

次に、ノーザンプトン・セインツのゲームを観に行った。観客席に着くと、すぐにひとりの女性が近づいて来た。ノーザンプトンのファンだという彼女はずけずけと言った。「イングランドのキャプテンには、ディラン・ハートリーを選ばなきゃだめ。彼がキャプテンだと、決まってチームの調子が上向くのよ」

ハートリーには数々の懲罰記録が残っていたが、私は彼に興味を抱いた。明らかにリーダーの資質を備えていたからだ。初めてプレーを見たときの印象は、あまり良いものではなかった。サラセンズをコーチしていたとき、彼はノーザンプトンの素行の悪い若手フッカーで、心底、嫌なやつだと思ったものだ。しかし彼はなにか人を惹きつけるものを持っていた。私は、多くの経験を積み、多少のことではひるまないタフなプレーヤーを探していた。イングランドをリードするのはそうした選手でなければならない。

その晩のハートリーのプレーはまずまずだった。翌週、彼をペニーヒルパークに招き、一緒に朝食を摂ることにした。ヒロコが渡英してくるまでのあいだ、私はこのホテルを定宿にしていた。ホテル自体は気に入っていたが、朝食を食べるには、２００３年のワールドカップの優勝を祝う装飾が施された廊下を通り抜けなければならず、私は毎朝そこで、最も辛い敗戦の思い出を呼び覚まされるはめになった。だがそれらの写真が選手たちにとっては、ワールドカップ２０１９日本大会へのやる気につながると思えば、逆に嬉しくもあった。

私はレストランでハートリーを待っていた。約束の時刻の数分前、それほど背の高くない、小太りの男がひょり入ってきた。一見学者風で、眼鏡をかけている。真っすぐに私の前へやってくると、手を差し出した。ディラン・ハートリーだった。ラグビー選手というよりも、どちらかと言えば哲学科の大学4回生のようだった。私は呆気にとられたが、彼の固い握手の仕方に思わず微笑んでいた。メディアで報道されるような凶悪な人物にはまるで見えなかった。

私は興味をそそられた。ハートリーは穏やかで知的な人物だった。彼は自分自身について、さらに自分やイングランドがどう変わるべきかについて淀みなく語った。ゲームの良し悪しももちろん大事だが、私はそれ以外にプレーヤーの性格も大切だと考えていた。ハートリーは思慮深く、魅力的で誠実な人物だった。突然携帯電話が鳴り、私は会話を中断し、断りを入れて席を立った。テーブルを離れながら、私はハートリーがドリスという名のレストランのスタッフの女性に話しかけるのが目に入った。彼女はペニーヒルパークで何年も働いているベテランだ。私は、年配の従業員と親しげに会話をするハートリーの姿に驚き、そんな彼に好感を抱いた。

ハートリーが帰ってしばらくすると、当のドリスがやってきた。ホテルの従業員たちは、私がいつも何気ない会話を交わすのが好きだと知っているのだ。ドリスはハートリーが好きだった。選手のなかにはスタッフに親しげに近づき、挨拶して話しかけてくれる人たちがいるが、彼もそのひとりだという。私はハートリーが人間的にきちんとした人物だという事実以上に、様々な人たちに積極的に関わっていける能力に大いに惹かれた。彼に選手同士を結びつける力があるのは明らかだった。

世界は大きく変わった。若者がソーシャルメディアに多くの時間を費やす現代にあっては、実際に人と向き合いグループをまとめる力は、すでに多くの若者から失われつつある。そんななかでハートリーは、昔ながらの方法で世間を渡っていけるタイプのラグビー選手だった。彼はニュージーランドでどう過ごし、なぜイングランドへ渡ってきたか、大いに語ってくれた。また、自分の犯した間違いを素直に認めた。私はそんな彼の誠実な姿勢が気に入った。彼以上に間違いも犯した人物など世の中にはたくさんいる。事実、私もそのひとりだ。それだけに、言い訳をすることなく学んだ教訓を素直に口にできる人物は尊敬に値した。

私には目の前で朝食を摂るハートリーが、歴代最多の懲罰記録を持つ選手にはどうしても思えなかった。彼のコミュニケーション能力は高く、審判と上手くやっていけるだけの知性と良い意味での狡さを備えている。ラグビーは常にボールを奪い合う競技であり、審判は絶えずそうしたプレーに判定を下さねばならない。審判と良い関係を築き、ときには審判に気づかれないように判定に微妙な影響を与えていけるキャプテンの能力は、テストマッチの重要な要素のひとつなのだ。

次のワールドカップへ向けた1年目、ハートリーこそ、イングランドが必要とする人物だった。決して身体能力が高いわけではない。だが試合のなかでプレーヤーたちの心理を機敏に察知しながら、肉体的に激しいプレーが続けられる選手であり、イングランドに欠けている闘争心をもたらしてくれるだろう。私は強力なセットピースと力強いディフェンスで相手を粉砕するような、容赦なく敵をねじ伏せるパワフルなチームにしたかった。私はチームのマインドセットを変えたかった。２０１５年のチームは精神力と自信に欠けており、ハートリーはそのふたつを兼ね備えていた。我々はゲームに勝って自信を取り戻さなければならない。私は考えれば考えるほど、ハートリーはチームにそうした変革をもたらしてくれるキャプテンだという確信を深めた。

この選択に迷いはなかった。このときはまだ、オーウェン・ファレルをキャプテンにしようという考えはなかった。私はサラセンズで10代のころの彼を知っていたし、イングランド代表として素晴らしいプレーを披露した数々のテストマッチも目にしていた。私にとってチームのキープレーヤーであることに変わりはなかったし、チームリーダーとしても成熟しつつあった。だがいかんせん、まだ若すぎた。

キャプテンが決まれば、あとはコーチングスタッフだ。私はサラセンズ時代、アンディ・ファレルに初めてコーチとしての経験を積ませた。２００８年のことだった。アンディ・ファレルはリーグラグビーで華々しい活躍をし、ユニオン移籍後もイングランド代表としてプレーしたものの、ルールの違いからか、ユニオンでは怪我に悩まされ続けた。だが彼は自身の不運を嘆いて終わるような男ではなかった。リハビリをする彼にサラセンズのコーチをしてみないかと声をかけると、アンディは快くそれに応えてくれた。ラグビーに対する鋭い見識と人をまとめる力が評価され、２０１１年から２０１５年まではイングランド代表のディフェンスコーチを務めた。

人物的にも優れていたし、コーチとしての手腕も高かったので、私は彼にそのままコーチとして残って欲しかったが、状況がそれを許さなかった。彼はオーウェン・ファレルの父親だったのだ。やむなく彼には代表チームを去ってもらった。その後2年半が経過し、オーウェン・ファレルもいよいよその真価を発揮するようになり、２０１８年の南アフリカ遠征ではキャプテンを務めるまでに成長した。一方父親のアンディ・ファレルは、アイルランドコーチ陣の主要メンバーとしてアイルランドのグランドスラムに貢献した。良い機会だと思った私は、それを機にアンディにアプローチした。代表チームのディフェンスコーチ、ポール・ガスタードはハリクインズのチーム運営を引き継ごうと決めていたので、私はアンディに、ワールドカップを目指すチームに加わって欲しかったのだ。

彼は真剣に受け止めてくれ、私はまた一緒に仕事ができるかと期待した。だがこのとき、２０１９年のワールドカップで退任することになっているジョー・シュミットの後任として、アンディがアイルランド代表ヘッドコーチに就く可能性が高かった。アンディも当然ながらこの挑戦に乗り気で、結局はアイルランドに残ることを選択したのである。イングランド時代にコーチの職を解かれ、失望を味わったアンディだったが、それはもう過去の話だ。我々は馬が合い、今でも時々顔を合わせている。

２０１５年12月、アンディに辞めてもらう話をしたとき、グラハム・ローンツリーとマイク・キャットにも同じ決断を下した。彼らの代表チームに対する実績は文句のつけようのないものだった。キャットは２００３年の優勝メンバーのひとりだったし、ローンツリーはイングランド代表として54キャップを獲得したあと、２０１３

年のライオンズのオーストラリア遠征ではフォワードコーチとして帯同した。だがいったん清算すべきときだった。私は自分なりのコーチングチームを編成したかった。そこでキャットとローンツリーには、残念な話をせざるを得なかったのだ。

ヘッドコーチは、アシスタントコーチをバランスの取れた陣容にしたいと願うものだ。私は常に自分とは異なる性格を持った人物を揃えることでチームに多様性を持たせ、新たな風を取り込もうとした。最初に選んだのはスティーブ・ボーズウィックだった。日本代表を率いたときから、彼のコーチとしての能力の高さは抜きん出ており、私は彼に一目置くと同時に、大きな信頼を寄せていた。彼はすでにブリストルのヘッドコーチとして指揮を執っていたが、トゥイッケナムに着くとすぐに、私はなんとか彼をチームに引き入れようと考えた。ボーズウィックも同じ気持ちだったが、契約上、彼を引き抜くのは至難の業だった。当時ブリストルは、イングランドのクラブラグビーの2部リーグ、チャンピオンシップにいて、ボーズウィックはワールドカップ終了直後からチームに加わっていた。彼は私のオファーを受け入れ、12月半ばにはその旨をブリストルに報告した。

これに対しブリストル側は納得せず、すぐに声明を発表した。「スティーブ・ボーズウィックは本日、クラブに対し、イングランドラグビー協会コーチングチームへ参加を希望する旨を明らかにした。これに対しブリストル・ラグビーは、スティーブ・ボーズウィックの契約解除には応じるつもりはないと、ここに表明するものである。スティーブ・ボーズウィックには、すでに締結した長期契約を履行する義務があり、一方でブリストル・ラグビーはイングランドラグビー協会に対し、スティーブ・ボーズウィックと雇用に関する話し合いを行う許可を与えていない。しかるにブリストル・ラグビーはクラブの地位を保全するため、あらゆる合理的措置を講じるものである」

その後4日間は緊張状態が続いた。イングランドラグビー協会がブリストルに対し、なんらかの補償をすることにはなるだろうが、私は、最終的には当初の希望が通るだろうと踏んでいた。今回の件で見られたクラブ側の反発は、代表チームに対するクラブと協会の考え方の違いを如実に示すものだった。ブリストルのオーナーであるスティーブ・ランズダウンは、協会の対応を「プロ意識のかけらもない」やり方と断じ、「クラブの運営を完全に無視したもので、統括団体としては信じ難い行為」だと非難した。

こうした状況は、アイルランド、スコットランド、ニュージーランド、オーストラリア、そして南アフリカではまず起こり得ない。いずれの国も、代表チームの成功が最優先課題だという認識で一致しているからだ。ところがイングランドはそうではなかった。

イアン・リッチーは事態の収拾に最善を尽くし、結局、合意は成立した。「ボーズウィックコーチに対する我々の申し入れがブリストルの苦境を招いたのは明白です。にもかかわらずブリストルにはご理解をいただき、今回のような契約締結に至ることができました。ここに心より感謝申し上げます」

我々は多くの非難を浴び、再びクラブと協会とのあいだの対立点が浮き彫りになった。我々はまた、ノーザンプトン・セインツのアレックス・キングをアタックコーチとして引き抜くのではないかと非難されたが、私は代表チームのアタックは自分で担当するつもりだった。一方、ディフェンスコーチはポール・ガスタードを任命しようと考えた。私がサラセンズにいたころからよく知っていて、彼のやり方は実にユニークだった。あるときチームのトレーニングセッションに狼を2頭連れてきた。選手たちに、ディフェンスとは「狼のように群れで狩りをする」と教えたかったのだ。彼独自のコーチングスタイルを伝えるものとして有名な話である。一方でガスタードは、努力を惜しまない真面目なコーチでもあった。幸いサラセンズはブリストルとは違い、我々の依頼を快く受け入れてくれた。

ガスタードの性格はボーズウィックとは好対照だった。ガスタードが外向的なのに対し、ボーズウィックは控えめで、ボーズウィックが几帳面で分析的なのに対し、ガスタードはグループで賑やかに騒ぐのが好きだった。ふたりともサラセンズで一緒だったので、互いの性格がよく分かっていた。

ありがたいことに、ヘッドコーチを引き継いでから3週間も経たないうちに、前任者のスチュアート・ランカスターに会うことができた。親しみやすい気さくな人物で、この4年間に集めた資料をひとつ残らず見せてくれた。謙虚で勤勉で、しかもプロに徹したその姿勢には頭が下がる思いだった。彼は深く傷ついているに違いなかった。私も何年か前にワラビーズを解雇されていたので、彼の気持ちが十分理解できた。個人的に最も辛い状況にありながら、それでもランカスターは最後の最後まで、イングランドのラグビーのために力を尽くそうとしていた。ヘッドコーチ退任の経緯に対しては、あれから4年が経過した今でも、不本意な思いを抱いているに違いない。ランカスターはイングランド代表ヘッドコーチとして素晴らしい実績を重ね、大きな期待を背負い、ワールドカップに入っていった。そしてわずか2試合――ウェールズ戦とオーストラリア戦――で敗れ、すべてが水泡に帰してしまったのだ。だが我々は忘れてはならない。2019年のワールドカップで活躍した多くのプレーヤーを見出し、最初にそのチャンスを与えたのは、他ならぬランカスターだったのである。

ランカスターのやや上品ぶった物腰はマスコミには受けが悪かった。私はイアン・リッチーCEOから、著名なラグビーライターが集まる会合があるので、出席しないかと誘われた。和気あいあいとした雰囲気のなかでグラスを手に語るなら、ジャーナリストと知り合うのも悪くないと考え、参加を決めた。その集まりはチャタムハウスルール（そこで交わされた会話のなかで知り得た情報は公開してはならない決まり）が前提だった。そうは言っても、おそらくジャーナリストたるもの、新たに知り得た情報をひとりで抱えるのは無理だろうと、私は代表チームの新たなキャプテンはハートリーだと口を滑らせた振りをして教えてみようと思い立った。ジャーナリストの口がどれほど堅いか試してみたかったのだ。タイミング良くそのなかのひとりが、キャプテンはロブショーかと尋ねてきた。

「いや、ロブショーではありません」と私は言った。「実は、ハートリーにするつもりなんです」

案の定そのなかのひとりが我慢できずに、ハートリーに直接電話をかけ、キャプテンを引き受けることについてどう思うかと尋ねたのである。私はまだハートリーに、キャプテンの話は伝えていなかった。この一件は、マスコミには十分注意しなければならないというなによりの教訓となった。情報を漏洩したジャーナリストを非難しようとは思わないし、ハートリーをキャプテンにするのにも様々な反応があったが、一切気に留めなかった。

イングランドを率いるのに最適な人物を選んだと確信していたからだ。

1月上旬、シックスネーションズを数週間後に控え、やらねばならないことが山積していた。それはやりがいのある仕事でもあった。新たにプロジェクトをスタートさせるのは何度やっても楽しいものだ。我々コーチ陣は競うように、自分たちの作業に没頭した。だがどんな仕事も同じだろうが、いつものように、準備にかける十分な時間があるとは思えなかった。

イングランドで初めてトレーニングセッションを行い、まず驚いた。わずか20分で、目の前にいるほとんどの選手の息が上がっていたのだ。なんとも情けない光景だった。我々の行う練習のペースと強度に慣れておらず、日本選手に比べて身体的にも劣っているように思われた。フィットネスレベルがこれほど低いとは、予想もしていなかった。テンポの遅い、動きの緩慢なラグビーに慣れてしまっていたのだ。こんなラグビーをしているようでは、ハイレベルの戦いになったときに常に勝ちきれるか疑問だ。だがさすがに代表選手だけのことはあった。適切なトレーニングを重ねるうち、瞬く間にフィットネスは向上し、半年が過ぎるころには劇的に改善されていた。

スキルレベルは高かったが、イングランドの選手たちは、派手な動きやサインプレーを好まなかった。彼らのゲームは常に決まりごとに従って動いていくため、サインプレーの入り込む余地がなく、ニュージーランドやオーストラリアのプレーヤーに比べて、自発性や閃きに欠けている。イングランドで過ごして4年になるが、子どもたちが公園で、タッチラグビーで遊んでいる姿をついぞ見かけたことがない。何と言っても人気スポーツはサッカーなので、サッカーボールを蹴っている子どもは目にしても、純粋な喜びのためにラグビーボールを持ち、走ったりパスしたりしている子どもは見たことがない。クラブのアカデミーや学校を訪れれば、彼らは常にストラクチャー重視の、ある程度パターン化されたラグビーをプレーしている。そのため、一般的にイングランドのプレーヤーは遊びのなかで培われたナチュラルな動きを身につけていない。だがスキルをすぐに身につけられるポテンシャルは備えていた。

それ以上に気になったのは、代表チームのメンタルとリーダーシップの欠如だった。クラブでは自由にのびのびとプレーしているのに、代表チームになったとたん、絶えずメディアに注目されるためだろう、ミスを恐れるあまり選手本来の良さが発揮されていなかった。意欲的にボールをもらおうとせず、どちらかと言えば尻込みする傾向にあった。私の目にはそんな彼らが、クリケットのフィールダーであるかのように映っていた。クリケットではボールをキャッチしそこなったフィールダーは、およそふたつのタイプに分かれる。早く自分のミスを取り戻そうと次のボールが飛んでくるのを意欲的に待ち構えるプレーヤーと、「どうかボールが飛んできませんように」と願うプレーヤーである。イングランドには、後者のような態度をとるプレーヤーが多かった。彼らは自信に欠け、なるべくゲームに関わらないよう努めていた。

なにをさておいても、まずそのマインドセットを変えなければならなかった。最も簡単な方法は、フィットネスを高め、本来のシンプルで力強いイングランドスタイルのラグビーをさせることだった。ゲームの準備と戦いの指針については、分かりやすさがなにより大切だ。戦術をより早く設定し準備期間をとればとるほど、プレーヤーの自信は大きくなっていく。我々は戦いの枠組みを示し、あとは選手たちにその範囲のなかで、自分たちで判断し、ゲームを自由に組み立てるよう促した。ゲームの裁量を委ねられた選手たちは成長し、さらにチームもひとつにまとまるはずだ。

だがそこに至るには時間がかかった。近代スポーツの文化的土壌からは、行動力があり自己主張のできるリーダーが育ちにくい。すべてあらかじめきちんと整備されているので、自発的になにか行動を起こさなくても済んでしまうのだ。当然、リーダーシップが醸成されなくなる。リーダーシップを示すには、自発的行動を起こさねばならない。そのためには、なんらかの準備が必要だ。イニシアチブを示せば、人はついて来る。ところがここにひとつの問題がある。プレーヤーがロボット化しているのだ。彼らは常になにをすべきか指示されて動くフォロワーであり、リーダーとは言い難い。誰かが必ず、到着時間や着るべきものまで事細かに教えてくれる。トレーニングウェアやスパイク、あるいは食べ物に至るまですべて準備され、目の前に提供される。何の心配もいらないのだ。なにを考え、なにをしゃべるかまで、すべて指示される。現在、我々が直面している問題は、選手をゲームに集中させようとするあまり、それを阻害する身の回りの些末な物事を、すべて選手の代わりにやってしまうことだろう。これは実際には、彼らが人として成長する機会を奪っている。たとえ間違った方向に向かっていたとしても、彼らは何の疑問もなくついていくだろう。

2018年、クリケットのオーストラリア代表数人が、サンドペーパーを使ってボールに細工を施そうとした。オーストラリアは世界のなかでもルールに則り、自分たちで判断が下せるチームのはずなのに、どうやらそれは過去のものになってしまったようだった。私は、クリケットのスポーツ精神に反する行為をしようとするチームメイトに、正面から立ち向かう勇気を持ったプレーヤーがひとりもいなかったことが信じられなかった。だがそれはなにも彼らのせいばかりではなかった。彼らは本当の意味で勇敢であるべき心構えができていなかったのだ。

コーチは、ときに選手たちが失敗しても、それが受け入れられるような環境を用意しなければならない。決断を下し、周りをリードし、結果を恐れない——そういう機会を選手に与えるべきなのだ。代表チームに関われる時間はそう潤沢にあるわけではなく、彼らの行動にまで影響を与えるのは難しい。私は、周りがなんでもやってくれる環境を変え、選手に刺激を与え、彼らのなかから自主的にリーダーシップが育まれるのを観察することにした。

そこで私は、毎日の生活にわざとトラブルの種をまいてみた。選手に翌日の朝8時に重要なミーティングがあるのでトレーニングセンターに集合するよう伝えておく。我々はそこに、事前に隠しカメラを設置しておき、コーチと一緒にホテルのモニタリングルームから彼らの行動を観察するのだ。選手たちが集まり始めるが、コーチが誰も現れないので、そのうちにうろうろし始める。待つこと15分。ようやく我々が参加するつもりがないことに気づいていく。戸惑っていた彼らのなかからハートリーとファレルが立ち上がり、指示を出していく様子を見るのは、なかなか興味深いものだった。

彼らふたりはその時間を生産的なミーティングに切り替え、全員で話し合えるようにリードし始めていた。この手法はすでに日本代表でやったものだが、私はこれをイングランド代表に何度か試してみた。あるときは選手たちを指定した部屋に集め、そこにあらかじめ、いくつかのポイントを書いたホワイトボードを置いておく。我々は誰がそこに書かれたヒントを使い、仲間を別の方向に動かしていくのかを注視した。

無人島に流れ着いても、同じことが起こるはずだ。初めは皆ただ途方に暮れ、そこに座りこんでどうすべきかと考える。そのうちに何人かが進み出て、この状況にどう対応すべきか決定しようとするだろう。我々はまさにこれと同じ環境を作りだし、誰がリーダーシップをとるのかを見たかったのだ。

トップエリートの集まる団体競技では、失敗にいかに対応するかが大切で、その混乱状態から抜け出す術を指し示してくれるリーダーが必要だ。また、チームが好調で連勝が続いているときには、気の緩みや油断があると足元をすくわれる。チームがそうした状況に陥りそうな気配を察知し、素早く対応できるリーダーの存在こそ重要なのだ。これこそ成功に至る要諦である。

私は個々のプレーヤーの思考方法を理解し、なにが彼らを行動へと駆り立てるのかを突きとめ、そのうえで自分の頭で物事を考えさせようとした。そこで私はキャンプのあいだ、様々なやり方で選手と1対1の個人面談を行い、ともすれば崩れそうなひ弱な自信をより強固なものにしようと努めた。

スクラムハーフは重要なポジションのひとつで、代表チームには、ベン・ヤングスとダニー・ケアという優れたプレーヤーがいた。私はケアが好きだった。北部出身の陽気な男で、実行力を備えていた。だがプレーヤーとしてはベン・ヤングスのほうが一枚上で、2019年のワールドカップでは彼が9番のジャージーを着る可能性が高かった。私はヤングスを正スクラムハーフに据えるつもりだったが、2015年のワールドカップで見た彼のプレーは冴えなかった。体調が万全ではなく、それが精神状態にも影響し、集中力に欠けていた。私は少しからかってみようと決めた。彼が部屋に入ってきて口を開こうとする前に、大きなお菓子の袋をひとつ、テーブルの上に放り投げた。

それから私は、にやりと笑って言った。「聞いたよ、好きだそうじゃないか」

ヤングスは少し嫌な顔をしたが、私がなにを言いたいのか分からず戸惑ってもいるようだった。私は続けて言った。「もちろん選ぶのは君だ。好きな菓子を食べ続けるか、それとも代表選手としての自覚を持ってきちんと自己管理をするか、どちらかだ」

ヤングスは私がなにを言いたいかすぐに理解し、それ以来、彼は変わった。厳しいトレーニングを重ね、私がケアを先発に選んでも、相変わらず練習は怠らなかった。間もなく彼は、正スクラムハーフの座を確立していった。

ルーク・カウワンディッキーは、ディラン・ハートリー、ジェイミー・ジョージに次ぐ三番手のフッカーだった。誰もが彼を見間違えることはなかった。私がこれまで見た、襟足の髪だけを伸ばしたマレットヘアをしたプレーヤーのなかでも、最も過激なヘアスタイルをしていたからだ。コーンウォール州トゥルーロの労働者階級の出で、エクセター・チーフスでプレーしていた。酒好きだというもっぱらの評判だった。そこで私は、彼が部屋に入ってきたときに瓶ビールの入った木箱をひとつ、テーブルの上に置いてみた。面談のあと、しっかりそれを抱えて出ていったのには笑ってしまった。

カウワンディッキーは何事に対しても、100パーセント徹底してやらなければ納得できない男で、飲むとなればとことん飲む。そんな彼だからこそ目の前にチャンスがあると理解したとたん、自分を律し――酒をぴたりと止めたのである。

コーチングは、様々な課題に挑戦できるのが魅力だが、そのうちのひとつが、選手ごとに異なる多様な個性だろう。ジョージ・フォードはあふれんばかりの才能に恵まれた、生まれついてのラグビープレーヤーである。フォードの存在を知ったのは彼が17歳のときだった。当時、私は日本でサントリーサンゴリアスのコーチをしていた。私のリラックス法は、いろいろな国のラグビーを観て楽しむことで、そのころ初めてテレビ画面を通じて、レスター・タイガースでプレーする彼を見た。フォードのプレーを目にしたとたん、私は画面にくぎ付けになった。彼のラグビーセンスは素晴らしく、私は心のなかで叫んでいた。「なんてことだ、やるじゃないか。こいつはいずれ本物になるぞ」

ジョージ・フォードの父親はマイク・フォードで、私が2006年に短期ながらサラセンズのディレクター・オブ・ラグビーを務める前まで、サラセンズでプレーしていた。ジョージ・フォードは親友のオーウェン・ファレルと同じように、父親がリーグからユニオンに移籍したときに、家族とともにイングランドの北部から移り住んできたのだった。ファレルとフォードは10代のころ、ロンドンを囲むイングランド南東部の地域、ホームカウンティにある上品で落ち着いた街、ハーペンデンでともに過ごした。フォードはファレルとラグビーができるように、しばしば彼のフランス語の宿題を手伝ったのだという。私にも少年のころ、そんな覚えがあった。

フィジカル面ではファレルのほうがはるかに恵まれていた。大声で指示を出し、常に無愛想な表情を崩さないファレルは、どちらかと言えば無骨なフォワードのようなメンタリティを持っていた。ふたりがいることで、私には様々な組み合わせが可能だった。最終的にはファレルをスタンドオフに据えるだろうと思っていたが、フォードも素晴らしかったので、彼を10番にしてファレルを12番で使うという手も十分に考えられた。

我々には闘志あふれるファイタータイプの選手も必要だった。マイク・ブラウンはまさに生まれながらのファイターで、世界ナンバーワンのディフェンス力を持つフルバックだった。ワールドカップが近づくにつれ、豊かなスピードと高いスキルを持った万能型フルバックの必要性が高まった。さすがにスピードとスキルではエリオット・デイリーやアンソニー・ワトソンにかなわなかった。だが2016年時点では、彼こそ私の必要とするタイプのフルバックだった。

メディアはしきりと、アレックス・グッドをフルバックに起用すべきだと主張していた。彼が良いプレーヤーだということに対して、誰も異論は唱えないはずだ。彼がプレーするサラセンズにとっても素晴らしいプレーヤーであるのは間違いない。しかしクラブレベルと代表レベルでは、求められる技量が若干異なる。代表レベルで必要なのは、プレーヤーが持つ先天的な活力だ。残念ながらグッドにはそれがない。ブラウンにはあふれんばかりのエネルギーがあり、彼のプレースタイルには勢いがあった。

私の好みからすれば、イングランドの選手たちはやや大人しいのではないかと心配したが、ジェームズ・ハスケルは、チームの分をひとりで賄うかと思われるほどやかましかった。私は当初、ハスケルは心の奥に不安を抱えていて、自分の弱さを隠そうとして大騒ぎをし、冗談を言い散らかしているのではないかと疑っていた。どんなチームにもジョーカーが必要で、ハスケルはまさにそのジョーカーだった。人に好かれたがるタイプで、我々はそんな彼を温かく受け入れた。ハスケルはまた、多くの人生経験を積んでいた。自分の才能を過大評価して挫折を味わい、ニュージーランドと日本でラグビーを続けるなかで多くを学び、イングランドに戻ってからは、ワスプスで活躍していた。私はハスケルを7番で使えば、一時的にせよ、イングランドのオープンサイドフランカー不足という問題を解決できるのではないかと考えた。２０１６年時点で天性のボールハンターがいなければ、ロブショーを6番、ハスケルを7番で起用すれば良い。ビリー・ヴニポラがスクラムの最後方でどっしり構えていてくれたおかげで、ふたりのプレーがさらに際立った。

私はヘッドコーチ就任後すぐに、ヴニポラ兄弟がチームにいる限り、代表チームのある程度の成功は間違いないと確信するに至った。弟のビリーは強さとスピード、しなやかさに加え、驚くほど様々なスキルを備えたプレーヤー――つまり、生来のスターだった。フィールドを離れたビリーは、左プロップの兄のマコとはずいぶん違っていた。反抗的だがジョークもよく口にし、トレーニングに現れては、「なにもかも最高！」と口にするような陽気な性格だった。兄のマコは2歳も違わなかったが、ビリーとはまるで異なる世代の人間のようだった。ビリーにとって父親のような存在で、サラセンズでも代表チームでも冷静沈着、万事控えめで、チームのまとめ役だった。

マコと4年間を過ごしたが、彼はこれまで見たなかで最も完璧なプロップだった。唯一欠けているのは、ターンでの素早さぐらいだろう。マコとビリーはふたりとも、これまで私がコーチしたなかでも最高のプレーヤーだった。ビリーがフォワードの中心選手になると確信していたが、すぐにマコも重要なプレーヤーだと気づいた。

チームとして考えれば、ファレル、ブラウン、ハスケル、そしてビリーが戦うための火を与えてくれるとすれば、マコはすべてが順調に運ぶよう、全体を落ち着かせ、整える水のような力を持っていた。

ヴニポラ兄弟、ファレル、ジョージ・クルーズ、ジェイミー・ジョージとともにサラセンズでプレーするマロ・イトジェは、代表チームを預かった当初から注目していたプレーヤーである。前任者のランカスターがワールドカップの代表チームに招集したとき、イトジェはまだ20歳で、最終的には代表には漏れてしまった。2016年に入ると、彼はワールドレベルの力を持った期待の新星ともてはやされるようになる。だが私は、まだそこまでの力はないと見ていた。イングランドではメディア同士、いつ果てるとも知れないスクープ合戦を繰り広げ、最大、最高、最速なのは誰かと競い合ううちに、ろくに確証も得ず、すぐに選手を「ワールドクラス」だと持ち上げてしまうのだ。

実際、イトジェは好奇心を抱かせるプレーヤーだった。初めてプレーを見たときには、彼がそれほど素晴らしいとは思えなかった。だがキャンプに参加してからは、私の評価はすぐに変わった。彼は素晴らしいアスリートだった。大きく、強く、パワーがあり――そしてなによりこれが重要なのだが――勝利への意欲が凄まじかった。

彼がトップクラスの代表選手になるのはもちろん、その並外れた身体能力が、伝統的なイングランドのフォワードに新たな力をもたらすのは間違いなかったが、だからこそ慌てず、きちんと育てる必要があった。イトジェの均整の取れた身体をメディアは放っておかず、ほとんど毎日のように彼を誉めそやし、そのプライドをくすぐった。メディアから見れば、彼はなにをやっても許される存在だった。だが私には、イトジェは時折、華々しく注目を浴びる立場の選手として上手く立ち振る舞うことに苦労しているように見えた。彼はもっと大人になる必要があった。ここ数年で彼は成長し、指導される意味を少しずつ理解していったが、そんな彼の姿を間近で見られたのは楽しい経験だった。

以前、ジョゼップ・グアルディオラは私に、最高のプレーヤーが最も厳しい試練に直面するのは、代表チームに参加したときだと語った。皆クラブよりも数段優れた選手たちに囲まれ、自らのプレーにはまだ改善すべき余地があると知るのである。才能に恵まれたプレーヤーがさらに変わるには、勇気が必要だ。イトジェは、この点については問題なかった。自分のプレーにさらに多くを追加する必要があると理解し、勇気を持って変化しようとするその姿勢に、私は感心した。

イトジェがこのまま成長を続ければ、4年後には、世界のラグビー界でトップ選手の地位を確立するのはほぼ間違いなかった。2016年当時とは異なり、今ではアタックに秀でた素晴らしいプレーヤーに成長した。代表チームに加わった当時は、どちらかと言えば自己中心的で相手を打ち負かすことしか考えていなかった。今では攻守両面にわたり、ゲーム全体を見渡せるようになった。イトジェが目指しているのは、単なる良いプレーヤーではなかった。彼はナンバーワンになりたいのだ。

私はよく、キャンプ当初から、イトジェに口うるさく指導をしたのかとよく聞かれる。実際は逆で、彼にはそうすべきではないと思った。初めて話をしたとき、彼は目を合わせようとせず、私のメッセージを上の空で聞いていた。これまでの私なら、そのあからさまな態度に怒り出していただろう。だがそのときは、イトジェの場合は指導されるとはどういうことか、そこから教えなければならないと分かった。私はよくイトジェに声をかけ励ましたが、やはりあまり反応はなかった。私はすぐに気づいた。彼に必要なのは私に言葉を返す術を知ることではない。彼はまず、自分自身を知る必要があったのである。

速く走りたがる若い馬がいるとしよう。ときにはそのはやる気持ちを抑えなければならないだろうし、またときには思い切り走らせ、自分自身で考えさせるのも必要だろう。イトジェは走らせ、考えさせるべき選手だった。我々は彼が自然に成長するのを見守り、指導されることでより成長できる時期が来るのを待ち続けた。彼は現在、リーダーとして成長し、周りに影響を与えるまでになった。ごく自然にそうなったのである。

2016年に入り、私はイングランドのコーチとしてこれまで積み重ねた自信を胸に、初めての大会に臨み、開幕戦を迎えようとしていた。就任当初には自信を失い、フィットネスも不足した選手たちを見て驚いたが、今では彼らの姿は堂々として頼もしかった。ミスを恐れることが少なくなり、これまでより積極的にやっていこうという姿勢が見られるようになっていた。私の胸は躍っていた。そして大きな希望に満たされていた。世界のラグビーのなかで最も歴史のある大会、シックスネーションズに、初めてチーム全員でチャレンジするのだ。キャンプには大きな緊張感が漂っていた。チームは2015年に大きな打撃を被り、選手たちはなんとかそれを挽回しようとしていた。

私は選手の状態や練習計画を考えるのに忙しく、これから臨む大会そのものについて考えるゆとりはまるでなかった。今でも覚えているが、それに思い至ったのはある日の早朝、ジムにいたときだった。私はイングランドのコーチとして、シックスネーションズに臨もうとしているのだ。たちまち私の胸は誇りと達成感、名誉に満たされ、同時に身の引き締まる思いがしたものだ。シドニーのリトルベイからやってきた、日本人とオーストラリア人のふたつの血を受け継ぐこの私が、ラグビーの歴史のなかで最も有名な大会に、誰もが知る世界的なチームを率いて臨むのだ。思わずこう考えるのも当然だろう。「どうしてこんなことになったんだろう?」と。

プレー水準に――特に真冬のヨーロッパでは――ばらつきはあるものの、シックスネーションズは間違いなく、毎年開催されるものとしては世界のラグビーのなかで最高峰の大会だ。私の経験をもってしても、これに迫るものは思いつかない。開幕が近づくにつれて周りは大会一色になり、準備期間に入ると、メディアからは常時、大会に向けた報道が流される。新聞の特集記事やラジオの特集番組が組まれるのはもちろんだが、私はテレビの電源を入れるたびに、画面に映し出されるディラン・ハートリーの顔を見続けなければならなかった。街頭の洗練されたデザインが目を引くポスターは、道行く人たちにシックスネーションズの開幕を告げていた。

私は大会が始まるとすぐに、どの試合もタフなことに驚いた。イングランドにとっては余計にそうだ。どのチームもイングランドが相手だと、まるで決勝戦のような激しさで挑んでくるのだ。試合中は一瞬たりとも気が抜けない。油断すればここぞとばかりに畳みかけてくる。彼らはイングランドに勝ちさえすれば、その大会を満足して終われるのだ。

我々はスコットランドとの開幕戦に臨むために、マレーフィールドへ飛んだ。ゲームは2016年2月6日の土曜日の晩に行われる。激しい試合展開が予想された。スコットランドがマレーフィールドで示すイングランドへの対抗心の激しさは相当なものだ。どうしていつもエディンバラでこれほど敵対視されるのか、選手たちが理解しているかは定かではなかった。だがオーストラリア人として——ファンとして、またヘッドコーチとしても——常にイングランドを倒したいと願ってきた私には、その理由は明確だった。

私はイングランドと日本のあいだに類似点があると気づいていた。どちらもかつては容赦のない植民地帝国だったのだ。彼らの名声は損なわれ、その結果、イングランドも日本も、ともにすっかり消極的になってしまった。彼らが持っていた攻撃性は失われてはいないが、心の奥深く仕舞われたまま、本当にプレッシャーがかかる局面になるまで現れることはない。だからこのチームを率いるヘッドコーチは、試合に必要な闘争心を掘り起こしてやらねばならないのだ。私はスコットランド人が敵意と決意を持ち、我々に飛びかかってくると知っていた。彼らの使命は、積年の恨みを晴らすことにあるのだ。

とにかく勝たねばならなかった。なにを差し置いても重要なのは、まだ脆い選手の自信を確固たるものにしていくことだった。誰もが納得するイングランドらしいラグビーができるよう、私はメンバーを見直し、準備を整えた。先発は経験豊富なメンバーを揃えた。フルバックにはマイク・ブラウン。ハーフバックスはダニー・ケアとジョージ・フォード。ファレルは12番だ。フッカーはディラン・ハートリーでキャプテンを務める。バックロー陣はジェームズ・ハスケル、クリス・ロブショー、ビリー・ヴニポラの3人にした。期待の新人、イトジェのデビューは見送り、もっとプレッシャーのかからない状態で使おうと決め、今回はサラセンズに戻してクラブのゲームに出させることにした。

スコットランドの偉大なヘッドコーチである、ニュージーランド人のバーン・コッターは、スコットランドが一枚上だという私の発言を嫌った。私にはイングランドのほうが力はあると分かっていたが、メディアには、自分たちが格下だとへりくだっておけば間違いない。実際、当時のイングランドの世界ランクは8位にまで下がっていた。

コンディションは最悪で、ゲームは力勝負となった。私はイングランドの選手たちの試合に臨む姿勢に満足した。優れたプレーヤーだと分かっていたが、その日の彼らは不屈の闘志を見せてくれたのだ。ハートリーが率先して戦う姿を示すと、チームはそれに呼応した。ロブショーも素晴らしかった。常にボールに働きかけ、前に出ようとし、一歩たりとも後退しなかった。ゲームには15対9で勝利した。なかでもマコ・ヴニポラが彼の卓越したスキルの一部を披露したシーンは、私の脳裏に刻まれた。後ろをフォローしてきたファレルに、逆サイドから柔らかなパスが放れるプロップなど、世界を見渡しても彼しかいないだろう。ファレルにパスが渡ったことで、スコットランドプレーヤーの出足が一瞬止まり、外側にスペースが生まれた。最後はジャック・ノーウェルが右隅に飛び込んだが、このトライは明らかにマコの優れたパス能力が生んだものだった。

次にローマに移動した。我々のプレーはあまり冴えなかった。選手はゲームで楽をしすぎたように見えた。イタリア戦はいつでも難しい。大差をつけて勝ったところで、「当然だろう?」と言われるのが落ちだ。しかも僅差になればなるほどひどい言われ方をする。イングランドのメディア関係者の多くが——特にベテランになればなるほど——イタリア戦の評価は厳しく、勝ったところでいい顔などしてはくれないのだ。

イングランドがイタリアに40対9で快勝すると、各紙の見出しは、イトジェが途中出場し、代表デビュー戦を白星で飾ったというものばかりになった。私はすぐにイトジェ称賛ムードに水を差した。「イトジェはまだボクスホールのヴィーヴァです。我々は彼をBMWにしたいのです。素質は素晴らしくても、今後、さらに厳しいトレーニングを積まなければなりません」

まだ若かったイトジェはイギリスの自動車メーカー、ボクスホールの人気車種だったヴィーヴァがどんなものか知らなかったので、今どきの若者らしくすぐにグーグルで調べていた。

敵地で2連勝したとたん、メディアは早くもグランドスラム（全勝優勝）の可能性について書き立て、私はそれに対応しなければならなくなった。日本での6年間、メディアは我々に全く関心を示さず、私は孤独というある意味恵まれた環境のなかにいた。しかしここイングランドでは正反対だった。メディア対応は重要な仕事の一部であり、彼らの要求は容赦なかった。もちろんワールドカップで、メディアの際限のない要望というものを実体験したつもりだったが、イングランドでのスケールは別次元だった。規模と要求があまりに大きく、これだけの仕事は、世界のラグビーシーンでも類を見ない。私はメディア対応の勘が鈍っていたこともあって、アイルランド戦に向けた準備期間に大失態を犯してしまった。

なんとか関心をイングランドの選手からそらそうと、私はジョー・シュミット率いるアイルランドチームを話題に取り上げ、彼らはボールポゼッションの60〜70パーセントをキックに充てていると指摘した。意図的に彼らを煽ろうとしたのである。私は、イングランドのサッカーチームのなかでもキックアンドラッシュが得意な、ストーク・シティのゲームに選手を連れて行くつもりだと語った。そうすれば、宙を舞うボールに慣れることができるだろう。このあたりまでは良かったが、ゲームが目前に近づいたころ、つい度を超した発言をしてしまった。

ジョナサン・セクストンはアイルランドの10番。チームの要となる選手であり、状況判断に優れていた。しかも勇敢なプレーヤーだったので頭部を打つことが多く、9対10の僅差で敗れた前回のフランス戦で、またしても強打を受けていた。セクストンがイングランド戦に出場するかどうかについては、すでに様々な憶測が流れていた。このアイルランドと激突する週の初めに、私は不適切な話を口にしてしまったのである。

「彼がもし本当に頸椎捻挫だとしたら」と、私はセクストンについて語った。「彼の介護が心配ですね。彼の両親だってそう思っているはずです、間違いありません。誰が聞いても、頸椎捻挫なんて重篤な怪我ですよ。そうでなければ良いけれど、もし本当に頸椎捻挫なら、選手の介護を考えるべきです。無事に土曜日のゲームに出られるよう祈っています」

すぐに蜂の巣を突《つつ》いたような騒ぎになった。選手の家族まで話に巻き込んだため、私はメディアから袋叩きにあった。もちろん軽率だったし、言いすぎたのも確かだが、一部の報道も不公平で理不尽なものだったと思っている。いずれにしても、意図的に侮辱するつもりなど毛頭なかった。

セクストンはイングランド戦に出場し、幸い無傷のままゲームを終えた。我々は前半終了時点で6対3とリードしていたが、ゲーム内容から考えれば、もっとスコアは開いてしかるべきだった。後半開始早々、イングランドを率いてから初めてのトライを許した。ハスケルがシンビンとなり、アイルランドのコナー・マレーが外にパスすると見せかけてゴールラインを割ったのだ。我々もその後、反撃に出た。ビリー・ヴニポラが随所に素晴らしい突破を見せ、アンソニー・ワトソンとマイク・ブラウンがそれぞれトライを挙げ、21対10で勝利を収めたのである。イトジェはこの試合に先発出場し、よく働いたので、私は彼を「ヴィーヴァからアストラに格上げ」した。私はさらに厳しい指摘も忘れてはいなかった。「あと10点から15点は取れたはずです。まだ動きに鋭さが足りませんね」

試合後、私はまだ一部のメディアの不快なコメントに腹の虫がおさまらず、記者会見を自粛すると発表した。「メディアを怒らせたり、誰かの両親を傷つけたりしたくないんです」と私は言った。「私が何も言わなければ、皆さんは記者会見が終わって、退屈だったと言う。私が口を開けば、デマだと言う。どのみち私に勝ち目はありません。簡単なことです。記者会見に出なければ良いんだ」

最悪の場面だった。日々のコミュニケーションをきちんとこなすことが将来の成功への地道な一歩だと分かっていながら、私は癇癪を起こし、言葉を抑えられなくなってしまったのだ。私は自分自身に腹を立てていた。シックスネーションズは中盤に入り、チームは順調だったが、私は場外戦に悪戦苦闘していた。

2週間後のウェールズ戦に備えて選手全員で集まったときにも、私は選手たちと口論になった。そこで私は、コーチを含め全員で酒を飲もうと提案したが、アイルランド戦のあとでもあり、選手たちは家に帰るつもりでいたので、突然の提案に、皆びっくりしてしまった。だが私は無理やり飲みに連れて行った。ホームゲームのときくらいチーム全員で集まり、1時間ほど、皆でビールを飲みながらリラックスしたかったのだ。この集まりはすぐに選手たちの楽しみになり、チームの絆が深まっていったことを、私は嬉しく思っている。

第4節、無敗のウェールズがトゥイッケナムにやってきた。誰もが勝ったほうがグランドスラムに王手をかける大一番だと騒いだが、私は努めて冷静に振る舞い、選手が練習に集中できるようにした。さらに彼らをよりたくましくし、順応性を持たせるため、試合の2日前にそれまで宿泊していたペニーヒルパークから別のホテルに移動した。私はイングランドが、前回のワールドカップの大会期間中ずっとペニーヒルパークを拠点にしていたと知り、驚いていた。それでは選手は快適すぎる。彼らに刺激を与え奮起を促すために、その前のアイルランド戦では、木曜日の夜にロンドン西郊のチジックにあるホテルへ移ったが、今回はロンドン郊外のサイオンパークのホテルを予約した。

イングランド代表チームの場合、ホームのテストマッチはすべてトゥイッケナムで迎え撃つ。だがニュージーランド、オーストラリア、南アフリカではホームでも、様々な都市の異なるスタジアムでテストマッチを行うため、選手たちは転戦することに慣れていく。私はすでに2019年のワールドカップを念頭に置いていた。開催地となる日本では、短期間に数都市を転戦するはずだ。そこで私は、たとえホームゲームでも、多少の変化を取り入れたかったのである。

我々は好調で、後半開始早々まで19対0。試合時間が残り7分となったところで25対7とリードも広がり、私は選手を入れ替えた。そのとたん、3分間で2トライを奪われ、リードもわずか4点差まで縮まってしまった。あわやジョージ・ノースが逆転トライでウェールズに劇的勝利をもたらすかと思われた瞬間、かろうじてマヌ・ツイランギがタッチに押し出した。我々は25対21で勝利を収め、最終戦を前に、スコットランド、アイルランド、ウェールズの3カ国に勝つトリプルクラウンを達成した。

「個々の選手を試し、チーム全体の力を見極めたかったので、かなりプレーヤーを入れ替えました」と私は説明した。「残念ながらその変更は、機能しなかったようです。でも試合開始から60分間は素晴らしいラグビーができました。グランドスラムまでもう一歩です。早くパリへ行って、決着をつけたいですね」

我々の優勝は呆気なく決まった。ウェールズを退けたその翌日、フランスがスコットランドに敗れたのだ。イングランドの7年ぶりの優勝だった。だが選手たちの頭には、全勝優勝であるグランドスラムの達成しかなかった。それこそ満足して大会を終えるための唯一の結果だったのだ。

あとで調べて分かったのは、イングランドがグランドスラムを達成したのは、1882年に大会が始まって以来、わずか12回しかないということだった。直近では、王手をかけた5回のうち4回は最終戦に敗れ、グランドスラムを逃していた。前回達成したのは、その年にワールドカップで優勝を遂げた2003年の代表チームだった。我々はなんとかそのチームに追いつきたかった。

前半、フランスが見事な戦いを見せたのに対し我々は低調だった。それでも17対12とリードを保った。後半開始早々、フランスがあわやトライかと思われたが、ロブショーがベルナール・ルルーを激しいタックルで仕留め、ピンチを防ぐ。これをきっかけに我々は俄然勢いづき、素晴らしいプレーを展開した。12分後にキャプテンのハートリーが担架で運ばれたときでさえ、他の選手たちが進んでリーダーシップをとっていた。最終的に31対21で勝利を収め、我々は凱旋帰国した。

「選手たちを大変誇りに思っています」。私は口を開くと、あとは次々と言葉があふれ出てきた。「チームにとって満足すべき素晴らしい結果でした。ディラン・ハートリーはよくチームを引っ張りました。本当によくやってくれました。ビリー・ヴニポラ、マイク・ブラウン、そしてオーウェン・ファレルは、ジェームズ・ハスケルとクリス・ロブショーとともにハートリーをよくサポートしてくれました。彼らはチームの中心としてよく団結して戦ったと思います。ですが、今がチームのベストではありません。夏のオーストラリア遠征が今から楽しみです」

そこまで一気にしゃべった私は、一息入れて微笑むと、さらに続けた。「我々はこれから、まだまだ成長しますよ」

第14章 連勝

A WINNING STREAK

私の意識は、すでにオーストラリア遠征に向けられていた。シックスネーションズではタフなゲームも体験したが、目指すべきチームにはまだほど遠かった。バックローのスピード不足をなんとかしようと、ジャック・クリフォードとテイマナ・ハリソンを追加招集した。彼らがチームの課題を解消してくれるプレーヤーになり得るかどうかは分からなかったが、なにか新たな方法を試す必要があった。我々は少しでもいいチームを作ろうと必死だった。

遠征の目的は、もちろん単にワラビーズとテストマッチで競い合うことではなかった。彼らが最後にゲームに臨んだのはトゥイッケナムで行われたワールドカップの決勝で、私はそのワラビーズにテストマッチで3連勝するつもりだった。これまでイングランドはオーストラリア遠征では全く振るわなかったが、今回はチャンスだった。ワールドカップの決勝で敗れるという経験を味わったことのない者には、それがいかに大きな精神的痛手になるか想像もつかないだろう。ラグビーの最高峰の舞台で、もう一歩というところで突然手のなかから優勝の2文字がするりと滑り落ちてしまう。肉体的にはもちろん、精神的にも回復するのは大変だ。

ワールドカップには必ずダークホースが現れる。1999年大会のフランス、2003年大会のオーストラリア、2007年大会のイングランド、2011年大会のフランス、そしてその4年後が今回のオーストラリアだ。2015年大会が始まるまでは、イングランド、ウェールズと同じ組に入ったオーストラリアが、予選プールを突破すると予想した専門家はほとんどいなかった。遡ること2014年10月、ワラビーズのヘッドコーチはユーウェン・マッケンジーからマイケル・チェイカの手に委ねられた。ランドウィック時代のチームメイトふたりの明暗が分かれる——遠く日本から見守っていた私は複雑な心境だった。チェイカは就任後1年かけて、迷走を続けていたチームを立て直すと、見事大会の予選プールを突破し、決勝トーナメントを勝ち上がっていった。私はヒースローに向かうタクシーの中で、ニュージーランドとの決勝戦に耳を傾けていた。

6カ月後、私は決勝で敗れたオーストラリアが、まず間違いなく低迷するだろうと踏んでいた。だがそれにしても、イングランドがテストマッチシリーズに勝ち越すのは歴史的偉業であることに変わりはなかった。私は遠征チームを発表するとき、自らの決意をはっきりと語った。「オーストラリアでは、ボディーラインを使って戦う必要がある。彼らに勝つにはアグレッシブに戦い、フィジカルで完全に圧倒するようなチームでなければならない」

私はオーストラリアの人たちの頭のなかに、まずひとつの疑念を植え付けるため、意図的に「ボディーライン」という言葉の持つイメージを利用しようと考えた。オーストラリアでは年齢にかかわらず、誰もがこの言葉を耳にしているはずだ。ボディーラインとは、オーストラリアのクリケットチームが誇る名選手、ダン・ブラッドマンを封じ込めるために、イングランドチームの主将、ダグラス・ジャーディンが考案した戦術で、1932－33年のジ・アッシズで用いられたものだ。ブラッドマンはザ・ドンと呼ばれ、クリケットの歴史のなかで最も偉大なバッツマンのひとりとされ、彼をアウトにするのは難しく、誰もがオーストラリアが優位に立つと予想した。そこで主将のジャーディンはハロルド・ラーウッドたち高速ボーラーに、バッツマンの身体を狙い、その手前でボールを弾ませるよう指示をした。ブラッドマンをはじめとするオーストラリアのバッツマンたちを怖じ気づかせようとしたのだ。この作戦が功を奏し、イングランドはジ・アッシズを4勝1敗で制した。

私はオーストラリア人だが、ジャーディンがブラッドマンに対してとったこの容赦ない作戦に心惹かれ、以前からボディーラインシリーズに興味を抱き続けてきた。ジャーディンはなんとしてもこのザ・ドンを圧倒しようと、最終的に相手を威嚇するこの方法を考案し、作戦は見事に上手く運んだのである。私はこの戦いに倣おうとした。ボディーラインという言葉を使うことで、フィジカルで圧倒するゲームプランを強調しようとしたのだ。

初めてチームにプレゼンテーションしたときは実に面白かった。ボディーライン戦術についていつになく意気込んで話をしたせいかもしれないが、選手たちは私を別人のように感じたらしい。最初は彼らのほとんどが話の内容が分からないようだった。だが古いフィルム映像を見せると、イメージがすぐに伝わった。

私はメディアに対しても包み隠さず話をし、ボディーラインを使ったジャーディン率いるイングランドチームのように、我々のチームも相手を見下すほどの強い気持ちでいることを嬉しく思うと語った。私は対外的にきちんと自分の意を伝えられていると思っていた。キャンベラにいるペンブロークから電子メールを受け取るまでは――。

「やあ、ビーバー、元気かい？　シックスネーションズの優勝、おめでとう。上々の滑り出しだ」。いつもながらの彼の調子だが、「要らぬおせっかい」と題するそのメールは2ページにわたる詳細なもので、おせっかいどころか極めて正確な分析がなされており、私は自身のアプローチをもう一度考え直さざるを得なかった。

「私もいわゆる『ボディーライン』は好きだ。戦術として良くできているし、シンプルで明快だ」。ペンブロークはそう続けてから、私の考えが及ばなかった欠点をはっきりと指摘した。「だが同時に、ボディーラインはルールの埒外《らちがい》にあり、スポーツマンシップに反する汚い行為でもある。この言葉を使うなら、『どこまでもタフでアグレッシブなラグビー』を手短に表現した言葉であると断ってから話を始める必要があるだろう。ルールを超えたプレーを選手に要求すべきではない」

「それから君が自分のチームを表現するのに、『見下す』という言葉を使うのは良くないな。『見下す』のであれば、そこには共感性と謙虚さが欠けているはずだが、君たちは決してそうじゃない。相手を見下そうとする人物やスポーツチームが好きな人はいない。強い信念と高い倫理観があり、対戦相手やサポーターに対する尊敬の念を持ち、大きな夢に向かって真面目に努力する――そういうチームが好まれる。『見下す』というのは耳障りな言葉だ。この言葉を使う以上、いくら頑張ったところで君の真意はなかなか理解してもらえないだろう。他にいくらでも言い方はあるはずだ」

ペンブロークはさらに続ける。「オーストラリアのスポーツファンが見たいのは、笑顔の君だ。些細なことは気にせず笑い飛ばし、遠征中チェイカと気の利いたジョークを交わし、テストマッチシリーズを通してイングランドに素晴らしいプレーをさせ、ピッチを離れても選手たちを上手くまとめる――エキサイティングなプレーはもちろん、どんなときでもすべてを心から楽しもうとする、そんな君の姿を期待しているんだ」

「オーストラリアラグビー協会との関係に終止符が打たれたときは、君にとってひとつの試練だった。それはよく分かっている。私もその場にいたからね。だがそれはもう過去の話だ。それよりもこれまで君の成し遂げた実績に目を向けるべきだ。君は国内で、オーストラリア代表やＡＣＴ・ブランビーズを率いるチャンスを得たはずだ（敢えてクイーンズランド・レッズの件には触れずにおこう）。そこで多くの貢献を果たし、多くのものを得た。君は自らが成し得た実績に対し、心から感謝を表す必要があると私は思っている。オーストラリアラグビーに対する恩返しは、意欲あふれる優れた若手イングランドプレーヤーが集まる、スキルの高い素晴らしいチームを率いてやってくることだ。彼らをいかに管理し、プレッシャーにどう対処させるかで、今回のオーストラリア遠征という凧《たこ》がどれだけ高く舞い上がるかが決まるだろう」

彼はあらゆる点で正しかった。私たちの友情と仕事における共同作業は、20年に及んでいた。始まりはブランビーズ時代にまで遡る。ラグビー界のなかで、ペンブロークほど私のことを理解してくれている人物は他にはいない。思えばこれまで彼のアドバイスにずいぶん助けられてきた。２０１９年のワールドカップで優勝するチームを作るには、彼の専門家としての見識がどうしても必要だと改めて実感した私は、彼にアドバイザーになってもらおうと考えた。その代わり私が、彼の運営する公共セクターのコンテンツマーケティング会社、コンテンツグループ社のアンバサダーに就任する。これなら金銭の授受は避けられるし、イアン・リッチーもこのやり方を認めてくれたので、ふたりのあいだで協定を結んだ。

我々は新たなビジネスプロジェクトにも取り組んでいる。チーム組織の変革やチームカルチャーの醸成、ハイパフォーマンスチームの立ち上げなど、これまでラグビーを通じて学んだものからそのエッセンスを抽出し、ビジネスの成長をサポートするプログラムとして提供するというのもそのひとつだ。我々の目標は、組織の能力とレジリエンスを確立しようとする世界中の公共および民間企業に対し、的確な支援活動を行っていくことにある。大変やりがいのあるプロジェクトだ。

オーストラリア遠征については本腰を入れて取り掛かり、計画の見直しを図った。コミュニケーションに対する取り組みについて詳しくは触れないが、2016年にまずペンブロークが私にくれたアドバイスは、多くを語るなというものだった。私は2019年に向け、コーチたちと仕事を分担し、彼らの能力を育成する必要があった。ペンブロークは1999年にワールドカップで優勝したワラビーズのコミュニケーションディレクターだったので、英国メディアとはどういうものかよく知っていた。私がいくら頑張ったところで、メディアには勝てるわけがない。それよりも、メディアがチームに定期的にアクセスできるようなシステムを作ってあげたほうが良いと彼は言う。「彼らは自分の仕事をしているに過ぎない」と彼はよく口にしていた。「それなら彼らの手助けをしてやれば良いんだ」。実に単純だったが、実際にやってみるとメディア対応が格段にスムーズに運ぶようになった。

2度目に公の場でボディーラインについて話をしたときは、一般に認識されるものと自分の考えるボディーラインとの違いを明確にした。「私が言うボディーラインは一種の譬えです。アグレッシブなラグビーですが、もちろん公正なプレーです。以前、クリケットのイングランド代表がやったような行為をフィールド上でするわけではありません。彼らとは異なるマインドセット、異なるプレーの仕方でオーストラリア戦に臨み、歴史を変えるつもりです」
イングランドはこれまで、オーストラリア国内で行われたワラビーズとのテストマッチシリーズに勝ち越したことがない。選手たちには、私と同じ目標と高揚感、決して失敗を恐れない強い気持ちを共有し、今回の遠征が歴史を塗り替えるチャンスなのだという事実を深く認識して欲しかった。そこに勝ち取るべき特別なものがあるとチームに確信させられれば、プレーヤーは自らの力を精いっぱいに引き出そうと最大限の努力を続けるものだ。私は選手たちの意識の高まりをはっきりと感じていた。歴史を作る準備はできた。

２０１６年6月2日、ブリスベンに到着すると、すぐに愉快なハプニングに見舞われた。私は早速なにがあったのか、オーストラリアとイングランドのメディアに話すことにした。「イミグレーションを通過すると、荷物検査のために、私だけ別の場所に連れて行かれたのには驚きました」。私は空港係員に、荷物検査の対象にされたことを語った。「これぐらいは予想していました。さすがに試合そのものは無理だとしても、それ以外はすべて、オーストラリアが勝つように仕組まれるというわけです。我々はここではすべて、できることは自分たちでコントロールしなければなりません。オーストラリアの世界ランクは2位。コーチは世界一です。そのチームが自国で試合をするわけですから、圧倒的に有利です。我々はオーストラリア国内のテストマッチに、キャプテン・クックがやってきてからというもの、わずか3勝しかしていません。とても胸を張って言えるような記録じゃありません。そうでしょう?」

多くの人たちは、他国のヘッドコーチという立場で母国のオーストラリアにやってくるのは、さぞ感慨深いものだろうと考えるようだが、私にはそうした胸の痛みや感情の乱れは全くなかった。今回の遠征を十分楽しんでいたし、イングランドのプレーヤーは私にとってかけがえのない大切な選手になっていたからだ。オーストラリアを打ち破るのに集中していたので、マトラヴィル・ハイスクールやブランビーズやワラビーズに懐かしさを感じる時間はなかった。

私は旧友、グレン・エラを説得し、遠征中、かなりの時間を割いてイングランドの練習を見てもらった。グレンはスキルの高いコーチであり、私は彼に絶大な信頼を寄せている。十分な練習時間がとれたわけではなかったが、バックスラインにはグレンの指導は大きな参考になった。グレンのほうもイングランドのプレーヤーに親しみを感じたようで、すぐに彼らに溶け込み、仲良くなっていた。労働者階級出身の選手がたくさんいて、我々がラ・ペルーズやリトルベイで過ごしてきたのと同じような匂いを感じたのだろう。

私は新たに代表として、ふたりの若手プロップ、カイル・シンクラーとエリス・ゲンジを選抜していた。チームに新たな要素を加えたかったのだ。シンクラーは、いわゆる一般的なプロップとは違ってスピードがあり、天性のアタック感覚を備えていた。私はシンクラーとゲンジが好きだった。ふたりとも貧困地区の出身の野生児だったからだ。このときまだ彼らには自制心というものがなく、注意深く見守る必要があった。誰かを殴りたくなれば、出かけて行って殴っただろうし、ボールを持って走りたくなれば、そうしただろう。彼らはそんなむき出しの攻撃性を持っていたが、ふたりがくぐり抜けてきた境遇を思えば、それも当然だった。だが私は、彼らがすぐに成長すると確信していた。特にシンクラーにはそれが強く感じられた。遠征を通じて徐々に気持ちが落ち着き始め、感情のバランスがとれるようになり、世の中に対する憎悪をそれまでのような激しい攻撃的行動に移すことが少なくなった。それればかりか、自分自身を大切にするようにもなっていた。まだラグビー人生も道半ばであり、あと数年もすれば、文句なく素晴らしいプレーヤーになるだろう。

もちろん代表チームが、シンクラーやゲンジのような問題児ばかりでできていたら困ってしまう。チームの大半は、成熟した落ち着いたメンバーでなければならない。だがチームのなかには、気迫と情熱を与えてくれるような、素質を持ったダイヤモンドの原石も必要なのだ。シンクラーやゲンジのような若者がプレーヤーとして成功していく姿をこの目で見るのは、まさにコーチ冥利に尽きる。これまで彼らがどれだけ成長を遂げたか考えるにつけ感慨を新たにするが、同時に、私自身がたどったラグビーや人生の波瀾《はらん》に富んだ旅路も思い出さずにはいられなかった。

遠征は実に楽しいものだった。我々はテストマッチ初戦に向けてゴールドコーストに滞在し、選手たちも素晴らしい時間を過ごした。トレーニングも薄暮に迫るころ、フィールドにカンガルーの大きな群れが現れたのには、さすがの選手たちも驚いていた。常に笑いも絶えなかった。大抵のイングランド人は、ときに人を死に至らしめるような地を這う動物に恐怖を感じるものだ。ある晩、ハートリーがチームメイトにいたずらをした。数人がトランプをして楽しんでいるところに、突然叫び声を上げて駆け込んだのだ。手にはヘビの尻尾《しっぽ》をつかんでいる。驚いた選手たちは身の危険を感じ、一目散に部屋から逃げ出すと、たちまち部屋は空っぽになった。

それは本物そっくりにできたプラスチック製のヘビだった。偽物だと分かり安堵した選手たちは、ハートリーのジョークを真似て楽しんだ。チームの雰囲気は明るく、皆ポジティブだった。観光地をたくさん訪ね、練習にも打ち込み、テストマッチ第1戦の準備はすっかりできていた。

2016年6月11日土曜日。オーストラリア、ブリスベン、サンコープスタジアム。

サンコープスタジアムで我々コーチ陣の居場所となるのは、メインスタンド後方のガラスに囲まれたボックス席だ。近くにいる観客の声は我々まで届く。私はいつものように、ゲームの行方に対する不安を胸に、キックオフまでの時間を待とうと席に腰を下ろした。すると、ボックス席のすぐ前のシートに座ったひとりの女性が私の注意を引いた。きちんとした身なりをし、イヴ・サンローランのスカーフを巻いている。彼女は振り向いて席に着いた私を見るや、中指を立て、罵声を浴びせてきた。身なりの良さは、どうやらそうした行為とは関係がないらしい。彼女の悪口雑言のなかには裏切り者という言葉もあったが、私はオーストラリアを捨ててイングランドに渡ったわけではない。オーストラリアが私を見限ったのだ。私は罵られながらも、にこやかに微笑みを返そうとした。

テレビモニターに選手の姿が映し出され、私はすぐにそちらに注意を向ける。カメラはスタジアムの奥の一角で、緑と金色のジャージーを着たワラビーズの選手たちが、フィールドに向かう前に互いに抱擁を交わす様子が映し出されていた。彼らは身体が大きく気迫に満ちている。チームがひとつにまとまり、テストマッチに向けて意気込んでいる様子が伝わってくるようだ。そしてイングランドは彼らに勝たねばならなかった。

初戦をオーストラリアに取られてしまうと、彼らの勢いを止めるのが難しくなる。どう頑張っても、シリーズを2勝1敗に持ち込むのは不可能になるだろう。我々はこの初戦に勝たねばならない。イングランドは、これまでブリスベンで行われたテストマッチ4試合すべてに負けていた。

画面は替わり、ピッチへと続く白い通路をスパイクの音を響かせながら、ゆっくりとした足取りで向かうディラン・ハートリーの姿をとらえていた。そのあとにマイク・ブラウン、ダン・コール、オーウェン・ファレル、そして残りの19人が続いていく。

ワールドカップでオーストラリアに一蹴されはしたが、イングランドはそのあと、7連勝を続けていた。アナウンサーのグレッグ・クラークは、イングランドが最後に8連勝を飾ったのは2003年まで遡らねばならないとコメントした。

スティーブン・ムーアを先頭に、ワラビーズが大歓声に沸くスタジアムに姿を現す。ブリスベンのサンコープスタジアムは世界屈指の素晴らしい競技場のひとつであり、オーストラリアを指揮していたころ、私はこのスタジアムをホームグラウンドと考えていた。キックオフを迎える瞬間、私の頭をよぎったのは、オーストラリアを打ち破るのがどれほど難しいかということだった。マイケル・チェイカは逆に、イングランドに勝つことの難しさを私以上に感じていたようだった。というのも、チェイカとコーチたちはピッチまで下りていき、23人の選手たちと一緒に国歌を斉唱したのである。変わったことをするものだ。私には真似できなかった。いくら地元のオーストラリアファンから口汚く罵られても、静かにしているだけで十分だった。

イングランド国歌『神よ女王を守り給え』のあと、ざわめくサンコープスタジアムでは、観客とワラビーズが『進め、美しのオーストラリア』を大合唱。地声の大きなチェイカも喉が張り裂けんばかりに歌っていた。

オーストラリアの闘争心に火がついた。彼らは宿敵イングランドを叩きのめしてやろうと意気込んでいる。猛烈に攻め立ててくる彼らに、我々は途方もないプレッシャーを感じていた。開始6分、オーストラリアはボールを保持し、イングランド陣へ攻め込んでくると、さらにテンポを上げる。第8フェーズには我々の22メートルライン付近まで迫ってきた。ラックから9番のニック・フィップスがバーナード・フォーリーにパス。フォーリーはラインの後ろにいたイズラエル・フォラウを見ると、センターを飛ばして彼にパスを送った。フォラウは素晴らしいスピードでイングランドディフェンスを突破。さらに外側にいたマイケル・フーパーにパスを送るが、イングランドの右ウイング、ワトソンに捕まり、引きずり倒される。

ボール争奪戦に挑む役目のデイヴィッド・ポーコックがすぐにラックに寄り、ルーズボールを拾い上げると、目の前にいるロリー・アーノルドにパス。アーノルドはこの試合が初キャップとなるロックで、オーストラリアラグビー史上、最も背の高いプレーヤーである。イングランドディフェンスはすぐにアーノルドを捕まえるが、依然としてボールはオーストラリアが保持。ボールはフィップスからセンターのサム・ケレビに渡り、さらに外側のフーパーへ。フーパーはおよそ10メートル走り切り、ゴールラインを割った。5対0でオーストラリアが先制。

前半15分、我々はオーストラリアの波状攻撃に翻弄されていた。最後はフォーリーがディフェンスを十分引きつけ、そこへ走り込んできたフォラウにパス。フォラウはディフェンスのギャップを突いてそのままトライを挙げた。10対0でオーストラリアがさらにリードを広げる。オーストラリアのキープレーヤーたちの息の合ったプレーと滑らかな動きは、そう簡単に止められるものではなかった。

ファレルがペナルティーゴールを2本決め、我々も僅差でついていく。28分、我々の問題点が明らかになる。オーストラリアのスタンドオフ、フォーリーが、イングランドのディフェンスラインのギャップを突いて走り込むと、ファレルとルーサー・バレルのあいだにトラック1台が通れるほど大きなスペースが開いたのだ。ワラビーズの3本目のトライが決まったと誰もが思い、我々は苦境に立たされた。コンバージョンが決まれば6対17と引き離されてしまう。だがフランス人レフリーのロマン・ポワトはすぐにTMOを要請し、イングランドディフエンスを妨害するオブストラクションがなかったかどうか確認を行った。

ビデオに映っていたのは明らかな反則行為だった。慌ててフォーリーにタックルに行こうとしたバレルの進路を、アーノルドがブロックしていたのである。アーノルドの妨害がなければバレルがフォーリーを止められていたかどうか——それは私にも分からない。だがいずれにしてもアーノルドの行為は反則だった。ノートライだ。

もしトライが認められていたら、ゲームの行方はほぼ決まっていただろう。3トライ差から巻き返すのは至難の業だからだ。いったんゲームが始まってしまえば、コーチの力で試合の流れを引き戻すのは難しい。唯一できるのはプレーヤーを入れ替えることだけだ。一般的に現代ラグビーでは、選手の交代は試合開始から50分ないし60分が経過した時点で行う。前半からプレーヤーを入れ替えるのは極めてまれなケースだが、戦況を考えればやむを得なかった。

前半29分で私は行動を起こした。ルーサー・バレルに代えてジョージ・フォードを投入したのである。バレルはオーストラリアのテンポの速いアタックについていけず、彼のところで簡単にオーストラリアに前進を許してしまっていた。ファレルには当たり負けない強さがある。彼をインサイドセンターに据えれば、ディフェンスの問題は解消される。一方のフォードはスキルの高いゲームメーカーだ。スタンドオフとして試合を上手くコントロールしてくれるだろう。大胆に見えるがこの状況を考えれば必要な交代だった。フィールドからゆっくりとベンチに下がるバレルに、観客から野次が飛ぶ。試合開始から30分、イングランドはオーストラリアからふたつのトライを奪われ、さらに選手交代まで余儀なくされていた。

バレルにとっては不本意だったろうが、ゲームに勝つチャンスを引き寄せるにはやむを得ない交代だ。試合後数日のうちには、バレルにその理由を詳しく語ってやるつもりだが、ベンチに下がった今、すぐに教えるつもりはない。私は自らのラグビーに関する知識と経験を総動員する。オーストラリアは我々を走らせようとしているのだ。この流れをなんとか断ち切らなければならなかった。

フォードが入ってから1分も経たないうちにファレルがペナルティーゴールを決め、オーストラリアのリードはわずか1点になる。9対10と6対17では大違いだ。
ジェームズ・ハスケルがデイヴィッド・ポーコックに強烈なタックルを浴びせる。まるでボディーラインのお手本のような、しかもルールに則ったタックルだ。我々のディフェンスラインは大いに勇気づけられ、同時にオーストラリア側にも、イングランドは徹底してタフでアグレッシブなラグビーをするんだというメッセージが伝わった。バックスのコミュニケーションが格段に良くなる。暖かな土曜日の晩、それまでワラビーズは果敢に攻め、ボールはテンポ良く動き、観客も大いに沸いていたが、フォードが登場してから戦況はがらりと変わる。我々の戦いぶりに、賑やかなサンコープスタジアムは少しずつ静かになっていった。

　オーストラリアのリスタートのキックを、マロ・イトジェが自陣でキャッチする。そこからモールを作り、ベン・ヤングスがボックスキックを上げると、ボールはくるくると回転しながらオーストラリア陣地へ落ちていく。オーストラリアのフルバック、フォラウは10メートルライン付近でボールをキャッチ、フォーリーにロングパスを放った。ところがこれがフォーリーの頭を越えそうな雑なパスで、思わずフォーリーの手からボールがこぼれてしまった。転々とするボールをめがけ、今度はイングランドのラッシュディフェンスが襲いかかる。オーストラリアのサム・ケレビが慌ててカバーに入るが、ボールが手からすり抜ける。ジョナサン・ジョセフはここがチャンスとボールをそのまま足にかけ、サッカーのようにボールをドリブルしながら前進する。オーストラリアのゴールラインのすぐ手前でボールがぽんとバウンドし、すっぽりと腕のなかに入ると、ジョセフはそのまま飛び込んだ。ファレルがコンバージョンを沈め、スコアは16対10と逆転。

「さすがシックスネーションズ王者のイングランド、これで連続16得点です」とクラークが叫ぶ。

　私はベンチと連絡がとれるようにヘッドフォンをつけたまま、腕を組み、モニターの前に立っていた。テレビから流れるティム・ホランの声は、私の耳には入らない。「エディー・ジョーンズは満足そうです。彼は今週の初めに、開始25分から30分の時点でイングランドがリードしていれば、追いつかれないだろうとコメントしていましたからね」

「ええ、全くその通りになりました」とフィル・カーンズ。「この15分、イングランドは見事な戦いを見せました。激しくボールにからみ、オーストラリアに一段と強いプレッシャーをかけています。素晴らしいのは、相手の力を分散させるこのローリングモールでしょう。これこそイングランドがやりたいことなんです。見ていて面白いものではありませんが、これが彼らの原点であり、すべてのプレーはここを起点に生まれるのです」

フォーリーのペナルティーゴールで点差は3点に縮まるが、前半終了間際、ファレルもペナルティーゴールを決め、その差は再び6点に開く。19対13でイングランドがリードし、前半が終了した。

私はボックス席で、自信を取り戻していた。プレーヤーの交代で試合の流れは変わった。フォードとファレルの連係は上手くいっている。フォワードではハートリー、ロブショー、ハスケルの3人の活躍が目覚ましく、オーストラリアを相手にフィジカルの強さを示していた。もうオーストラリアのアタックは怖くない。あとは反撃あるのみだ。

後半開始4分、ファレルが相手陣10メートルライン手前から長いペナルティーゴールを狙う。ところがボールはゴールポストに当たり、フィールド上に跳ね返ってきた。ポーコックがゴール前でキャッチするが、愚直にボールを追っていたロブショーに捕まり引きずり倒される。オーストラリアはプレッシャーを受けながらもかろうじてフィップスがタッチへ蹴り出し、いったんゲームを切った。

イングランドはラインアウトから再びローリングモールで前進を図る。最後尾でボールを抱えているのは、赤いヘッドキャップをかぶったハスケルだ。オーストラリアディフェンスにギャップがあると見るや、すぐさまモールから抜け出し、スペースを突いて走り出す。ゴール前でフーパーに倒されるが、さらにボールはビリー・ヴニポラの手に渡る。ヴニポラも倒されると、ヤングスはラックからフォードへパスアウト。我々はそこで、フォードの状況判断の素晴らしさを目にすることになる。彼はパスを受けるとさらに外側に、30メートルほどの山なりのパスを放った。ボールはセンターふたりとフルバックの頭を飛び越え、一番外側のパワフルなウイング、マーランド・ヤードへと渡る。ヤードはドレッドヘアをなびかせ、決定的なトライを奪った。ファレルがコンバージョンを決め、26対13と我々のリードはさらに広がった。

ファレルのペナルティーゴールでさらに3点を追加したあと、オーストラリアもフーパーがトライを決め、それ以上引き離されまいとついてくる。イングランドがさらにペナルティーゴールを決めると、今度はフィジーの血を引くオーストラリアのテビタ・クリンドラニがトライ。残り8分で、スコアは32対25となった。

後半37分、オーストラリアのフォーリーがペナルティーゴールを決めると、多少の不安が胸をよぎる。スコアは32対28。

オーストラリアは勝利を求めてひたむきに挑んでくる。我々に必要なのは冷静さを失わないことだった。オーストラリアがアタックフェーズを重ねるが、我々のディフェンスにほころびは見られない。第10フェーズでラックからボールがこぼれるとファレルがすぐに反応し、イングランド側にボールを浮かす。それを受けたのが、ヤングスに代わって出場していたダニー・ケアだった。彼はギャップを突いて大きく地域を前進させる。ケアからボールを受けたハスケルはフォードに小さくパスを浮かした。すぐにオーストラリアディフェンスがフォードに殺到する。しかし彼は自分の周りにわずかなスペースがあるのを見逃さず、顔を上げると、左のコーナーポストめがけてグラバーキックを蹴った。ボールはグラウンドを転々とし、そこへ走り込んでくるジャック・ノーウェルの手前でぽんと弾むと、胸にすっぽり収まった。フォードのキックは見事なまでに正確だった。ノーウェルはボールを胸に抱えたまま、青いヘッドキャップを照明塔の光に煌めかせ、試合の勝敗を決めるトライを奪おうとオーストラリアゴールめがけて疾走する。我々は興奮のあまり、ボックス席から立ち上がっていた。

「イングランドはブリスベンでは勝ったことがなく、いわば日照り続きの状態でしたが」とクラークは解説した。

「これで干ばつは終わりを告げました。イングランドが初めて1勝を挙げたのです」

グレン・エラと私はもちろん、スティーブ・ボーズウィック、ポール・ガスタード、その他のサポートスタッフ全員が、晴れやかな笑顔でハイタッチや握手を交わしていた。私がこれまでに観たイングランド代表チームのゲームのなかで、今日の試合こそベストパフォーマンスと呼べるものだ（ただし２０１９年のシックスネーションズ開幕戦で、前評判の高かったアイルランドを降したゲームは、さらにこれを上回る、まさにマスタークラスと言って良い内容だった)。我々は激しいプレッシャーにさらされながらも冷静さを保ち、激しい初戦を戦い抜いて、大方の予想を覆してオーストラリアに39対28で勝利した。常にゲームプランに従い、その瞬間に集中し、スコアボードの点数は気にしなかった。我々は大きな勇気を持って戦いに臨んだのだ。

「一番喜んでいるのはいったい誰なのか」と解説のホランが声を上げる。「エディー・ジョーンズ、それともグレン・エラでしょうか。私には分かりませんが、それにしてもなんという結末でしょう。今後のテストマッチの行方が実に楽しみです」

私はこの試合結果がもたらす歴史的意義がどれほど大きなものか、理解していた。我々は、南半球のラグビー大国であるオーストラリア、ニュージーランド、南アフリカと対戦した歴代のイングランド代表チームのなかで、最多得点を記録したのだ。イングランドのマスコミのほとんどが、ワールドカップで優勝して以来の素晴らしい、最高の試合内容だったとその戦いを称えてくれた。私もそう思ったが、まだそれを口にすべきときではなかったので、試合後の記者会見ではより慎重な口調に終始した。「今晩、我々が手に入れたのは、1勝した状態で次のテストマッチに臨めるという事実だけです」と私は語った。「今日、我々は歴史に名を刻みました。ですが、それで満足するわけにはいきません。今私は、来週のゲームで頭がいっぱいです。手放しで喜ぶのはまだ早すぎます」

私は第2戦に備え、修正すべき点について語った。「オーストラリアは様々なテンポでボールを動かしてきますが、こうした試合運びはイングランド国内のゲームでは体験できません。もちろん結果には満足していますが、ボールキャリー、タックルポイントへの寄りの速さ、ディフェンスの間隔など、まだまだかなり修正すべき点があります。セットピースでは、もっとオーストラリアにプレッシャーをかけられるでしょう」

ところがそれまでは真面目な雰囲気だった記者会見が、突如、台なしになってしまった。発端はスティーブン・

ホイルズだった。私は彼をよく知っていた。ワラビーズのヘッドコーチをしていたときに、ランドウィックでプレーしていたホイルズを2004年11月の海外遠征チームに加えたのだ。エディンバラで行われたスコットランド戦でバックローの交代選手として起用したのが、彼のテストマッチデビューだった。34歳で現役を引退したあとは、マスメディアの世界で新たなキャリアを築こうとしていた。私はホイルズがカメラクルーを引き連れて近づいて来るのが目に入った。彼はフォックステレビの新番組、『The Other Rugby Show』で、少しおどけた役を演じるよう求められていたようだ。それはラグビーを別の面から面白おかしくとらえようとしたもので、かわいそうにホイルズはピエロの役回りを果たすよう指示されていた。私は彼の口をついて出てきた言葉に、まず当惑した。

「今週はメディアに登場するのがドナルド・トランプよりも多いようですね」と彼は私に向かって言った。「選手たちも大いに盛り上がっていました。なにやらいかがわしい雰囲気さえ漂っていましたから、あなたもエラコーチもさぞ素晴らしい時間を過ごされたことでしょう。勝利の美酒に酔いしれているようにも見えました。ボックス席で旧友とどんなふうに楽しまれたのでしょう？」

「酔いしれている」という言葉が癇に障った私は、その言い方を聞き流すことができず、冷ややかな口調で言った。「もう一度、君の質問を聞かせてくれ。そのふざけた口調が気に入らない。我々には勝利を楽しむことも許されないというのか？」

笑いを意図した自分の軽口をはねつけられ、ホイルズは黙ったまま、ばつが悪そうにもじもじするばかりだった。見かねた別の記者がホイルズの代わりにまともな質問を投げかけてくれたから良かったものの、腹の虫はおさまらなかった。記者会見が終わって部屋を出ようとする私を、数人の報道記者が追いかけてきた。先ほどのホイルズはもちろん、オーストラリアのメディア全般から軽視されているように感じているかというのが、彼らの質問だった。「もちろんです」と私ははっきり言った。「ホイルズのあの馬鹿げた質問を考えれば分かります。フォックススポーツテレビの新番組のプロモーションビデオを見ましたが、我々のチームとクリス・ロブショーを笑いものにしていました。全く無礼極まりない。チームはこんなふうに馬鹿にされ続けてきたのです。侮辱以外の何物でもありません」

だがせっかくの勝利なのにホイルズの話ばかりしてあと味が悪くなるといけないので、私はテストマッチに話題を移し、次の土曜日にメルボルンで行われる第2戦をどれほど楽しみにしているか強調した。私はにやりとして言った。「オーストラリアには世界一のコーチがいるので、いやがうえにも期待が高まります。来週プレッシャーを感じるのは、今度は彼らの番です」

メディアは概《おおむ》ね、敬意を持って接してくれるし、私にとってもメディアは重要な役割を担っているので、同じように敬意を払い対応している。だが彼らにそういう姿勢が見られなければ、私も声を上げざるを得ない。とあるイングランドのゲームのあと、BBCのクリス・ジョーンズに、ファンの皆さんにひと言お願いしますとコメントを求められた。そのとき私は即座に、余計なことをするなと言ったものだ。私はベストを尽くしている。選手にしてもそうだ。だがそれでも上手くいかないことは当然ながらある。サッカーやラグビーでは、試合後に敗れたチームの監督やヘッドコーチにインタビューする光景を見かけるが、得てしてそういうときにメディア側の敬意が欠けている。コーチは誰であろうと、最善を尽くしている。選手にしても然《しか》り。これまでテストマッチを150試合以上指揮してきたが、ベストを尽くしたとは思えないプレーヤーの数は片手で足りる。だからこそ我々は、傷つけられたり無礼に扱われたりされるべきではないのだ。

ホイルズの一件は、ラグビーに関する報道がいかに他の人気スポーツの放送基準に影響され、個人を面白おかしく取り上げる低俗なものになってきたかを示す好例だった。だがそれは世間がそうした報道を求めているという事実の反映でもあり、一概にメディアばかりを責めるわけにもいかないだろう。それでも私は、これまでのような健全なラグビージャーナリズムというものが存在しており、フォックスやホイルズのような悪ふざけはあくまで例外的なものだという事実に目を向けた。

オーストラリアは大きなプレッシャーを感じていた。同じ敗戦でも、無敗を誇ったスタジアムで敗れたのは大きな打撃だった。彼らは、「イングランドがオーストラリアに対して常に文句を言い続けている」と非難し、我々が審判団と会おうとすれば立会人を同席させ、テストマッチ第2戦に向けてメルボルンのスタジアムを視察したときにも、同じように彼らも同行した。私はこうした心理戦でも、我々のほうが優位に立ちつつあると感じていた。メルボルンのスタジアムの芝は、建設以来、常に論争の的になってきた大きな問題だった。はがれやすく、スクラムを組むと簡単にめくれてしまうのだ。オーストラリアラグビー協会ＣＥＯのビル・プルバーは、スタジアムの芝がテストマッチの基準を大きく下回っていると認識していた。我々は公の場で彼に対し、芝の保全を強く求めた。それでもなお芝の状態が悪ければ、それは彼の責任になる。おそらくプルバーは心配で、週末の試合までゆっくり眠れなかったに違いない。

こうした駆け引きは、テストマッチを有利に運ぶためのいわば場外戦のようなものだ。20年以上もプロラグビーの世界で生きてきた私には、対戦相手の心理状態に影響を与えるにはどうすべきか、メディアの目を意図した方向に向けさせるにはどうしたら良いのか、十分に分かっていた。私は持てる時間の95パーセントを主要なテストマッチの準備に充てているが、残りの5パーセントにも別の大きな意味があるのだ。今回のオーストラリア遠征では、これまでの場外戦はすべて思う通りに運ばれていた。とはいえこうした出来事に気を取られることがあっても、私は常に選手に意識を向け直そうとした。

ブリスベンでのテストマッチの前、ペンブロークは事前に行われた記者会見から興味深いポイントを抜き出してくれた。「ビーバー、おそらく今週の最も示唆に富む名言は、マコ・ヴニポラが、２０１５年のワールドカップについて述べた言葉だろう。彼はトゥイッケナムで行われたオーストラリア戦では『適切に対応できなかった』と告白し、これが敗戦の最大の要因だとしている。これ以上ない的確なとらえ方だ。彼らはどうしていいか分からなかったのだ。目の前で起きている現実を変えられるという自信（あるいは変えて良いという許可だろうか）がなければ、プレーヤーのパフォーマンスは低下する。２０１９年に向けてチームを構築していくには、ここが重要になるだろう。そのためには、なにかを学び取る力、迅速な意思決定、物事への順応性、一定のリスク負担、弛まぬ向上心が育つような文化を醸成する必要がある。これは２０１９年日本大会に至る過程、そして大会での成功には欠かせないものだ。週末のゲームは、この意思決定の筋肉を鍛える絶好の機会だと言って良いだろう」

ペンブロークは正しかった。私はバレルに代えフォードを投入し、「正しい意思決定の筋肉」を働かせたのはもちろん良かったが、このテストマッチ初戦での一番の収穫は、5〜6人の中心選手が真のリーダーシップを発揮してくれたことだった。彼らは嵩《かさ》にかかって攻め立てて来るオーストラリアの勢いにのまれ、判断に迷ったり反応できずに動揺したりせず、ゲームにしっかり順応し、流れを引き寄せる方法を見つけ出したのだ。強いプレッシャーを受けながらもリーダーシップを発揮し、ゲームの主導権を握り続けた。チームはワールドカップに向け、着実にまとまりを見せ始めていた。

しかし、まずはメルボルンとシドニーで行われる、残りふたつのテストマッチに臨まねばならない。目標は私の母国に対して3戦全勝。それ以外の結果は望んでいなかった。

２０１６年6月18日のテストマッチ第2戦を前に、ディフェンスコーチのポール・ガスタードはとっておきの手持ちのネタからひとつ選び出し、選手を魔法にかけた。彼らに一篇《いっぺん》の詩を読ませたのである。それは１９３４年に出版されたデール・ウィンブローの「The Man in the Glass（鏡のなかの人）」というタイトルのもので、選手たちは1行目からその詩の世界に引き込まれてしまった。この詩は選手たちに、ブリスベンの勝利で彼らが感じたように大きな成功を収めて王様のような気分を味わったときでも、重要な物事に対する判断は、鏡のなかにいる人間にしか下せないという真実を語りかけていた。鏡のなかの人間は真実を知っている。あなたに本当にどれだけの才能や能力があるかということを。周りの人たちはだませても、鏡のなかの人間にだけは隠し事はできない。もしあなたが自分自身をごまかしているなら、いくら歓声や称賛を得ようとも、何の意味もない——それがこの詩の内容だった。

この詩を心に刻んだ選手たちのメルボルンでのパフォーマンスは、まさに堂々とした素晴らしいものだった。

キャプテンはディラン・ハートリーだったが、この日は前キャプテンのクリス・ロブショーがチームを率い、自身のテストマッチ50キャップ目を23対7の勝利で飾ると、自らもマン・オブ・ザ・マッチに輝いた。ゲームは一貫してオーストラリアペースで、数値を見ても、オーストラリアのボール支配率が70パーセント、172回のランで962メートル前進したのに対し、我々は53回のランで282メートル前進しただけだった。常にオーストラリアのアタックにさらされ、タックル数はオーストラリアの81回に対し、イングランドは217回に及んだが、我々は揺るぎない勇気を持ち、絶えず激しいディフェンスで臨んだ。その一方で我々はハートリーとファレルがそれぞれ1トライずつ、合計2トライを挙げたが、オーストラリアはムーアの1トライだけだった。さらにファレルはふたつのコンバージョンと3つのペナルティーゴールを決め、残りの全得点をひとりで叩き出した。

私は1974年の「キンシャサの奇跡」と呼ばれたプロボクシングの名勝負を思い出していた。このとき挑戦者のモハメド・アリは「ロープ・ア・ドープ」、つまりロープを背負った状態で王者ジョージ・フォアマンに攻めさせ、相手が繰り出すパンチの威力を吸収する作戦に出た。ハードパンチャーで知られたフォアマンがパンチの打ち疲れで消耗《しょうもう》すると、それを機にアリが反撃を開始。見事フォアマンを倒し、世界に衝撃を与えたのだ。「今日はその『ロープ・ア・ドープ』を地でいくようなゲームでした」と私は、アリが自らの大胆でしなやかなボクシング戦術に与えた名前を、意図的に利用して言った。

我々はディフェンス一辺倒《いっぺんとう》だったが、オーストラリアは我々の術中にはまり、まんまとだまされ、ボールを大きく動かそうとした。広く展開しようとすればするほど、思うつぼだったのだ。オーストラリアに許したトライはわずかにひとつ。それ以外は最後までゴールラインを割らせなかったので、ゲームも終わりに近づくころには、彼らは心身ともにくたくたになっていた。我々はそのあいだ、隙を見て何発かパンチを見舞い、結局彼らをノックアウトしたのである。これでテストマッチシリーズを2連勝として勝ち越しを決めた。

「テストマッチを戦うには、ひとつの戦術だけでは勝ち切ることはできません」と、私は試合後に語った。「試合の結果には満足しています。ボールは常に相手側にありましたが、だからこそトライチャンスが巡ってきたし、それをものにすることもできたのです。我々の長所が上手く出ましたね」

この勝利は我々にとって大きな意味があった。この試合のゲームスタイルこそ、我々の目指すラグビーだった。チームにはそれを実現できるプレーヤーが揃っており、ワールドカップで優勝できるスタイルを作り上げていけるとはっきり認識できたのだ。我々は間違いなく正しい方向に進んでいる。だがさらに、ゲームにもう一段の要素を加える必要があった。いかに相手のミスに乗じて得点するかである。

一方、イングランドが南半球でテストマッチシリーズを制覇したのは、これが初めてだった。もちろん大いに誇って良い結果だったが、私は3連勝以外、頭になかった。我々はシドニーで勝利を収め、2019年大会に向けて断固とした姿勢を示す必要があったのだ。

「すでに選手たちはフィールド上で、次も勝とうという話を始めていましたし、そうすべく全力を尽くしています」と、私は説明した。「我々は世界一のチームを目指しているのです。オールブラックスが今、この状況にあったとしたら、どう考えると思われますか？　間違いなく3連勝を目指します。我々も世界一のチームになろうとするなら、全勝を目指さなければなりません」

テストマッチの最終戦に向けた1週間の調整期間で、私は素晴らしい時間を過ごすことができた。私は久しぶりにクージーを訪れ、懐かしいホームグラウンドで練習した。ジェフ・セイルら数人と旧交を温め、クージーベイホテルで、少しばかりビールを飲んだ。引退したリーグラグビーの名選手、アンドリュー・ジョーンズが、フアレルやフォードと一緒に練習しようとグラウンドに立ち寄り、ともに汗を流した。選手たちは疲れていたが、最後までやり遂げないわけにはいかなかった。いつもより厳しいトレーニングを行ったある日、ホテルに戻る道すがら、数人のプレーヤーがアイスクリームを買ったことがあった。それを見たフォックスの記者のひとりが、私にこんな質問をしてきた。「選手はアイスクリームを食べるべきだと思いますか？」。それはまるで、選手たちが罪でも犯したかのような口調だった。そのとき私は改めて思わずにはいられなかった。――我々の敵はワラビーズだけではない。オーストラリアのメディアもまた、敵なのだと。

私はオーストラリア人だから分かるのだが、オーストラリアには真正面からぶつかっていかなければならない。いじめられたらやり返す。それが相手に打ち勝つ唯一の方法なのだ。南アフリカも同じだ。相手を圧倒しなければ、逆に粉砕されるだけだ。もちろん辛いときもある。だが、挑み続けなければならない。

6月25日、晴れ渡るシドニーの冬の夜空の下で、イングランドはテストマッチ最終戦を44対40で勝利した。チームは4トライを挙げ、残りの24得点はすべてオーウェン・ファレルが自分の右足で叩き出したが、5トライを奪われたことに対しては不満が残った。だがこの3連勝がイングランドラグビーにとってどれほど大きな意味があるかを考えれば、今回のオーストラリア遠征はほぼ満足のいくものだった。とは言え私は試合後、浮かれたそぶりはひとつも見せなかった。遠征全体の評価は、記者たちの手に委ねることにしたのである。

「これでイングランドラグビーの歴史のなかでも、類まれなるシーズンは終わりを告げた」と、ロバート・キットソンは『ガーディアン』紙のなかで書いている。「昨年のワールドカップで、ホスト国イングランドが予選プールで敗退したとき、よもやその後同じ選手がオーストラリア遠征でも連勝を続け、数々の歴史的記録を打ち立て、10戦全勝のままで帰国しようとはいったい誰が予想しただろうか。彼らはシックスネーションズでグランドスラムに輝いたあと、続くワラビーズとの3連戦に全勝し、イングランドチームにとって南半球における前例のない歴史的偉業を成し遂げたのである」

「エディー・ジョーンズが同胞であるオーストラリアをわずかにでも出し抜いたというのなら、それはクリケットの名手、シェーン・ウォーンが現役時代にイングランドとオーストラリアのテストマッチシリーズ『ジ・アッシズ』で何度かウィケットを倒したと言うのと同じくらい当たり前なことだ。つまりジョーンズは正当なことしかやっていない。ワールドカップの残酷な結果に心を引き裂かれ、大きな痛みを抱え続けてきたこの数カ月、地道に練習を重ね、必死に試合に臨んできた結果、オーストラリアで記録的な大量得点を挙げ、記憶に残る素晴らしいシーズンとして締めくくれたのは、イングランドにとって実に素晴らしいことだった。せめて1勝でも挙げようと息をのむような素早いゲームで挑みかかってくる相手を制し、これほどの成績を残せたというのは、まさに特筆に値する。（中略）」

「ジョーンズの試合直後のコメントから、誰もが同じような考えを抱いたかどうかははなはだ疑問だが、とにかくこの狡猾なオズの魔法使いは、今のパフォーマンスは標準以下であり、イングランドはまだオールブラックスのはるか後方にいるのだと繰り返し強調し続けている。依然として彼は、ひとつの厳しい現実から目をそらす気になれないのだ。すなわちイングランドの過去最多となる40失点であり、それでも勝利したというのは国際ラグビーの歴史のなかでも過去4回しか例を見ない珍事である。だが数値はもちろん大切だが、ラグビーは人間がやるものであり、気持ちや感情、ひたむきさがものを言う。ハートリー率いる一団はこの6月、２００３年以来のイングランドの南半球遠征では成し遂げられなかったほどの偉大な成果を挙げたのである」

かつての低迷期、イングランドはオーストラリアのちょうど良い練習台に過ぎなかったが、今回のテストマッチシリーズは大きな関心を呼び、満員の観客を集め、正しい精神を持ってプレーされた素晴らしい戦いとなった。シリーズ最終戦は、シドニー・フットボールスタジアムのこれまでの最多観客動員数記録を塗り替えた。

イングランドのコーチと選手は、今回の遠征で結果以上に互いの信頼関係を深めつつあったが、同時に、チームが目指すべき完成形にはほど遠いことも分かっていた。さらにチームを変えていかなければならない。バックローのスピード不足はまだ解消されておらず、このときはまだトム・カリーやサム・アンダーヒルが脚光を浴びる前で、今いる選手たちのなかでやりくりしていた。

だが代表チームの復活がイングランドラグビーに大きな喜びと安堵をもたらしたのは間違いなかった。内容的にも満足のいくものであり、イアン・リッチーのためにも本当に嬉しかった。彼が蹴ってくれたボールを我々が受け取り、それを前進させたのだ。

しかしながらその一方で、一部の過熱した報道には十分な注意が必要だった。それはいわば賛辞で膨れ上がったふかふかの枕のようなもので、過信に陥った選手たちが数カ月何もせず、柔らかな枕の上でだらだら過ごしてしまう危険性があったのだ。私はそうした賛辞に対しては常に慎重だった。安心したとたんにチーム力は後退し、挫折に見舞われるのだ。

「3シーズン目まで待ってください」と、私はある私的な集まりで語ったことがあった。「そのとき我々は少し低迷するかもしれません」

私はこれまでにシックスネーションズで指揮を執った南半球出身コーチの残した戦績を調べてみた。すると彼らは例外なく、3年目に成績が低迷しているのだ。コーチング1年目、彼らはまず北半球チームのフィットネスを急激に改善させ、2年目には引き続きチームのスキルレベルを向上させる。そして3年目。互いに慣れが生じチーム力は横ばい状態。南半球出身コーチの力に陰りが見え始めるというわけだ。私は同じ轍《てつ》を踏むわけにはいかなかった。我々のプロジェクトは4年計画なのだ。この3年目の低迷を上手く回避できれば、イングランドのワールドカップ制覇のチャンスは目に見えて確実なものになるだろう。

2017年、イギリスが夏を迎えるころに、ライオンズのニュージーランド遠征が行われる予定で、私はそこから様々な問題が起こると分かっていた。おそらく遠征に参加したプレーヤーたちはその後数カ月は肉体的にも精神的にも疲労が残るはずだ。シーズンはライオンズ遠征終了から6週間後にスタートするため、選手たちはそれぞれのコンディションに合わせて参加していくことになるだろう。

ヘッドコーチ就任以来、イングランドの世界ランクはわずか7カ月で8位から2位へ浮上した。確かにイングランドは今、好調の波に乗っている。だがこの連勝もいつかは途切れ、必ず新たな試練に見舞われるときが来る。将来待ち受けるそうした苦難に備え、私はすでにその準備を始めていた。

選手には引き続きハードワークを課すつもりだった。イングランドのコーチが選手と関われる期間は限られているので、その時間を最大限に活用し、もみ殻から小麦を選《え》り分けるように才能あるプレーヤーを見つけ出さなければならない。そのための唯一の方法は、彼らにプレッシャーをかけることだった。ときにはやりすぎもあったかもしれない。だがそれも、ひとえにイングランドを強くしたいと願えばこそだった。

ときには私のやり方を批判する向きもあった。だが私は選手の限界を見極めたかったのだ。かつて人間には超えられないとされた「1マイル4分の壁」を思い出して欲しい。ロジャー・バニスターが破るまで、そんなことをしたら身体を壊してしまうと誰もが思い込んでいた。そして今では、これも達成不可能とされた「フルマラソン2時間切り」をエリウド・キプチョゲが成し遂げたのである。私は決して無謀な人間ではないが、そうした限界を見つけるのが私の仕事なのだ。私が日本で完成させた方法をイングランドに導入するのは、多少の無理があったかもしれない。だが指導体制が変われば故障者が増えるというのは、特別珍しいわけではない。ユルゲン・クロップがリバプールを引き継いだとき、ハムストリングを痛めるプレーヤーが続出し、ずいぶん酷評された。だが今のリバプールを見ればクロップが間違っていなかったことが分かるはずだ。

セレクションはチーム作りの重要なポイントだ。ヘッドコーチならより良いチーム作りを目指すために、毎年2、3人は新たなプレーヤーを加えたいと考えるだろう。オールブラックスがそのいい例だ。彼らは常に進化を求めてチーム編成に取り組んでいる。プレーヤーの大半はそのままにしておいて、毎回、数人の入れ替えを行っているのだ。特にウイングの使い方が特徴的で、絶えず顔ぶれが変わっている。私は常に新たな才能を探そうと心掛けているが、そのためにはゲームを観に行かなければならない。試合中の姿でしか、プレーヤーの力を判断する方法はないのだ。チームメイトといかにコミュニケーションをとり、ボールを持っていないときにどんな動きをするのかを確認しなければならない。セレクションの時期には暫定的に30人から40人の代表候補を選んでおき、プレミアシップが開幕すると、可能な限りゲームを観に行くようにしている。私自身は金曜、土曜、日曜にスタジアムに足を運ぶよう心掛けているが、主要なゲームはコーチ陣と分担して観るようにしている。

秋のテストマッチシーズンを目前に控え、私は憂慮していた。多くのゲームを観に行ったが、チームを活性化させるような新たな才能を見出せていなかったのだ。私は、勝ち続けることでチームが安心してしまうのを恐れていた。良い結果が残せていると、それを変えるのは難しい。なぜ上手くいっているものを壊すのかというわけだ。だがそれは間違いだ。正確かつ十分な分析の結果、我々のゲームには限界があると分かっていた。プレーヤー全員のゲームに対する意識が完全に同じ方向を向いているわけではなかったので、我々が本来意図する、流れるような試合運びができていなかったのだ。選手たちは様々なクラブからそれぞれに異なるマインドセットで臨んでおり、我々に許された時間が限られている以上、劇的な変化を起こすのは難しかった。

２０１６年秋、我々はトゥイッケナムで行われた4つのテストマッチすべてに勝利した。南アフリカ、フィジー、アルゼンチン、そして再びオーストラリアを打ち破ったのだ。今やテストマッチの連勝は14にまで伸びていた。世界記録の18連勝はニュージーランドが打ち立てたものだった。翌２０１７年のシックスネーションズにおける2年連続グランドスラムを達成し、最終節のアイルランド戦まで勝利を積み重ねれば、テストマッチ19連勝という新たな世界記録となる。イングランド各紙はこの可能性について早くも書き立てていた。だがそれは彼らに任せ、私は２０１９年ワールドカップ日本大会に向けた長期計画に本腰を入れて取り組み始めていた。

＊

ラグビーの試合時間は80分。そのうちボールが動いてゲームが進行するインプレーの平均時間は32分で、それ以外のゲームが一時的に停止しているアウトオブプレー時間は残りの48分である。今ではスクラムなどのセットプレーに加え、ＨＩＡ（脳しんとうの有無を確認するための頭部損傷評価）、シンビン、ＴＭＯなどによる試合の中断が生じるため、試合時間は１００分にまで延びている。だがインプレーの時間は依然として32分のままだ。したがってトレーニングは、非常に激しい32分のなかで最大限、力を発揮できる方法を考案しなければならない。ラグビーは過酷なスポーツであり、互いにぶつかり合うときの衝撃の度合いや、ボールが展開されるスピードは増す一方である。我々の分析結果では、ティア1同士のテストマッチでは、ゲーム全体の40パーセントがセットプレーなどの陣形が整ったストラクチャーからのアタックやディフェンスで占められ、残りの60パーセントがカウンターアタックや守備側が相手のボールを奪うターンオーバーなどのアンストラクチャー状態からの展開になっていることが分かった。ヨーロッパのラグビーはほぼ完全にストラクチャー化されているため、プレーヤーも一定の型のあるスタイルに慣れており、それを得意にしている。これに対して、南半球のスーパーラグビーで見られるプレースタイルは完全にアンストラクチャー型である。我々は、このアンストラクチャー化されたラグビーに対応できる方法を見つける必要があった。

私はまた、厳しい要求が突き付けられる代表選手としての活動期間中、いかにして彼らをフレッシュで活力にあふれた状態に保てるか、その方法を模索していた。幸い私はサッカーの盛んなヨーロッパにいたので、「ビューティフルゲーム」とまで称えられるサッカーから多くのことを吸収しようとした。一流サッカーチームは、年間60試合を消化する——そのためには、どんな準備をしているのだろう?

我々は連勝を続けていた。だが進歩が一時的に止まり横ばいになる、プラトー(学習高原)状態を迎えようとしており、事実、秋にはパフォーマンスの伸びが見られなくなっていた。グアルディオラ、クロップ、ポチェッティーノら、プレミアリーグの一流監督を研究した結果、彼らは短時間で、極めて強度の高い実戦的なトレーニングをしていると分かった。私は選手たちにさらに激しいハードワークを課し、リーダーシップの資質がどれほどあるか、強制的にテストしようと決めた。そうすれば、最終的にどの選手が日本大会に参加できるだけのレジリエンスを備えているかが分かるはずだ。

2017年のシックスネーションズは、開幕からの2試合は白熱した戦いとなった。我々はまずトゥイッケナムの開幕戦でフランスを21対19で降し、第2戦目はカーディフでウェールズに21対15で勝利した。ヘッドコーチのウォーレン・ガットランドはライオンズを指揮するためにチームを離れていたが、それでもウェールズ戦の勝利は重要であり、喜ばしいものだった。2月26日のイタリア戦は軽く一蹴するはずだったが、いざふたを開ければゲーム内容は無様で、気分の滅入る午後となり、最終的には怒りさえ覚えていた。

元アイルランド代表で、ハリクインズのヘッドコーチも務めたコナー・オシェイは、2016年からイタリア代表を指揮していた。彼はこの年のシックスネーションズから、南アフリカ出身のコーチ、ブレンダン・フェンターを補佐役に招いていた。フェンターは、2009年に私の後任としてサラセンズのヘッドコーチに就任した人物である。フェンターとオシェイは我々との対戦に際し、ルールブックの抜け穴を利用した。それは誰もが当然のごとく信じているラグビー精神に反するものであり、少なくとも私の目にはそう映った。彼らは選手に、ブレイクダウンに加わらないよう指示したのだ。するとグラウンド上に倒れているイタリア側のプレーヤーはタックルした選手だけとなり、この場合、当時のルールではラックが形成されたことにはならなかった。したがってオフサイドラインは存在せず、スクラムハーフのダニー・ケアがイタリア選手に取り囲まれるという馬鹿げた状態に陥り、バックスにボールが供給されなくなってしまったのである。さらにフェンターとオシェイはその他のイタリア選手に、イングランドのセンターのすぐ前に立つよう指示していた。ゲインラインより数メートル前に立とうがオフサイドにはならず、ペナルティーの心配はなかったのである。

イングランドプレーヤーはこの戦術に唖然とし、審判のロマン・ポワトに、いったいなにが起こっているのか説明を求めた。ハスケルなどは、「ラックにするにはどうすれば良いんですか?」と質問までしたが、ポワト主審の反応は辛辣なものだった。「それは言えませんね。私はレフリーであってコーチではありません」

戦術は機能し、我々は混乱した。前半終了時点で10対5とイタリアがリード。ハーフタイムでいくつかの問題点を修正したが、反則すれすれのプレーがテストマッチを台なしにしてしまった。後半に入ってもラグビーらしからぬ展開で、なんとか残り11分で17対15と逆転。その後3本のトライを決め、36対15と突き放して勝利を収め、不愉快なゲームにしてはまずまずの結果となった。

それにしてもあと味の悪いゲームだった。人はイタリアの戦術を賢いやり方だと評価したが、おかしな話だ。そもそも、その戦術は彼らが考え出したものでもなかった。南半球で行われているスーパーラグビーで、チーフスが使ったのが始まりだった。しかし私に言わせれば、それはゲームの精神に反していた。実をいうと私も日本代表ヘッドコーチ時代、2013年のオールブラックス戦でこの戦術を使おうか迷った時期もあった。なんらかの有効な手を打たないと、100点どころかそれをはるかに上回る大差で負けるのではないかと心配になったのだ。どうすれば彼らのプレーを止められるのだろう？　そこで私は、ブレイクダウンとオフサイドのルールに目を付けた。ブレイクダウンでのボールの争奪戦を放棄してしまえば、同じ負けでも50点差くらいで済むかもしれない。だが選手にどう説明すれば良いのだろう？　そう考えると、結局別の方法を見つけなければならなかった。

日本が２０１５年大会で南アフリカを倒し、２０１９年大会では決勝トーナメントに進出した事実を見れば、イタリアも、安易な道を選ばないことが将来的なプラスにつながるのだと理解できるだろう。

ボールの争奪戦に参加したくなければ、リーグラグビーでプレーすべきだ。ボールの争奪戦こそ、ユニオンラグビーの精神が集約された場であり、私に言わせれば、それがラグビーというスポーツの醍醐味なのである。私は昔気質《かたぎ》の人間かもしれない。だがラグビー界は、自らの価値観を守り続ける必要がある。ゴルフ選手がスコアをごまかしたりしないのは、エチケットに厳しいからだというのは、すでに周知の事実だ。そうした価値観が廃れてしまえば、ゴルフは今とは違ったスポーツになっていくだろう。ラグビーもまた同様である。ラグビーはボールをつなぎ、奪い合うスポーツだ。私がラグビーを愛する理由もそこにある。その精神に反するくらいなら、１５０点取られて負けたほうがましだ。結局、２０１３年のオールブラックス戦は、その直前に私が脳梗塞で倒れてしまったのだが、あのとき、フェアプレーの精神で戦おうと決意して良かったとつくづく思っている。

イタリア戦では、選手たちは機転が利かないと批判された。だが相手がペナルティーを取られず、スクラムハーフをブロックし、バックスラインのあいだに立っていたら、いったいどんな機転を利かせられるというのだろう？　私の怒りは選手に向けられたものではなかった。敵が使った下劣な作戦に対するものだったのである。

テストマッチで起きたこの茶番劇に対し、ワールドラグビーがすぐにルール改定を行ったため、同じような問題は二度と起こらなくなった。私の主張の正しさが証明された形だったが、少しも嬉しくはなく、ただ苦々しさだけが残った出来事だった。

スコットランド代表チームとライオンズのヘッドコーチを務めた経験のあるジム・テルファーは、私にその苦い経験を少しでも引きずらせようと目論《もくろ》み、次のテストマッチの前に私に対し、そしてイングランド人に対し、辛辣な攻撃を仕掛けてきた。だが私は気にならなかった。ラグビーだけに集中し、スコットランドを61対21で一蹴した。内容的にも素晴らしいラグビーで、テストマッチ18連勝の世界記録に並ぶことができた。メディアは記録に沸いていたが、私にとっては将来、イングランドを率いて残した記録を振り返ったときに思い出すのはこの18連勝ではなく、来るべきワールドカップ日本大会での結果でなければならなかった。何年もこの仕事をしてきた私の視線は、2019年11月2日、横浜市で行われる決勝戦で優勝チームに手渡される優勝カップだけに注がれていたのだ。我々はこの時点ですでにシックスネーションズの2連覇を果たしていた。だがその行く手には、はるかに厳しく重要な戦いが待っていた。

第15章 イングランドを再起動させる

REBOOTING ENGLAND

2017年3月18日、我々の長い連勝記録が途切れ、1年5カ月と16日ぶりの敗戦を迎えた。雨に濡れたダブリンで、観客の熱気のなか、アイルランドに敗れたのである。新たな世界記録樹立の望みは絶たれ、連勝記録はニュージーランドに並ぶ18にとどまった。4カ月前にニュージーランドの連勝をシカゴで止めたのも、やはりアイルランドだった。

彼らは勝利に値するチームだったが、我々の敗戦もまた不可解だった。試合前の1週間は良い準備ができていたし、選手たちも万全だった。だがなぜか当日はいつもより闘争心に欠け、アイルランドと競い合うだけの気力や激しさが見られなかった。9対13で負けたあと、敗因を語るのは簡単だった。「上手くいく日もあれば、いかない日もあります」。私は素直に言った。「アイルランドの戦いは見事でした。あれだけ素晴らしいラグビーをされたら勝てませんよ」

これまで勝ち続けられたのは、我々のラグビーの質が高かったからではない。大半のゲームは、満足のいく内容とは言い難かった。それでも勝てたのは、選手に勇気があったからだ。いざ戦いが始まれば負けを拒み、一歩も引かずに戦い続け、なんとか勝つ方法を見つけ出そうとする。ラグビーチームとしては驚くべき意識の高さである。努力はハイパフォーマンスを生み出す原動力であり、イングランドは常に全力を尽くしていた。

私はアイルランドとの戦いを通じ、ラグビーでは好不調の波が周期的にやってくると再認識した。特にヨーロッパではそれが顕著に見られる。北半球のプロラグビーは厳しいビジネスだ。アイルランドは２０１５年にスランプに陥ったが、ヘッドコーチのジョー・シュミットがチームに合ったスタイルを見つけ、再び優勝争いができるまでになっていた。一方我々は、それまでのアイルランドのように下降曲線に入り、厳しい時期に向かっていた。チーム内には慣れが生じ、このままでもなんとかなるだろうという安易な雰囲気が漂い始めていた。4年計画の3年目に入り、私にはここが正念場だと分かっていたし、日本大会で優勝を狙うチームになるには、さらなる変革が必要だった。

シックスネーションズが始まる前にチーム改革に手を染めるべきだった。だが私も選手同様、勝ち続けているのに安心し、大丈夫だと高をくくっていた。今こうして振り返れば、確かになにかがおかしかったように思う。我々は少しばかりの努力を必要とするような、小さなほころびを見落としていたに違いなかった。

パフォーマンスにいずれ陰りが見え始めるのは分かっていた。そうなれば当然私の解任を求め、以前のスタイルに戻るべきだという声が沸き起こるだろう。だが幸いにも連勝のおかげで我々には十分な貯金があり、そうした主張にも対抗できるはずだった。

最初にワラビーズに導入し、その後、日本代表で改良・発展させた計画立案サイクルは、選手のセレクションとチーム戦略に基づくものだ。最初の2年間は土台を築く時期である。中心選手の6割から7割を固めたうえで、残りの3割から4割を、なにか違うものをもたらしてくれそうな選手で埋めていく。将来有望な新人の発掘も、ヘッドコーチの重要な役割のひとつである。3年目のシーズンは様々な実験を試み、4年目には、そのチームにとって最適な戦術となる効果的なゲームスタイルを見極め、できる限りそのスタイルを貫き通す。

ワールドカップはコーチの力量が試される大会でもあり、そこで優勝するのはコーチにとっても最高の栄誉である。2019年のザ・ラグビーチャンピオンシップやシックスネーションズでどの国が優勝したか、まず覚えている人は少ないだろう。だがワールドカップの優勝国は、誰の記憶にも深く刻まれる。

ダブリンでの試合には負けたが、シックスネーションズでは連覇を果たした。炎が噴きあがり、花火が打ち上げられ、ディラン・ハートリーがトロフィーを高々と掲げる。だがなんとも締まりのない結末だった。もちろん優勝は嬉しかったが、最終戦を落としたためにその輝きは色褪せてしまった。選手たちも心から喜んでいるようには見えず、落ち着かない表情をしていた。その晩ドレッシングルームを片付けてバスに乗り込み、宿泊先のホテルに戻るころには、私は今後チームをどう変えていくべきか頭を巡らせ始めていた。

実際のところ、私には連勝が止まってほっとした気持ちさえあった。

なかには変化を望まないプレーヤーもいるが、一流と言われる選手は好奇心が強く、改善する勇気を持っている。私は彼らと1対1で、あるいはグループで、あるひとつの明らかな現実について語り合った。世界のラグビーは今後ますます、運動能力を必要とする競技に変わっていくだろう。だがイングランドプレーヤーは伝統的にそうした長所は備えておらず、我々は独自の身体的強みを見出す必要があった。さらに戦術にも習熟しなければならなかった。プレーヤーの戦術的思考を伸ばす方法を見つけるのは私とコーチ、そしてベテラン選手の役割である。この新たな身体的特徴と戦術的思考のふたつをいかに確立していけるかで、我々のワールドカップでの目標がどの程度達成でき、イングランドがどのような評価を受けるかが決定される。こうしたチャレンジがあればこそ、毎朝ベッドから起き出していけるのだ。我々は大きなプレッシャーがかかった状況のなかで、込み入った問題を解決していかなければならない。――そして私は、そういう環境が好きだった。

高いパフォーマンスは緊張状態から生み出される。チームやスタッフの雰囲気がリラックスしすぎていると思えば、私はわざとなんらかの混乱を作りだそうとした。たとえばコーチ室に行き、前日のトレーニングで気になったいくつかのポイントを取り上げ、こう言うのだ。「これでは不十分だ。いったいなにを考えてやっていたんだ？」。実際にはそれほど悪くないかもしれない。だがこうすれば、コーチや選手を緊張状態に置けるだろう。もちろんそんなことを毎日続けられるわけではないし、やみくもに批判するだけでは説得力もない。しかし私はチーム全員に常に改善を心掛け、考える習慣を身につけてもらいたいと願っていた。仕事をともにするなら好奇心があり、なにかあればすぐに質問してくる人物でいて欲しかったのである。

ラグビーにおいても、さらに大きな社会というくくりでも、常に良い方向に向かう流れというものが存在する。そのとき、誰もが当事者意識を持ち、自分の意見を述べるよう促されている。良いフィードバックがあり、常にポジティブな気持ちでいられる環境がある。こうした状態がしばらく続けば、良い結果が導かれるだろう。しかし本音を言えない状況に陥ると、環境は悪化していく。我々の置かれていた状況もまさにそれだった。礼儀正しく心地良い環境を作りだそうとするあまり、互いに難しい質問をするのはやめ、本音で話さなくなっていたのだ。

イングランドのヘッドコーチに就任以来、約1年半のあいだは自分なりのやり方を模索していたので、多少意に沿わなくても口をさしはさまず、そのままにしておくことがよくあった。だがそれは間違いだった。選手やコーチが嫌がるのは分かっていたが、居心地の悪さを感じるような今の雰囲気こそ、ワールドカップに必要な苦難に耐えられる精神をもたらしてくれるのだ。

私はまた、イングランドラグビー協会が行っている分析作業に注目した。担当しているのはゴードン・ハミルトンフェアリーという名の有能なデータアナリストだ。まだ若かったが、ロブ・アンドリューとスチュアート・ランカスターに雇われ、ゲームにおける様々な局面を分析していた。分析対象には審判の判断、ラインアウト、キックも含まれていた。ラグビーではビデオ分析が広く用いられていたが、そこには問題があった。多くの場合ビデオアナリストはチームに帯同し、コーチの意見に耳を傾け、その裏付けとなるビデオ映像を探すのが仕事だった。だがハミルトンフェアリーは、アメリカのスポーツ界で主流となっていた論理的な数値をもとにデータ分析を行う、独立したデータアナリストを目指していた。アメリカのバージニア大学で政治経済学を専攻し、その後ＮＢＡのブルックリン・ネッツでデータ分析を担当。チーム全体と各プレーヤーのパフォーマンスを調べる調査統計部門をチーム内に設けていた。彼はイングランドラグビー協会内にも、ネッツと同じ部門を立ち上げようとしていた。

私はハミルトンフェアリーと、トゥイッケナムにある私のオフィスで面談した。彼はあくまで数値に基づく、コーチの意見に左右されない客観的なアプローチの重要性を示してくれた。私は示されたデータに圧倒されるばかりで、それを理解する能力さえなかった。どの数値が重要なのかは直感的に分かったが、それはあくまで勘によるもので確証はなかった。私は数値を利用し、なにがゲームの勝敗を分けるのかその原因が究明できれば、確実に効果の上がるトレーニングが作れるはずだと考えた。

ハミルトンフェアリーは友人のジェームズ・トーザーとコンビを組み、いかにすればテストマッチで勝利を重ねられるか、その秘密を解き明かす研究も引き受けてくれた。トーザーはオックスフォード出身のデータアナリストで、本職は『エコノミスト』誌のライターだった。彼は２０１５年のワールドカップのあとで、イングランドに多大な代償を払わせたウェールズ戦でのロブショーのタッチキックの選択を分析し、記事を書いていた。彼らはふたりで回帰モデルを構築し、機械学習アルゴリズムを用いて過去5年分のテストマッチを分析する仕事に取り掛かった。彼らがそこから得たものは大きかった。

後にプロスペクト・スポーティング・インサイツという会社を設立するハミルトンフェアリーとトーザーだったが、彼らは自分たちの分析から割り出したラグビーで重要となる6つの指標を提示してくれた。それらすべてを明かすわけにはいかないが、指標のひとつに「効果的なキック」が含まれていた。

彼らはイングランド代表チームだけでなく、さらにライバルチームのパフォーマンスも追跡調査し、プレーを予測する回帰モデルの開発まで行っている。「プレッシャー・プラス」と名付けられた彼らのデータは、ゲームの戦略、戦術を構築するために必要不可欠な、大変価値の高い有益な情報だった。

だがなかなか大きな変革を行えないまま、２０１７年6月、イングランドのトッププレーヤーたちは、ブリティッシュ・アンド・アイリッシュ・ライオンズのニュージーランド遠征へ旅立っていった。ベン・ヤングスとビリー・ヴニポラは参加しなかったが、私はメンバーに選ばれた17人ひとりひとりを、心から祝福してやりたかった。世界最高のチームと対戦するため、イングランド、アイルランド、スコットランド、ウェールズから選りすぐられた選手たちが最も辛く厳しい遠征に赴くのだ。ヘッドコーチという立場から考えても、イングランドのためになることだった。メンバーの誰もが成長するのは間違いなく、そして実際その通りだった。ジェイミー・ジョージを筆頭に、カイル・シンクラー、アンソニー・ワトソン、ジャック・ノーウェル、ジョナサン・ジョセフ、オーウェン・ファレル、エリオット・デイリーらの力は飛躍的に伸びた。マロ・イトジェは標的にされてもそれに対応する術を身につけたし、ジョージ・クルーズ、ジョー・マーラー、ダン・コールはインターナショナルレベルにとどまりたければ、さらにハードワークに励まねばならないと悟ったようだった。私はテストマッチ第2戦の前に、彼らに会いに行った。彼らがライオンズの遠征とトレーニングからなにを学んだか、そしてなにによりニュージーランドの、そしてオールブラックスのラグビーに触れ、なにを発見したか知るためだった。今回の遠征は、チームを一段と向上させるもうひとつの重要な足がかりでもあった。

こうして一部の選手たちがニュージーランドに向かう一方で、我々イングランド代表チームはアルゼンチン遠征に赴き、そこで幸運にもいくつかの宝石を発見した。それはこんな具合だった。

これまで指導したなかで、代表経験を通じて着実に成長したプレーヤーを3人挙げろと言われたら、ふたりの名前はすぐに頭に浮かぶ。ジョージ・スミスとウィル・ゲニアだ。だが3人目の名前を口にしたらおそらく誰もが驚くだろう。断言するのはまだ早すぎるかもしれないが、それはトム・カリーだ。間違いなく特別な選手になるはずだ。

トム・カリーがセール・シャークスでプレーしている姿を初めて目にしたときのことは、よく覚えている。思わずシドニーのファースト・グレードの試合で、若き日のジョージ・スミスのプレーぶりを見て感動した記憶がよみがえった。そのときカリーはほとんど無名選手だったが、彼のプレーを30分ほど見続けたあと、私は思わず心のなかで呟いていた。「どうして誰もこの若者に気づかなかったんだろう?」

カリーはフィールド上のどのプレーヤーよりも頭ひとつ抜きん出ていた。もちろん身長ではなくプレーの話だ。攻撃的な激しいタックルを繰り返しながら、アタックにも大いに貢献していた。だがなにより目を引いたのは、ゲームのリズムとスピードに合わせてプレーができる、天性のラグビーセンスを持っていることだった。スミスと同様、彼もリーダータイプではなく、リーダーに従いながら個人として傑出したプレーができるタイプの選手である。物静かで勤勉なプレーヤーが、時として飛びぬけた存在になるのだ。

トム・カリーにはベンという双子の兄弟がいて、ふたりともセール・シャークスでフランカーをしていた。ふたりをアルゼンチン遠征メンバーに選出したとき、トム・カリーはまだ18歳だった。私は他にも3人のティーンエージャーを選抜していた。ロンドン・アイリッシュのウイング、ジョー・コカナシガ、ノーザンプトン・セインツのバックス、ハリー・マリンダー、サラセンズのロック、ニック・イジークェの3人だ。ブエノスアイレスに向けて飛び立ったとき、彼らは皆19歳だった。エクセターのスクラムハーフ、ジャック・マウンダーは20歳になったばかり。オスプリーズのフランカー、サム・アンダーヒルは20歳で、出場すれば今回が代表初キャップだ。レスター・タイガースのプロップ、エリス・ゲンジは22歳で、前年のオーストラリア遠征ではカイル・シンクラーとともに息の合ったスクラムワークで活躍したプレーヤーだった。シンクラーはライオンズに引き抜かれたが、私はゲンジがアルゼンチンで大きく成長するだろうと期待し、またそう信じていた。

「今回のメンバーは若手中心です。現在、代表のうち17名がライオンズ遠征に参加していますが、彼らを超える可能性のある選手たちです」と私は言った。「ワールドカップで優勝するには、最高のプレーヤーでなければなりません。それを探すのが我々に課せられた使命なのです」

ピアーズ・フランシスはやや年上の26歳。やはり無名のプレーヤーで、経歴はかなり異色だった。ケント州グレーヴセンドで生まれ、ラグビーが上手くなりたくて18歳でニュージーランドに移り住んだ。ポジションはスタンドオフかセンター。プレーしたチームは、まずイングランドのオールド・グレーヴセンドとメードストン、その後ニュージーランドのオークランドU21代表、スコットランドのエディンバラ、イングランドのドンカスター、ニュージーランドのカウンティーズ・マヌカウ地域代表、スーパーラグビーのブルーズを経て、今はイングランド・プレミアシップのノーザンプトン・セインツに所属している。アルゼンチン遠征メンバーに選ばれるほんの数年前までは、オークランドのスターバックスで働きながら、ニュージーランドのクラブラグビーでプレーしていた。

それまで代表経験のなかったニューカッスルの運動量豊富なブラインドサイドフランカー、27歳のマーク・ウィルソンもメンバーに加えた。24歳で代表5キャップを獲得していたヘンリー・スレイドの才能は、誰の目にも明らかだった。

トム・カリーの次に私を興奮させたのが、身長193センチ、体重127キロという恵まれた体格をしたコカナシガである。代表としてプレーするにはあと数年は必要で、今回のアルゼンチン戦に出場させるのは難しかったが、代表チームで一緒にトレーニングさせたかった。彼にはインターナショナルレベルでも屈指の、爆発的な力を持ったウイングに成長するポテンシャルがあると感じたからだ。フィジー生まれで軍隊経験があり、育ちの良さを感じさせられる、控えめで物静かな愛すべき若者だった。

2年あまり後、彼らのなかでイングランドのワールドカップメンバーに入ったのはコカナシガ、トム・カリー、フランシス、ゲンジ、スレイド、アンダーヒル、そしてウィルソンだった。この他にワールドカップ代表チームに入ったルーク・カウワンディッキー、ジョージ・フォード、ジョー・ローンチベリー、ジョニー・メイらは、皆アルゼンチン遠征メンバーだった。代表候補選手のひとりだったジョー・マーチャントは惜しくもメンバーから漏れてしまった。ディラン・ハートリー、クリス・ロブショー、マイク・ブラウン、ダニー・ケア、そしてアルゼンチン遠征での最年長プレーヤーであるジェームズ・ハスケルらも残念ながら出場枠には入らなかった。

遠征でのベテラン選手たちのリーダーシップは際立っていた。フィールド内外での決まりごとを設け、イングランド代表としてプレーするためになにが必要か、身をもって示してくれた。さらに遠征中は気を緩めず、若手プレーヤーに自らの経験や知識を惜しみなく分け与えてくれた。ベテラン選手たちのそうしたチームに対する貢献は、若手プレーヤーの成長を加速させ、同時に彼らに遠征の楽しさも教えてくれた。こうしたベテラン勢の献身的な姿勢には頭が下がる。彼らはイングランドラグビーの誇りだった。しかし何と言ってもアルゼンチン遠征での一番の収穫はトム・カリーである。テストマッチ第1戦ではこれ以上ないほどの素晴らしい働きを見せ、我々は38対34で勝利した。だが彼の肉体には負担が大きすぎた。テストマッチの連戦に耐え得るほどのレベルにはまだ達していなかったのだ。カリーはジョニー・ウィルキンソン以来のイングランド最年少デビュー選手であり、将来素晴らしいプレーヤーになると分かっていたので、大切に育てたかった。テストマッチ第2戦はカリーに代え、もうひとりの期待の新人であるサム・アンダーヒルを起用すると、35対25でイングランドが勝利を重ねた。

このカリーとアンダーヒルは、2019年のワールドカップ直前にふたり同時にフランカーとして起用し、私は彼らを「カミカゼキッズ」と名付けるようになる。

ベテラン選手たちがチームをリードしてくれたおかげで、古き良き時代を思わせる低予算の遠征も最後まで上手く運んだ。サンタフェという街では、かなり安っぽいホテルに泊まることになった。ここは今回の遠征のスポンサーであるビール会社の発祥の地で、街もさびれていた。だが選手たちはそれなりに楽しんでいたし、ジョニー・メイのちょっと風変わりで突飛な行動は、いつも周りを面白がらせてもいた。すべてが素晴らしい経験であり、変化を誘発するまたとない良い機会だった。帰りの飛行機のなかで、今回の遠征では当初の期待を上回るほどの収穫があったと感じたのを、未だに覚えている。

1週間は1万80分――これが毎週繰り返される。一方、試合時間は80分だ。ワールドカップで優勝できるかどうかは、常に毎週残りの1万分をどう過ごすかにかかってくる。対応すべき相手は選手、コーチ、各種スタッフ、協会役員や理事、スポンサー、メディア、サポーターと様々だ。大切な家族と過ごし、自分の健康やリフレッシュのために使う時間も必要だろう。ワールドカップに3度挑んだ経験から知ったのは、1分たりとも無駄にできる時間などないという事実だ。様々に考えを巡らし、発言し、行動し、そしてそれらの結果に子細に検討を加え、調整したうえで、導入するか、あるいは処分するかの判断を下さなければならない。すでに私は、この職に就いた２０１５年12月１日から ワールドカップ決勝の２０１９年11月２日までの毎日をいかに過ごすか、具体的かつ綿密な計画を立ててある。そうしないといられない性分なのだ。

私はよく考えたうえで決めた明確な戦略に従って仕事を進めている。睡眠でさえ規則正しくとっている。大抵１日４時間から５時間で、それ以上は眠らない。ただし毎日、30分から１時間ほど昼寝をする。そうしないと疲れてしまうのだ。脳梗塞を患って以来、健康とストレスレベルには十分注意を払っている。

どうやらこうした日々の繰り返しが、私には合っているらしい。毎朝５時のアラームコールで一日が始まる。早起きには慣れていて、大抵良い着想が得られる時間帯は目が覚めてから６時までのあいだである。６時になるとジムへ行き、身体を動かす。その後朝食を摂ったあとの余った時間が、誰にも邪魔されない自分のための静かなひとときだ。選手と合流する８時半から９時までには、私とコーチたちはその日にすべき仕事のかなりの部分を済ませている。１日は長いが、とても楽しい。そして寝る前には一日を振り返り、改善できる部分を明確にするのだ。それにしても自分に真摯に向き合ううちに改善すべき問題があまりに多くなりすぎ、これには我ながら呆れてしまう。私は自分に厳しいが、そのおかげで現状に満足しないでいられるのかもしれない。

２年目も終わりに近づくころにはアシスタントコーチ全員に、選手のトレーニング方法やチーム運営の取り組み方を変えるべきだという私の考えが浸透していた。イングランドをさらにレベルアップさせるには、全員が変わらなければならなかった。チームとして、これまでのテストマッチ21試合を振り返っても、敗戦はわずかにひとつだけだったが、私はさらに、肉体的にも精神的にも柔軟で回復力に富んだチームにしたかったのである。

２００７年のワールドカップでジェイク・ホワイトを補佐した得難い経験から、２０１７年10月、ニール・クレイグをイングランド代表チームのハイパフォーマンス主任コーチとして迎え入れた。このときクレイグは私よりも年上の62歳で、豊かな経験があった。元オーストラリアンフットボール選手のクレイグは、アデレードとメルボルンではコーチとしてプレーヤーの指導を行い、エッセンドンではパフォーマンス&コーチング・デベロップメント責任者となり、その後はカールトンのコーチングディレクターも務めた。オーストラリアンフットボールという競技で求められるプロ意識は、他のどんなスポーツにも引けを取らないほど高い。彼らは常に目的意識を持って目の前の仕事に取り組んでいた。クレイグはラグビーに関する経験こそなかったが、プロスポーツにおける最も高いレベルのコーチングとはどのようなものかを理解しており、そうした彼の経験はチームにとってかけがえのないものになるはずだ。そしてなにより大切なのは、彼は人物的に優れていることだった。

ハイパフォーマンス主任コーチという正式な肩書は彼本来の立場を表すものではなく、ふたりとも慣れるのに時間がかかった。クレイグは自らを「私を遠慮なく批判する友人」だと表現したが、むしろこちらのほうが的確だった。かつて私が南アフリカでホワイトをサポートし、できる限り彼にかかるプレッシャーを減らそうとしたように、細かなところまで目の行き届くクレイグは私の右腕になってくれた。彼の仕事は、私とプレーヤー、あるいは私とコーチとのやり取りを子細に観察し、改善すべき点があればそれを指摘し、アドバイスすることだった。クレイグはヘッドコーチにかかるプレッシャーや、ヘッドコーチが必要とする緻密さをよく理解していたので、それまで気づかない新たな視点を与えてくれた。さらに彼には、スティーブ・ボーズウィックやポール・ガスタード、ニール・ハトリーを始めとするコーチ陣や、主要なサポートスタッフたちもサポートしてもらおうと考えた。詰まるところ彼には、コーチを指導するコーチになって欲しかったのだ。

クレイグはそんな自分を、部下の仕事にあれこれ口を出す管理職ならぬ、コーチに干渉する口うるさい監視員だと語った。彼の任務はまさに我々の仕事を監視し、批評することだったからだ。最初のころは、私に対するフィードバックは概ね肯定的なものだった。2003年のワールドカップ以前から私を知っていたクレイグによれば、私は依然として周りに対する要求が多く、コーチの仕事が意に沿わなければ怒りを覚えるものの、これまでよりも周囲の気持ちを理解するようになっているという。かつては質問に答えられないコーチがいればその場で不快な感情を顕《あら》わにしていたが、今では表情には出ても激昂しなくなり、少し考える時間を与える余裕さえ生まれていた。彼はまた、メディアが取り上げる「病的な目をした暴君」という風刺漫画的なステレオタイプと実際の私の行動には、大きな隔たりがあるとも指摘した。ときには怒りを爆発させるが、年月の経過とともに自分の反応を和らげる術を身につけたようだ、と。

クレイグはまた、イングランドのヘッドコーチという立場から私が繰り返し感じている不満のなかには、彼も理解できるものがあると言う。プレーヤーもコーチも、少なくとも最初のうちは主体的ではなく受動的だった。イングランド人の控えめで遠慮がちな姿勢は、彼らの社会の縮図なのだ。イングランドほど社会のなかに文化や階級の違いがはっきりと存在する国に住んだ経験がなかった。イングランドの社会には日本よりも明確な階級組織がある。こうした現実は、メンバーの意見や考えが同じように評価されるチームを作ろうとするとき、大きな障害になった。まず目指すべきは、ミッションを実現するためにメンバー全員の活動の場を平等にし、団結を図ることだった。

日本でもこれとよく似た問題に直面した。若手選手はベテラン選手に自分から話しかけようとしないので、私はまずこの慣習を取り除かねばならなかった。イングランドでも同様だった。彼らの様子をしばらく観察しているうちに、イングランド人同士が集まると、まるで学生時代に逆戻りしたかのように行動するのに気がついた。学生寮を仕切る委員のような役回りをする人物が必ず現れ、あれこれ命令し始める。すると周りがその通りに動くのだ。他人と接するときに礼儀正しく振る舞おうとするのは、日本人もイングランド人も同じだ。彼らにとっては集団が大事で、他人よりも目立つのは好まない。だがおそらくイングランド人も日本人も陰に回れば、周囲に対する愚痴や不平不満くらいはこぼしているはずだ。

なにもオーストラリアが完璧な社会だと言うつもりはない。むしろその逆だ。オーストラリアはオーストラリアでたくさんの問題を抱えている。だが私はオーストラリアという他国の視点から、個よりも集団を優先する文化的特徴に支配されたチームのあり方を見直し、変えていこうと必死だった。我々は遠慮と言う名の壁を打ち壊したかった。ひとりひとりが自信を持ち、意見を言い、チームに貢献できるようにしたかったのだ。私は現代のイングランドが持つ多様性という強みを活かした、様々な文化や背景からなるチーム作りを目指していた。

イングランド南部のサリー州など、いわゆる富裕層が暮らす地域を車で通れば、広大な敷地に宮殿のような建物が立ち並ぶ、富と地位を積み重ねた人たちが暮らす社会を目の当たりにするだろう。そうした南部に住む人たちは非常に快適な暮らしを送っているので、変化に対しては消極的に見える。イングランド北部のそれほど豊かではない地域、たとえばアンディ、オーウェンのファレル親子の出身地であるウィガンのような街を訪れれば、南部とは全く違った景色が広がっているのに気づくはずだ。そこで暮らす人々は気さくでおおらかだ。どちらが良いとは一概には断言できないが、私はこうした様々なイングランド文化が交じり合っているチームのほうが好きだし、チームもそのほうが強くなる。

私はイングランド人はスポーツに限らず、全般的になにをすべきか指示されたがる傾向があると思っていたが、クレイグも同じ意見だった。彼らは明確な指示を好むのだ。これに対してオーストラリア人は、まず指示に疑問を抱く——そうするように教えられているのだ。しかし出された指示を疑ってかかるなどというアプローチの仕方は、イングランド人プレーヤーやコーチにとっては明らかに受け入れ難かった。クレイグはコーチのひとりが時々、同じ言葉を口にするのに気がついていた。「ジョーンズコーチ、私はなにをしたらよろしいでしょうか、教えてください」。そのたびに私はこう答えるのだった。「そう言われても、私が知りたいのは君の意見だ。君の考えを聞かせて欲しい。自分で考え、行動するんだ。指示通りに動くだけではだめなんだよ」

イングランド人コーチたちにとってこの要望はなかなか難しかったようだが、私は気にしなかった。結果が出なければ、私のクビが飛ぶ——我々が働いているのは、そういう情け容赦のない世界なのだ。世界一のチームになるという目標を達成するには、チーム全員が最大限の努力をし、最高のアイデアを絞り出さなければならない。私は彼らの仕事まで肩代わりするつもりはなかった。テストマッチでは、攻撃的なマインドセットが要求される。そのために選手たちは自分の役割を明確に理解し、パフォーマンスに対する全責任を負わなければならない。彼らに言い訳は無用だ。

コーチは選手と一緒にフィールドには立てない。コーチが準備段階で選手に戦略や構想を示し、導いてやれないのなら、選手にとってコーチはいったいどんな意味があるというのだろう。クレイグはコーチたちに、気負わず勇気を持って、大きな声で自らの意見や考えをはっきりと言葉で伝えようと啓蒙し始めた。コーチたちの姿勢もそれに応えるように次第に変化し始め、私はその様子を目にするのが嬉しかった。

さらにワールドカップで優勝しようとするなら選手たちにも、チームはどう運営されるべきかという当事者意識を持たせる必要があった。クレイグは短いキャンプをともに過ごすなかで、彼らはとても真面目にラグビーに取り組んでいるが、やはり自分で考えて行動するよりも指示に従って動くほうが苦にならないようだと感じていた。選手は皆クレイグを「ボス」と呼んだ。クレイグはたびたび、なにかを試してみるよう提案したが、彼らはそのたびに「分かりました、ボス」や「はい、ボス」と返事をする。オーストラリアの選手なら決してクレイグをボスとは呼ばないし、なにかを提案されるたびに、「なぜ?」と聞き返してくるだろう。我々はそんなオーストラリアの選手に慣れていたので、選手の返事を聞くたびに、今はイングランドで仕事をしているのだと実感した。だが我々は、この姿勢を変えなければならなかった。ひとつはっきりしていたのは、選手たちも変化が必要だと理解していて、新たなやり方をどん欲に試そうとしていたことだった。

どの選手も、自分なりのリーダーシップをとるべきだという方針は理解していた。そこで我々はキャンプのあいだ、彼らに確実に失敗する機会を与えようと考えた。失敗は痛みを伴うが、学習には欠かせない要素だ。彼らの態度と回復力を試すと同時に、失敗する可能性があっても、そうしたリスクを取ることを恐れない姿勢を持たせるようなシナリオを用意した。選手たちがおのおの成長に合わせ、自分なりのやり方で成長していく姿を見るのは実に興味深いものだった。彼らはひとり残らずチームの一員となり、成長しようと必死だった。

クレイグの仕事を、さらにフランク・ディックが補完した。なんといっても彼は4度のオリンピックでイギリスチームを指導した英国陸上競技連盟の元ヘッドコーチであり、デイリー・トンプソンが1980年と1984年のオリンピックの十種競技で金メダルを獲《と》り、連覇を果たしたときのコーチを務めた人物である。何年もストップウォッチとともに過ごしてきたが、実はエリートスポーツ界でも屈指の鋭い知性の持ち主だった。2016年、私はディックにコンサルタントとしてチームに加わり、週に一度トレーニングキャンプを見に来てくれるよう頼んだ。常に我々と一緒にいるクレイグとは違い、時間をあけて訪れるディックには、我々の進歩がより客観的に観察できたのである。チームにおける彼の正式な肩書は「戦略計画コンサルタント」だったが、実際にはそれ以外にも学ぶべき点の多い頭の切れる人物で、我々は彼から多大な影響を受けている。

今でも覚えているが、彼はあるセッションのなかで、チームには4つの「致命的恐怖」が存在すると語った。ひとつ目は、間違ったり失敗したりすることへの恐怖である。だが見方を変えれば、間違いや失敗を犯さないというのは、限界を超えようと努力していないという意味でもある。なにか新たな行動を起こしたり、リスクを伴う領域に足を踏み入れたりしたとたん、間違いを犯す可能性は著しく高まるのだ。だが大切なのは、失敗したら再び同じ過ちを繰り返さないよう、そこから学ぼうとする姿勢を持つことだ。本当に勇敢な心が備われば、他の誰かが間違いを犯しそうになるのを黙って見過ごさず、すぐに手を挙げて教えるようになるだろう。

ふたつ目は負けることへの恐怖である。誰であれ、人生において他者と何かを競い合うとき、できるのは自らをコントロールすることだけだ。相手をコントロールすることはできない。だが毎回、持てる力を存分に発揮するように努めていれば、結果は自ずとついてくる。そして3つ目は拒絶されることへの恐怖だ。これがあるために、人はでしゃばらなくなる。だが拒絶されるリスクを冒しても口を開き、質問の仕方や人として成長する術を学ぶべきだ。最後は批判されることへの恐怖である。だがディックに言わせれば、「批判」という言葉を「フィードバック」という行為に置き換えて理解するのが重要だという。フィードバックを期待する意識が持てれば人間的に強くなり、立ち直りもこれまでより早くなるだろう。

この4つの致命的恐怖の考え方はスポーツチームだけでなく、一般企業、政府機関、非営利団体にも当てはまる。これらの恐怖を克服できるメンバーやスタッフでチームが作れれば、順調に目標が達成できるに違いない。

ディックは興味深い人物だった。スコットランド人であるため、イングランド人の国民性を評価するのに遠慮はなかった。彼によればイングランド人はとても穏やかだが、すぐ後ろは断崖絶壁という絶体絶命の窮地に追い詰められると、そうした性質は一変する。イングランドのスポーツ界では今なお、第二次世界大戦時に国民が団結して逆境を克服しようとした大いなる精神の片鱗が見られるという。だが我々は、大きなピンチを迎えなくてもその真価が発揮できるようなチームにしたかった。

18連勝が示すようにチームのスキルは高く、常に一定レベルの戦いができる安定性が備わっていた。だが選手のモチベーションや集中力が薄れてきているなかで、幸運にも勝てたというゲームもあった。私は新たな推進力を生み出すために、選手やコーチを刺激し、奮い立たせなければならなかった。

2017年も半ばを過ぎたころ、私は報道陣にこんな話をした。「とかく選手は楽をしたがるものです。快適な家に暮らし、レンジローバーを乗り回し、毎日決まったトレーニングで済ませたいと思っています。我々は彼らに、それまでと違った取り組みをしようという気持ちを起こさせなければなりません。常にそういう心構えを持たせ、自分を変えていくように仕向けることが不可欠です。快適であってはなりません。不快さが必要なんです」

ディックもクレイグと同様、プレーヤーとコーチは非常に真面目にラグビーに取り組んでいるとは感じていたが、彼らのあいだで建設的な意見交換がなされるような場面には出会わなかった。特に、コーチ同士が意見をぶつけ合う姿はまず見られなかった。皆勤勉だが受動的なのだ。どうやらふたりの専門家の目には、私が自分でプロセスを進めすぎていると映ったらしい。誰もが私の話に耳を傾け、命令を実行した。——だがチームとして成長するには疑問を持つという姿勢を身につけ、互いに議論を重ねる必要があった。

私は自らのコーチングについては、改善できる点があればすべて変えていこうと常に心掛けている。とりわけディックとクレイグが指摘してくれた問題点は、選手の指導に非常に役に立った。物事を良くしようと執拗に要求するそのやり方がかえって高圧的に感じられ、周囲の人たちを萎縮させているというのだ。彼らは私の言い方があまりに厳しすぎ、本来伝えたかった話の真意が相手に歪んで伝わってしまった例を挙げてくれた。欠点を指摘されればそのときは不愉快に感じるが、ありのままを包み隠さず伝えようとする彼らの真摯な姿勢に私はいつも感謝していた。

我々3人は先駆者の気概を抱き、チームにあった頑丈な鋳型を壊し、これまで以上の結果を挙げようとした。我々が目指したのは、チームの継続的な発展である。だからこそ、フィードバックと献身的姿勢が極めて重要なのだ。人をけなすのではなく、チーム内で建設的な批判と議論が見られるようになれば、それは自ずとチームの成長につながっていくのだ。

チーム改革の一環として、役に立つ情報はなんでも取り入れようとした。我々は選手と接する時間が限られていたので、彼らの学習効果を最大限に高める方法を模索していた。水泳コーチのビル・スウィットハムと話したとき、彼は我々に、ユニバーシティ・カレッジ・ロンドンの神経学者、ヴィンセント・ウォルシュ教授が説く4つの基本原理について教えてくれた。まずひとつ目、プレーヤーと話すときは、開放感のある照明の明るい部屋にする。ふたつ目、そのときに選手の脳からドーパミンの発生を促すようななんらかの起爆剤を用意する。そして3つ目、ポイントは多くても3点までとする。最後の4つ目は、プレーヤーとの話にはこちらから結論を示さず、選手により深く考えさせる、というものだった。この方法は効果があった。選手は年に40週間、クラブチームで活動する。平均して週に3回ミーティングがあるとすれば、代表チームのトレーニングに参加するまでに120回のミーティングを行っている計算になる。我々は、なるべく彼らが簡単に学べる方法を見つけなければならなかった。

2017年の秋、システムの抜本的な見直しによるチームの再起動計画が進行中であると、選手たちはまだ気づいていなかった。彼らの大半がライオンズのニュージーランド遠征に参加し、ツアーの連戦からくる精神的、肉体的疲労から回復しきれていなかったのだ。11月のテストマッチシリーズでは、彼らの不調は歴然としていた。だがそれでも我々はゲームに勝ち続けた。アルゼンチンを21対8、オーストラリアを30対6、サモアを48対14で破り、スコアだけ見れば文句のない勝利だった。しかし水面下では明らかに亀裂が生じていた。選手は疲れ、気力で戦っている状態だった。しかしその気力も長続きはしなかった。我々は険しい山道にさしかかっていて、そこを抜けるのに、その後ほぼ1年半を要したのである。

南半球の伝統的ラグビーシーズンを陸上競技に譬えるなら、400メートル走といったところだろうか。すなわち勢いよくスタートし、懸命に走り、力強くゴールに駆け込む。ところがここ北半球では3000メートル障害に近い。長いコースに多くの障害物が設置されているので、当然、体力を温存させながらペース配分をすることが大切だ。トレーニングからいくつかのリーグ戦まですべてを全力疾走するのではなく、適度なスピードで走り切る必要がある。そうした環境のなかへ南半球からコーチがやってくれば、南半球仕込みのトレーニングで、たちまち選手に強靭さ、スピード、そして激しさを教えこめるだろう。だがそのペースを維持すれば選手を疲弊させ、3シーズン目症候群をさらに悪化させてしまうのだ。

私の3シーズン目はライオンズ遠征による疲労とのダブルパンチで、まさに最悪の状況だった。代表選手たちは疲労困憊だったが、所属クラブに戻ってプレーしなければならなかった。選手の報酬を支払うのはクラブである。彼らも最大限の努力と忠誠心を示さねばならなかった。そのため身体を休めるオフの期間はわずかしか取れず、精神的にも肉体的にも全く疲れがとれないまま、代表チームに戻ってきた。これは我々にとって実に厄介な問題だった。対照的に、ニュージーランド、アイルランド、スコットランド、ウェールズでは、選手は協会と契約を結んでいるので、適度な休息が与えられる。ライオンズに加わったイングランドプレーヤーは、休む間もなくクラブのゲームに戻って行ったが、それでも彼らは勇敢だった。クラブで必死に頑張り続け、代表チームに戻ってもハードワークに対する意欲は衰えていなかった。だが選手たちは数パーセントほど調子を落としており、それまでのプレーに見られた鋭さが損なわれているのは明らかだった。

私は選手たちがシックスネーションズに向けたキャンプに集まると、本当に代表になりたいと願っているプレーヤーは誰なのかを知ろうと、わざと今まで以上に厳しい練習を課した。目前に迫る大会で結果を出そうとするなら、選手のコンディションを考えてもこれは間違ったアプローチだろう。だが2019年を見据えた場合には、正しい決断だった。良いチームであるのは分かっていたが、ワールドカップで優勝するだけの力は、まだ備わっていなかったのだ。私は休む間もなく厳しい練習を繰り返し、彼らを完全に居心地の良い領域から引きずり出した。もちろん彼らはそれを嫌がったが、私にすればこうした練習は選手の誰を残し、誰を落とすべきか判断するのに役立った。ある意味冷酷だが、大変重要なことである。シックスネーションズは惨憺《さんたん》たる結果に終わり、私は厳しい批判に耐えなければならなかった。まともに受け止めたらきりがないので、そうした辛辣な意見やからかいの言葉はなるべく耳に入れないようにした。9カ月前には私を素晴らしいコーチと称賛してくれた人たちのなかには、今や常軌を逸した変人とまで言い始める者さえいた。

2018年のシックスネーションズは開幕節でイタリアを破り、第2節ではウェールズを振り切り勝利を挙げた。ヘッドコーチ就任以来、ここまでテストマッチ25戦24勝という成績である。ところが凍えるような2月の晩、マレーフィールドで行われたスコットランド戦に13対25で敗れたのだ。我々は序盤から振るわず、前半終了時点で6対22とリードされていた。2004年以来10年間、スコットランドはマレーフィールドで、イングランドを相手に勝利を挙げるどころか、1本のトライも奪えていなかった。ところがこの試合では、スコットランドはすでに3トライを決め、サポーターの熱のこもった声援に応えるように果敢に戦いを挑んでいた。私は敗北を理論的に説明しようとした。「我々も人間です。ロボットではありません。ゲームに集中し、攻撃で圧倒できるように準備をしましたが、なんらかの理由でそうはできませんでした。これは大切な教訓です」

確かに我々には、いつものような集中力と攻撃的な姿勢が見られなかった。私には、それは疲弊し切っていた選手たちを限界までプレーさせたのが原因だと分かっていた。だが優先すべきは長期戦略であり、残りの期間中も引き続き、選手にはハードワークを課し続けた。大会はアイルランドが首位を独走していた。我々にも、次のパリで行われる第4節で4トライ以上挙げて大勝し、最終節のアイルランドとの直接対決で勝利を収めれば逆転優勝できる可能性が残されていた。だがどちらもかなわなかった。2016年にチームにみなぎっていた活力は、今では極度の疲労に変わっていた。我々は明らかに心身ともに疲れており、16対22でフランスに敗れたのである。アイルランド戦ではフィジカルで対抗し、活路を見出そうと、ジョージ・フォードを下げ、スタンドオフにオーウェン・ファレルを起用した。前年の再現となるグランドスラム決定戦だが、立場は全く逆だった。4戦全勝はアイルランド。ホームで迎え撃つのがイングランドだった。我々は3連敗のプレッシャーと脅威にさらされ、誰が見ても勝ち目はなさそうだった。

私の見方は違っていた。「ラグビーでは、追い詰められ、なにかを生み出さなければならなくなったときこそチャンスなんです」と、私は週半ばの記者会見で言った。

すると試合前夜、前年7月に日本で開かれたある企業のイベントで話す私の姿を記録したビデオが何者かによって公開された。未だに誰の仕業なのか分からない。私は日本の観衆を楽しませようとして、「卑劣なアイルランド人」と言い、ウェールズを「取るに足らないちっぽけな国」と呼んでいた。穴があったら入りたかった。ユーモアのかけらもない単なる悪口に過ぎなかったし、なにより自分の本心ではなかったからだ。ビデオ画面では笑いながらジョークとして言っているのは一目瞭然だったが、なにより印象が悪かった。明らかな失態だ。この情報をリークした人物は私に最大のダメージを与えようと、リリースの時機を見計らっていたのだ。まさに完璧なタイミングだった。

すぐに私とイングランドラグビー協会の双方が謝罪した。愚かな過ちで、言い訳は一切しなかった。この一件からなにを学んだかと問われれば、こう答えるだろう――人をジョークのネタにしてはいけない。私に限って言えば、話を面白くしようと思ったときこそ要注意。ギャグはコメディアンに任せるべし、である。

さらに、その場で思ったことを口にする怖さも十分に学んだ――と言いたいところだったが、実際はそうではなかった。それほど頭は良くないのだ。およそ1年後の2019年3月、私は同じ過ちを繰り返してしまった。それは前述したアイルランドとウェールズに関する失敗に匹敵するほど恥ずかしく、愚かな行為だった。

私は長年、ブリティッシュ・アンド・アイリッシュ・ライオンズを指揮する日が来るのを夢に描いてきた。いつかそんな機会が訪れないかと、未だに願い続けている。これはペンブローク以外、誰も知らない秘密だったが、2021年の南アフリカ遠征がそのいいチャンスではないかと、密かに狙いを定めていた。それは世界ラグビーの歴史のなかでも、素晴らしい遠征のひとつになるはずだ。私はペンブロークと打ち合わせ、準備万端整え、この件については適切な物言いをするよう常に気遣っていた。しかしその後、ブリスベンのジャーナリストから長距離電話がかかってきたとき、私は笑いを取ろうとして、思わずライオンズをコーチするのは大使の仕事だと口にしてしまったのだ。「なにが嫌だって、8週間もブレザーを着て過ごさなきゃならないんですよ。それは大使がやるべき仕事でしょう。私はコーチですから、むしろシェフィールド・シールド・クリケット大会のクイーンズランド・ブルズあたりをコーチしたいところですね」。またしても心にもない言葉を口にしてしまった。

ペンブロークから電話があり、彼はすぐさま用件を切り出した。「君は」——その声には、信じられないという響きがあった——「ライオンズの仕事がしたかったんじゃないのか?」

「もちろんだよ」。私は叱られた子どものようにもじもじしながら答えた。

「この際はっきり言うが、もう船は出てしまったんだ。全く君というやつは、時々自分の手で自分のチャンスをだめにするんだからな」

またしても私の失言だった。正直なところ、なぜあんな言い方をしたのか今でも分からない。しかし前にも言ったが、後悔はしない。後悔するよりも、そうした失敗から教訓を学ぶべきなのだ。いつかは、ライオンズを指揮するチャンスが巡ってくるかもしれない。公に侮辱的なコメントを出してしまったのは汗顔の至りだが、もちろんそれは私の本意ではない。今でもライオンズに関われるとしたらそれは名誉であり、光栄なことだと思っている。

2018年の聖パトリックの祝日、トゥイッケナムでアイルランドと対戦した。先日のしくじりに凍てつく寒さが加わり、どんよりと曇った午後の空は私の気分を滅入らせた。イングランドへやってきてから、これほど寒い日に巡り合った記憶はなかった。——そしてチームのパフォーマンスも、観ている我々の心を熱くしてはくれなかった。

アイルランドは我々よりも数段、力強かった。しかも動きはより鋭く、戦い方もよりスマートだった。我々も懸命に戦ったがゲームの主導権は最後まで奪えず、15対24というスコアはむしろ上出来だった。もちろん負けるのは好きではない。だが観客やメディアほどには落胆しなかった。少なくともひとつの明るい兆しはあった。キックオフから我々が優勢にゲームを進め、開始5分、オーウェン・ファレルがジョナサン・セクストンへのキックを追いかけ、彼を仕留めたのだ。我々はメディアからの大きなプレッシャーにさらされていたが、ファレルは味方を鼓舞し、自らが率先してチームを引っ張っていこうとしていた。これは彼の優れた資質のひとつであり、だからこそ彼をチームのキャプテンに任命しているのだ。ファレルは常に一歩もあとへは引かず、ただひたすら真っすぐに突き進む。それ以外の道は彼にはない。ゲームが終わってもチームの躓きの原因を明らかにはできなかったが、2016年と2018年の違いを明確にし、対処する必要性を感じていた。

「すでに我々はこれまでの連勝期間中、目指すべき高みはまだ彼方にあると気づいていました」と私は言った。「今経験しているこの試練は、チームに成長をもたらしてくれるでしょう。就任当初はあれこれ修正するだけでチーム力は簡単に向上しました。ところがリーダーの育成など、チーム内部のメカニズムを成長させるには時間がかかります。でもそれは、より良いチームになるためのプロセスです。具体的な結果こそ出ていませんが、我々は前進しているのです」

「こうした我慢が必要な時期には、チームとしての決意の深さ、目標のあり方、気骨の有無が問われます。まさに我々は今、その試練に直面しています。今日のゲームで見せた選手たちの努力は素晴らしいものでした。本当によく頑張ったと思います。ですがアイルランドのほうが、それをさらに上回りました。タフでよく鍛えられ、リーダーシップを備えたチームが、これ以上ないプレーを見せたのです。我々も信念を持って戦いましたが、残念ながら及びませんでした」

寒さに凍えるトゥイッケナムの観客の一部は、大型スクリーンに映し出される私の姿にブーイングを浴びせた。一方フィールドの向こうでは、歓喜に沸くサポーターの前で、グランドスラムを達成したアイルランドプレーヤーたちが喜びを爆発させていた。彼らは我々に代わりチャンピオンの座に就き、世界ランクもニュージーランドに次ぐ2位となったのだ。私は彼らを心のなかで祝福した。彼らはそれに値するチームだった。

暗さを増す空の下、私はドレッシングルームに向かった。3月も半ばだというのに、まるで真冬に逆戻りしたようだ。だがアイルランドは太陽に照らされた小道を歩いていた。アイルランドは今がピークなんだ——そう思い、私は自分を慰めた。彼らは輝かしい高みにはいるが、あとは下り坂に向かうだけなのだ。我々は再び評論家から馬鹿にされ、嘲りの対象になっていた。だがそもそもメディアは現実そのものには関心がなく、現実に対する誰かの意見にしか興味を示さない。誰も真実を追求しようとはせず、その代わりに侮辱的な言動で紙面や画面を埋め尽くしさえすれば良いと考えているのだ。私はいくら罵られようが、私自身のワールドカップへ向けた計画に対する信念は、その細部に至るまで揺らぐことはなかった。1年半後のワールドカップでは、こうした日々に耐えられるだけの強さを身につけているだろう。

私は2019年に備えて適応力のあるゲームスタイルを生み出したいと考えていたので、試合で求められる要素とトレーニングの効果を一致させる必要があった。そのためにどのような方法でトレーニングをすべきか、我々コーチ陣は引き続き検討を重ねていった。トレーニングの内容を考えるのは、おそらくプロのラグビーの世界で最も面白く、魅力的な仕事だ。なぜならそれこそ自らの手でチーム力を向上させられる唯一の方法だからだ。レイモンド・フェルハイエンはオランダ人で、サッカーコーチであり、またコンディショニングの専門家でもあった。彼は3度のワールドカップと3度のUEFA欧州選手権で、オランダ、韓国、ロシアのサッカー代表チームの強化に関わり、クラブレベルでは、FCバルセロナ、チェルシー、マンチェスター・シティでの仕事の経験もあった。我々は自分たちのアプローチに対する外部の意見が聞きたかったので、戦術的ピリオダイゼーションの専門家でもあるフェルハイエンに、コーチ全員を対象とした講習会を開いてもらったが、それは素晴らしいものだった。

フェルハイエンには南アフリカ遠征にも帯同してもらった。その結果、テストマッチに対する準備に新たなアプローチがもたらされた。それまで火曜日と木曜日に行っていたトレーニングを水曜日に切り替えたのだ。選手たちが最もハードなトレーニングを行うのに適しているのが水曜日だと分かったからだ。我々はそのセッションの強度を徐々に上げていこうと決めた。おそらくかなりハードなものになるだろう。南アフリカ遠征では、これまで以上に選手たちを追い込んでいくつもりだった。

各国のラグビー代表チームが遠征先に選びたいと願う2大目的地は、ニュージーランドと南アフリカである。ラグビーの質はもちろん、彼らとの対戦がプレーヤーにもたらす価値という点でも、この2大伝統国に匹敵する国は他にない。イングランドが南アフリカでのテストマッチシリーズに勝ち越したことはまだ一度もなかったので、2018年6月の遠征はチャレンジするまたとない機会だった。だが誰も我々の健闘は期待していなかったし、それればかりかほとんどのメディアは、全敗でもしてくれれば大いに書き立てられると、むしろ我々が負けるのを望んでいるようだった。事実、恐ろしく困難な戦いになるのは目に見えていた。なにしろ怪我や休暇のためにトッププレーヤーを20人も欠いていたのだ。

ディラン・ハートリーの不参加は、最も大きな損失だった。彼は一日も早く復帰しようともがいていた。ハートリーに代わるキャプテンは、オーウェン・ファレル以外にはいなかった。私はさらに今回の遠征で、彼の他にリーダーを見つけられるかどうか期待していた。ハートリーはこの2年半というもの、チームをまとめてくれたが、もはや頼るのは無理だった。彼の身体はすでに悲鳴を上げていたのだ。私は彼がワールドカップに参加できるよう心から望んでいたが、代役の準備も必要だった。ファレルには信頼を寄せていた。彼はワールドレベルから見ても優れたプレーヤーだったし、チームのなかでも周りに勇気を与えられる選手だった。

マヌ・ツイランギ、アンソニー・ワトソン、ジャック・ノーウェル、ジョナサン・ジョセフ、ジョージ・クルーズ、サム・アンダーヒルらは負傷し、一方でダニー・ケア、ダン・コール、ジェームズ・ハスケルらはラグビーを離れ、休養が必要だった。代表選考はいつでも難しいものだが、今回はすでに代表経験の豊富なプレーヤー、かつて代表に選出されていたプレーヤー、そして全く代表経験のないプレーヤーが程よく入り交じった、バランスの取れたチームができたと感じていた。ダニー・シプリアーニは２０１５年以降、代表に選ばれていなかった。華々しい代表デビューを飾ったにもかかわらず、キャップ数は14にとどまっている。初キャップは２００８年３月のアイルランド戦で、素晴らしい活躍を見せてチームの大勝に貢献すると、イングランドラグビーの救世主ともてはやされた。本来ならその前節のスコットランド戦でデビューするはずだったが、その週に「不適切な行為」があったとして、代表チームから外されていた。タブロイド紙のカメラマンに、ナイトクラブから出てきたところを写真に撮られたのだ。

シプリアーニはクラブラグビーでは抜きん出た存在だった。サラセンズのヘッドコーチをしていたころにワスプス戦で彼を見たのだが、まだ10代だったにもかかわらず巧みなステップワーク、スペースの判断力、それにスキルを備え、当然ながら将来を嘱望されていた。だがアイルランド戦では注目されたものの、その後はすべてが上手くいかなくなっていた。プレーヤーとしては怪我に泣かされたし、私生活はいつも乱れていて、ここ数年問題を起こしては何度も紙面を賑わしていた。私は彼が恵まれた才能の割にパフォーマンスが安定しないのは、おそらくそれが原因ではないかと思っていた。

シプリアーニは、２０１１年のワールドカップでヘッドコーチを務めたマーティン・ジョンソンからは、信頼に値せずプレーヤーとして相応しくないと判断されていたので、その後代表チームから声はかからなかった。そこで彼はイングランドを離れ、ロッド・マックイーンの率いるスーパーラグビーの新チーム、メルボルン・レベルズでプレーした。しかしレベルズは苦戦し、２０１１年と２０１２年シーズンはシプリアーニのプレーも振るわず、彼は完全に道を見失っていた。プレーにも見るべきものはなく、彼が復調する兆しは見られなかった。しかし私がイングランドのヘッドコーチに就任してからというもの、彼のプレーに往年の輝きが見られるようになり、私はそんな彼の姿を驚きとともに嬉しく眺めていた。ヘッドコーチ就任時はまだ代表候補に入るほどではなかったが、次の2年間で彼が見せたプレーは無視できなかった。とりわけ2017年にワスプスで送ったシーズンは素晴らしく、イングランド代表としてプレーする機会を与えるに十分だった。

私はチームメイトに対する彼の反応の仕方が気に入らず、これまで代表チームに招集しなかった。だが他のプレーヤーに対する言葉遣いや態度は大幅に改善され、チームに与える影響にも問題は見られなくなっていた。ラグビーでは、10番はアタックで地域を進めていくのが役割だ。シプリアーニにはチームのアタックを前に進めるべきときに横に展開させようとする悪癖があったが、今ではこのふたつを上手く使い分けられるようになっていた。彼はラグビープレーヤーとしても人間としても成長を遂げており、私はそんな彼を代表メンバーとして南アフリカ遠征に連れて行けるのが嬉しかった。

私はシプリアーニを主に10番と考えていたが、15番として使う可能性もなくはないと口にしていた。個人的には、フルバックとしてプレーするには瞬発力に欠けていると感じていたが、違ったポジションをプレーさせ、良い刺激を与えたかったのだ。最も気にしていたのは他の選手との関係性である。またスキャンダルを起こして新聞の一面に大きく報道されるのではなく、シプリアーニにはゲームで活躍し、新聞紙面のしかるべきスポーツ欄で評価されて欲しかった。

これはシプリアーニにとってそう簡単ではなかった。ゴシップを提供してくれるような変わり者は、イングランド人にとっては実に魅力的だ。メディアは常に彼の動向に注目し、しかも強引だった。南アフリカ遠征出発前、我々はバーバリアンズとの壮行試合に臨み――そして負けた。そこでマスコミは、ゲーム前に若い女性がホテルに彼を訪ねてきたのをゴシップ記事にしようとした。とんでもない間違いだった。選手たちは、妻やガールフレンドの訪問を許されていたので、シプリアーニは規則を破ったわけではなかったのだ。しかし彼はなんでも「ニュースになる」男で、このイメージはすでにファンのなかに浸透していた。私がイングランドの路上で誰かと話をするとき、真っ先に尋ねられるのが、「シプリアーニをどう思いますか？」という質問だった。オーウェン・

ファレルについて聞かれたためしはない。真面目で練習熱心な選手なので、ラグビー関連記事以外では見かけないからだろう。

ラグビー記者でさえ他のプレーヤーよりもシプリアーニについて話をしたがるので、しばしばいらだちさえ感じていたが、それでも私はシプリアーニのプレーヤーとしての可能性だけを考えていた。彼にとっては間違いなく大きなチャンスだった。ファレルやフォードよりも優れていて、長期にわたりイングランドの屋台骨を背負えるだけの力があると、私に示してくれさえすれば良かったのだ。以前から口にしているが、私は貧しい階層の出であろうが、Xファクターの才能さえあれば、いつでも代表に選抜しようという気持ちを持っていた。だがシプリアーニは若干事情が異なっていた。私は彼が厳しい家庭環境のなか、母親ひとりに育てられたのを知っていた。彼女はロンドンタクシーの運転手をしながら、シプリアーニに良い教育を授け、人生の可能性をなるべく広げてやろうとしたのである。私は彼を励まし、彼も素直な態度で応えてくれた。

とはいえ、私がコーチとして最も苦労したのはシプリアーニの指導ではない。それは選手たちから創造性を引き出すことだった。保守的なプレーだけでは国際ラグビーの舞台で勝ち続けられず、より大胆で攻撃的になる必要があった。ラグビーのゲームは、これまでよりも点を取り合うスタイルへと変わり、テストマッチに勝つにはより多く得点を奪わなければならなくなった。まして南アフリカでスプリングボクスを破ろうとするなら、精神面での強靭さは欠かせない。私はこの遠征を通じ、選手たちの力を見極めようと心に決めていた。

エリスパークは素晴らしいスタジアムで、観客はいつも賑やかだ。2018年6月9日、静かで美しいヨハネスブルグの冬の午後、重要な意味を持つテストマッチを前に、スタジアムはいつもより大きな熱気に包まれていた。スプリングボクスが初めて、黒人キャプテンのシヤ・コリシによって率いられるのだ。コリシは優秀なプレーヤーであり、しかも仲間を勇気づけられる男だった。彼をキャプテンに指名したのはヘッドコーチのラシー・エラスムスである。私は前任者のアリスター・クッツェーと2007年にスプリングボクスで一緒に働き、その後も互いに良い関係を築いていたが、私はヘッドコーチとしての手腕はクッツェーよりもエラスムスのほうが上だと見ていた。南アフリカとの戦いは、間違いなく厳しいものになるだろう。

ゲームの立ち上がりは不満だった。だが開始2分、自陣10メートル付近で相手の反則からペナルティーキックをもらう。ファレルはキックの飛距離が出る長距離砲、モンスターブーツのエリオット・デイリーと話し合い、ペナルティーゴールを狙おうと決めた。ヨハネスブルグは海抜１８００メートルの高地にあるため平地よりも空気が薄く、ボールがよく飛ぶのだ。デイリーは期待に応え、約60メートルのペナルティーゴールを沈めた。さらに3分後、鮮やかなサインプレーが決まり、センターのヘンリー・スレイドからパスを受けたマイク・ブラウン――この日私はブラウンをフルバックではなく、ウイングで起用していた――が左隅にトライ。ファレルがコンバージョンを決める。

前半18分、デイリーとファレルの見事なトライもあり、24対3でリードしていた。ヘッドコーチに就任して3シーズン目に入っていたが、それまでで最高のスタートだった。我々が流れをつかみ、優位にゲームを進めていた。ところが突然、それを手放してしまったのだ。当初、私はチームのメンタリティに感心していた。エリスパークではアウェーチームがまず崩れるのに、我々は全く逆で、最初からリードしてゲームの流れを完全に支配した。だが前半半ば、南アフリカのやる気を完全に失わせようというときに我々はずさんなプレーをし、相手につけ入る隙を与え、勢いを取り戻させてしまった。スプリングボクスのスクラムハーフ、ファフ・デ・クラークは実に油断のならないプレーヤーだ。彼のトライをきっかけにチームが息を吹き返すと、さらに3連続トライを奪われ、気がつけば24対3のリードも27対29と逆転されていた。

我々は、チームに落ち着きを与えるハートリーのリーダーシップとベテラン選手たちの頭脳が、いかにチームに大きな影響を与えていたか、改めて実感せずにいられなかった。セカンドローに負傷者が出ていたので、20歳になったばかりのニック・イジークェを先発に起用した。チームには彼のような若手プレーヤーが多く、試合序盤での猛攻が静まりチームを見渡せば、大勢の少年たちが大人を相手に戦っている――そう思わせるような布陣だった。明らかに我々にはリーダーシップが欠けていた。南アフリカではレフリーのジャッジはホームチームに有利に働くので、スプリングボクスは必ず劣勢を跳ね返してくる。これが南アフリカでアウェーゲームを戦うときの現実なのだ。そこは我慢し、決して腹を立てたり不満に思ったりしてはならない。じっと耐えていれば、状況は必ず好転する。だがこのゲームでは、いったん相手にいってしまった試合の流れは、なかなか取り戻せなかった。

試合時間は残り8分、点差は10点。ここでジョニー・メイがトライを決める。スプリングボクスに並ぶチーム5つ目のトライだ。この勢いでもうひとつトライを奪い、我々が素晴らしい勝利を収める——はずだった。だがスコアは動かず、結局39対42で初戦を落としたのである。

ブルームフォンテーンでのテストマッチ第2戦、フォワードはクリス・ロブショーを外して入れ替えを行った。ロブショーは私にとってもイングランドにとっても、頼りになる本物の戦士だったが、他の多くの選手同様、大きく調子を落としていた。ゲームは初戦と同じような展開になった。マイク・ブラウンとジョニー・メイのトライでスタートダッシュを切り、開始13分で12対0と大きくリードしたが、我々の華々しいスタートダッシュもそこまで。前半終了直前には12対13と逆転されていた。後半は得点を挙げられず、キックを上手く使って攻めたスプリングボクスが23対12で勝利を飾った。またもや不満の残るゲームだった。ファレルのキャプテンシーは申し分なかったが、チーム全体にリーダーシップが感じられず、自信や落ち着きが不足していた。

チーム全体をひとつにまとめる「つなぎ役」、ハートリーの抜けた穴は大きかった。プレーヤーが興奮して浮き足立ち、チームが崩れかかろうとするとき、彼のリーダーシップはその本領を発揮する。ハートリーはいつメンバーを叱咤すべきか、あるいは落ち着かせるべきかを心得ていた。コーチは大抵、自分に似た性格のキャプテンを——物静かなコーチは物静かなキャプテンを、感情が表に出るコーチはすぐに感情を表すキャプテンを——選ぶものだ。だが経験を重ねるにしたがい、コーチングもキャプテンの選び方も様々な方法がとれるようになる。ハートリーもファレルも分類するなら、感情を発露するタイプに入るだろう。しかしハートリーは自分自身を抑え、コントロールする術を身につけていた。ファレルはまだ26だ。間違いなくキャプテンとして、さらに成長を重ねていくだろう。ワールドカップまでまだ1年と3カ月残されている。私は遠征が終わったらハートリーとファレルのふたりを共同キャプテンとして指名し、チームがどう変化していくか試してみようと決めていた。

代表チームに偉大なリーダーが出現するには時間が必要だ。ジョージ・グレーガンがそうだった。彼は私がこれまで見てきたなかで、最も優れたキャプテンのひとりである。だが彼が本当のリーダーシップを発揮するまでには何年もかかった。オーストラリアの偉大なキャプテンとして知られるジョン・イールズも、なりたてのころは苦労した。信じられないだろうが、頼りないキャプテンだった。かのリッチー・マコウも、最初にキャプテンになったとき、チームの成績は振るわなかった。だがその後、ワールドカップで2度、優勝を果たしている。2003年と2007年の両大会での挫折を考えれば、マコウが本当のリーダーシップを習得するのに8年の歳月を要した計算になる。リーダーになるには時間が必要なのだ。特に大きな苦難や挫折を経てリーダーシップが育つケースが多いのは、そうした試練から学ぶべきことが多いからだ。

メディアはあれこれ失敗について書き立てるのが大好きだ。誰かがしくじればその人物を徹底的に叩き、人々の怒りを焚きつけ、論争が生まれるチャンスを待っているのだ。私はテストマッチで5連敗した事実を何度も突き付けられたし、多くの記者から、バーバリアンズとの壮行試合を含めれば実際には6連敗だと指摘され、さらにブルームフォンテーンで負けた日の夜には、イングランドが勝利から遠ざかって126日が経過していると聞かされた。

イングランドを率いた最初の2年間、メディアの大袈裟な称賛の言葉を無視したように、ケープタウンでの第3戦が負の連鎖にはまり込まないよう、メディアの言葉には一切耳を傾けなかった。負ければいつだって非難される。だがイングランドでは、事実が何倍にも増幅されるのだ。世界でもこれ以上ないトップチームと称賛されるかと思えば、イングランド史上類を見ない最悪のチームとこき下ろされ、ヘッドコーチの評価も「輝ける才能の持ち主」から「とてつもなく愚かな采配」へと、一瞬のうちに急落する。こうした報道は実に馬鹿げているが、それも仕方ない。イングランドメディアは、人々のヒステリーを食い物にして生きているからだ。本当の現実を冷静に客観的な目で見てみれば、それは彼らが言うほど素晴らしくもなければ、彼らが指摘するほど悪くもないものなのだ。

テストマッチの負け越しが決まり、連敗も5まで伸びていた。結果が上手く出ていないとき、選手がどう行動するか見るのは興味深い。またしてもイングランドの若者は素晴らしかった。プレッシャーが大きくなればなるほど、彼らの団結と信念は強くなるのだ。第3戦前の休養日、選手たちは宿泊先のホテルから道路1本隔てた反対側の公園へ、クリケットをプレーしに行った。彼らの笑い声と楽しそうな様子は、遠くからでもうかがえた。ホテルに戻ってくる彼らの表情は一様に輝き、我々が築こうとしていたフィールド外での選手同士の強い絆が現実の姿になって表れていた。

イングランドのヘッドコーチの仕事は特に難しい。メディアを相手にする以外にも、毎日様々な戦いに明け暮れなければならない。あらゆる問題に対処するには、賢く立ち回る必要があるのだ。テストマッチ全敗を免れるためには、最終戦で一か八かの勝負に出る必要があった。私はシプリアーニを10番に起用し、ゲームを任せようと決意した。ラグビーで言う10番は、アメリカンフットボールならクォーターバックに相当する。練習ではプレースタイルやテンポを指示し、週末の試合とそのための準備の1週間はチームのなかで重要な役割を果たさねばならない。フォードはメンバーから外され不運だったが、我々は少し目先を変える必要があった。私はシプリアーニのゲームメークでチームがどのように変わるのか、この目で見たかったのだ。

ニューランズスタジアムのピッチの状態は、我々のプレースタイルに適していた。いつもは球足が速いのだが、この日は芝生が雨を含み、ボールが転がりにくい。そうした状態のなかで南アフリカと対戦するのだ。互いの力がぶつかり合うゲームだったが、またしても我々は勇敢に戦った。試合は接戦となり、ハーフタイムを迎えたところで6対3とリード。残り8分になっても拮抗《きっこう》したままだった。イングランドが15対10とリードを保っていたが、スプリングボクスも負けてはいない。するとシプリアーニが、フィールドの左から右ウイングのメイへ向けて、まさに絶妙なキックパスを放ったのである。あとはメイがインゴールに転がるボールを押さえ、これがゲームを決定づけるトライとなった。

私はシプリアーニが自分の役割をきちんと果たし、試合に勝ったのを嬉しく思った。私は試合前の記者会見で、シプリアーニの目の覚めるようなプレーを楽しみにしていると語り——そして彼はその期待に応えたのだ。だが報道陣の反応はとんでもないものだった。彼のキックパスは、彼が天才であることの証明だというのだ。確かに素晴らしかったが、それ以外の時間帯、彼は全く目立たなかった。しかもすでに以前、ファレルがトゥイッケナムで同じようなプレーを披露し、メイのトライを引き出していたが、そのときは誰もそこまで騒ぎ立てなかった。それはプレーヤーがファレルだったからだ。ところがシプリアーニだと、「信じられない」「驚異的な」スキルだと称賛されてしまう。私はどうやって準備をし、いかに練習に取り組み、そしてどうプレーするかで、そのプレーヤーを判断していた。毎日がセレクションなのだ。ケープタウンでのゲームが終わってもシプリアーニは、ファレルやフォードから数歩離れた後方を走る三番手のプレーヤーに変わりはなかった。

私がこの試合でより興味を抱いたのは、終始南アフリカを圧倒していたという点だった。大きなプレッシャーのなかでも当初の戦術通り戦い、連敗を止められたのも大きかった。長くコーチをしていると、こうした足踏み状態、いわゆる休閑期の存在を受け入れるようになる。私の場合は7〜8年ごとにやってくるが、戦わなければこの状態から抜け出せない。優れた選手と理想的なスタッフが揃っていれば、コーチもチームも逆境を乗り越えられ、さらに強くなれると知るべきだ。

私はこれまで選手としてもコーチとしても数多くの遠征に参加してきたが、一番楽しく感じたのは今回の遠征だった。チームはタフで献身的で、選手たちも上手くなりたいと願っていた。彼らが自信を深めていく様子がはっきりと分かり、フィールド内外で成長する彼らの姿を目の当たりにするのは心躍る出来事だった。

苦しいときには、必ずブランビーズを指揮した1年目を思い出す。スーパー12では12チーム中10位の成績に終わり、先頭からは何マイルも遅れているのではないかと不安を感じた。だがすべてを精査してみると、プレーオフに進む上位4チームとの実力はわずか数パーセントしか違わないではないかと思い始めていた。テストマッチレベルでは、この差はますます小さくなる。南アフリカ遠征では3勝0敗でシリーズを制したかもしれないし、逆に0勝3敗で終わったかもしれない。ひとつ、ふたつの勝ち負けの違いが様々な場面に大きく影響する。成功と失敗は紙一重であり、慎重に対処する必要があるのだ。我々はこの現実をしっかり受け止めねばならない。だがスポーツ報道に公平性は不要だ。人々が読みたいのは大勝利か惨敗の記事だけなのだ。それ以外に興味はない。ところが実際は、あらゆるスポーツのどんなチームも大抵は真ん中に位置していて、時折両極端に振れるだけなのだ。

私はチームが成長するその姿に勇気づけられた。彼らの前向きな態度と勤勉さ、そして痛みを受け入れ、前進しようとする意識は素晴らしかった。確かにテストマッチシリーズには負け越したが、短期間に大きな成長が見られた。我々は窮地を脱したのだ。

南アフリカからの帰路、私はゲームを詳細にわたり分析した。特に初戦と第2戦に焦点を絞った。アタックは申し分なく、いずれもスタートダッシュで先手をとった。スクラムやラインアウトなどの基本プレーも安定していた。だが、いかんせん勢いが持続できなかった。意図したようなゲーム展開にならず、私もその原因を突きとめられなかった。相手はキックを上手く使い、初戦と第2戦をものにした。そこになにかがあるのではないかと思った私は、ヒースロー空港に着くと、すぐにゴードン・ハミルトンフェアリーに連絡を取った。数学者である彼にティア1のゲームを観てもらい、ワールドカップへの最後の長い道のりに臨むにあたり、新たなゲームスタイルの仮説が立てられるかどうか、確かめたかったのだ。

新たにグロスターに移籍していたダニー・シプリアーニは、わずか2カ月後に再びトラブルを起こした。プレシーズンツアーで訪れた遠征先のジャージーで、クラブの用心棒を殴ったのだ。暴行だけでなく逮捕されまいと抵抗した事実も認めたシプリアーニは、2000ポンドの罰金と10週間の社会奉仕活動に同意した。私にはそれほどの驚きや失望はなかった。愚かな行為を繰り返す選手に大きな変化は期待できない。自ら選んだ道なのだから、その結果は甘んじて受け入れなければならないのだ。

いずれにしてもジャージーでの事件は、その後のセレクションになんら影響はなかった。代表レベルでは、ファレルやフォードのほうが優れたプレーヤーだと認識していたからだ。現時点では彼らが一番手で、いずれかが怪我をしたり大きなスランプに陥ったりした場合には、躊躇なく君を選ぶ——私は彼にそうはっきり告げていた。シプリアーニにすれば、彼の所属するグロスターがファレルのいるサラセンズと対戦した時点で、代表への希望はさらに大きく損なわれたようだった。試合はファレルとシプリアーニの対決ともてはやされたが、ふたを開けてみればサラセンズとファレルの圧勝だった。

連続ドラマのようなシプリアーニの話はさておき、そのころ私はコーチング体制の変革に大いに心を奪われ、夢中になっていた。南アフリカ遠征では、スコット・ワイズマンテルにアタックコーチとしてチームに加わらないかと説得を試みた。私は何度か、彼と仕事をともにしていた。ワイズマンテルは2004年から2007年までスキルコーチとしてワラビーズの指導にあたり、2015年のワールドカップでは日本代表をコーチし、目覚ましい業績を残していた。彼はラグビーに関する本物の知識を持った、優秀でエネルギッシュなコーチである。スーパーラグビーはニューサウスウェールズ・ワラターズで、フランスではリヨンとモンペリエでも指導経験があり、選手に好かれ、常に新たなアイデアにあふれ、しかも周りに活力を与えてくれる存在だった。

南アフリカでのワイズマンテルの役割はコンサルタントだったが、その仕事ぶりが素晴らしかったので、2019年の終わりまで我々のチームにフルタイムで参加してもらえないかと必死に説得を試みた。ついに彼が受け入れてくれたときには、私は本当に興奮した。実はワイズマンテルは、現在チームにいるスティーブ・ボーズウィックとニール・ハトリーというふたりの優秀なイングランド人コーチとはまた違った気質を持っていた。ボーズウィックは仕事の緻密さに優れ、ハトリーは選手から人気があり、そしてふたりは仲が良かった。一方ワイズマンテルはこのふたりよりも外向的な性格で、コーチングスタッフに明るさと活力をもたらしてくれたのである。

南アフリカ遠征後はディフェンスコーチにも変更が生じた。ポール・ガスタードとは上手くやってきたし、それまでの彼のイングランド代表チームに対する貢献と実績にも満足していた。だがハリクインズがガスタードにディレクター・オブ・ラグビー就任のオファーを提示してきたとき、私には彼に翻意するよう説得する気持ちは起こらなかった。ガスタードには小さな子どもがいた。だから遠征で各国を飛び回る代表チームの仕事を降り、イングランドをホームとするハリクインズの仕事を選びたいという彼の気持ちがよく分かったからだ。幸いすぐに、ジョン・ミッチェルという後任が見つかったので、私も気持ちよく彼を送り出すことができた。

ミッチェルと私は2003年のワールドカップでは敵同士だった。互いにヘッドコーチとして、ミッチェルはオールブラックスを、私はワラビーズを率い、決勝トーナメントの準決勝で対戦した。オールブラックスは素晴らしいチームだったが、残念ながらこのときはワラビーズに分があった。ニュージーランド国民にとってワールドカップは優勝すべき舞台である。それ以外の成績は受け入れられず、敗れたミッチェルは仕事を失った。だが私は彼が真面目で有能なコーチだと知っていた。世界中、多くの国でコーチをした経験があり、イングランドラグビーにも精通していた。彼はクライブ・ウッドワードの下で、1997年から2000年までイングランドのフォワードコーチを務めていた。ニュージーランド以外にもヘッドコーチとしてアメリカ代表を率い、スーパーラグビーではニュージーランド、オーストラリア、南アフリカの5チームの指揮を執った。さらにイングランド・プレミアシップでは、ロンドン・ワスプスのアシスタントコーチ、セール・シャークスではディレクター・オブ・ラグビーを務めている。ミッチェルは国際ラグビーの分野で、最も広範囲にわたる指導経験を持つコーチのひとりだった。多くのベテランコーチ同様何度か試練に見舞われながら、それをくぐり抜けて現在に至っている。なにより彼は、私と同じようにコーチングが大好きだった。

我々はアシスタントコーチの役割を進化させ、今ではポジションコーチという名称を使っている。従来通りの指導を行う一方で、現在では特定ポジションのプレーヤーも担当しているのだ。たとえばハトリーはスクラムコーチだが、それ以外に主にフロントローの指導にあたっている。選手がそのポジションに見合うだけのスキルを持ち、ゲームでプレーできる状態に仕上がっているか確認するのが役割だ。なにか問題があれば、選手たちは私ではなくまず彼に相談する。ボーズウィックはフォワードコーチだが、それ以外に主にロックを担当している。チームのなかでロックが機能しなければ、それを調整するのが彼の仕事だ。同じようにミッチェルはバックローを担当し、私はインサイドバックス（スクラムハーフ、スタンドオフ、インサイドセンター）、ワイズマンテルはアウトサイドバックス（アウトサイドセンター、ウイング、フルバック）を担当した。現在我々のミーティングは、ほとんどこのポジション単位で行われている。

ミッチェルがジグソーパズルの最後のピースを埋め、これでコーチングスタッフの陣容は整った。私は、イングランドをワールドカップに連れて行くのに、文句のつけようのないバックアップチームだと確信した。

2018年のオータムインターナショナルズが開催された。ここから、私のイングランドでの実績が問われる2019年ラグビーワールドカップまでは、あと1年も残されていなかった。テストマッチはいずれも重要で、やるからにはすべてに勝ちたいと思うものだが、ワールドカップが近づけば近づくほど、そうしたテストマッチが本番に向けたスパーリングのように思えてくる。11月、我々にはこれまで経験したことのない最も厳しいテストマッチが予定されていた。——南アフリカとニュージーランドとの2連戦である。

私は初めてスプリングボクス戦で、ハートリーとファレルの共同キャプテンを試してみた。チーム全体を引っ張るのはファレルだったが、ハートリーもチームはもちろん、スクラムの要としてチームをバックアップした。ビリー・ヴニポラがまだ故障から復帰していなかったので、思い切ってナンバーエイトにマーク・ウィルソンを起用した。ガッツのある意欲の高いプレーヤーで、私はその点を高く評価していた。オープンサイドフランカーにはトム・カリー、ブラインドサイドフランカーにブラッド・シールズが入り、バックロー陣は整った。顔ぶれが変わりチームに新鮮さが加わったが、ゲームに食らいついていくには、これまでのチームと変わらない判断力が必要だった。

前半、スプリングボクスのボール支配率は78パーセント、地域支配率は80パーセントに達していた。ボクシングで言えば我々はロープ際に追い詰められ、次々に繰り出されるパンチをしのいでいる状態だった。南アフリカはウェリントンでニュージーランドを破り、ホームでのリターンマッチでは僅差で敗れたものの、ラシー・エラスムスのもとで好調を維持していた。ひとつ間違えば大きな点差につながる可能性さえあったが、彼らも最後の詰めが甘く、我々もなんとか踏ん張ったおかげで、前半を6対8の僅差で終えた。

後半33分、ファレルが4本目のペナルティーゴールを決め、わずか1点ながら再逆転した。スプリングボクスも我々に襲いかかる。試合終了間際の80分、途中出場の巨漢センター、アンドレ・エスターハイゼンがイングランド陣10メートルライン手前でボールを拾い上げると、ゴールめがけて猛然と突進を始めた。彼は明らかに逆転を狙っていた。そこへファレルが立ちはだかる。上半身で激しくぶつかると、さすがのエスターハイゼンも仰向けに倒された。イングランドがボールを奪い、時計も80分を過ぎたところでタッチに蹴り出し、試合終了。選手たちは歓喜に沸いたが、すぐにオーストラリア人の主審、アンガス・ガードナーが、エスターハイゼンに対するタックルに問題がなかったか、TMOに確認を求めた。ガードナーはファレルのタックルが危険なショルダーチャージか、あるいは腕を使ったタックルだったかを確認しようとした。私は合法的なタックルと見たが、とらえ方によってはペナルティーと判断されるかもしれない。いずれにしてもファレルのタックルの正当性は、試合後に厳しく精査されるだろう。

幸いTMOの裁定はファレルのタックルを認め、我々はこの激しいテストマッチを1点差で競り勝った。

私は嬉しかった。「選手はピッチ上で、よく当たり負けせず頑張りました」と、私は試合後に語った。「我々は相手の力勝負に負けず、試合をひっくり返したのです。なかなかチャンスを得点に結びつけられませんでしたが、なんとか決勝点は奪えました。試合を左右する大事な局面を上手く乗り切った選手たちを、私は心から誇りに思います」

「若手選手たちは、本当に素晴らしいプレーを見せてくれました。ニュージーランド戦も今から楽しみです。彼らは南アフリカとはタイプが違います。力ではなく、身体能力で挑んでくるはずです。でも我々はこの試合で、ランニングシャツとショートパンツ姿で走り回るつもりはありません。我々は陸上選手ではなく、ラグビー選手です。おそらく見ごたえのあるラグビーゲームになるでしょうね。世界で最も優れたチームと言えば、それはニュージーランドです。相手にとって不足はありません」

我々のプランは、彼らの得意なパターンに持ち込ませないことだった。オールブラックスはゲームが崩れた状態、いわゆるアンストラクチャーからの攻撃を得意とするチームだ。のんびり構えていたらあっという間にやられてしまう。オールブラックスにスペースを与えてはいけない。激しいタックルでしっかり仕留めるのだ。一方アタックでは力強く前進し、相手を疲れさせる必要があった。なかなか自分たちのペースに持って行けないと、彼らがいらだちと焦りを感じるようになればしめたものだ。ロッド・マックイーンと私がヘッドコーチをしていた当時は、ワラビーズはオールブラックス戦で大きな成功を収めたが、それは選手に終始気を緩めずに試合にあたらせ、オールブラックスにチャンスを与えないようにしたからだ。

2018年11月10日、トゥイッケナムで行われたオールブラックスとの一戦は、手に汗握る好ゲームだった。イングランドが先行しオールブラックスが追いかける緊張感ある攻防は、前回同様、またしても長いTMOで決着がついた。まず我々がニュージーランドのゴールに猛然と迫る。開始2分、安定したスクラムからベン・ヤングスが右に移動し、縦に走り込んでくるベン・テオにボールを浮かした。オールブラックスのディフェンスを突き破ろうと、シンクラー、次にイトジェとフォワードが突進を繰り返す。最後にヤングスが山なりのパスを放ると、右サイドのクリス・アシュトンがそのままゴール右隅にトライ。10分にはファレルのドロップゴールで、イングランドがさらに8対0とリードを広げた。その後、軽快なイングランドのラインアウトプレーからローリングモールで前進を図り、最後はモールの後方でボールを抱えたハートリーがインゴールでボールを押さえ、15対0とリードを広げた。

だがニュージーランドは常に反撃してくる。じわじわと差を詰められ、残り時間15分で15対16と逆転を許してしまった。だがそれも、いつものオールブラックスの目の覚めるような猛攻ではなかった。世界ナンバーワンチームはスティーブ・ハンセンのもとで、力勝負を挑むチームとの戦い方を吸収していたのである。今回のような激しい肉弾戦の拮抗したゲームで、彼らも同じ戦いを我々に挑んでいた。彼らのスクラムはもちろん、特にラインアウトは格段の進歩を見せていた。なかでもブロディ・レタリックのプレーは素晴らしく、我々はラインアウトで苦しんだ。だが我々も粘り強く戦い、勝利を目指して前進する。

残り時間あと5分、ラックの脇にいたコートニー・ローズが、TJ・ペレナラのキックを果敢に身体でブロック。ボールはプレーヤーの手から手へと弾んでいくと、サム・アンダーヒルの手に渡る。彼は試合を通して素晴らしいプレーを続けていたが、今回もボールを手にすると、ボーデン・バレットをサイドステップでかわし、40メートル走り切ってゴールに飛び込んだ。観客も選手も、試合を決定づけるトライに沸いた。――と、そのとき、主審のジェローム・ガルセスがTMOを要求する。ペレナラがキックしようとしたとき、ローズがオンサイドの位置にいたか確認を依頼したのだ。先週と同じように、誰もがいらいらしながら判定が下されるのを待っていた。今回は我々のほうが悲しむ番だった。TMOのマリウス・ヨンカーは、ローズがわずかにオフサイドの位置にいたと判断した。言ってみれば数センチの差で試合に負けたのだ。

私は試合の結果に満足していた。「チームの総キャップ数は我々が400、それに対してオールブラックスは800です。この差は大きい。こうした緊迫した状況を乗り切るには経験がものを言います。幸いマコとビリーのヴニポラ兄弟が怪我から復帰したので、チームはさらに良くなるでしょう。それにしても厳しい1年でした。でもイングランドがさらなる高みを目指すにはスランプが必要だったのです。このゲームを機に、チームにもう一度、戦いの火を灯すことができました。次にニュージーランドと戦う機会があれば、今回とはまた違った展開になるでしょう。是非もう一度対戦したいものです」

それは運命のようにも感じられた。順調にいけば、次にオールブラックスと戦うのは、2019年10月26日に横浜市で行われるワールドカップ準決勝第1試合になるはずだった。私は今この2018年のオータムインターナショナルズよりもさらに重要なワールドカップという戦いの場で、イングランドとニュージーランドがともに予選プールを勝ち上がり、決勝トーナメントで相まみえるのを楽しみにしていた。

スプリングボクス戦では幸運に恵まれたが、1週間後のオールブラックス戦では幸運は続かなかった。「勝利の女神に好かれることもあれば、嫌われることもあります」と、私は少しばかり微笑みながら言った。雨の夜、トゥイッケナムで激動の1年が終わりを告げようとしていた。「勝ちもあれば負けもあります。いつかは勝利の女神から大きな愛を受けられることを願っています」

第16章 青写真と教訓

BLUEPRINTS AND LESSONS

4年にわたる周回レースもいよいよ最後の1周だ。ワールドカップまで1年を切り、我々もようやく軌道に乗り始めていた。重大な岐路にも直面したが、勇気を持って正しい道を選択した。チームの文化を変えようと必死に取り組み、挫折も何度か味わった。——そしてチームは成長し、強くなり、私は新たな目標と決意を胸に2019年を迎えた。

ワールドカップにおけるイングランドの歴史は、決して素晴らしいものではない。2003年には念願の優勝を遂げたが、それ以外は期待外れの繰り返しだ。確かに1991年と2007年には決勝戦まで駒を進めた。でもそれが1999年と2011年のトーナメント初戦敗退や、まして2015年の予選プール敗退という衝撃的な結果まで補ってくれるわけではない。ワールドカップは優勝することに意味があるのだ。特に2015年の悲劇は、多くの代表選手の心に大きな傷痕を残した。私もかつて自国開催の大会で敗れるという大きな失意を経験した。——だがそれは決勝戦での話であり、同じ自国開催でも予選プール敗退という惨事とは比ぶべくもなかった。

選手はメディアの報道で幾度となく、自分たちが国家の不名誉を招いたチームの一員であると思い知らされてきた。それをどう受け止め、いかに対処するかは選手個人にかかっていたものの、全体としてみればチームのやる気を削ぐ出来事に変わりはなかった。だがヘッドコーチ就任以来3年が経過し、チームは格段に進歩を遂げた。選手たちは２０１５年の呪縛から脱し、今ではそれについて聞かれても、逆に発奮材料として受け止められるまでになっていた。我々はワールドカップでの優勝を目指し、打たれ強く柔軟性の高いチーム作りを目指していたが、相変わらずやるべきことは尽きなかった。

東京に向けて旅立つまでの10カ月、我々コーチ陣はコーチとして、そしてリーダーとして成長しようといっそうの努力を重ねていた。そんななか、以前ジョン・イールズが語ってくれたある逸話をふと思い出した。クイーンズランド州とオーストラリア代表チームの双方で名キャプテンと謳われたイールズは、意欲的で探求心旺盛なコーチのもとでプレーできることに感謝していた。そんな彼が、２００１年にクイーンズランド州ブリスベンで──当時、クイーンズランドのラグビーがオーストラリア国内で最強と謳われていた──終日開催されたコーチング技術向上イベントの様子を語ってくれたのである。クイーンズランド・レッズのコーチには、それまでのジョン・コノリーに代わり、新たにマーク・マクベインが就任していた。講習会にはボブ・ドゥワイヤーも出席していたが、イールズの話は、新たな知識に対する彼らの対照的な姿勢を伝えていた。マクベインはスーパー12のクイーンズランド・レッズをこれから指揮しようという新任ヘッドコーチであり、かたやドゥワイヤーは10年前にワールドカップを制した名コーチである。ところがマクベインが黙って会場の後ろのほうに座っているのに対して、ドゥワイヤーは最前列に陣取り、熱心に講演者の話に耳を傾けたあとで、誰よりも多く質問したのだ。ドゥワイヤーにとってワールドカップでの優勝という実績など関係なかった。依然として好奇心旺盛で、学ぶことにどん欲だったのである。

同業者の前で質問するには、謙虚な気持ちと勇気が必要だ。誰もが下手な質問をして恥をかきたくないと思うだろう。ただ椅子に座り、黙っているほうがよほど気楽だ。だが一流のコーチはリスクを恐れない。もちろん無謀なギャンブルをするという意味ではない。リスクは最初から織り込み済みだ。なにか新たな発見ができるなら、難しいものはもちろん、当たり前だと思われても彼らは勇んで質問をする。これこそ成長を妨げる、いわゆる「コンフォートゾーン（居心地のいい場所）」に浸かった生活から脱するための唯一の方法なのだ。

人間というものは面白い。タイプの違う友人ふたりと、見知らぬ街を訪れたとしよう。ひとりはずっと携帯電話を眺めながら時を過ごし、もうひとりは窓の外を見ながら「これはなに？」とか「あれはどういう意味？」と尋ねてくる。生まれつき自分にしか興味のない人がいる一方で、好奇心旺盛な人もいる。エリートスポーツの世界では好奇心は必須の要素だ。そこで私は2018年のオータムインターナショナルズと2019年のシックスネーションズのわずかな合間に、スティーブ・ボーズウィック、ニール・クレイグ、トム・トンブレソン（ストレングス&コンディショニングコーチ）の4人でオーストラリアに行く計画を立てた。

この期間に休暇も取れたが、チームの成長を図るにはより多くの知識を得、心の平静さを保つのが重要だと考えていたので、わずかな時間も無駄に過ごしたくなかったのだ。ここ数年スポーツ界では、小さな改善を積み重ねて大きな目標を達成するマージナルゲインという手法が話題になっていた。我々が取り組んでいるラグビーというスポーツには、勝つための様々な方法が存在する。スクラムやラインアウトなどのセットピースで優位に立てば、あるいは相手よりも効果的なキックが蹴られれば試合に勝てるし、タックルミスを減らして常に相手よりも前に出るか、あるいは密集でボールを奪い合うブレイクダウンを制圧しても、やはり勝てる可能性は高くなる。だがいずれにしても、成功は基礎の習得に始まり基礎の習得に終わるのだ。準備の80パーセントは基礎レベルの向上に充てるべきで、残りの20パーセントで戦略、戦術、コミュニケーション、心理的駆け引きなどを確認すれば良い。世界のトップチームは皆同じような努力を積み重ねているので、たとえわずかな進歩でもおろそかにはできない。ワールドカップの決勝トーナメントは負ければそこで終わりだ。ゲームの勝敗を分けるのは、実はほんの些細な要因であることが多いのだ。

滞在予定の6日間に予定を詰め込み、オーストラリアンフットボールのエッセンドン、リーグラグビーのメルボルン・ストーム、ユニオンラグビーのメルボルン・レベルズのコーチに会った。なかでも今回のツアーのハイライトは、リック・チャールズワースと過ごす一日だった。クリケットの西オーストラリア州代表選手としてオリンピックに出場し、メダルを獲得。理学博士の称号を持ち、10年間、連邦議会議員を務め、さらにはベストセラー作家でもあるチャールズワースは、世界のスポーツ界のなかで最も興味をそそられる人物と言っていいだろう。

ホッケーのコーチとしては、オーストラリア女子代表チームを1996年と2000年の2度オリンピックに導き金メダルを、2012年にはロンドンオリンピックで男子代表チームを率いて銀メダルを獲得。その後はニュージーランドのクリケット代表チーム、オーストラリア国立スポーツ研究所、オーストラリアンフットボールリーグの所属チームであるフリーマントルと、様々な団体やチームでコンサルタントを務めていた。彼はまた、エリートスポーツ分野における新たな市場の開拓を目指す手法であるマインドオープニングインサイトを提案した書籍を3冊ほど上梓《じょうし》している。

チャールズワースと時間を過ごし、会話を重ねるなかで最も興味深かったのは「ダウンタイム」——ボールがアウトオブプレーの状態にあるとき、チームはどう行動すべきか——に関する話だった。たとえばゴルフは1ラウンド18ホール回るのに4時間、すなわち240分かかるが、ボールの脇に立ち、それを打つまでに費やす時間は、合計してもわずか5分に過ぎない。ラグビーもアウトオブプレーの時間が比較的長いスポーツだ。このダウンタイムはラグビーに限らず、アメリカンフットボールからテニスに至るまで、他の多くのスポーツにも存在する。対戦相手よりも試合で優位に立つには、このダウンタイムの生産性をより高めなければならない——これがチャールズワースの理論だった。

そこで我々は、どうしたらイングランドの選手たちがゲームのなかで、プレーの止まった時間帯を最大限活用できるのか、チャールズワースとさらに話し合った。そこで重要となるのがパフォーマンスに対するマインドセットだった。緊迫した試合では、このパフォーマンスマインドセットが勝負を左右するという。我々はさらに、戦略の質とその効果をいかに測定し、より高めていけるか、その方法についても検討を加えた。

チャールズワースは、2012年のオリンピック準決勝でオーストラリアが敗れたゲームのビデオを見せてくれた。彼はボールがアウトオブプレーになっているとき、選手同士で意味のある会話を交わしていないことが敗戦につながったと考えていた。プレーヤーのポジショニングが間違っていて、そのなかのひとりは明らかに混乱していたが、戦いの最中に誰かがリーダーシップを発揮し、互いに話し合おうとするような様子は見られなかった。これは主要大会におけるチャールズワースの数少ない失敗のうちのひとつであり、彼自身も素直にそれを認めていた。チームが大きなプレッシャーにさらされて混乱しそうなとき、それを未然に防ぐために互いに積極的にコミュニケーションをとろうとする雰囲気が生まれていなかったのだ。我々はこれを「パフォーマンス会話」と呼んだ。私は、大切な局面でこの「パフォーマンス会話」がきちんと行える能力がイングランドの選手にも必要不可欠だと感じていた。

チャールズワースは、我々をコリン・リードに引き合わせてくれた。彼女は研究者で、エディンバラ大学で心理療法に関する研究部門の責任者と同分野の教授を務めながら、チャールズワースが率いて大きな成功を収めた複数のホッケーチームのサポートにも関わってきた人物である。チャールズワースの近著のなかのふたつの章はリードの寄稿によるものだった。「The Excellence Delusion（優秀という妄想）」と「Come to the Edge（限界に挑む）」で、そこではスポーツにおける優れたパフォーマンスは、優れた環境がなければ発揮されないと述べられていた。

当たり前のように聞こえるかもしれない。だがリードが言いたいのは、互いのパフォーマンスに対する重要かつ率直な会話をプレーヤー同士が交わすには、専門家レベルのスキルが求められるという事実だった。チームメイトを呼び寄せ、プレーの仕方を変える必要があると分かりやすく説明するのはなかなか難しい。個人の自信を失わせるような言動はもってのほかで、プレーに対する評価を含めず、言いたい内容を伝えなければならない。

私はすぐに、プレーヤー同士の関係をより深めるため、リードに教えを請おうと決めた。選手たちは親友とまではいかなくても、効果的に連係できるようにならなければならない。彼らはワールドカップに向けたキャンプで、自分以外の30人のプレーヤーと多くの時間を過ごすのだ。全員と友人になるのは無理だとしても、チームのパフォーマンスを最大限引き出すには、少なくとも選手が周りのプレーヤーに関心を持たなければならない。そのためには彼らが互いに心を許し、次のように語り合う必要があった。「君のことをもっと理解したい。考え方が知りたいんだ。どうプレッシャーと向き合ってる？　君がもっとプレーしやすくなるには、僕はどうすればいい？　僕のどんなことを知ったら、ワールドカップでお互いにもっと良いパフォーマンスが発揮できると思う？」

一体感は会話を通して生まれる。コーヒーを前にリラックスした雰囲気のなか1対1で、あるいはリードが主催するグループセッションを通して、プレーヤーはお互いの人間性をもっと分かり合う必要があった。選手たちは、ラグビー以外の様々な話題を話すように促された。

我々は夕食やミーティングでの席を、その都度替えていった。チームに派閥があってはならない。いつものグループばかりでなく、あまり知らないメンバーとも交流させたかったのだ。直接顔を合わせ、食事をともにしたり、有意義な時間を一緒に過ごしたりして初めて、お互いが理解できるようになる。

もちろんコーチも例外ではない。私を含めコーチ全員が、あまり面識のない若手プレーヤー、あるいは代表チームに加入したばかりのプレーヤーの近くの席に座ろうと努めた。すると間もなく彼らも、出身クラブのチームメイトではなくあまり知らないメンバーの近くに座ろうと心掛けるようになった。

リードはスタッフを含めプレーヤーに対して行った合計6回のセッションで、プレーヤー同士が互いの絆を深めていけるような土台を築いてくれた。その効果はすぐにはっきりと目に見える形で表れた。もっと長くチームを指導してくれていたら、さらに大きな影響を与えてくれただろう。だが彼女はすでにオーストラリアの大学から誘いを受け、名誉あるポストに着任する予定だった。その後、リードの後任としてこの重要な仕事を引き継いでくれたのが、アンドレア・ファースト博士である。彼女は、２０１６年のリオデジャネイロオリンピックで金メダルを獲得した英国女子ホッケーチームをサポートした心理学者だった。

ファーストはワールドカップ直前までチームの指導にあたってくれた。イタリアのトレヴィーゾで実施した暑さ対策のトレーニングキャンプでは、選手たちは彼女の見識から多くを学んだ。その後もクレイグや選手たち数人は、ワールドカップ期間が終了するまで彼女と定期的に連絡を取り続けていた。こうした驚くほど知的で素晴らしいふたりの女性が、チームの成長に大きな貢献を果たしてくれたのである。これは決して誇張などではない。ふたりが与えてくれた影響は、ワールドカップ日本大会にとどまらず、この先も受け継がれていくに違いない。

シックスネーションズの大会期間中に、スクラムの強さで知られるジョージアを相手に行ったトレーニングで、そうして築かれた選手同士の絆が実際のプレーにどれだけの影響を与えるか、我々はその効果を目の当たりにした。スクラムセッションが激しさを増すなか、若手選手とベテラン選手が互いを支え合おうと必死になって取り組んでいたのである。それは感動的な光景であり、我々はこれ以上ない状態でセッションを終えた。選手たちのあいだに相手を気遣おうとする雰囲気が生まれ、明らかにワールドカップに向けてチームがひとつにまとまり始めていた。

偉大なコーチとともに過ごす時間は貴重だ。リック・チャールズワースとの一日が終わりを告げようとするころ、私は以前、ジョゼップ・グアルディオラに出会ったのと同じ感覚に襲われていた。旺盛な好奇心と深い見識を持つチャールズワースは、簡潔で的を射た、内容も多岐にわたる質問を投げかけてくる。それまで聞かれたためしのないものばかりで簡単には答えられず、ハイパフォーマンスに対する自分自身の考えをもう一度見直さざるを得なかった。年を重ねれば重ねるほど、自分が知っていることが実はいかに少ないか気づかされる――私はそんな圧倒的な感覚に襲われていた。常に信頼性を深め、謙虚であろうとする姿勢が生み出す好奇心がどれほど重要か、チャールズワースは身をもって示してくれたのである。学びは特別なものではない。学ぼうとする気持ちが大切なのだ。私も常に疑問を持ち、新たな見識を得ていかねばならないと決意を新たにした。

2019年のシックスネーションズに向けた準備から大会期間中に至るまで、賑やかで、小さな疑問をおろそかにせず、笑いの絶えない楽しいチーム作りを目指そうとした我々の目標は、ほぼ達成されたと実感していた。

その明るい雰囲気は、2019年のシックスネーションズとワールドカップ日本大会を思い出すたびに瞼の裏によみがえる。

どちらもプレッシャーの大きな大会だが、ワールドカップのそれはシックスネーションズの比ではない。世界一を決める場なのだ。すべての努力はそこへ向けられる。優勝したければ、他に方法はない。――毎日ベストを尽くさねばならないのだ。シックスネーションズの準備段階から、我々は少しずつ手応えを感じ始めていた。

シックスネーションズの開催期間中、ヘッドコーチの日常生活は普段とはかなり違ったものになる。寝泊まりはチーム宿舎となるホテルだが、ゲームが行われる週には注目が集まるため、なるべく外出を控えるよう心掛けている。やむを得ず外に出ると、すれ違う人の半分から背中を叩かれて一緒に写真を撮ってくれとせがまれ、残りの半分からは気軽に声をかけられる。人目につかないほうがよほど気楽だ。いきおい、機会があれば他のヘッドコーチと旧交を温めようという気持ちになる。コーチの世界は狭いのだ。関係を保つのはそれほど大変ではない。

今や私は北半球に、スティーブ・ハンセンは南半球にいるので、彼と会いたいと思っても実際に会うのはなかなか難しい。付き合いは長く、私がブランビーズ、彼がクルセイダーズを指揮していたころからの知り合いだ。ハンセンはオールブラックスのヘッドコーチとして数多くの輝かしい業績を残した素晴らしい人物である。裏表がなく、決して自分を飾ろうとしない。ゲームを知り尽くし、人の気持ちがくみ取れ、なにより頭がよく切れる。プレーヤーの向上に心血を注ぎ、日々彼らのために働いてきた彼が、数々の成功を収めてこられたのも当然と言えるだろう。愛するものはまず家族、次にラグビー、ビール、そして馬と続く。常に考えているのはゲームのことばかり。そんな彼から携帯電話に連絡が入ったり、メールが届いたりするのは嬉しいものだ。

シックスネーションズを目前に控えた2019年初頭、参加各国のヘッドコーチと話をする機会があった。初めてウォーレン・ガットランドと出会ったのは、私がまだサントリーサンゴリアスにいて、若い3番のタイトへッドプロップをなんとか一人前に育てたいと腐心していた2004年ごろだった。当時、スクラムならロンドン・ワスプスと言われるほどだったので、ヘッドコーチのガットランドに連絡をとると、彼は二つ返事で手伝おうと言ってくれた。今回のシックスネーションズではウェールズ戦の前に時間をとり、ふたりでカレーとビールを楽しみながら、世間話を交えつつラグビーについて真剣に議論を交わした。会話は率直でユーモアにあふれ、とても楽しいひとときだった。ガットランドはあまたいるニュージーランド出身コーチのなかでも、20年以上にわたりラグビーの発展に寄与してきた人物である。ニュージーランドを離れたあとは、コナート・ラグビー、アイルランド、ロンドン・ワスプス、ウェールズ、そしてライオンズでコーチを歴任。輝かしい業績を残してきた。今後はスーパーラグビーのチーフスのコーチに就任する予定だが、将来は必ず、オールブラックスの偉大なコーチになるだろう。

私はヨーロッパに来るまで、アイルランドのジョー・シュミットとほとんど行き来はなかった。彼がスーパーラグビーのオークランド・ブルーズのアシスタントコーチに就いたのは、私がブランビーズを離れたあとだった。私のほうもイングランドのヘッドコーチに就任して間もなく、ジョナサン・セクストンに対する心ない言葉を口にしたため、私に対するシュミットの見方は至って冷たいものだった。しかし京都で行われたワールドカップのプール組分け抽選会を機に親しく話ができるようになった。ある朝、朝食を摂りに階下に降りていくと、妻のヒロコとシュミットが話をしていて、それをきっかけに言葉が交わせるようになったのである。2019年のシックスネーションズではシュミットとアイルランドの協会幹部が、ダブリンでの開幕戦に向け準備をしていた我々スタッフをプレマッチパーティーに招いてくれた。昨今ではテストマッチに臨むにあたり、ラグビーならではのこうした交流が復活しつつあるようだ。

一方、グレガー・タウンゼントは恐ろしく頭の切れる人物で、彼にはたびたび驚かされてきた。私はタウンゼントと一緒に何度か会議に文書を提出したが、彼の考えにはいつも感銘を受けたものだ。スコットランドのコーチとして世界のより強力なラグビー大国と互角に渡り合っていきたければ、常にイノベーションの最先端に居続けなければならない。スコットランドは彼を支援すべきであり、そうすれば彼も期待に応えてくれるはずだ。コナー・オシェイも優れた人物だ。残念ながらイタリアのヘッドコーチは今回で退任となるようだが、チャーミングなアイルランド人のコナーにとって、代表レベルでの成績は不本意なものだった。だがイタリアのラグビーはあらゆる面でレベルアップしたのも確かだ。たとえば、イタリアのクラブチームであるトレヴィーゾが、オシェイがイタリア代表チームの用いた指導方法の影響を受けてパフォーマンスを発揮し、カップ戦で好成績を収めたこともあった。

幼いころ、テレビで観たファイブネーションズは魅力的な大会で、そこには参加国同士の絆のようなものがあった。私にはコーチ同士がこうした仲間意識を深めることで、大会にかつてのような連帯感がよみがえりつつあるように感じられた。だが同時にシックスネーションズは、世界のなかでも優勝するのが難しい大会のひとつであり、私は2019年に再びその現実を知るはめになる。

だがなによりこの油断のならないシックスネーションズというジェットコースターこそ、イングランドにとってワールドカップに向けた準備のための最高の大会になった。我々は戦い方の青写真を見つけ、何度か大きな過ちを犯し、互いの理解をさらに深めながら、ダブリン、カーディフ、そしてロンドンで得た波乱に満ちた貴重な経験に感謝し、大会を締めくくったのである。

このころ、ビリー・ヴニポラが「将軍」と呼ぶチームリーダーたちは、メンバーの仲を深めることがチームにいかに大きな力をもたらすか、その重要性を理解し始めていた。彼らはワールドカップに向けたポルトガルでのトレーニングキャンプでコーチ陣に合流する前に、チーム全員で飲みに行こうと考えた。皆でこうした時間を過ごしても問題はないか十分確認したうえで、コリン・リードの教えに倣い、思い出話のひとつになり、メンバー同士の一体感をもたらすような一晩を企画したのだ。3年前にチームに携わったときにはこうした自発性、リーダーシップ、団結心はほとんど見られなかっただけに、この話を聞いた私は嬉しかった。

アルガルヴェで行った密度の濃いキャンプは、我々に大きな成果をもたらした。大会に向けた準備を整えるため、多少風変わりな練習も行った。スティーブ・ボーズウィックが石鹸水の入ったバケツと脚立を持って現れたときには、皆興味津々だった。この時期、ダブリンやカーディフでは午後になると雨が降る確率が高く、滑りやすいボールでも確実にラインアウトでボールを確保できるよう、雨に慣れさせようとしたのだ。選手たちはすぐに濡れたボールに対応し、プレーの精度は次第に高まっていった。

ボーズウィックは皆から離れて何時間もノートパソコンに向かい、シックスネーションズ前年度王者の不意を突くサインプレーを考案しようと、ひたすらアイルランドの分析に集中した。昨秋、ダブリンでニュージーランドを撃破したアイルランドは今や世界一のチームと認められるまでになっていたが、一方で我々はメディアから相手にされなくなっていた。だが私は逆に、誰にも邪魔されずにワールドカップイヤーの準備に着手できるのがありがたかった。

チームのセレクションでは、まだ決めかねているポジションがいくつかあった。私はまずマスコミの既成概念に一石を投じてみようと思い、闘争心にあふれ才能豊かなエクセター・チーフスのウイング、ジャック・ノーウェルを9人目のフォワードとしてプレーさせるかもしれないとほのめかしてみた。私は彼らに、チャールズワースはラグビーについては素人だが、彼の見識がいくつかの古いアイデアを再生させるのにいかに役立ったか説明した。「そこで、ジャックを7番で使ってみるというのはどうですか？」アイルランド戦の10日前、私は記者会見の場で彼らにこう問いかけてみた。「サム・バージェスは現役時代、センターとバックローのふたつのポジションでプレーしています。ノーウェルはブレイクダウンでこそ最も実力を発揮するプレーヤーです。ゲーム理解もしっかりしていますし、9人目のフォワードとして間違いなくプレーできるでしょう」

ところが、やはりメディアには理解されず、頭の固い時代遅れの守旧派たちの怒りは相当なものだった。「頭がどうかしたんじゃないか……、上手くいくはずがない」。新たな発想はいつも素直に受け入れてはもらえない。私はこれまで人々のそんな様子を興味深く眺めてきた。実際に現場で働くのは我々で、彼らはそれを眺めているに過ぎない。それでも自分たちの意見こそ常に正しいと言い張るのだから、その根拠のない自信には恐れ入る。

私は自分の主張の正しさを、事実をもって説明した。「現代ラグビーは今や、非常に組織的なスポーツになりました。チームの動きを見れば、彼らがなにをしたいのか分かります。先週、プロ14を観に行きましたが、試合の流れはほぼ予測できました。もっと工夫が必要でしょうね。実際のゲームはいくつものフェーズを重ねて展開されていきます。私はブランビーズではボールゲームにこだわりました。それを面白くないと言う人もいれば、素晴らしいと評価する人もいました。2007年のワールドカップでは1試合で最大95回、キックが蹴られました。ところがそれを嫌う人がいる一方で、南アフリカの6500万人の人々はこれ以上ない最高のプレーだと考えたのです」

「既成概念にとらわれない新たな考え方が必要ですが、大切なのはそれに向けた準備です。ジャック・ノーウェルを9番目のフォワードで使おうと考えたのは、彼が様々なポジションがこなせる素晴らしい選手だからです。フォワード8人全員が揃うのはスクラムのときだけで、このときブラインドサイドウイングの位置に9人目のフォワードを立たせます。これは、かつてFCバルセロナがチャンピオンズリーグを制したときに使った偽9番――つまりミッドフィルダーが臨機応変に最前線に入るようなシステムに似ています。どうすればチームにより多くの要素を加えられるか、常に考え続けなければなりません。我々の強みは強力なフォワードです。どうすればこのフォワードをさらに強化できるかが大切なのです」

これはゲーム前に相手を煙《けむ》に巻くための発言ではなかった。私は日本代表を指揮していたとき、2015年ワールドカップに向けた最終調整試合となる対ジョージア戦で、この9人フォワードをすでに試していた。日本のヘッドコーチ就任以来、ジョージアとは2度対戦していた。初めてのゲームは日本代表が勝利したが、2度目はフォワードが粉砕されて敗れていたので、今では世界的に有名になったあの南アフリカ戦前の最後の試合は、かねてよりジョージア戦と決めていた。フォワードがどの程度仕上がっているか確かめたかったのだ。相手がジョージアではバックス勝負には持ち込めない。その前にフォワードを強化すべきだと考えた我々は、ブラインドサイドのウイングを9人目のフォワードとして使ってみたのである。試合には勝ったが、その後、誰もこの布陣について尋ねようとはしなかった。この発想のポイントは、負荷を分担し、少しでもフォワードの体力を温存しようというもので、事実、最後の10分間を切っても、日本代表には試合に勝ちきるための体力が十分残っていたのである。

２０１９年、ラグビーはよりスピーディになり、ノーウェルにフォワードプレーが求められる時間がより増えていったので、オープンサイドフランカーとして途中出場しても十分やっていけるのではないかと思われた。こうした議論は単なる空想遊びのように見えたが、ラグビーに対する新たな視点を見つけるという意味では大切なものだった。フォワードの仕事量はバックスとは比べものにならないくらい大きい。この負担を少しでも減らすにはどうすべきか考えるのは当然だ。将来的に多くのチームが9人目のフォワードを使うようになったとしても、何も不思議はない。

結局ノーウェルを右ウイングに据え、バックローにはマーク・ウィルソン、トム・カリー、ビリー・ヴニポラを揃えた。ノーウェルの右ウイング起用について聞かれた私は、こう答えた。「彼は闘争心あふれる選手です。問題ありません。アイルランドはそう簡単に勝たせてくれる相手ではないので、ダブリンではいつも通りのタフなゲームになるでしょうね。どうやら我々が勝つと思っている人はいないようですが、我々は全員、勝利を確信しています。自分たちより相手のほうが勝《まさ》っていると考え、勝つために相手の意表を突く奇策を用いるというのは感心しませんし、そもそも我々にはその必要もありません。自分たちを過大評価すれば油断を招きますが、良いチームには常に勝とうという姿勢と、良いプレーをしようという意識が備わっています。それがイングランドというチームなのです」

前年のオータムインターナショナルズのように、10番にはオーウェン・ファレルを据えた。もちろんジョージ・フォードも頼りになる選手のひとりだ。適応力と知性を兼ね備えたフォードは、チームの躍進に大きな貢献を果たしてくれた。だがワラビーズのサム・ケレビのように動きが速くて身体能力が高く、身体の大きなランナーがインサイドバックスにいるときはファレルをスタンドオフにし、マヌ・ツイランンギを12番、ヘンリー・スレイドを13番に置いた。

ツイランギにとって、今回の代表選出は大きな出来事だった。怪我に泣かされた6年間を経て、初めてシックスネーションズに参加するのだ。故障だけでなく何度か過ちを犯して制裁を受けたが、チームに戻ってきた彼にはまるで禅僧のような穏やかさが漂っていた。ホテルの自分の部屋を訪ねてくるチームメイトのために、コーヒーまで振る舞った。だがなによりも彼がチームに与えてくれたのは、別次元の身体的な破壊力だった。センターでコンビを組むスレイドも才能豊かなプレーヤーで、彼には戦況を見極める目と巧みなスキルがあり、それがツイランギの強さをさらに際立たせた。だがワールドカップ代表チームの鍵を握るプレーヤーと言えば間違いなくジョージ・フォードであり、私は彼の才能とリーダーシップを高く評価していた。ダニー・シプリアーニを代表に加えろという根強いファンの意見はあったが、ファレルとフォードのレベルが抜きん出ているため、彼らもそれ以上は主張できなかった。

シックスネーションズが開幕すると、チームのスローガンが自ずと浮かび上がってきた。「目指すは世界一」、「常に上を目指す」、「日々集中」——この3つの言葉がチームのなかで何度も交わされた。それぞれに関連性を持たせたテーマを反復して口にすれば、スローガンはチーム内に浸透していく。選手もコーチもより高いレベルを目指して自分を追い込み、さらに次の課題へと挑んでいった。「大切なのは、ひとつひとつの目標をきちんと達成することだ。頭は、足のある場所にとどまらねばならない」——スティーブ・ハンセンの名言である。自分の実力以上を夢見ても意味はない。パフォーマンスに不安があるなら、目前の課題に取り組むべきで、それさえできないのに次の目標に目を向けてはならない。

選手選考も上手くいき始めていた。3年ぶりにツイランギ、ヴニポラ兄弟、マロ・イトジェが同じフィールドに立つのだ。ワールドカップで優勝するには、彼らにファレルを加えた5人がどうしても欠かせなかった。私は大きな期待を持ってダブリンへ飛んだ。食事のたびに飛び交う選手たちの楽しそうな会話を耳にしていると、彼らの前向きな姿勢、試合への意欲、そして団結心が感じられる。特に胸を打たれたのは、チーム全体に勝利に対する並々ならぬ決意がみなぎっていることだった。彼らは心から戦いに臨もうとしていた。アイルランドは世界ランキング2位、前回のシックスネーションズ王者であり、隙がなかった。だが我々も決して引けを取るようなチームではなく、選手たちはそれを証明したかったのである。

アイルランドはオーストラリアでのテストマッチシリーズを含め、これまでテストマッチ19戦で18勝を挙げていた。だが我々もトゥイッケナムで敗れて以来、アイルランドを子細に分析し続けた結果、彼らが勝利を挙げたゲームはいずれもキックの数が少ないと分かっていた。アイルランドは観て楽しいラグビーを目指していたのだ。だがキックを蹴らないチームはディフェンスしやすい。味方バックスラインの後ろに空いたスペースに注意を払う必要がなくなり、相手フォワードの前進を阻み、スペースを作られないようにしさえすれば良いのだ。そしてジョン・ミッチェルが考案した新たなディフェンスシステムはラック周辺の相手の勢いを止めることに上手く機能し、我々のフォワードは徐々に自信を深めていたところだった。

そこで我々は逆にフェーズを重ねず、フォワードがゲインラインを突破したらいつもより早めにキックを蹴りこもうと決めた。ダブリンで力強いパフォーマンスが見せられれば、それこそワールドカップに向けた素晴らしいスタートになるだろう。アイルランドを破るためのゲームプランは、日本大会でいかに戦うかの青写真だった。

私の抱いていた自信は、試合前日の金曜日に行われたキャプテンズランで脆くも崩れ去った。前週には目を見張るような動きをしていたのに、その日は目も当てられなかった。ボールはこぼすし、選手同士の呼吸も全く合わなかったのだ。知らない人の目には、結成されたばかりのチームのように映っただろう。

しかし私は気にしないようにした。日本が南アフリカを破ったゲームの前日、リーチ マイケルを中心に行ったキャプテンズランもひどいものだったのだ。選手も緊張するので——逆にリラックスしすぎても——こうしたことは時々起こる。

こうしたダブリンでの金曜日の午後、私は頭をすっきりさせようと散髪に出かけた。最近では私の頭はかなり薄くなり、カットする髪の毛もほとんどない。だから、試合前に丸坊主にしようと思ったのだ。ホテルから一歩外に出ると、私の姿を見かけた人たちが皆悪口を浴びせてくる。大抵はそれくらいで済むのだが、あるひとりの男性はわざとぶつかり、口論になるよう挑発してきた。私には彼が携帯電話を手にしているのが分かっていた。私が怒って文句を言うところをビデオに収め、ネットに投稿して名を売ろうとしていたのは明らかだった。

そうした雰囲気は、まるで満員のスタジアムそのままだった。そこでは大勢の地元ファンが、アイルランドの選手たちが再び我々を打ち負かすのを心待ちにしているのだ。私は何も言わず、笑って歩き去った。気分は悪くなかった。

イングランドの選手たちは、当初の戦略を最後まで見事にやり遂げた。開始38秒、最初のラインアウト。ジェイミー・ジョージが投げたボールは、二列に並ぶ両チームのフォワードプレーヤーの頭上を越え、その後ろに全速力で走り込むツイランギの胸にすっぽりと収まった。皆で考え、練習を重ねたサインプレーが鮮やかに決まった瞬間だった。ツイランギは突進して倒されるが、そのあともアタックを継続し、我々はラックを作りボールをリサイクルし続ける。アイルランドのラインディフェンスも少しずつ人数が揃わなくなり、第7フェーズ、90秒が経過したところで対応しきれなくなった。相手ゴール前、左サイドでボールを受けたファレルが、ふたり飛ばしてエリオット・デイリーへパス。これが決め手だった。デイリーはさらにその外側に走り込んできた左ウイングのジョニー・メイへボールを送ると、メイはタッチライン際を快走、そのまま左隅に飛び込んだ。ファレルは判断の素晴らしさはもちろん、角度のある難しい位置からのコンバージョンキックも決め、開始2分でイングランドが7対0とリードを奪った。

その後トム・カリーは、キックを蹴り終わったキース・アールズにタックルに入ったとレイトタックルの反則をとられ、シンビンで10分間退場となる。この間イングランドは相手の攻撃をなんとかしのぎ切ったものの、シンビンが解けてトム・カリーが戻った直後、アイルランドはイングランドゴール前からモールを押し込み、キアン・ヒーリーがボールを押さえてトライを奪う。セクストンがコンバージョンを決め、前半26分、その前のペナルティーゴールと合わせ、アイルランドが10対7と逆転した。

ここから選手たちは反撃に打って出る。3分後、ラックから出たボールをベン・ヤングスが右に展開。ボールはツイランギからファレル、そしてデイリーへ渡ると、デイリーは相手ディフェンスの隙間をぬってグラバーキックを放った。ノーウェルがそれを必死に追いかける。インゴールで高く弾んだボールをキャッチしようとしたジェイコブ・ストックデイルは、後ろから追いすがるノーウェルのプレッシャーに思わずファンブル。弾んだボールをデイリーがほんの一瞬押さえ、トライが認められた。

前半終了間際、マコ・ヴニポラが3つ目のトライを奪ったかに思われたが、TMOはゴールラインを割っていないと判断。トライにはならなかった。だがその前のアイルランドの反則でファレルがペナルティーゴールを決め、ハーフタイムを迎えたところで17対10とリードして折り返す。

後半も我々が優位に試合を進めた。セクストンのペナルティーゴールで4点差まで詰め寄られたが、私は全く気にならなかった。ゲームの主導権は常に我々が握っていたし、後半25分過ぎからは完全にイングランドペースだった。自陣10メートルライン手前のマイボールスクラムからタイミング良くボールが出ると、すぐにヤングスはスレイドにパス。さらにスレイドは左タッチライン際を並走するメイへロングパスを放った。メイはスレイドが前方を指さすのを見ると、さらにスピードを上げ、相手ディフェンスに捕まる直前にアイルランド陣内深くボールを蹴りこみ、スレイドとともに追走する。ゴール前でタイミング良く弾んだボールを手にしたスレイドがそのままインゴールへ飛び込んだ。ツイランギが歓喜の叫び声を上げて駆け寄り、スレイドを抱きかかえる。その後ファレルが、ハーフウェイラインからアイルランド陣内に入った地点からロングペナルティーゴールを決め、残り10分となったところで我々のリードは25対13と広がった。

アイルランドはゲームの流れを変えようと必死だった。自陣22メートルラインから抜け出そうと試みるが、後半36分、セクストンの不用意なパスをスレイドがインターセプトし、自身2本目となるトライを決めた。ファレルがコンバージョンを沈め、アイルランド13点、イングランド32点となる。

珍しくディフェンスに緩みが見え、終了間際にアイルランドにトライを奪われたが、我々の完勝に変わりはなかった。アイルランド指揮官のジョー・シュミットは、それまでシックスネーションズではダブリンで負けたことがなく、最終スコアの32対20は彼が味わう初めてのホームでの敗戦であり、同時に我々にとっては、前年の不甲斐ない負けから立ち直る重要な転換点となる試合だった。公の場で口にこそしなかったが、私がヘッドコーチに就任以来、これまでイングランドが最高のパフォーマンスを見せたゲームがふたつあった。ひとつは2016年にブリスベンで行われたオーストラリアとのテストマッチ第1戦であり、これに匹敵するのが今回のダブリンでのアイルランド戦だった。だがメディアに語ったのは、いつも通りのさらに改善が必要だというメッセージだった。

「我々は今も成長し続けています」と私は言った。「まだまだベストと言える状態にはほど遠い。今日のゲームは、ワールドカップの行方が占えるようなものではありません。素晴らしいアイルランドと発展途上のイングランドが全力でぶつかり合った——それだけです。ここダブリンではいつもフィジカル勝負になりますが、そこで勝てなければ試合にも勝てません。今日、かろうじて我々は相手を上回りました。褒められるべきは、ゲームプランを忠実に遂行した選手たちです。フロントローは素晴らしかった。ジョニー・メイもチームのために身を挺して働きました。マヌ・ツイランギは12番の役割をしっかり果たしましたし、ヘンリー・スレイドも試合ごとに良くなっています。おそらく彼自身、最初はイングランド代表でプレーする力が本当にあるのか不安だったでしょうが、今ではその心配も、どこまで上手くなれるかという向上心に変わっているはずです。ゲームではスペースを作るためにキックを使いましたが、蹴るだけでなくボールを最後まで追いかけ、相手にプレッシャーをしっかりかけていました」

我々コーチは、コミュニケーションが上手くとれるようになり、自信を深めていく選手たちの姿を目の当たりにして胸が躍った。まだそれほど点差が開かず、我々もアイルランドの攻撃を懸命に食い止めていたときのこと。レフリーのコールで一時的にゲームが中断すると、マーク・ウィルソンが仲間のフォワードプレーヤーを振り返り、満面の笑みでこう言った。「相手の当たりはせいぜいこの程度かい?」。これこそまさに私の思い描いていた、戦いを求めるどん欲な姿勢だった。しかもそれを口にしたのが新たにチームに加わったウィルソンなのだ。私にはなおさらそれが嬉しかった。ウィルソンはタフな自信家だ。周りの選手たちは、フィールド内外を問わず、常にどん欲に仕事に取り組もうとする彼の姿に影響され始めていた。

ワールドカップ前は、相手にこちらの手の内を完全には見せることもなく戦い、かつ、チームに自信を持たせなければならない。アイルランド戦は、大きなプレッシャーのなかでもベストチームに勝てるだけの力があると証明できた戦いだった。このあとのシックスネーションズではパフォーマンスに好不調の波が見られたが、私はそれで一喜一憂しなかった。

2月10日の日曜日、我々はトゥイッケナムでフランスを相手に再び素晴らしい戦いを展開した。ジョニー・メイは試合開始から30分でハットトリックを決め、後半開始10分にはほぼゲームの大勢は決していた。我々はフランスから大量得点を奪い、終わってみれば44対8の大勝で、チームのスピード、パワー、素早い判断には文句のつけようもなかった。トム・カリーとマーク・ウィルソンは無尽蔵のスタミナで縦横無尽に走り回り、バックローとして大活躍。ダブリンではふたりで14回のターンオーバーを記録したが、フランス戦ではさらに優位な試合運びができたので、彼らのターンオーバーの回数は実に21回にまで伸びていた。これはチームとしても、強力なディフェンスから素早いアタックへという攻守の切り替えが格段に進歩した事実を表す数字でもあった。

トライを含む17得点をひとりで叩き出したファレルのプレーは際立っていた。彼の友人で、サラセンズのチームメイトでもあるジェイミー・ジョージは語る。「あいつは天才だね。できが悪いゲームなんて見たためしがない。世界のナンバーワンプレーヤーとは断言できないかもしれないが、トッププレーヤーのひとりであるのは間違いない」

私はファレルも他のメンバー同様まだまだ改善の余地があると感じていたし、決して不調と無縁ではないと知っていた。だがイングランド全体のパフォーマンスは、シックスネーションズでフランスを相手に大勝できるほど成長したと感じてもいた。

しかしながらラグビーは、先を急ごうとするチームに待ったをかけることがよくあるスポーツだ。我々はフランス戦の途中、マコ・ヴニポラをかかとの怪我で欠いた。試合後の診察結果は思いのほか悪く、かかとの靭帯を損傷しており、少なくとも10週間は戦列に復帰できないというものだった。私は、この先のシックスネーションズを彼抜きで戦うのがどれほど大変か分かっていたので、なんとかワールドカップには間に合うようにと必死に祈った。マコはそれほど口数の多い男ではない。だが優れたプレーヤーとして、そしてなにより尊敬に値する人間として、周りに大きな影響力を持っていた。彼を指導できるのはコーチとしても名誉だった。

2週間後、カーディフでウェールズと対戦したとき、我々はマコの存在の大きさを実感した。彼がいると自然にチームにまとまりと落ち着きが生まれる。ファレルはまだチーム全体をリードするためのキャプテンシーを学んでいる最中であり、マコは控えめながらもリーダーとして、様々な場面でメンバーを引っ張ってきたのだ。マコというリーダーを失ったチームは、勝てたはずのウェールズ戦を落とすという結果を招いてしまう。我々はハーフタイムを迎えたところで10対3とリード。7点差はトム・カリーのトライとコンバージョンによるもので、後半戦、残り13分までスコア上は我々が優位に立っていた。

序盤戦は厳しい展開だった。最初の15分でチームが50回タックルしたという事実は、いかに肉体を酷使せざるを得ないハードなゲームだったかを物語っている。だが我々は終始冷静さを欠いており、ダン・ビガーが登場すると、ゲームの流れは一気にウェールズに傾いた。ビガーはロングパスからコリー・ヒルのトライを引き出し、難しい角度からのコンバージョンを決め、16対13とウェールズが逆転。終了3分前には左サイドのビガーが右サイドへ鮮やかなクロスキックを放つと、ヘンリー・スレイドとジョシュ・アダムズの競り合いとなり、わずかに高く跳んだアダムズがボールを手にし、試合を決定づけるトライを奪った。結局このゲームは、ウェールズが21対13で勝利を収めたのである。

前半戦、我々の戦いは見事だった。アグレッシブなディフェンスに的確なキックとライン攻撃を織り交ぜ、アイルランド戦やフランス戦と同じように、ウェールズにも大きなプレッシャーをかけた。だがこの作戦はウェールズには上手く機能しなかった。ロビー・ヘンショーやヨアン・ウジェと違い、ウェールズのフルバックは、かのリーアム・ウィリアムズだったのだ。後半に入ると我々のキックはウィリアムズに見切られ、空中戦は彼の意のままになっていったが、我々も機能しない戦略をすぐには切り替えられなかった。選手たちは後半18点奪われたのに対し3点しか得点できず、大きな悔しさを味わったようだが、これは彼らにとって大きな教訓となった。

ニール・クレイグは実に巧みだった。世界のあらゆるスタジアムのなかでミレニアムスタジアムほど勝つのが難しい場所はなく、ワールドカップを考えれば、敗戦という結果を悔やむのではなく、今回のゲームが我々に与えてくれた課題を克服するほうが大切なのだと、選手たちの心のなかにしっかりと落とし込んでいった。

ファレルは、自分たちの置かれた状況をきちんと把握できず、みすみすウィリアムズに有利な立場を与えながら、それでもキック戦略を変更できなかった自分を「最低なやつ」だと責めていた。彼はこれをきっかけに、さらに良いキャプテンになるだろう。だが敗戦を機に大きく成長した最も端的な例は、カイル・シンクラーをおいて他にない。血気盛んで気の荒い、若手のタイトヘッドプロップであるシンクラーは、ウェールズの標的にされていた。ヘッドコーチのガットランドに至っては、試合前から彼を挑発していた。シンクラーは２０１７年に行われたライオンズのニュージーランド遠征に参加しており、そのときのヘッドコーチであるガットランドは当然シンクラーをよく知っていて、彼の気持ちを乱そうとしたのだ。

「シンクラーは時々、自分の感情を抑えられなくなります」とガットランドは、試合前の記者会見の席で語った。「彼自身それに気づいていますし、周りのプレーヤーも分かっています。今回のシックスネーションズで起きたいくつかの問題にも関わっているようですね。彼はいつ感情を爆発させるか分かりません。言ってみれば時限爆弾のようなものです。彼を怒らせようとして言うわけではありませんが、シンクラーにとっての大きな課題は、自分で自分の感情をコントロールできるかどうかです」

ガットランドはウェールズを勝たせるために、敵の才能ある若手プレーヤーにプレッシャーを与えようとしたに過ぎない。シンクラーは後半10分までは素晴らしかった。前半だけで16回タックルし、スクラムでは相手のペナルティーを誘い、チームのリードを広げさえした。だが開始から60分が過ぎて疲労が蓄積されてきたころ、アラン・ウィン・ジョーンズの執拗なプレッシャーに冷静さを失った。結局シンクラーはペナルティーをふたつ犯し、私は彼をベンチに下げた。ガットランドは、シンクラーが冷静さを欠いたのが勝敗を分けたポイントで、それ以降ゲームの流れが一気にウェールズに傾いたと語った。ガットランドの作戦勝ちだった。私も同じ趣旨の話をしたが、我々にとっては当初の予定通り、途中交代させるべき時間帯が来たのでそうしたまでだった。記者会見では、自分のチームに有利な状況を作りだそうとして発言することがよくある。プレーヤーはそれを聞き流すだけの強さも必要なのだ。

翌週、ジョン・ミッチェルは、シンクラーを全面的に擁護する発言を行ったが、それはこの才能あふれる若手選手に対する我々コーチ全員の見解でもあった。「この年代のプレーヤーで、ぎりぎりまで相手と渡り合える選手はなかなかいません」とミッチェルは言った。「そしてシンクラーは、まさにそうしたプレーヤーのひとりなのです。我々は彼の持ち味まで奪いたくはありません。彼のその姿勢は私たちのチームに良い影響を与えてくれるのです。ガットランドはテストマッチに勝ちました。だから好きなことが言えるんです。結局のところどんなチームも、相手チームの一番良い選手を標的にしようとします。つまり彼らはシンクラーを、我々のベストプレーヤーのひとりだと認めているに他なりません。見方を変えれば、標的にされるというのは最大の賛辞でもあるのです。自分がそうした選手のひとりだと分かったわけですから、今後はそれを、自分やチームのために活かしていってくれると信じています」

「シンクラーはまだ24歳ですが、並外れた能力を持つアスリートで、イングランドにとっても欠かせない選手です。経験を重ねれば、さらに素晴らしいタイトヘッドプロップになるでしょう。どんな若者もそうですが、彼は今自分を理解し、周りにどんな影響を与えるのかを知り、成長しつつあります。我々は極めて優れたプレーヤーに恵まれました。シンクラーには豊かな才能があるのです。彼が自分にしかない持ち味を失わず、それが本当にチームに必要なときに、存分に発揮して欲しいと願っています」

8カ月後、ワールドカップ日本大会のオーストラリアとの準々決勝で、再びシンクラーはワラビーズのフッカーから執拗にプレッシャーをかけられた。だがこのとき彼は挑発にのらず、淡々と自分に課せられた次の役割に向かっていった。シンクラーが成長し、自分の感情をコントロールできるようになった証だった。そうした彼の努力が実り、オーストラリア戦ではトライも挙げた。相手ゴール前、ファレルからぎりぎりのタイミングでパスを受けるとディフェンスラインのギャップを突き、圧し潰そうと駆け寄ったカートリー・ビールに組み付かれたまま、強引にゴールラインを割ったのだ。鮮やかなトライだった。

イングランドに勝利し、ウェールズのガットランドは少しばかり得意になっていたのだろう、我々に嫌みのひとつも言わずにはいられなかったようだ。「やはりイングランドは、ここぞというときに実力を発揮できないチームなんです。常々そうじゃないかと睨んでいましたよ」。我々の敗戦にさらに追い打ちをかける言葉だった。ガットランドがそう言い終えたとたん、私の携帯に着信の合図が鳴った。ペンブロークからのメッセージだった。そこには「気にするな、ビーバー」と書かれていた。「ガットランドに言われた言葉は銀行に預けておこう。しかるべきときが来たら、しっかり返してやれば良い」。ワールドレベルのラグビーに携わる人間に不可欠なのは、相手チームの言葉に細心の注意を払い、長く心にとどめておくことなのだ。

大切な教訓ほど、大きな痛みを伴うことで得られるものだ。例によって57対14とイタリアに大勝したあと、最終節の3月16日にトゥイッケナムでスコットランドと対戦した。前半の戦いは素晴らしく、我々は31対0と大きくリード。文句のつけようもなかった。ところが前半終了間際、スコットランドがファレルのキックを果敢に身体でブロックし、トライ。イングランドはこの試合初めて得点を奪われると、それ以降のゲーム展開はまるで別のチームになってしまったかのようだった。後半戦でさらに5つのトライを許し、残り4分でイングランド31点、スコットランド38点と逆転されてしまったのだ。我々のショックは大きく、恥ずかしくさえあった。

我々は自分たちの戦い方を見失い、スコットランドを自由にさせてしまった。前半終了まで5分、31点もリードしていたのだ。それまで通り相手を封じれば良かったのに、やや強引なプレーが多くなっていた。我々は考えが甘く、その代償は大きかった。無理に攻め込もうとすれば隙が生まれ、相手に反撃する機会を与えてしまう。焦るばかりの我々に対して、スコットランドはますます息を吹き返し、素晴らしい戦いを展開した。

２０１８年の南アフリカ遠征時のテストマッチ２試合と、今大会第３節のウェールズ戦同様、またしても選手たちはスコアボードの点数に惑わされて軽率なプレーに走り、リードを使い果たしてしまった。それでもウェールズ戦は拮抗した試合だったが、南アフリカとのテストマッチでは第１戦は最大24対３、第２戦は12対０まで点差が開いていたのに、どちらのゲームも最終的には逆転負けを喫したのである。この試合は、我々の敗戦リストにさらにひどい負け方を追加したように思われた。

だがジョージ・フォードがなんとか窮地を救ってくれ、私はすぐに大きなプライドを取り戻すことができた。彼は肝の据わったプレーヤーで、ファレルに代わって出場すると、再び持ち前の高い能力を発揮した。フォードには、難しい状況に置かれてもそれを打開できる天性の才能が備わっていた。だが同時に組織的な動きが多くなればなるほど、本来の良さが失われていく珍しいタイプのプレーヤーでもあった。レスターにはひとつの戦い方のパターンがあり、型通りにプレーするよう指示されるため、彼の創造性が発揮される余地がなかったようだ。私がイングランドのヘッドコーチに就任した当時は上手くフォードの力を引き出せたが、ファレルが10番を背負うようになると、再び自分の殻に閉じこもりがちになってしまった。しかしこの試合でフィールドに立ったフォードは、ゲームを見通す目と的確な判断力で、動揺するイングランドにそれまでとは違った方向性を示してくれた。

残り時間はあと数分。このままではかつてない衝撃的な敗戦となる大きなプレッシャーのなか、フォードはスコットランドのゴール前20メートル地点で果敢に攻め続けた。ひとつでもミスが起これば負けは必至だ。しかし彼は、まるでスーパーボウルで数多くの決勝点を演出してきたトム・ブレイディのように、ひたすらゴールラインを割ろうとアタックを繰り返し、チームに勢いを与え続けた。最後はフォードが自分でゴールに飛び込み、コンバージョンも成功させると、シックスネーションズの歴史のなかでも他に例を見ない劇的なゲーム展開で、38対38の引き分けに持ち込んだ。彼はチームに欠けていた精神的な強靭さと冷静な判断力を示してくれた。我々は大量リードに気を許し、ゲームを自分たちでコントロールしようという姿勢を忘れてしまっていたのだ。

試合後の記者会見では率直に話をした。「１００パーセント、メンタルの問題です。肉体的に追い込まれたわけではありません。１００パーセント、考え方の問題です。それをしっかり認識すべきでしょうね。それにしてもワールドカップ前の貴重な体験でした。もしかしたらこれは私がヘッドコーチになる前から、チームがずっと抱えていた問題だったのかもしれません。それを克服するには、適切な人材を加える必要があります。今日のゲームから学ぶべき点は多々ありました。厳しい現実こそ最高の教訓なのです。ワールドカップ前に適材を見つけておかなければなりません。もし予選プールのトンガ戦でこの二の舞を演じたら、かなり厄介なことになるでしょう。今日のゲームは我々にとって良い経験でした。このような事態を二度と招かないよう、できる限り対策を立てるつもりです」

私は前後半で全く違ったチームになってしまったスコットランドとのゲームから、学ぶべき大きな3つの教訓があると感じていた。ひとつ目。プレーヤーは前に出たら、その勢いを維持するにはどうすべきか考えなければならない。ふたつ目。ワールドカップで思うような結果を残すには、冷静さと忍耐力が不可欠である。そして3つ目は私個人に関するものだが、選手の交代に関しては、他のコーチの意見を容れすぎてはならないということである。

ミッチェルは楽観的で、ボーズウィックは慎重派だ。私自身は選手交代に関しては、こうと思えば積極的に替えていくタイプだ。だがウェールズ戦とスコットランド戦では、全員が納得する方法を求めすぎた。直感を信じ、おのれの目で見た事実から判断すべきなのに、周りの意見を総合して判断し、自分の感覚を鈍らせてしまった。その代償として、勝ち星をふたつ、取りこぼしてしまったのだ。

結局のところ、コーチングは民主主義ではない。来るべきワールドカップでは、試合中、二度と自らの意志を曲げてはならないと心に決めた。ここぞという場面で決定を下すのは私だ。私がひとりで下すべきなのだ。

ダブリンの歓喜、カーディフの苦痛、そしてトゥイッケナムでの波乱――こうした浮き沈みの激しいゲームの末、グランドスラムを達成したウェールズに次ぎ、我々は2位で大会を終えた。決してウェールズに負けたり、スコットランドに連続38得点を奪われ引き分けに持ち込まれたりしたのを良しとするつもりはなかったが、大会が終わるころには不思議とこれで良かったのだと思い始めていた。もし我々がウェールズ戦もスコットランド戦も、当初のリードを守り切って勝っていれば、多くの人がイングランドを優勝候補に挙げただろう。だがすでに外野は、我々をワールドカップの優勝候補ではないと言い始めていた。だが私は、彼らのそんな予想は外れると思っていたし、実際に間違ったのである。

もしグランドスラムを達成していたら、大会を通していったいどれほどのことを学べたか大いに疑問だった。ニール・クレイグもこれには同感で、ふたりともあれほどの混乱と失望を体験したが、それでもこの大会は、日本でのワールドカップに向けて自分たちを鍛えるために不可欠な大会だったと感じていた。ワールドカップへ至る道のりは決して平たんで容易なものではない。山あり谷ありの曲がりくねった道が果てしなく続いていくが、結局のところそうした過程を経なければ、自分たちこそ世界チャンピオンだと心の底から信じられるチームなど作れないのだ。

第17章 ジェットコースターに乗る

RIDING THE ROLLER COASTER

イングランドチームは9月9日、成田国際空港に到着した。前夜、台風15号が通過した首都圏には甚大な被害がもたらされていた。瞬間風速45メートルの強風と豪雨、そして高波はすべてを混乱の渦に巻き込んだ。空港からホテルに至る幹線道路は不通となり、都内へ向かう鉄道網は運行再開のめどもたっていなかった。我々は駐機場で機内に3時間半待たされ、さらに空港でも5時間足留めされた。ワールドカップへ向けて早々に来日した我々イングランドは、いきなりアクシデントに見舞われた。

だが我々は、大会に向けた準備のひとつとして予期せぬ出来事への対応も忘れていなかった。この時期の日本の天候に慣れていた私は、こうした交通機関の遅れや乱れは常に起こり得るものと知っていた。東京に台風が上陸するのは珍しいことではない。日本で生活していたときに何度も経験した。脳梗塞を患った日にも、幸運にも上手く台風の混乱を避けられたことがあったくらいだ。私はこの事態にも慌てなかったし、選手たちも備えは十分で、気分を紛らわそうとクリケットを始めていた。

この大会をずっと楽しみにしていた私は、日本の土を踏んでわくわくしていた。日本は私にとってゆかりのある国だった。それはまるで私の家族の中心を貫いて流れる川のような存在だ。その源流は私の日本人の祖父母に遡る。私の両親が出会い、恋に落ちたのも、もちろん日本だった。ふたりはオーストラリアで、そして日本で偏見を乗り越え、私たち姉弟に幸せな生活と、未来へ向かう力を与えてくれた。そして私の家族――妻のヒロコと娘のチェルシー――の土台もまた、やはり日本だった。

私はサントリーサンゴリアスと日本代表を指導した経験を通じ、日本との結びつきをさらに深めていった。私がどん底で喘《あえ》いでいたとき、国代表レベルの舞台へ戻るチャンスを与えてくれたのも日本だった。ヘッドコーチとして今回のワールドカップで初めて優勝できるのなら、その舞台としてこれ以上相応しい開催地はないだろう――そんな考えがふと脳裏をかすめた。

空港は蒸し暑く、依然として交通機関は混乱をきたしたままだった。「日本に来られてわくわくしています」と、私は最初の記者会見で言った。「我々がイングランドの代表として今大会に臨めるのは大きな栄誉であり、大会の開催を心待ちにしていました。今回のワールドカップはアジアで初めて、しかもティア2国による開催という、まさに前例のない大会です。今日、我々が体験したように、様々な状況に素早く対応できる能力が求められるでしょう。準備に手抜かりはありせん。コンディションも上々です」

ワールドカップ前、イングランドは4ゲームほど強化試合を行い、力強いパフォーマンスを発揮し、アイルランド戦では記録的な大勝を収めた。特に後半18分を過ぎたところで43対10と大きくリードすると、私の脳裏に閃くものがあった。この試合、トム・カリーとサム・アンダーヒルはバックローとして初めて揃ってプレーしたのだが、彼らの活躍を見ているうちに、日本大会に相応しい愛称をつけてやろうと思い立ったのだ。そこで試合後の記者会見で、ふたりを「カミカゼキッズ」と名付けたのである。日本にちなんだ名前だが、実際には彼らの勇敢なプレーに対する敬意を込めたものだ。ふたりは動くものなら、なんでも追いかけて仕留めるほどの勢いだった。

2015年のワールドカップでは、イングランドはオープンサイドフランカーの人材不足から苦戦を強いられた。イングランドを率いた最初の2シーズンは、私もこの問題を解消できなかった。このとき我々はジェームズ・ハスケルを起用した。優秀なプレーヤーだったが、本来は7番向きではなかった。そうした忍耐の時を経て２０１８年を迎えるころ、この重要なポジションに相応しい潜在能力を持ったオープンサイドフランカーが、イングランドに、しかもふたりも現れたのだ。だが彼らの負傷に加え、マーク・ウィルソンという優れたブラインドサイドフランカーが登場したため、ふたり同時にバックローとして起用するチャンスは、２０１９年の夏が終わるころまで待たなければならなかった。

8月11日、私はトゥイッケナムで行われるウェールズ戦でカリーを6番、アンダーヒルを7番で使おうとした。だが練習中にアンダーヒルが負傷し、代わりにルイス・ラドラムをオープンサイドフランカーに起用したので、彼らがゲームのなかでどう機能するか確認するには、さらにもう2週間が必要だった。ようやくアイルランド戦でふたりが揃うと、彼らの動きは際立っていた。ジョン・ミッチェルも私も、カリーにはブラインドサイドもこなせる器用さがあるという意見で一致した。さらにカリーのほうがやや大柄だったため、ボールのキープ力が求められる6番に向いていた。

ノーザンプトン・セインツのルイス・ラドラムは、1年ほど前はレギュラーにはほど遠い存在だった。将来さえ危ぶまれたプレーヤーだった彼に、最後のチャンスが巡ってきた。負傷したハスケルの代役として、プレミアシップのプレーオフに出場する機会を得たのだ。そこで彼は、多くの人の目にとまるほどの活躍を見せた。私は、子どもが生まれたために戦列を離れたテイマナ・ハリソンの代役として、バーバリアンズ戦に向けた練習にラドラムを呼ぼうと決めた。実際に間近で目にすると、彼には独自の個性があると分かり、もう少し彼のプレーぶりを見守ることにした。

ラドラムはその後に行われたウェールズ戦でも活躍し、私は翌日の午後に発表したワールドカップ最終メンバーに彼を加えた。選ばれた31人のなかには世間を驚かせた選手もいたが、彼もそのうちのひとりだった。携帯電話の画面に表示された代表メンバーに自分の名前を見たラドラムは、思わず声を上げていた。「嘘だろう？　なにかの間違いじゃないのか？　これは本当にワールドカップのチームなのか？」。だが彼は、将来が期待できる素晴らしい選手であり、私が望んだ通りの姿勢と努力を示し、それに見合った結果を手にしたに過ぎなかった。

最終メンバーを発表する前、私は選ばれなかった選手に直接連絡を入れた。選手選考はこの仕事の一番辛い部分だ。候補はたくさんいるのに、選抜できる数があまりに少ない。ディラン・ハートリーは依然として膝の調子が思わしくなく、ワールドカップの激しいゲームには耐えられないと分かっていたので、話は比較的スムーズに運んだ。だがクリス・ロブショー、マイク・ブラウン、ダニー・ケアらにこの話を伝えるのは断腸の思いだった。彼らは２０１６年から２０１７年にかけてチームが躍進を遂げたときの立役者であり、アルゼンチン遠征では、若手プレーヤーの良きメンターとして大いに貢献してくれた。皆、頼りになる選手だった。彼らは２０１５年の屈辱を晴らしたいと願っていたが、私はチームにとってベストと思われる決断を下さなければならなかった。

ワールドカップへ向けた強化試合4試合は、ニューカッスルでのイタリア戦を含め3勝を挙げたが、カーディフで行われたウェールズ戦には敗れた。私はメディアにこう語った。「強化試合は大変意味のあるものでした。選手のセレクションに間違いはないか、戦術は効果的か確認できましたし、明確なプラットフォームも築けました。試合を取り巻く環境や対戦相手、レフリーを問わず、どんな条件にも対応できる力が備わったと感じています。我々はワールドカップで優勝するのに十分な、イングランドスタイルのラグビーができるはずです」

我々はなんとか空港から都内のホテルへたどり着き、翌日にキャンプ地の宮崎へ向かった。宮崎は私にとって思い入れの深い土地だ。２０１５年、日本代表の「ビート・ザ・ボクス」作戦を考え出したのも、まさにこの宮崎だった。日本代表とともに汗を流し、彼らのハードワークの思い出が染みついた場所である。２０１９年大会で優勝するというイングランドの使命もまた、同じように困難なチャレンジであり、トレーニングも目標の高さに見合った厳しいものとなった。選手たちは苦しい練習に必死に取り組み、耐え抜いた。

私は選手同士の闊達《かったつ》なコミュニケーションと、彼らが発揮するリーダーシップにチームの成長を感じ、大いに勇気づけられていた。オーウェン・ファレルはキャプテンとして、選手だけのミーティングを何度か開催し、ジョージ・フォード、マコ・ヴニポラ、ベン・ヤングス、マロ・イトジェ、そしてエリオット・デイリーら、チームの中心となるグループリーダーのサポートを受け、選手同士が互いに分け隔てなく、胸襟を開いて交流できる環境を作り上げた。彼らはそのおかげで、不安や疑念があれば周りを気にせず躊躇なく口にできた。選手同士が良好な関係にあるチームでなければ、優れたパフォーマンスは生まれない。信頼が必要なのだ。私は選手が自主的に動いていく姿を見て満足を覚えていた。常々、ヘッドコーチのいらないチームになれと口にしていたからだ。実際にゲームに臨むのは選手であり、できるだけ彼ら自身の手で準備すべきなのだ。

最初からそういうチームだったわけではない。発足当時にトレヴィーゾで行ったトレーニングキャンプには緊張感が漂い、実際にベン・テオとマイク・ブラウンが衝突した。ふたりの対立はメディアに大きく報道されたが、選手同士の反目はそれだけではなかった。そもそも彼らは互いに、これまであらゆる場面で競い合ってきた競争相手であり、そこにはどのチームにも見られるような若手とベテランの確執もあった。さらにイングランドラグビーには所属クラブや出身国など、同じ文化を持つ者同士の考えにこだわり、他人の意見を受け入れないという、いわゆる狭量な仲間意識があり、選手は無意識のうちにそうした偏見や先入観をキャンプに持ち込んでいたのである。そこで私はチームを形成する初期の段階で、そうした競い合いのなかには全く意味のないものがあると指摘しなければならなかった。選手たちも立派だった。彼らは私の話を理解し、そうした緊張をできるだけなくそうと懸命に努力した。その結果、キャンプが終わるころには、チーム内の協調と団結とはどういうものか、選手のあいだに新たな共通認識が生まれていたのである。彼らは皆で一緒にいるのが好きだった。今後、私がイングランドを率いる場合、このチームがひとつの基準となるのは間違いない。我々はもう昔のようなチームに戻ることはないだろう。

宮崎でチームは日々練習に明け暮れ、私はそんな毎日を大切にした。4年ごとにやってくるワールドカップに向けてチーム作りをする場合、選手を10週間以上もずっと手元に置いておけるのは、大会直前のこの時期しかない。短期的な遠征やシックスネーションズでは難しいが、この期間なら新たな取り組みを試し、チームに落とし込める。ここをどう過ごすかが重要なのだ。

ファレルはキャプテンとして、自らの役割をしっかり果たしていたし、彼の成長する姿を見るのは嬉しかった。ファレルは時間を無駄にせず、余計な話はしない。何事にも真剣に取り組み、自分がなにを言うべきかいつも注意深く考えていた。実際、静かに耳を傾けるメンバーに、彼らの共感を呼ぶような話を何度もしたし、トレーニングやゲームを離れても、チームの変化に気づけるようになっていった。

ファレルは卓越したチームを率いることができて幸運だった。ひと月ほど前に代表チームの候補メンバーを発表したとき、記者のひとりから、どうやってセレクションに対する意見を集約したのかと尋ねられ、私はこう答えた。「いや、そんな民主主義のような決め方はしていません。もちろんコーチは皆、自分の意見を主張しますが、最後に決断するのは私です。私が全責任を持ち、最終的な判断を下します。ワールドカップではまず1番から15番を決めます。その次に28番から31番を選びますが、実はこの4人がチームの鍵を握るメンバーです。出場する機会はそれほどないかもしれません。だからこそ彼らの性格や行動が極めて重要なのです。その後、16番から27番までの組み合わせを決定します、私はいつも、こうした明確なプロセスに従い、メンバーを決めているのです」

三番手のフッカーであるジャック・シングルトン、センターのピアーズ・フランシス、ウイングのルーリー・マコノキーとジョー・コカナシガの合計キャップ数はわずかに19。誰かが怪我をしない限り、彼らが日本でプレーする機会は多くはないだろう。だが重要なのは、彼らが自分よりもチームの利益を優先させる、信頼に足る人物だという点にある。我々はそうした人柄と才能から、彼らを選んだのだ。

予選プールを通過したチームには、常に危険が待ち受けている。週末にゲームの予定が組まれていない選手にとって、ナイトクラブの誘惑を断ち切るのは難しい。ワールドカップ制覇という目標を達成するためには、選手たちは大会にすべての意義を向けなければならない。だがメンバーは皆、しっかり規律を守っていた。

選手は誰ひとり、いわゆる「夜遊び」をせず、ペンブロークも私もこんなワールドカップは初めてだった。だがそうした自らを律する行動は、ハードワークを続けるチームの士気を徐々に蝕んでもいった。そこで我々は彼らの努力に報いようと、予選プール終了後にテストマッチジャージーを贈呈することにした。決勝トーナメントが始まる前の金曜日の夜、選手だけで行われたミーティングで、試合登録メンバーたちはベンチ入りできなかったチームメイトに、24番から31番までのジャージーを手渡したのである。このセレモニーで常日頃、我々が口にしてきた「31人のチーム」が現実のものになった。

宮崎では、チームの雰囲気は穏やかで前向きだった。食事をしながらの会話はもちろん、緊張感あふれる真剣なトレーニングの最中でも、彼らの仲の良さや団結心が見て取れた。

暑さは予想したほどではなかったが、湿度の高さには息が詰まるようだった。我々は午前7時にトレーニングを開始し、密度の濃い激しい練習を行った。そうしたセッションを経て、彼らの信念と自信はいっそう深まりを見せていった。だが一方で、練習を離れてリラックスし、母国とは全く異なる日本での生活を楽しむ時間もまた必要だった。彼らはサーフボードの上に立ち、パドルを漕いで移動するスタンドアップパドルボードを楽しんだ。海辺にある地元のレストラン、ビーチバーガーハウスからサーファーたちを眺めるのも好きだった。私は宮崎では計画を見直しては手直しを加え、その後の大会の取り組みを考える日々を送っていた。そのあいだ、チーム状態は日を追うごとに良くなっていった。

9月22日の日曜日に行われるトンガとの開幕戦に臨むため、我々はその週の水曜日に宮崎から札幌へ飛んだ。私は試合前の最後の記者会見の席上、改めて日本大会の持つ重要性を身に染みて感じていた。そのせいか、大会における課題や見通しについて語るうちに、一瞬言葉に詰まり、目の前が涙でかすんでしまった。私にとってイングランドを指揮することは、豊かな才能を備え、競争心に富む若者の一団を導く、まさに重責を伴うものだったのだ。私は心のままに、率直に語った。

「何と言ってもイングランドをコーチするのは大変名誉なことですし、このような機会をいただき嬉しく思っています。(中略)とにかく全力をもって取り組むつもりです。ワールドカップは人々の感情を揺さぶる特別な大会です。この大会には、持てるすべてを注ぎ込む必要があります。代表チームをコーチするのと、ワールドカップでその国の責任を負って戦うのは全く違います。ワールドカップはラグビーファンだけのものではありません。多くの人たちが家族ぐるみで観戦する、その国の威信をかけた大会なのです。日本でも間違いなく大きなイベントになるでしょう。今回この大会に参加できて、大変光栄に思っています」

「私自身、かなり緊張していますし、また興奮もしています。そうならないほうがおかしい。そんな我々にコントロールできないものが、ひとつだけあります。それは試合の結果です。コントロールできるのは、当日に向けた準備だけです。我々コーチングスタッフは総勢20名。誰もが抜かりなく準備できたと考えていますが、試合の勝敗までは分かりません。そうですよね？」

感情の赴くままに言葉を口にした私は、ここで一息つかなければならなかった。すべてのテレビカメラに目をやり、日本から世界に向けて記事や画像を発信しようと待ち構える大勢のジャーナリストやカメラマンに視線を注いだ。私はコーチングスタッフ全員の正直な気持ちを伝えられて満足し、微笑んだ。「ワールドカップはジェットコースターのようなものです。私たちは今、そのてっぺんにいて、眼下に広がる光景に誰もが緊張し、そして興奮しています。最初の急降下で吐いてしまうか、それともなんとかしがみついていられるか、それはまだ分かりません」

もちろん本心では、我々にはしがみつくどころか、それ以上の結果が出せる自信があった。毎日、集中力と努力を積み重ねていけば、必ずタイトルに挑戦できると確信していた。

それには、まずトンガを倒さなければならない。トンガを率いるトウタイ・ケフは、インターナショナルレベルのなかでも偉大なプレーヤーのひとりで、スキルの高い、非常に優れたナンバーエイトだった。私が初めてワラビーズを率いたときのメンバーでもあり、ヘッドコーチに就任してから6週間後に臨んだトライネーションズでは、シドニーで行われたニュージーランド戦の終了間際、起死回生の逆転トライを挙げて初優勝に貢献してくれたのも彼だった。ケフは記者会見で語った。「ひたすら激しく真っすぐ前に出る。それがトンガのベストラグビーです。我々にとっては大きなチャレンジですが、負けたところで失うものは何もありません。すべてを賭けて臨むつもりです」

ケフの言葉はチームの戦い方をはっきりと示した、これ以上ない挑戦状だった。「受けて立ちましょう」と、私は試合前の最後の記者会見で言った。「我々はイングランドです。一歩たりとも前進させません。トンガは思い通りにはいかないでしょう。準備はできています」

札幌ドームでは、夏に得た教訓の一部が役立った。私はブリストルで行った、結成間もないチームのキャンプにアレックス・ファーガソンを招き、選手たちと話す機会を設けていた。そのとき彼が与えてくれたアドバイスは、トンガとの開幕戦でも選手たちをあと押ししてくれた。ワールドカップの初戦は大抵苦戦を強いられ、思ったようには運ばない。とは言え主導権は常に我々の手の中にあり、マヌ・ツイランギが2本、ジェイミー・ジョージが1本、トライを決め、残り時間3分で28対3とリードしていた。だが4トライで与えられるボーナスポイントの重要性を誰もが分かっていながら、77分経過時点でトンガのゴールラインは、はるかに遠く感じられた。

アレックス・ファーガソンが教えてくれたのは、時間が刻々と過ぎていくなか、望むような結果に手が届きそうにないとき、プレーヤーに求められるのは忍耐の二文字だということだった。マンチェスター・ユナイテッドのプレーヤーたちは、この状況を「ファギータイム（ファーガソンの時間帯）」として意識する。この言葉は十分なアディショナルタイム（追加時間）がとられているか確認しようと、ファーガソンが時計の盤面を叩きながら、審判団に大きな声でアピールするイメージでとらえられる場合が多い。だが本当は、試合で窮地に追い込まれたときこそ、感情とスキルをコントロールしなければならないという意味だった。「ファギータイム」とは冷静さを保ち、パニックに陥らないことである。選手全員がこの言葉を思い出したとき、ルーク・カウワンディッキーが相手ゴールラインを割り、どうしても手にしたかったボーナスポイントを獲得。35対3で勝利を飾った。我々は「ファギータイム」にあっても、冷静さを失わなかったのだ。

「アレックス・ファーガソンのメッセージは辛抱強くあれというもので、今日、我々のチームはその通りよく耐えました」と、私は試合後に語った。「彼らはパニックにもならず、自分たちのラグビーをし続けてくれました。4本目のトライがもう少し早く決まっていれば、もっと楽だったでしょうね。でも結果的にボーナスポイントが取れ、良いスタートが切れました。優れたプレーヤーが加わるたびにチームは刺激を受け、変化します。それが結果的に上手くいったのです。いくつか課題は残りましたが、チームとしてなにかを変えるつもりはありません。単純なプレーを我慢強く、何度も何度も繰り返せばいい。それが今日、改めてよく分かりました」

マロ・イトジェも同じような話をした。「プレッシャーを受けているとき、つまりファギータイムに、ファーガソンはよくこう口にした。『焦ってはいけない。そうすれば、必ず得点のチャンスは訪れる』とね。この言葉から多くを学ぶことができる。大きなプレッシャーのなかでは、特別なことをしようとしてはいけない。いつも通りの正しいプレーを選択するよう心掛ければ良いんだ」

予選プール第2戦、我々は再び正しいプレーを選択し、忍耐強く戦い、アメリカを45対7で退けた。我々は試合の81パーセントをアメリカ陣内で戦い、合計7つのトライを奪った。引き続きフィジカル勝負のゲームとなり、ピアーズ・フランシスは相手にインパクトを与えろと指示されたために、キックオフ直後にやや高い姿勢で相手プレーヤーにヒットしてしまった。ゲームの終盤には、アメリカのフランカー、ジョン・クイルがオーウェン・ファレルの顔面にショルダーチャージを見舞い、大会初のレッドカードで一発退場処分となった。故意ではなく正当なタックルのようにも見えたが、当たり所が悪かった。頭部への接触が厳しく罰せられる今大会では、退場処分になっても仕方のないプレーだ。一時は倒れこんだファレルだったが、プレーはそのまま続けた。その後、さらにもう一度激しく当たられたので、私は試合後に、「ファレルの鼻の頭が欠けるところだった」と冗談を言った。もう少ししゃべりたかったが、自分の考えは胸の内に仕舞っておこうと決めた。予選プールを抜け出すのが目標で、それまで余計な波風は立てたくなかったのだ。

2試合を終えたところで勝ち点は10。大会前に「死の組」と呼ばれていた予選プールの最初の山場は、10月5

日に東京で行われるアルゼンチン戦だった。その4日前、悲しい報せを受けた。元ランドウィックのコーチであり、私のメンターでもあったジェフ・セイルが、シドニーで亡くなったというのだ。享年77歳だった。私は動揺した。彼はラグビーとそれに関わる人々を愛せと教えてくれた人物だった。葬儀に参列するため、すぐにシドニー行きのチケットを手配しなければと思ったが、今はワールドカップの最中だと気づき、思いとどまらなければならなかった。セイルも生きていれば、日本でワールドカップに専念しろと言ったに違いない。私はグレン・エラに、セイルの家族へのお悔やみを託した。

私はニール・クレイグにセイルとの思い出を語った。これまでセイルがどれほどのことをしてくれたか、そのすべてを説明すると、クレイグはいつものように辛抱強く、誠実に、私の話にじっと耳を傾けてくれた。私は思いのたけを打ち明けた。ハイパフォーマンスを生み出すコーチングでは、相手にどう感じさせるかでその成否が決定する。私の話に共感を示してくれたクレイグに、感謝せずにはいられなかった。セイルは偉大なアマチュア時代のラガーマンだ。ラグビー最大のイベント期間中に亡くなったというのも、ある意味、彼に相応しい。世界中のどんなラグビークラブにも、必ずセイルのようなプレーヤーがいるものだ。そうした人物こそ大事にしなければならない。

次の問題はそれを公の場で話すことだった。アルゼンチン戦の前の記者会見で、セイルについて尋ねられるのは分かっていた。それなら記者会見の席に着いて、まずマイクを手にし、自分のほうから話せば良い――そう思った私は、実際その通りにした。

「今日はまず、私の素晴らしい仲間であるジェフ・セイルに哀悼の意を表したいと思います」

一呼吸置くと思わず胸が詰まった。だが落ち着きを取り戻すと、さらに続けた。「ラグビー界にとって大きな悲しみの日です。何と言っても彼は多くの人に愛された人物でした。たくさんのプレーヤーを指導し、数多くのチームを率い、ラグビー界に多大な貢献を果たしてくれました。2016年のオーストラリア遠征では、心から歓迎してくれたホストでもありました。彼とクージーベイホテルで一緒にビールを飲んだのを、今でもよく覚えています。素晴らしい仲間であり、大きな損失です。ラグビー界は彼のような人物こそ必要なのだということを忘れないようにするべきでしょう」

アルゼンチン戦は最初から攻め続けたが、前半20分でゲームは急展開を見せた。アルゼンチンの巨漢ロック、トマス・ラバニーニの左肩が、ファレルの左の側頭部を直撃したのだ。ファレルもタックルを予想して少し腰を落としたせいもあったが、ラバニーニの姿勢も高く、レッドカードで退場処分となった。アルゼンチンは2週間前の週末にもフランスに僅差で敗れていたので、この試合も6トライを奪われて39対10で負けると、やむなく帰国の途についた。もしファレルが前半の4ゴールをすべてミスしていなければ、もっと大差で勝っていただろう。

この勝利で我々の決勝トーナメント進出が決まった。次のフランスとの予選プール最終戦の結果次第でプールの首位が決定する。2015年大会で予選敗退したイングランドにとっては、この予選プール突破がひとつの大きな通過点であり、我々は多くのプレッシャーから解放された。前回大会の結果より、少なくとも一歩先へ駒を進められたのだ。それまで過去の屈辱に耐えてきた選手たちは、勇んで次のステージへ挑もうとしていた。

超大型台風が日本を直撃する可能性が高まりつつあるなか、我々のフランス戦を含め、数試合が中止になろうとしていた。台風19号ハギビスは、真っすぐ東京へ向かっていた。大会運営上最も関心を呼んだのは、スコットランドの去就だった。もし日本戦が中止になれば、初戦でアイルランドに敗れたスコットランドは予選プールで敗退することになる。

ワールドカップは開催国の日本が、当時世界ランク1位の座にあったアイルランドに見事な勝利を収め、日本中が沸き返っていた。日本代表の堂々たる戦いぶりは人々の感動を呼び、さらに多くの人たちが大会に熱狂していった。今大会でも日本チームのキャプテンとして重責を担うリーチ マイケル、そして日本代表の選手たち、さらに我々が築いた2015年の土台の上に新たな歴史を積み上げてくれたジェイミー・ジョセフ——私は彼らの躍進が心から嬉しかった。

台風の規模とその進路が明らかになるにつれ、ラグビーどころではなくなった。数十年に一度、一生に一度あるかないかの記録的な台風だという。ワールドラグビーとラグビーワールドカップ2019組織委員会は協議の末、試合中止の英断を下したが、そこには我々のフランス戦も含まれていた。このニュースが伝えられるや、我々は直ちにキャンプ地のひとつである宮崎へ飛ぼうと決めた。我が後方支援チームの動きは迅速で素晴らしく、我々は数時間後にはホテルをあとにし、南へ向かう機内にいた。宮崎まで行けば台風の混乱を離れ、太陽の光の下でトーナメントの準備ができるのだ。

346人が負傷、87人が犠牲となり、未だに行方が分からない人たちもいた。いかに大きな都市であっても、巨大な台風に蹂躙されればひとたまりもない。自然の猛威の前では、我々がいかに小さな存在であるか思い知らされた出来事だった。

準備は万端整い、我々はフランス戦を楽しみにしていたが、私自身は試合が中止になり、選手たちの体力を温存できたのがありがたかった。その分、準々決勝のオーストラリア戦の準備時間に充てられるのだ。

台風19号は大きな被害をもたらした。だが日本人は驚くほど強靭な精神力を持っていた。翌日になり、あちこちに被害の爪痕が残る東京に青空が戻り、明るい日差しが降り注ぎ始めると、人々は洪水の被害をものともせず、日本対スコットランド戦が支障なく行われるようにとひたすら懸命に働き始めた。

ラグビーならではの素晴らしい出来事もあった。ナミビアとの試合が中止になったという発表を聞いたカナダチームの選手たちは、台風で被害を受けた釜石の人たちのため泥かきや家財道具の運び出しを手伝いに出かけた。ラグビーほど、品位、情熱、結束、規律、尊重といった普遍的価値観と固く結びついたスポーツは他にない。カナダ代表が見せた寛大で思いやりあふれる行為に、私はラグビーという競技に関わる人間であることを誇りに思った。

日本選手は、さらに強い精神力を発揮した。スコットランドを実力で退け、予選プールを首位で通過すると、南アフリカとの準々決勝へ駒を進めたのである。勝ったチームは次の準決勝で、ウェールズ対フランス戦の勝者と対戦することになる。準々決勝のもう一方の組み合わせは、ニュージーランド対アイルランドである。私はオールブラックスが勝つと予想していたので、彼らが次にぶつかるのはオーストラリアか我々イングランド、いずれかの勝者だった。我々はまさに、ノックアウト方式の厳しいトーナメント戦に臨もうとしていた。

「負ければそこで終わりです」と、私は試合前の記者会見で率直に語った。「サムライが戦えばひとりが死に、ひとりが生き残る。土曜日も同じです。どちらかが勝ち、どちらかが負ける。ベストエイトに勝ち残ったチームは、皆命を懸けて勝負に挑んでくるでしょう」

私は、決勝トーナメントを劇的なものに見せようとするつもりはなかった。どちらかはワールドカップの準々決勝で敗退するのだという、両チームの目の前に立ちはだかる厳しい現実を語ったにすぎない。もしも当日イングランドの調子が悪く、オーストラリアがピークを迎えていれば、我々は早々にロンドンに帰国することになる。そこでは激しい非難の嵐が待ち構えているはずだ。負け犬だの役立たずだのといった言葉はもちろん、私に至っては、もともとイングランドで成功するなどとは誰も期待していなかった愚か者と罵られるだろう。しかし私は、試合に対して自分がどう臨もうとしているか、包み隠さず正直に語った。私は、何の刺激もない退屈なゲームよりも、すべてを懸けて戦おうとするワールドカップ決勝トーナメントの白熱したプレッシャーのほうが、何倍も好きだった。

オーストラリア代表チームのヘッドコーチ、マイケル・チェイカは、私にできる限りプレッシャーをかけようとし、台風が上陸する前に宮崎に行けたのは幸いだったという私の発言を取り上げ、こう語った。「イングランドのコーチは最高の準備ができたと言っている。それならよもや負けはしないだろう」。私はこのコメントに対し公式に発言したい誘惑に駆られたが、我々にとっては当然の話であり、なんら反論せずに沈黙を守った。

私は選手が自らを管理し、決められた練習量をきちんとこなしているのが嬉しかった。選手たちに心の余裕が感じられ、キャンプは落ち着いた雰囲気に満ちていた。準々決勝だからという気負いは感じられず、選手の様子は予選プールの準備のときとなんら変わりはなかった。どんなに困難な挑戦であろうと、大切なのは地道な準備である。それを伝えたところで新聞が飛ぶように売れたり、ウェブサイトのアクセス数が劇的に増えたりするようなものでは決してない。むしろ人々の目には退屈なものとしか映らないだろう。だが重要な試合へ向けた準備としては、我々をここまで導いてくれたプロセスにこだわり続ける必要があった。一方、外から眺めるだけのジャーナリストやファンは、キャンプの実態を知りたがり、選手同士の対立といったドラマのような話を期待し、ときには小さな事実を大袈裟に吹聴して回ったりする。だが我々はゲームが近づくにつれ、感情を抑え、素晴らしいプレーをするのに必要なあらゆる準備に集中していく。そのため、大抵キャンプは日を追うごとに静かで落ち着いた空気に包まれていくのが常だった。

我々は、久しぶりに世間の人たちがにぎやかに意見を戦わせる様子に、懐かしさにも似た感慨を覚えていた。それはファレルを10番、ツイランギとヘンリー・スレイドをセンターで先発させ、途中でジョージ・フォードと交代させるという、私のとる選手の起用法を巡る議論だった。つまり彼らは今大会、イングランドで最高のプレーヤーはフォードであり、彼をどう使うかで揉めていたのだ。私はフォードの評価に関しては彼らに異を唱えるつもりはなかった。私もこれまで最も活躍が目覚ましかったプレーヤーは彼だと思っていたからだ。私にしてみれば彼らの主張は、自説を曲げず、それまで通りの戦い方を貫くべきだとあと押ししてくれているようなものだった。

オーストラリアのインサイドセンター、サム・ケレビは極めてパワフルな攻撃力を発揮するプレーヤーだ。一方フォードはゲームの後半で投入したほうが効果的な試合運びができるというのも、これまでの戦いを見れば間違いなかった。そこでオーストラリア戦では、ファレル、ツイランギ、スレイドというフィジカルに勝るプレーヤーを先発させるのが順当な選択だった。だが依然として、先発フィフティーンとして出場できなければ一流ではないという考えが根強く残っていた。交代要員は評価が低いと思われがちなのだ。そうした意識は変えていかねばならない。ニール・クレイグも私もかねてより、現在のテストマッチでは常に23人全員がプレーし、勝負はほぼ最後の15分で決まると主張し続けている。先発15人がベストプレーヤーだという認識は時代遅れなのだ。数年前、スターターとフィニッシャーという考え方を導入しようとした私は容赦のない批判を浴びた。しかし今やほとんどのコーチが私と同じ考え方をしている。今大会を例に取れば、たとえばラシー・エラスムスなどは、最初に控え選手から選ぶという方法をとっていた。スプリングボクスでも最高と謳われた選手たちの一部は試合の終盤、相手にとどめを刺すためにベンチに置かれたのである。

外野の声を無視するのは簡単だった。当のフォードが、この決定に不満を漏らしていなかったからだ。ベンチスタートに落胆の色は隠せなかったが、理屈はきちんと理解していた。なるべく長くプレーしたいというのが選手の本音であり、そのためには先発するのが一番だという現実は変わらない。私は常に、チームに最大の利益をもたらすにはどうすべきかを考えながら判断を下していたので、それをよく知っていたフォードは腐ることなく、これまで通り練習に臨んでいた。また、シックスネーションズは戦い方こそ不安定だったが、ワールドカップへの完璧な準備につながったと語ると、世間にはなにを言うかと笑われた。だがチームとして普通では理解できないようなスコットランド戦での後半の戦いを振り返り、一度はあれほどリードした得点差をいとも簡単に失っていった経緯からひとつの学びを得ようとすれば、フォードがベンチにいることでチームに与えてくれた影響を考えざるを得なかった。彼は素晴らしい精神力を発揮し、立て続けに38点を失ったチーム全体の士気を盛り上げてくれたのだ。メンバーを導き、トゥイッケナムのピッチを走り回り、土壇場で引き分けにまで持ち込んでくれたその姿は、まさに我々全員を勇気づけるのに十分だった。

フォードはオーストラリア戦に対しても、ほぼ完璧に準備を整えていた。彼はワールドカップに向けて選抜された31人にとって、誇りとも言うべきプレーヤーだった。チームも結束を深めつつあり、互いの絆はより強固なものになっていた。4年近く関わってきたが、代表チームは肉体的にも精神的にもピークを迎えており、私は準々決勝に向けて確かな手応えを感じていた。フランス戦への出場が危ぶまれていたビリー・ヴニポラは足首の怪我から復帰し、マコ・ヴニポラはフロントローとしてほぼベストの状態にあった。カミカゼキッズは、デイヴィッド・ポーコックとマイケル・フーパーという世界的なバックロー陣の動きを封じてやろうと意気込んでいた。彼らの姿は、イングランドの若き選手たちは皆、自信にあふれ、ひとり残らず戦いを待ち望んでいるようだった。

常に試合前に感じる緊張感を和らげ、これからなにか特別なものが見られるのではないかという期待感を抱かせるのに十分だった。

2019年10月19日土曜日。大分県、大分スポーツ公園総合競技場。

九州の臨海都市にあるスタジアム。ピッチの脇で、4人の日本の若者が大きな太鼓を打ち鳴らしている。そのあいだにある入場口から、この試合でテストマッチ50キャップ目となるジョニー・メイを先頭に、イングランドが姿を現した。オーストラリアとイングランドがともにフィールド上に整列し、台風19号の被災者に黙とうを捧げたあとで、国歌の斉唱を待っていた。『神よ女王を守り給え』の音楽が場内に響き渡ると、オーウェン・ファレルは意識を集中しすぎたあまり、思わず隣のマスコットキッズの存在を忘れてしまっていた。だが日本人の女の子は勇敢にも小さな手を伸ばすと、ファレルは笑顔でその手を取った。彼女も他のマスコットキッズと同じように、エスコートする国の国歌をきちんと覚えていて、可愛らしく歌い始める。その脇では一列に並んだ身体の大きなプレーヤーたちが胸を張り、大きな声で、そしてときに音程を外しながら、がなり声を上げていた。国歌が終わるとファレルはかがみ、彼女にお礼を言う。彼が垣間見せた優しさは、この先80分あまりのあいだ二度と見られないだろう。

ワラビーズは最初から波状攻撃を仕掛けてきた。金と緑の波が次々と、怒涛のように押し寄せる。だがイングランドは一歩も引かず、その波を受け止めていた。数え切れないほどのぶつかり合いが繰り返される。だがデイリー、イトジェ、カリー、ワトソン、再びカリー、ローズ、ファレル、シンクラー、そしてローズと、イングランドは次々と襲いかかるオーストラリアのアタッカーを倒していった。そして第18フェーズ。ツイランギの激しいタックルに、オーストラリアの19歳のセンター、ジョーダン・ペタイアが思わずボールをこぼしてしまう。フィニッシャーの選手たちはすぐに立ち上がりベンチから飛び出すと、鉄壁のディフェンスを誇るように口々に雄叫びを上げた。ジョージ・フォードが先頭に立ち拍手を送る。

ファーストスクラムは何度も組み直しとなり、結局カイル・シンクラーに問題があると判断され、オーストラリアにフリーキックが与えられた。トンガ生まれのフッカー、トル・ラトゥはシンクラーを笑い、まるでひげを生やしたオーストラリア人の先生が言うことを聞かないロンドンっ子をなだめるように、頭を抱えるジェスチャーをしてみせた。シンクラーは挑発には乗らなかった。オーストラリアのキャプテン、フーパーはキックではなく、再度スクラムを選択。彼らはこの一連のプレーでシンクラーをいらだたせようとしていた。だがこの才能あふれる若きタイトヘッドプロップは、この3年ほどのあいだにリーダーシップのあり方を十分身につけていて、同じフロントローのジェイミー・ジョージとマコ・ヴニポラを見習い、決して冷静さを失わなかった。相変わらずスクラムは何度か潰れたが、今度はオーストラリアが反則を取られる番だった。これで我々のプレッシャーは幾分和らいだ。

リアリーファノのペナルティーゴールで0対3とリードを許したが、我々は点差を気にせず、さらにオーストラリアに圧力をかけていった。彼らが動揺し始める一方で、イングランドのプレーヤーは全員が同じ意図を持ち、フォワード、バックス、一体となって見事な連係を見せていた。ワトソンがワラビーズ22メートル陣内で倒される。だがボールはリサイクルされ、ファレルからツイランギへ。ツイランギはワラビーズのディフェンスラインへ真っすぐ突き刺さると、再び少しばかり前へ出た。オーストラリアに疲れが見え始め、ディフェンスの人数が揃わなくなっている。

我々はその隙を逃さなかった。ラックから出たボールをヤングスからファレル、そしてカリーへとつなぐ。カリーはまだ21歳と若かったが抜群の判断力を見せ、対面のホッジを十分引きつけてから、完璧なタイミングで外側のメイへパスを放った。メイは悠々とゴール左隅にトライ。タッチライン際の難しいコンバージョンをファレルが決める。アルゼンチン戦以来、精力的にゴールキックの練習に取り組んでいたファレルは、調子を取り戻していた。

我々はその2分後、もう1本トライを追加した。イトジェがラックでオーストラリアの6番にプレッシャーをかけ続けたためか、慌てて放ったナイサラニのパスをスレイドがインターセプト。オーストラリアのゴールライン目指して疾走する。ハーフウェーラインにさしかかるあたりで、相手ディフェンダーがふたり、スレイドの背後に迫ってきた。すると左タッチライン際をフォローしていたメイが真っすぐ腕を伸ばし、目の前のスペースへキックを蹴りこめと指示しているのが目に入った。スレイドが放つ、角度のある小さなグラバーキックはまさに芸術品だ。ボールは転々と縦に転がり、ぽんと大きく弾んだところで、メイの両腕にすっぽりと収まった。メイの独走だ。ボールをしっかりと胸に抱き、左隅のコーナーフラッグめがけて矢のように走って行く。彼のスタミナにディフェンダーも追いつけない。ゴールラインを割り、ボールをグラウンディングすると、すぐにフォードとラドラムが駆け寄り、抱き合って喜びを分かち合った。フィニッシャーである控え選手たちはリラックスして温まっていたが、フォードはただひとりピッチの外にいてゲームに没頭しており、私はその姿に感銘を受けていた。ファレルは再び難しい位置からのコンバージョンを簡単に決め、スコアは14対3となった。

両チームともさらにペナルティーゴールを1本ずつ決め、17対6とイングランドがリードしたまま、激しい前半の戦いが終了しようとしていた。なんとか得点を挙げたいオーストラリアは、大型ウイングのホッジが必死の形相でイングランドのディフェンスラインに迫る。だがカリーが素晴らしいタックルで跳ね返す。そこへもうひとりのカミカゼキッズ、アンダーヒルが素早く走り込み、ボールを乗り越えようとファイトする。レフリーの笛が鳴り、イングランドボールのスクラムが告げられると、すぐにツイランギ、ファレル、そしてイトジェがふたりの若いフランカーに走り寄り、彼らの勇敢なプレーを称えるのだった。

前半戦最後のスクラムが崩れ、イングランドがペナルティーをとられる。リアリーファノが3本目のペナルティーゴールを決め、両チームのメンバーはそれぞれのドレッシングルームへ戻って行った。前半が終了し、イングランド17点、オーストラリア9点。

選手は落ち着いていた。私は彼らに、後半の戦い方を再確認させた。皆、じっと耳を傾けている。準備は整った。残るはあと40分。だが前半以上に動かなければ勝利はおぼつかない。

オーストラリアは再び激しい戦いを挑んできた。ホッジが山なりのループパスを放ると、それを受けたリアリーファノは、内側をフォローしていたウイングのコロインベテにパス。コロインベテは快足を飛ばし、追いすがるスレイド、ワトソン、そしてデイリーを振り切り、ゴールポスト近くにトライ。リアリーファノが難なくコンバージョンを決めると、10点近くあった我々のリードは、後半開始わずか3分で1点差にまで縮まった。

この流れはリードしながら追いつかれるという、かつての南アフリカ、ウェールズ、そしてスコットランド戦を思い起こさせた。だが今回は違っていた。そこで得た教訓は選手全員の胸に刻まれていたのだ。1分もしないうちに、鮮やかな連続攻撃からファレルが長くフラットなパスを放る。ボールはイトジェとビリー・ヴニポラを飛ばし、さらにその先のシンクラーの手に渡った。シンクラーにはスピードとパワーがある。目の前のわずかなギャップに走り込む彼を止めるのは、ほぼ不可能だった。それでもシンクラーの突進を阻もうとビールが必死に右サイドから駆け上がるが、その姿を目にとめたシンクラーはタックルの衝撃でボールをこぼさないよう咄嗟に背を向け、ビールに組み付かれたままインゴールへ激しく倒れこんだ。勢いあまって彼の身体が180度回転する。トライが認められると、ボールの上にうつ伏せになったまま、両手を広げて喜びを表した。ファレルがコンバージョンを決め、24対16。

激しいぶつかり合いはなおも続くが、カリーとアンダーヒルは一歩も引かず、堂々と渡り合った。さらに3つのペナルティーキックを得るとファレルがしっかりゴールを決め、33対16とリードを広げた。

フィニッシャーが投入され、イングランドの勢いはなおも続く。ワトソンがインターセプトを鮮やかに決め、相手ディフェンスを置き去りにして悠々トライ。40対16のスコアは、これまでイングランドがワールドカップ決勝トーナメントで戦ったなかで最大得点差での勝利であり、オーストラリアにとっては最大得点差での敗戦だった。それよりも私の興味をひいたのは、サム・アンダーヒルが20、マコ・ヴニポラが18、ジェイミー・ジョージとオーウェン・ファレルがそれぞれ17と、この試合でいっぺんに4人の選手が、ワールドカップにおける個人別1試合当たり最多タックル数のイングランド記録を塗り替えたことだった。その試合における最優秀選手に贈られるマン・オブ・ザ・マッチには、トム・カリーが選ばれた。

選手は誰もが戦士だった。私は彼らのサムライスピリッツを称えずにはいられなかった。「優れたサムライはどんな場面に遭遇しても、どうすべきか分かっています。戦う意欲に満ちあふれていながら、常に頭は冷静なのです。今日の我々の姿は、まさにサムライそのものでした」

私の意識はすでに決勝戦に向かっていた。私は一呼吸置いてにやりとした。「ですが、さらに優れたサムライが待ち構えています。我々は来週、さらに良くなりますよ」

次の路地を曲がると、そこには大きな闇が広がっていた。そこで我々を待つサムライは、黒ずくめの衣装を身にまとっている。彼らは神話に出てくる巨人のような存在だ。オールブラックスの持つ神秘性は、日本にも十分に伝わっていた。多くの日本人がニュージーランドのレプリカジャージーを着ており、まるで我々は、恐ろしいサムライの裏庭に足を踏み入れてしまったかのようだった。かつてイングランドのヘッドコーチを務めたクライブ・ウッドワードはオールブラックスの放つオーラを排除するため、選手たちに「オールブラックス」という言葉を口にするのを禁じたほどだった。彼らはただの「ニュージーランド」なのだ。そのやり方は確かに一理ある。オールブラックスは世界のラグビー界で崇拝され、恐れられる存在だが、その畏怖の念たるや、現実を通り越してまるで漫画にでもなりそうなほどである。多くのメディアが——とりわけ英国メディアは——オールブラックスファンクラブの正会員なのだ。BBCラジオは彼らに対する敬意の証《しるし》として、オールブラックス戦の行われるその週に彼らのドキュメンタリー番組を放送したほどだ。

だが私はそこまで感化されてはいなかった。これまで何度かオールブラックスを破ってきたので、その等身大の姿がよく分かっていたのだ。彼らは神でもなければ、モンスターでもない。私は躊躇なく「オールブラックス」という言葉を口にできた。だがそれと同時に何度も敗れ、彼らが月並みなチームではないということも身に染みて分かっていた。彼らはスポーツ史上、最も成功したチームなのだ。なにもラグビーに限った話ではない。世界中のチームスポーツを見渡しても、ニュージーランドを超えるチームは存在しない。これまでの彼らの勝率は信じ難いほど高く、才能の塊のようなプレーヤーを恐ろしいほどの勢いで次々と生み出し続けている。オールブラックスはソニー・リストン、あるいはマイク・タイソンのような偉大なヘビー級チャンピオンだった。一発お見舞いしなくても、戦う前から相手を怖じ気づかせ、負けを認めさせてしまう。彼らは常にそれだけの力を持ってフィールドに現れ、準々決勝ではアイルランドを46対14で破った。

次は我々の番だった。ニュージーランドはワールドカップで12年間負けておらず、前人未到の3連覇を目指していた。だが我々がそれを意識する必要はなかった。それよりも気がかりだったのは、ヘッドコーチ就任以来、彼らとは1度しか対戦していないという事実だった。約1年前、我々は試合開始のホイッスルが鳴ると、嵩《かさ》にかかって攻め立てた。開始早々にトライを奪うと、その後、15対0までリードを広げる。一時はニュージーランドの反撃にあい、15対16と逆転されたがひるまずに攻撃を続けた。試合終盤のサム・アンダーヒルのトライで勝ったと思われたものの、ローズの足がほんのわずか前に出ていたためにオフサイドをとられ、トライは認められず、試合に敗れたのだ。そのとき私は、「勝ちもあれば負けもあります」と語り、こう付け加えた。「いつかは勝利の女神から大きな愛を受けられることを願っています」

ワールドカップの準決勝でニュージーランドと対戦するのは大きなチャレンジだ。一方で私は、イングランドもまだ実力を出し切ってはいないと語ったが、それもまた嘘ではなかった。ニュージーランド戦では、オーストラリア戦よりもまた一歩成長した姿を見せてくれるはずだ。負ければ終わりという厳しい現実を前に格上のチームと戦う以上、我々も成長していかなければならない。ワールドカップの準決勝は残酷だ。敗退の文字が脅威となって目の前に立ちふさがる。両チームとも決勝の舞台に立とうと決死の覚悟で臨み、選手たちも持てる力をすべて注ぎ込んでくるだろう。当然ながら練習には熱が入り、我々はさらに厳しいハードワークを重ねていった。

それでも選手とコーチは、互いに礼儀正しく誠実であらねばならない。チームは機械でできているわけではない。どれほど肉体的コンディションが良くても、選手の人間性こそが最も大切なのだ。もちろんこれはラグビーに携わる人間なら誰もが分かっていたが、特にニュージーランド代表ヘッドコーチで、国際ラグビーの第一人者でもあるスティーブ・ハンセンは、この単純な真理をよく理解していた。

私がいかにハンセンを尊敬しているか、きちんと話しておくことが大切だと思った私は、ある記者会見の席でこう語った。「特筆すべきは何と言っても彼の人柄でしょう。これが一番重要な点です。第二に彼は、スーパーラグビーのクルセイダーズで、そしてウェールズやニュージーランドでも常に素晴らしい記録を残してきました。私も彼と同じころにコーチの仕事を始めましたが、彼の記録を超えるのは大変です。ラグビーではお互いに尊敬できる関係にあるのはとても大切です。今回のワールドカップでの出来事を見れば、それがよく分かります。他のスポーツではあり得ません。皆さんもよくご存知のように、カナダ代表とナミビア代表は、浸水した街の土砂や泥を撤去するボランティア活動を行いました。バルセロナやマドリードが大雨で被害を受けたとしても、ロナウドやメッシがそうした作業に汗を流す姿を想像できますか？　ラグビーというスポーツでは、選手とコーチとファン同士の関係がとても重要なのです」

私は確かにハンセンを尊敬してはいた。だがその週は友情を深めるためではなく、ゲームを有利に運ぶために使わねばならない。オーストラリアに勝った日の翌日、日曜日の晩にペンブロークから送られてきたメールがその週の方向性を決めた。タイトルは、「スイッチを入れよう」だった。

私は大会期間中、挑発的な姿勢は見せず、あくまで控えめな態度に終始し、メディア対応はほとんどコーチと選手に任せていた。私が口を開くときはお祝い事や、当たり障りのない話ばかりだった。たがその週ばかりは別だった。全くの別物だった。

ペンブロークと私は、どうしたら相手よりも優位な立場で試合が進め、それを試合終了まで継持できるかについて議論を重ねた。我々はフィールドの内でも外でも、積極的で相手を刺激するような戦いをしなければならなかった。オールブラックスは間違いなくプレッシャーを感じている。そのプレッシャーを意識させるように仕向けなければならない。我々は、人々の注目を集めるようなアプローチをとることにした。悪戯《いたずら》的な方法を２つ、脅威を与える方法を1つ採用して、相手にプレッシャーがかかっていることを意識させるのだ。

目標は明確だった。

1. ハンセンに、触れたくないトピックス、すなわちプレッシャーについて答えさせる
2. 今週、オールブラックスの選手たちが自分の携帯電話を手に取るたびに、自分たちにプレッシャーがかかっていると自覚させる
3. イングランドの選手たちが、いつも通りの準備ができるようにする
4. 私がリラックスし、自信に満ちあふれ、そして戦いの準備ができていると、チーム全体に周知徹底させる

だがいくら物議をかもすのが目的でも、スティーブ・ハンセン、キアラン・リード、そしてオールブラックスに対する節度は守る必要があった。彼らはラグビーの象徴的存在であり、どんな方法をとるにしても、我々の行動や発言が彼らを非難したり、中傷したりするようなものであってはならなかった。

メディアは言葉で人の心を操ろうとする、いわゆるマインドゲームであふれている。大抵の人は、それは所詮軽薄なお遊びの類であり、影響力などないと歯牙にもかけないだろう。だが古代ギリシャ・ローマでは修辞学や雄弁術の持つ価値が認められており、歴史を振り返ればその力は決して侮れないと分かるはずだ。言葉は情報を伝え、人を納得させ、影響を与える。弁護士や政治家、ビジネスリーダー、あるいは外交官にとって、言葉はとても重要だ。ヘッドコーチも例外ではない。スチュアート・ランカスターは、自分の時間の40パーセントをメディアに話す内容を練るのに費やしていると、なにかで読んだ記憶がある。さすがにそこまでの努力を払っているわけではないが、私も自分の発言内容と発言すべきタイミングについては十分時間をかけ、慎重に考えている。言葉は当日の試合展開にまで影響を与える、極めて効果的なツールなのだ。

我々は面白くて、しかも効果的な話を作りだした。オーウェン・ファレルを連れて記者会見場に臨むと、懐に忍ばせていた言葉の弾丸を発射した。この作戦は実に上手くいった。マスメディアはもちろんソーシャルメディ

ア に至るまで、我々の放った「プレッシャー」物語は広く取り上げられていった。

私にはちょっとした楽しみがあり、選手に関する話からさらに別の話題を持ち出した。実は練習グラウンドが見下ろせるマンションのベランダにカメラを持った人物がいて、我々のトレーニングを見下ろしていたと伝えたのである。「間違いなく誰かがいて、我々を撮影していました。もしかしたら日本のファンだったかもしれません。まぁ、気にしてはいませんが」

私はそこで記者のひとりから、オールブラックスの首脳陣がコーヒーを飲みながら話題にするような記事のネタを提供しようとしているだけなのか、それとも本気なのかと質問された。「まぁ、この件の真相は誰かが彼らに問いただすべきでしょう。ニュージーランドメディアは、まずそんなことはしませんから」

私はそこでニュージーランドの記者たちを見渡し、もう一度にやりとした。「あなたがたは報道関係者ですが、結局ニュージーランドファンですからね」

一方私は、イギリスメディアに対する話題も用意していた。「1週間前、オーウェン・ファレルはキックが入らず、私は危うくコーチをクビになりかけました。イングランドは敗退し、トゥイッケナム・スタジアムの壁には血が流れるだろうと、そんな記事まで誰かに書かれたほどです。我々はワールドカップの準決勝までたどり着きました。ようやく決勝へ進む道が、おぼろげながら見え始めたところです」

私はイングランドの勝利を期待する人がどれほど少ないか印象付けたかったので、会場にいる記者たちに、我々が決勝に進出するだろうと思う人は手を挙げてみて欲しいと頼んだ。「こんなに多くの人の手が挙がるのを見たことがありませんね」と、私は5秒ほど経ってから言った。「ですが、質問のすぐあとの反応こそ皆さんの本音です。すぐに手は挙がりませんでした。つまり我々が勝つとは思っていない。違いますか?」

この事実が示すものは明らかだった。我々の勝利を信じているのは我々だけだった。私はもう少し詳しい説明を求められた。「我々にプレッシャーはないんですよ。我々が勝つなんて誰も思っていません。日本には、日本チームの次にオールブラックスを応援しようという国民が1億2000万人もいるんです。我々にプレッシャーはかかりませんが、彼らはそうはいきません。どうしたらワールドカップで3連覇ができるのか、考えざるを得ないのです。プレッシャーがあって当然でしょう。しかもニュージーランドたるもの、プレッシャーから目をそらしたりはしない。そんなわけで今週、彼らはどこまでもプレッシャーに追い回されるはずです」

「おそらく東京で最も多忙を極めるのは、彼らのメンタルスキルコーチ、ギルバート・エノカでしょうね。ニュージーランドの偉大なヘッドコーチと偉大なキャプテンにとって、次が今大会最後の試合になるかもしれないのです。ましてワールドカップを連覇するなどというのは大変なチャレンジだし、彼らだってそれを思わないはずはありません」

私は、すでに選手の多くが2017年に行われたライオンズのニュージーランド遠征に参加し、オールブラックスを破った経験があるのだと繰り返した。「彼らはニュージーランドまで行き、オールブラックスの慣れ親しんだ場所でプレーしました。そこで選手たちは、オールブラックスも人間であり、他のプレーヤーと同じように血も流せばボールも落とすし、タックルミスも犯すのだと知ったのです。我々は彼らから時間とスペースを奪い、プレッシャーを与えなければなりません。プレッシャーは勝負の行方を左右する大きな要因です」

ここまでくれば、あともうひとつエピソードを加え、ゲームに対する期待感を抱かせて会見を終えれば良かった。「2年半前、京都に出向いたのをよく覚えています。プール組分け抽選会が行われ、順調に勝ち上がれば、準決勝でニュージーランドと当たるだろうと分かりました。オーストラリア人だってそのくらいの計算はできますよ。それ以来この2年半、我々はニュージーランドに勝つにはどういうゲーム運びをすべきかを考え、着実に準備を積み重ねてきました。いよいよそれを発揮すべきときです。今、我々は試合を前にしてとても興奮しています」

翌日の水曜日は、オールブラックスの休養日だった。彼らには私の策略が分かっていたので、無視を決め込もうとした。しかしすでに我々の放った火の勢いはとどまるところを知らなかった。仕方なくハンセンが木曜日に声明を発表したが、すでにもう手遅れだった。世間の見方は大方定まり、すべては我々の思惑通りに進んでいた。

実際、当初の計画があまりに順調に運んでいたので、木曜日の朝には多少の修正を加える必要があった。我々はまだ多くの「実弾」を準備していたが、このあたりで攻撃の手を緩めることにした。あまり過激にやりすぎると、かえって逆効果になりかねない。私は以前の優等生エディー・ジョーンズに戻ろうと決めた。

実は我々にはもうひとつ、隠していた策があった。ロンドンでオールブラックスとテストマッチを行ったその1年前の2017年、オーストラリア戦を観にペンブロークがロンドンにやってきた。久しぶりにふたりで飲もうと、私は日曜日の晩にトゥイッケナムで彼と会った。

「やあ」と互いに挨拶を交わすと、ペンブロークは言った。「実は良い考えがあるんだ」。ペンブロークによれば、スーパーラグビーであろうがテストマッチであろうが、これまで格上のニュージーランドチームに勝利できたのは、彼らに挑戦する気概を持つとき——つまり試合前に彼らを挑発し、フィールド上で果敢に挑んだときだけだったという。つまり彼らのハカは踏み込んではならない聖域ではなく、敬意と礼儀を忘れさえしなければ、もっと積極的に挑戦して良い対象だというのだ。彼の「良い考え」とは、まずチームのキャプテンをオールブラックスのキャプテンと正対させ、その両翼に選手を並べる。ハカが始まれば、選手たちはオールブラックスから目を離さず、敬意を持ってハカの声に耳を傾け、彼らに歩み寄る。ハカの10メートル手前まで近づいたところで、キャプテンを中心に両翼の選手たちがハカの周りを円形に包み込む、というものだった。

「観客は皆熱狂し、興奮するだろうから、さらに彼らにプレッシャーがかかるだろう」と彼は言う。

ペンブロークは頭がおかしくなってしまったに違いない——そう思いながら、私はかぶりを振った。「そんなことをしたら、国際問題になってしまう。そいつは無理だよ」

「いや、できるはずさ」と、ペンブロークは自らの主張を曲げなかった。「ここが大事なところだ。我々にはできるし、やらなければならない。本当に彼らを理解すれば、これは当然、行ってしかるべき行為なんだ」

議論は10分間ほど続いたが、平行線をたどったままだった。私がヘッドコーチである以上それは無理な話で、実際に行動に起こせば面倒に巻き込まれるのは目に見えていた。バーテンダーに飲み物のお代わりを尋ねられたペンブロークは、こう言った。「ありがとう、いただくとしよう。僕にはビール、友人にはミルクを一皿持ってきてくれないか？」

「ずいぶんと丸くなったじゃないか」とペンブローク。「良い子のエディー・ジョーンズってわけか……。まさか君がこんなふうになるとはね」

2年後、彼はまた同じ話を蒸し返した。だが彼は今回、ワールドカップもまだ序盤戦のころ、私の意識を少し変えておこうと、アイルランドの記者が書いたハカに関する記事を送って寄こした。そこにはこう書かれていた。「ハカはニュージーランド文化の素晴らしい表現であり、ラグビーを象徴するもののひとつだと言って良いだろう。どうかこの伝統が長く、そしていつまでも引き継がれていくよう、心から願ってやまない」

そのうえでペンブロークは、断固とした口調で言った。「オールブラックスはチャレンジを受け入れるさ。敬意を忘れず、彼らのエリアに入りさえしなければ気にしないよ。そもそもこの1週間、我々は散々相手を挑発し続けてきたのに、選手にはハカのときに大人しくしていろと言ったら、彼らはいったいどう思うだろう？　我々のこの1週間のテーマは一歩前に踏み出すことだったはずだ。手を緩めず、彼らに挑戦すべきだよ」

私はこの4年間、選手たちが本来的に備えている人に対する遠慮と控えめな態度を排除しようと懸命に取り組んできた。準決勝は彼らにとって、その成果を示す場だった。私は気持ちの上では緊張していたが、そのアイデアを伝えようと決めた。

選手たちは大いに気に入った様子で、そこから自分たちがなにを得られるか、すぐに理解した。それは敬意を示すと同時に、オールブラックスに対して「君たちと戦う準備はできている」という示威行為に他ならなかったのである。

すぐに全員の賛同を得た。ハカのチャレンジを受け入れ、それに応えるのだ。我々はオールブラックスに挑戦しようと決めた。

第18章 決勝戦

THE FINAL

2019年10月26日土曜日。横浜、横浜国際総合競技場。

選手たちは、ドレッシングルームからピッチへ続く長いトンネルを歩いていく。青いカーペットが敷いてあるせいで、いつもなら通路に響き渡るスパイクの音も、このスタジアムでは聞こえない。彼らは一列になり、確かな足取りで、スタジアムの熱気と喧騒へ向かって進んでいく。イングランドを先導するのは、今日でテストマッチ50キャップ目となるビリー・ヴニポラだ。間もなく彼らはトンネルの出口までやってきた。

オールブラックスはキアラン・リードを先頭に、すでにそこに並んで待っていた。試合前の緊張が高まるこの瞬間、両チームとも押し黙ったまま、じっと前を見つめている。

午後6時少し前、入場の合図を受けた選手たちは、一斉にたかれるカメラのフラッシュの波をくぐり抜け、スタジアムを埋め尽くす7万人の大観衆の拍手と歓声がこだまするピッチのなかへ向かっていった。彼らの姿は、さらに1億人を超える人々がテレビを通じて見守っている。空には暗雲が流れ、来るべき嵐の始まりを予感させた。そこへ響き渡る和太鼓の音は、さらに観客の不安をかきたてるかのようだった。

国歌斉唱の前に、スタジアム全員で黙とうが捧げられた。我々は、台風19号ハギビスによる87人の犠牲者と7人の行方不明者がいることを思い出していた。この他さらに400人の人々が避難所生活を余儀なくされている。これが現実なのだ。黙とうが終わると我々の意識は、少しずつ目の前のゲームに戻っていった。

国歌斉唱のあと、ハーフウェーラインを境に両チームがそれぞれの陣地に分かれていく。この試合の重要性を思うと依然として私の心臓は早鐘を打ち、一向に収まる気配がなかった。我々はなにを準備し、このあとなにが起きるのかよく分かっていたからだ。

我々はハカに対して深い敬意を抱いていた。マオリ文化をルーツとするオールブラックスが、ハカによって我々に対する挑戦の意思を示していることも知っていた。彼らが、その挑戦の意思を受け入れるどんな敵に対しても、敬意を持つということも。

我々はV字形に陣形を敷いた。大人しく一列に並んでいるつもりはなかった。自陣10メートルラインから延びたV字の先端には左右ふたりずつのプレーヤーがいて、彼らはニュージーランド陣内に食い込んでいる。審判団は彼らに警告を与え、ハーフウェーラインまで押し戻そうとしていた。

V字の左側先端にいるのはジョー・マーラーで、イングランドプレーヤーの誰よりもニュージーランドの10メートルラインに近い位置に陣取っていた。両手を腰にあてがい、微動だにせず、挑戦的な態度を崩さない。その立派なあごひげとモヒカンヘアが、照明の光の下で輝いていた。主審のナイジェル・オーウェンスは、マーラーに自陣まで下がるよう、もう一度身振りで指示をする。だがマーラーは、なぜと言わんばかりに片方の眉を上げ、一歩たりとも動かない。右側の先端にいるビリー・ヴニポラにも下がろうという意思は見られなかった。

我々がハカにチャレンジするつもりだと気づいた観客から、一斉にブーイングが湧き起こった。

ニュージーランドのTJ・ペレナラが声を上げる。ハカを先導するための、古くより伝わる呼び声だ。彼は扇形に広がる黒衣の集団の中心にいて、先頭の要の位置に立つのはリードだった。ペレナラの声がスタジアム中に響き渡る。スタジアムの大型スクリーンはもちろん、家庭やスポーツバーなどでテレビ画面を見つめる人たちにも臨場感が伝わるようにと、音声が増幅されているのだ。

オールブラックスは腰を落とし、胸の前で両腕を平行に揃えると、凄まじい形相で舌を突き出す。仲間を煽るように、ペレナラの声が一段と力強さを増していく。黒衣の戦士たちは気持ちの高ぶりに鼻孔を広げ、全員で声を合わせ、身体を打ち鳴らす準備を整える。

テレビカメラは、V字の中心にいるオーウェン・ファレルの表情を追っていた。真っすぐにリードを見つめるファレルの顔には、独特な笑いが浮かんでいる。そのファレルの顔が、スタジアムの巨大スクリーンに映し出された。なかには薄ら笑いと表現する人もいるだろう。しかしその言葉では彼が無礼な、あるいは相手に対する尊敬の念を欠いている人間だととらえられかねない。それは決してファレルやイングランドの本意ではなかった。むしろハカの発する力を受け止めながら、ニュージーランドに対して炎のような感情と強靭な精神力をもって戦う準備ができていると示すものだった。恐れや不安ではなく、ゲームへの期待から生まれた笑顔なのだ。

オールブラックスは左前腕をぴしゃりと叩き、ハカの最初の言葉を叫ぶと、ゆっくりと腰を沈めていく。ソニー・ビル・ウィリアムズが大型スクリーンに映し出される。頬を膨らませ、すぼめた口から激しく息を吐き出しながら、次の動きに備えていた。

スタジアムにペレナラの声が響き渡る。オールブラックスの他の選手たちもゆったりと、そしてはっきりと同じ言葉を叫び、手で腕を叩く動作を繰り返し、再び腰を沈めた。ペレナラがもう一度、同じ動作を先導し、その動きが繰り返される。すると彼らは一斉に立ち上がり、顔を上げ、空に向かって両手を突き出すと、一段と大きな叫び声を上げげた。ハカのリズムに全員の呼吸が揃い、さらに勢いが増していく。だが我々は一歩も引かず、オールブラックスの動きを見下ろしていた。

ハカが終わり、最後の声がスタジアムに消えていく。陣形の先頭にいたリードが、これがハカだと言わんばかりにイングランドに向かって大きく数歩踏み出した。いよいよ我々が応える番だ。

イングランドの選手は、静かに落ち着いて白いトレーニングウェアの上着を脱ぐ。私は動揺もせず、平然としている彼らの姿を見て安心した。ニュージーランドのテレビ局のアナウンサーのなかには、こんなふうに叫ぶ者もいた。「興行収入が欲しいですって？　簡単ですよ！　イングランドのやり方を見習えば良いんです」

ニュージーランドは、ハカに対抗策をぶつけてくるとは予想もしていなかったようだった。この先まだなにかあるのかと彼らに不安を与えたかったので、我々は次の計画を実行に移すことにした。キックオフのボールを右サイドに蹴りこむように見せかけ、その実フォードは——この日、アタックを重視した我々は、彼を10番で先発させていた——逆サイドを攻めるとそれとなくレフリーに示していたのである。

試合開始の笛が鳴る。フォードからボールをもらったファレルが、すぐに左サイド深く蹴りこんだ。オールブラックスを動揺させる奇襲作戦だ。ボールはくるくる回転しながら夜空に舞い上がる。その後最初のラインアウトでは、ローズが高さを活かしてボールをキャッチ。フォードからパスを受けたツイランギがそのままディフェンスラインに突き刺さる。さらにカリーが突破を図り、前進するが潰された。イングランドはそのラックからすぐに右に展開。ヤングスからフォード、そしてデイリーへボールが渡る。デイリーはわずかなギャップを見逃さずディフェンスの裏へ出ると、右タッチライン際に走り込んでくるワトソンへパスを送った。慌てて駆け寄るディフェンダー3人に引きずり倒されたワトソンだったが、すぐに起き上がり、さらに数メートル前進した。

イングランドが白い波のように次々とフェーズを重ね、ニュージーランドが懸命のディフェンスを続けていく。デイリーのロングパスが、タッチライン際のウイングの位置にいたジェイミー・ジョージに渡る。すぐに内側に切れ込み、タックラーをふたり外すと倒された。ローズとシンクラーが次々とオフロードパスでボールをつなぐ。次のフェーズで再びローズが突破を図るが、ゴールラインのわずか2メートル手前で前進を阻まれた。すぐにボールを確保しようとカリーとイトジェが走り寄る。リサイクルされたボールをラックの背後にいたツイランギが拾い上げ、テンポよく左サイドを突いた。誰も止められない。ゴールラインを割り、我々が先制点を挙げた。ニュージーランドはゴールポスト裏に集まり、円陣を組んでいる。ファレルは悠々とコンバージョンを決め、開始2分で7対0とリード。

依然としてイングランドが優位に試合を展開していた。25分には今日2本目のトライが生まれたかと思われた。フォードからシンクラーにパスが渡る。ボールを手にしたシンクラーは、右に軽くステップを踏んでフェイントをかけてから左に動き、相手を十分に引きつけると、後ろから走り込むアンダーヒルにパスを送った。アンダーヒルはディフェンスラインを突き抜け、ゴールラインまで一直線に走り切るとゴールポスト真下にボールを置いた。主審のナイジェル・オーウェンスはいったんトライを認めたように見えたが、すぐにＴＭＯ（ビデオ判定）を要請した。トム・カリーがオフサイドを犯していないか確認したかったのだ。プレーが何度も再生され、判定が下された。カリーはムーディとホワイトロックの前を横切り、ふたりがアンダーヒルにタックルに行くのを妨害したのだ。しかし一番の問題は、そのときカリーがアンダーヒルよりも前にいたことだった。明らかなオフサイドだ。昨年11月に対戦したときのように、アンダーヒルのトライは記録から抹消された。

ファレルはグッドヒューにタックルした際、足がつった。しばらく足を引きずっていたが、大丈夫だとプレーを続けた。試合開始から30分でボール支配率は61パーセント、ディフェンスも完璧だ。対するニュージーランドは効果的な手が打てず、ミスを続けている。にもかかわらず我々のリードはまだ7点にとどまっていた。

前半終了間際、テレビカメラが私の姿をとらえる。かつて２００３年のワールドカップで優勝したイングランド代表メンバーのひとりであり、今ではイギリスの大手民間テレビ局、ＩＴＶの解説者を務めるベン・ケイは言った。「前半が終わったら、エディー・ジョーンズはさぞかし悔しがるでしょう。ボール支配率がこれだけあれば、前半戦で7点差以上は欲しかったでしょうから」

チーフ・コメンテーターのニック・マリンズがベン・ケイの言葉を受けて言った。「エディー・ジョーンズほどニュージーランド戦の勝率が高いコーチは他にはいません。２００３年のワールドカップ準決勝で、オーストラリアがニュージーランドを破ったときのヘッドコーチも彼でした」

もうひとりのワールドカップ優勝経験者であるローレンス・ダラーリオが話に加わる。「ハーフタイムはイングランドにとって貴重な時間です。何と言ってもオーウェン・ファレルが一息つけますからね。これまでの激闘で身体のあちこちに怪我を抱えながら、よくここまで頑張ってきたものです」

そんな彼らの話をよそに、私は試合に集中していた。なにより心強かったのは、イトジェを中心に、ローズ、カリー、ジェイミー・ジョージ、マコ・ヴニポラらが活発にコミュニケーションをとっていたことだった。彼らはリック・チャールズワースがその重要性を教えてくれたように、積極的にダウンタイムを活用していた。

前半残り2分、ニュージーランドが反撃に打って出る。我々が彼らの波状攻撃をしのぐ番だった。ファレルはサヴェアを引きずり倒し、ブレイクダウンでは、ローズとアンダーヒルがまるで白いカーペットのように、黒衣のプレーヤーを包み込み、その動きを封じていた。アンダーヒルがボールを奪おうと手を差し入れると、倒れていたスコット・バレットが奪われまいと抱え込む。ニュージーランドの反則で、イングランドにペナルティーキックが与えられた。イトジェが右手の拳を突き上げ、カリーの笑顔が弾ける。ヤングスは手を叩いて喜びを表した。

イングランドのプレッシャーに、さしもの黒い壁にもひびが入る。それまでのターンオーバーの回数はイングランドが8、ニュージーランドが3だった。フォードのペナルティーキックはやや左にフックしながら、ゴールポストのあいだを通過する。すぐにスコアボードは10対0に変わると、前半の終了を告げるホーンが鳴り響いた。

だがまだワンプレー残っていた。ニュージーランドのリスタートキックだ。決して慌ててはいけない。ローズがジャンプし、かろうじてボールをタップすると、ワトソンが受け止めてタッチに蹴り出した。

「エディー・ジョーンズは、選手に対してはもちろん、あらゆる人々にニュージーランドを叩きのめすと公言してきました。この1週間というもの、彼らにその約束を現実の姿として見せるにはどうすれば良いか、彼はずっと考え続けてきたのです」。我々がドレッシングルームに引きあげる姿が映し出されるなか、マリンズはテレビの前の視聴者に向けて語った。「ニュージーランドとは言え、彼らもボールは落とします。タックルミスもします。彼らも人間なのです。準決勝、前半戦が終了し、現在のところイングランド10点、ニュージーランド0点です」

後半開始3分、我々はふたつ目のトライを奪ったかのように見えた。オールブラックスに奪われたボールを、今度はヤングスが鮮やかにインターセプト。その後フォワードがモールで押し込むと、再びヤングスがスペースを切り裂き、ゴールラインを越えたのだ。スコア表示が15対0に切り替わるが、すぐにTMOにかけられた。トライの基点になったイングランドのローリングモールのなかで、ノックオンがあったのではないかというのだ。ビデオ判定担当のマリウス・ヨンカーは、マコ・ヴニポラがかろうじて押さえはしたが、その前にジェイミー・ジョージがボールをこぼしたと判断。ジョージは、ボールは手のなかにあったと抗議したが、ヨンカーの判断は覆らない。トライは無効となり、オールブラックスボールでのプレー再開となった。

それでもひるまず果敢に攻め続ける我々に、オールブラックスは控え選手でさえプレッシャーを感じているようだった。サム・ケインはボールを持っていないビリー・ヴニポラにタックルし、ノーボールタックルの反則を犯すと、フォードがペナルティーゴールを決め、13対0。

後半15分、今度はアンダーヒルが強烈なタックルでリードを仰向けに倒した。試合開始のホイッスルが鳴ってから今まで、我々のゲームに対する集中力と勢いは全く衰えていなかった。

その1分後、ミスが起こった。自陣25メートルのラインアウト。サインの伝達が上手くいかず、ジョージの投げ入れたボールはイトジェ、クルーズ、カリーの頭上を越え、オールブラックスのサヴェアの胸にすっぽりと収まる。すかさずサヴェアがゴールに飛び込みトライ。あっという間の出来事だった。

「これで勢いを取り戻すか、オールブラックス!」と、マリンズが叫ぶ。

「これはいけませんね」と、ベン・ケイ。「ゲームの流れをみすみす相手に渡すようなものです」

ここまで完璧な試合運びで、ニュージーランドに自分たちのラグビーをさせる隙さえ与えなかったが、ここにきて簡単にトライを許してしまった。我々は再び試練のときを迎えようとしていた。

この1年半、我々は大量リードを守りきれなかったことが何度もあった。だが今日は別だ。同じ失敗を繰り返さないために多くを学び、懸命に努力を重ねてきたのだ。ラインアウトのサインミスから2分後、再びアンダーヒルがジョーディー・バレットにビッグヒットを見舞う。ここまででこの試合のターンオーバー数は19を数えた。

フォードがペナルティーゴールを2本決め、19対7と我々は確実に点差を広げていった。終始イングランドが優勢にゲームを進めていたので、サポーターは『スイング・ロー・スウィート・チャリオット』の応援歌と「オー、マローイトージェ！」の掛け声を自在に使い分けていた。これまでイングランドがオールブラックスと戦った歴史のなかでも、これほど相手を圧倒した試合はなく、我々はワールドカップの決勝戦に駒を進めた。

イングランドのプレーヤーは試合終了のホイッスルが鳴っても、まるで最初から今日の勝利を確信していたかのように、勝利に沸く様子は見られなかった。彼らの頭のなかは、すでに最後の難関である決勝戦でいっぱいだったのだ。それが南アフリカとウェールズのいずれになるのか、この時点では分からなかった。とは言え、少しはこの勝利を喜んでも差し支えないはずだ。

「ニュージーランドはいわばラグビーの神様のような存在です。だからこそ彼らを、常に守勢に回らせる必要がありました」と、私は試合後の記者会見で語った。「つまりこちらが攻め続けなければならなかったのです。ニュージーランドは卓越したコーチと勇敢なキャプテンに恵まれた、ワールドカップを連覇するほど偉大なチームです。我々は持てる力を出し尽くさなければなりませんでした。最後まで素晴らしい戦いを展開したニュージーランドに、心から最大の賛辞を贈りたいと思います」

スティーブ・ハンセンが臨んだ記者会見では、無神経で失礼な質問をする者さえいた。ニュージーランドよりもイングランドのほうが、勝利に対してハングリーだったのではないかというのもそのひとつだった。「我が選手たちは、勝利に向けて全力で戦いました」と、ハンセンは少しばかり怒気を含んだ口調で答えた。「確かにハーフタイムに、もっとハングリーになれと彼らに言いました。でもそれは、選手にハングリー精神が足りないという意味ではありません。全く違います。時間があるなら、ここではなく外に行きましょう。もっとラグビーというものを教えてあげますよ。オールブラックスは自らの能力と歴史を手に、ワールドカップの準決勝まで勝ち上がってきたんです。その我々にハングリー精神が欠けている？　実につまらない質問だ」

ハンセンは、イングランドは勝利に値する素晴らしいチームだと、我々に惜しみない称賛を贈ってくれた。彼はまた、グラハム・ヘンリー——我々は彼をテッドと呼んでいた——と話をしたと明かしてくれた。オールブラックスがワールドカップで最後に負けたのは2007年大会の準々決勝で、ふたりは2連覇のきっかけとなったその試合でオールブラックスのコーチを務めていた。「テッドと2007年の話をしました」とハンセン。「奇しくもふたりとも、そのときのゲームとよく似ていると感じていました。あくまで感覚的なものにすぎませんが。それから私たちは、ジョージ・フォードの素晴らしいプレー振りについても語り合いました。彼のゲームメークのせいで、我々は自陣から抜け出すのに苦労しました。おかげで少し無理をしてしまいましたね」

一方フォードは、ニュージーランドを破った事実を冷静かつ的確にとらえていて、私は彼の言葉に満足していた。「私たちは大きな信念を持ち、勝てると信じて試合に臨みました。そのためには、私たちはベストに近い状態でなければなりませんでした。勝ったのはもちろん嬉しいです。素直に喜びを味わいたいと思っています。勝利に対する今の率直な気持ちは、私たちは自らの手で大きなチャンスを引き寄せたのだということ——それがすべてですね」

ワールドカップの最終週には独特な雰囲気があり、それは関わった者にしか分からない。私にとっては2003年、2007年に続く3度目の経験だった。2007年のフランス大会で南アフリカを率いたジェイク・ホワイトは最終週をパリで迎えたが、このとき彼は気が動転していて平常心を失いかけていた。それに比べればヘッドコーチの補佐役は気楽なものだ。ホワイトにアドバイスを与えて彼の気持ちを軽くし、落ち着かせてやれば良かったのだ。だが今回は、私自身がそのプレッシャーに対処しなければならなかった。決勝へ向けた準備のなかで最も重要なのは、私自身が冷静でいることだった。

日本に到着したその日から、ワールドカップの楽しさや熱狂を味わおうと決めていた。それは実に簡単だった。大好きな国で行われるラグビー最大の大会で、毎日ベストを尽くしている人たちと競い合うのだ。楽しくないはずがない。プレッシャーに負けてなどいなかったし、周りから日本で一番幸せな男だと見られたかった。ヘッドコーチはチームの避雷針だ。ワールドカップ決勝戦——対戦相手はウェールズとの接戦を制した南アフリカに決まった——という大一番が近づくなか、私が陽気に振る舞えばその雰囲気は確実に選手やスタッフに伝わり、チーム全体をリラックスさせられるのだ。

決勝戦は人を不可解な行動に走らせる。普段と違って疑心暗鬼に陥ったり、判断を下すのに躊躇したりするようになる。私には過去、大きな試合の前に選手にハードワークを課しすぎた前歴があった。我々はこの5週間で、アルゼンチン、オーストラリア、ニュージーランドという南半球の強豪3カ国を降《くだ》し、いよいよ最後に南半球4カ国目のチームとぶつかるのだ。こういうときは、ほどほどにしたほうがむしろ大きな効果が見込める。特に南アフリカはフィジカルの強さで鳴らした強敵であり、選手にはここ数週間分の疲労から回復するための時間が必要だった。

オールブラックスを完璧に封じ込めるような大きな勝利を挙げたあとには、心理的な課題も生まれる。どこへ行っても多くの人が我々の背中を叩き、イングランド史上最高のパフォーマンスであり、ワールドカップ史上、最高の勝利だったと賛辞を寄せてくれる。確かに上手く戦ったが、周囲の評価は少しばかり大袈裟すぎると思っていた。選手たちに現実を直視する機会を与えなければならない。夢の世界から引きずり出し、そのうえでもう一度自信を取り戻させるのだ。当初の計画を白紙に戻し、現状に合わせたものに練り直す必要があった。そこで我々は日曜日と月曜日を休養に充て、火曜日から練習を再開しようと決めた。

来る大一番に向けた準備は一見完璧に見えたが、まだこの時点ではそうとは言い切れなかった。結局のところ計画に対する評価は、ゲームの結果によって決まるからだ。だがトレーニングの様子や普段の行動、試合を楽しみにする選手の様子を見る限り、チーム状態は悪くなさそうだった。なるべく周りの熱狂ぶりに目を向けまいとしたのも良かったようだ。一部メディアは、決勝戦のチケットは1万2000ポンドまで跳ね上がり、イギリスから日本へのフライトの予約が殺到したと伝えていた。

「とても嬉しく思っています」と私は言った。「イングランドの国民に、元気になるようなものをプレゼントしたいと願っていました。このところブレグジット（欧州連合離脱問題）の話題ばかりでしたからね。誰もが明るいニュースを求めているに違いありません。スタジアムに詰めかけてくれるサポーターの皆さんにはいつも感謝しています。このあいだの土曜の晩は、おかげでホームにいるような錯覚さえ覚えました。スタジアムに響き渡る歌声はもちろん、日ごろのサポートも素晴らしく、今後も引き続き応援していただければと願っています。国を幸せにするのはチームの仕事です。ですが皆さんの幸せはまだ完璧なものではありません。なぜならまだもう1試合残されているからです」

チームの雰囲気に関する質問もあった。「素晴らしいことに、我々は誰もが、準備は十分できたと感じています」と私は答えた。「この日のために4年間を費やしてきました。だからこそ選手たちも、そして私もリラックスできているのです。南アフリカは間違いなく激しい戦いを挑んできます。歴史を見れば分かるように、世界中を見渡しても、彼らほどフィジカルを前面に押し出して戦おうとするチームは他にありません。強力フォワードを武器に真正面から立ち向かってくるでしょう。我々はあくまで表玄関に立って彼らを待ちますが、同時に裏口にも十分な備えを置く必要があります。ラシー・エラスムスは油断のならないコーチです。これまでスプリングボクスを率いて数々の実績を残してきました。彼らを打ち負かすのは難しいでしょうが、我々も番狂わせを目指します」

私は自分の心を信じる力と、勝利への期待を伝えたかった。「我々は何も恐れず、プレーだけに集中します。若手プレーヤーにとっては、またとない経験になるでしょう。土曜日のゲームは世界最大のスポーツイベントです。選手たちはそのワールドカップ決勝戦に出場するのです。フィールドに立ち、全力で、そして誇りを持ってイングランドスタイルのラグビーをプレーする――これ以上素晴らしい舞台は、まず考えられません」

前回南アフリカと対戦したのは２０１８年11月3日、決勝戦のちょうど1年前の前日だった。そのとき我々は、トゥイッケナムで南アフリカを12対11で降している。スプリングボクスとの対戦は、いつも激しいぶつかり合いになる。フィジカルに絶対的な自信を持つ彼らは、ゲームのあらゆる場面で体力勝負を挑んでくるからだ。代表チームのうち7人はプレミアシップでのプレー経験もあり、ファフ・デ・クラークとフランソワ・ロウは、それぞれセール・シャークスのトム・カリー、バース・ラグビーのサム・アンダーヒルと交友関係があると口にしていた。イングランドの選手はスプリングボクスのメンバーに対し、心から敬意を抱いていた。とは言え今、決勝戦を目前に控え、我々のなかに現状に満足している者は誰ひとりいなかった。

フランソワ・ロウの言葉は、そうした選手たちの気持ちをよく表していた。彼はアンダーヒルを称えたあとでこう語った。「土曜日はこれまでにない激しい戦いになりますよ。ラグビーというスポーツの最高の舞台に臨むわけですから、どちらのチームも持てる力を振り絞ってぶつかり合うでしょう。でもいったんゲームが終われば、イングランド代表にいる5人のバースの選手たちと楽しくやろうと思っています」

私は週の初めにメディアから、ウェールズのヘッドコーチ、ウォーレン・ガットランドのコメントに対して意見を求められ、激しく反発した。それは彼が準決勝で南アフリカに敗れたあとで語ったものだった。「これまでのワールドカップの歴史を振り返ると、本来なら優勝争いができるだけの力はないのに、準決勝でベストプレーを発揮して決勝に勝ち上がる、そういうチームが出てくるものです。イングランドがどういう戦いを見せてくれるか楽しみですよ」

私もそうだが、ガットランドは倒れた人にさらに蹴りを入れるのが好きなのだ。2019年初頭のシックスネーションズでウェールズに敗れたとき、彼はこう言った。「いつも思っていたが、イングランドは大一番になると苦戦するね」。日本に来てもまだ嫌みを言うやつだと、癪に障った私はやり返した。「それじゃあ皆さん、3位決定戦を十分楽しむように、ガットランドによろしく伝えてください」。メディアの笑いもあり、そのときは溜飲の下がる思いだったが、あとになって考えれば、確かにガットランドのコメントには一理あったかもしれない。

これまでもそうしてきたように、対戦相手を考えてチーム編成を変える手もあった。ヘンリー・スレイドを先発で起用する――つまりジョージ・フォードを再びベンチスタートに戻すやり方も考えられた。だが南アフリカ相手のゲームプランでは、キックが重要なポイントになる。フォードは間違いなくキックに秀でたプレーヤーのひとりだった。そこでメンバーの変更は、ウィリー・ハインツをベン・スペンサーに代えるだけにとどめた。残念ながらハインツは、準決勝も残りあと数分というところでハムストリングを痛めてしまい、その場で負傷離脱を余儀なくされたのである。ハインツは試合終了後のドレッシングルームで悲嘆に暮れた。彼はチームにとって欠かせないメンバーのひとりであり、フィールド内外を問わず多大な貢献を果たしていた。彼の夢は終わった。同じような事態は誰にでも起こり得るものだと多くのプレーヤーが考えてはいたが、実際にそうした姿を目にするにつけ、改めて現実の厳しさを突き付けられる思いだったに違いない。

スクラムハーフはチームにふたりしかいなかった。直ちに後方支援チームの責任者、シャーロット・ギボンズがロンドンのベン・スペンサーに連絡をとると、スペンサーは月曜日に成田に到着。直ちに我々と合流した。ハインツは最後まで我々と行動をともにしたいと願い出ていたので、チームは31人から32人になった。ハインツはスペンサーがチームにすぐに溶け込めるよう、何かと心を砕いてくれた。私はイングランドにいる選手に対し、いつ招集がかかっても大丈夫なように十分な準備をしておくよう、繰り返し伝えていたので、当のスペンサーもマッチフィットネスに全く問題はなかった。プレミアシップはすでに開幕し、彼はサラセンズでプレーしていたからだ。スペンサーのコンディションは十分だった。

決勝前日の金曜日、私は地元の学校を訪ねてコーチングセッションを行い、大いにリラックスしたひとときを過ごした。親切で素晴らしいホスト役を果たしてくれた日本の人たちに、イングランドの感謝の気持ちをささやかながら伝えたかったのだ。家族が笑顔で見守るなか、子どもたちは大いに楽しんでくれた。私は今回、日本でのワールドカップの開催が、日本の子どもたちに対するラグビーのいっそうの普及につながって欲しいと願っていた。私にとって幸せを感じる場所――それはホイッスルを口にくわえ、周りにいる人たちに指示を出すフィールドの上だ。私はコーチングが大好きなのだ。こうして子どもたちと、たとえわずかでもともに時間を過ごせば、自らのラグビーに対する愛情を実感できた。まさにワールドカップ決勝戦前日の午後に相応しい過ごし方だった。

2019年11月2日土曜日。横浜、横浜国際総合競技場。

ニュージーランド戦ではキックオフと同時に猛攻を仕掛けたが、7日後の決勝戦は全く違う展開になった。開始38秒、反則をとられたのは我々のほうだった。南アフリカの肉付きの良いルースヘッドプロップ、フランス・マルヘルベにタックルにいったコートニー・ローズがその下敷きとなり、ラックから抜け出せなくなってしまったのだ。

名手、ハンドレ・ポラードが珍しくペナルティーゴールを外した。だが困難が待ち受けていたのは我々のほうだった。

およそ1分後、トム・カリーがボールを持って前進するが引きずり倒される。上手くボールがリサイクルされ、ラックの真後ろにいるベン・ヤングスがタイミングを見計らい、南アフリカ陣地にハイボールを蹴り上げる。後ろに下がっていた右ウイングのマカゾレ・マピンピがボールをキャッチ。すぐにトップスピードで走り始めた。マピンピの快走を阻止しようと、ジェイミー・ジョージ、マロ・イトジェ、カイル・シンクラーの3人が取り囲む。ところが運悪く、タックルに入ったシンクラーが、同時にタックルに入ったイトジェの肩に頭をぶつけて脳しんとうを起こすと、そのまま仰向けに倒れて動かなくなってしまった。メディカルスタッフが5分以上にわたってシンクラーの状態をチェックしたが、プレーを続行するのは明らかに不可能であり、シンクラーのワールドカップはそこで終わりを告げた。

ピッチにはストレッチャーと救急用のゴルフカートが運び込まれたが、幸いにもシンクラーは、自分の足で歩いてフィールドをあとにした。我々は試合開始からわずか2分、スクラムの要となるタイトヘッドプロップで、なおかつチームのベストプレーヤーのひとりであるシンクラーを欠いてしまった。彼はピッチサイドで、トレーニングウェアのまま残りの時間を過ごさねばならなかった。もちろん起こらないのに越したことはないが、常に不測の事態への備えはできている。だがこれは我々にとって想定以上の大きな打撃だった。決勝戦に勝利するという目標が、これで一段と難しくなった。

シンクラーに代わるタイトヘッドプロップ、ダン・コールは32歳。彼はワールドカップ決勝戦の残り78分間を、ひとりで背負わなければならない。誰であろうと大変な仕事だ。スクラムの対面が「ビースト」ことテンダイ・ムタワリラとなれば、なおさらだった。しかも後半になれば、今度は元気の良い若手プロップのスティーブン・キッツォフが代わりに登場するはずだ。

ビーストはファーストスクラムから、ダン・コールに激しい圧力をかけてきた。堪《たま》らず我々はペナルティーを犯してしまう。デ・クラークは素早いタップキックからすぐにアタックを開始。自らボールを持って走るとマピンピへパス。さらにル・ルー、コルビ、ポラードとボールが渡る。南アフリカは最初の5分間を見る限り、準決勝のウェールズ戦のような本来のキック中心の試合運びではなく、積極的に走る姿勢を示していた。

開始6分、今日2度目のスクラムだ。いったん崩れ、再度組み直し。ボールは確保したが南アフリカに押し込まれる。ビリー・ヴニポラがスクラムの真後ろでボールを拾い上げ、自陣22メートル内から果敢にサイドアタックを仕掛ける。ところが右サイドから上がってくるファレルに放ったパスは、完全なワンバウンドだった。ファレルはすぐに体勢を立て直すが、フェルミューレンとコリシに囲まれる。堪らずボールを抱え込みノットリリースの反則。ゴールポスト前のやさしい位置からポラードがペナルティーゴールを難なく決め、まず南アフリカが3対0とリードを奪った。

前半10分、我々は奇襲を仕掛ける。右からのラインアウトで、プレーヤーの先頭にファレルを立たせたのだ。ローズが両脇の選手に抱えられ、高くジャンプしてボールをキャッチ。空中に浮かんだまま、すぐにラインアウトの後方に回り込んだファレルの前にボールを落とす。ファレルはそのまま、左サイドにいたヤングスへパスを送った。そこへツイランギが真っすぐに走り込む。ボールをもらって前進するが、ルード・デ・ヤハーとマルヘルベに止められた。上手くボールがリサイクルされ、再び次のフェーズでアタックを仕掛ける。ところがヤングスが放ったパスは、ワトソンの頭上を飛び越え、タッチへ転がり出てしまった。どうにも落ち着かないスタートだ。

オールブラックス戦で存分に発揮できていた正確で力強いプレーは、全く見られなかった。はっきりとは分からなかったが、なんらかの理由で選手同士の呼吸が上手く合わないのだ。ときにはこういう日もある。続くイングランドボールのラインアウトも奪われた。スクラムでは、マコ・ヴニポラがスプリングボクスの強力フォワードの圧力になんとか対抗しようと踏ん張るが、再び反則をとられる。

我々にも徐々に勢いが戻りつつあった。チーム全体で連続攻撃を仕掛けると、第9フェーズで思わずコルビがラックで手を使いハンドの反則。我々にペナルティーキックが与えられた。ファレルがペナルティーゴールを決めて3対3。試合は、両チームが身体をぶつけ合う激しい肉弾戦になっていった。南アフリカは脳しんとうで倒れたフッカー、ムボナンビに代えマルコム・マークスを、左肩を脱臼したデ・ヤハーに代えモスタートを投入。選手をふたり交代させなければならなかった。スプリングボクスは8人の交代要員のうちバックスはわずかにふたり。残りの6人をフォワードに割いていたが、彼らは先発メンバー8人よりもさらに優れた選手たちだった。

2分後、再びスクラムに大きなプレッシャーがかかる。スプリングボクスの強力フォワードは、セットピースで揺さぶりをかけようというのだ。我々は守勢一方だった。大きな試合で点差が拮抗した場合、フィジカルに勝る南アフリカがどうしても優位に立つ。我々はさらに反則を重ね、およそ10分ごとに3点を奪われていった。

「ノースクラム、ノーライフ（スクラムがなければ人生もない）」——偉大なフランス代表プロップであり、私が指揮した日本代表でスクラムコーチを務めたマルク・ダルマゾがしばしば口にした言葉である。

ダルマゾはラグビーをよく理解していた。スクラムで勝てなければ、徐々に試合全体に悪影響が及んでいく、いわゆる負の「トリクルダウン（滴り）効果」が表れる。フォワードは自信を失い、バックスがその分をカバーしようと強引なプレーをし始める。

前半が終わり、6対12と南アフリカがリード。試合内容は褒められたものではなかったが、我々はまだゲームに集中していた。巻き返すチャンスは十分残されている。我がイングランドは、これまで何度も厳しい戦いに耐え抜き、最後に勝利を手にしてきたのだ。彼らなら必ずやってくれる。最大の問題はスクラムだった。スクラムコーチのニール・ハトリーは両プロップとフッカーを呼び、解決策を練っていた。

私は決勝戦における選手の起用法で、ミスをふたつ犯していた。プロップはマコではなくジョー・マーラーを先発で使うべきだったし、ミッドフィールドはファレル‐ツイランギ‐スレイドというオーストラリア戦で使った組み合わせに戻すべきだった。やはりジョージ・フォードは、ここぞという場面で送り出すべきプレーヤーなのだ。だがこれもゲームがスタートしてみなければ分からなかった。そのときの最新の情報をもとに、あとは直感に頼って判断するしかない。オーストラリア戦、ニュージーランド戦と、私の判断に誤りはなかったが、ここにきて4年サイクルの最も重要な試合で、私はひどい間違いを犯してしまったのだ。たとえあとからでも、振り返ってみれば得られることは大いにある。

ハーフタイムにローズに代えてクルーズを入れ、後半5分にはマコに代えてマーラーを投入した。ちょうどその数分前、交代して入ったスプリングボクスの両プロップ、キッツォフとコッホが我々の反則を誘い、スクラムでペナルティーをとられたところだった。この日ポラードはキックが好調で、ペナルティーゴールを決めると15対6で南アフリカがリードを広げた。

フォードに代えてスレイドをフィールドに送る。マーラーとクルーズが入り、スクラムは安定していた。今回のゲームで最も効果的な交代だった。ファレルのペナルティーゴールで9対15と詰め寄り、後半14分には再びペナルティーキックのチャンスが訪れた。ゴールが決まればわずか3点差だ。チームは調子を取り戻していたが、ファレルのキックはゴールポストを大きくそれた。

一方のスプリングボクスは波に乗っていた。彼らはイングランド陣でゲームを優位に進め、オフサイドラインぎりぎりでプレーをし、アタッカーを吹き飛ばすタックルを決め、ディフェンダーがひるむような走りを見せた。それでも我々は踏ん張り続ける。ポラードとファレルが互いにペナルティーゴールを決め、残り15分で南アフリカが18対12とリード。1トライ1ゴールで逆転できる点差だ。まだ望みはある。

だがゲームの流れは依然として南アフリカ側にあり、左タッチライン際の流れるようなライン攻撃からマピンピが左隅にトライを決めると、私は自らの夢が潰えたことを知った。さらにコルビがトライを重ねる。これでワールドカップの優勝トロフィーは遠ざかり、緑と金のジャージーの向こうにかすんで消えた。

南アフリカ32点、イングランド12点。

最後の数分を迎えるころ、私の心にはとりとめのない思いが次々と浮かんでは消えていった。最初に考えたのは選手たちのことだった。皆動転し、悲嘆に暮れるだろう。何と言っても彼らは素晴らしかった。我々の要求にすべて応え、ときにはそれ以上の結果を出し、強い絆で結ばれたイングランドチームを作り上げた。才能を発揮し、粘り強くプレーし、母国が先行き不透明で困難な時期にあっても、人々が笑顔になれる話題を提供し続けてきた。決勝戦は、イギリス全体でその年の最多のテレビ視聴者数（１２５０万人）を記録し、レプリカジャージーの在庫が底をついたというニュースからも、彼らが大会を通じていかに大きな影響を与えてきたかが分かる。

周りのコーチやチームスタッフに目をやると、一様に意気消沈していた。彼らは皆、選手のためにすべての時間を費やし、もうこれ以上はないというほど私のあらゆる要望に応え続けてくれたのだ。

スタジアムを見渡せば、あちこちに白いジャージーを着た大勢のサポーターの姿があった。陽気で賑やかなその白い一団は、トーナメントを通じて常に観客席から我々に大きな声援を送り続けてくれた。私は、決勝戦のために日本までやってきて、翌朝には帰国の途に就く人たちに思いをはせた。イングランド代表チームを応援する姿に、イングランドのファンは傲慢だとよく言われる。とんでもない話だ。彼らは純粋にラグビーを愛し、チームを愛しているのだ。そしてチームも彼らを愛していた。彼らはこの結果にがっかりするだろう。しかし気持ちが落ち着き、選手たちの成し遂げた様々な事実をもう一度振り返れば、イングランドラグビーを誇りに思ってくれるはずだ。我々は２０１５年からはるかに躍進を遂げ、彼らもそれに気づいているのだ。

マスコミ担当者との記者会見を考えると、私は気がふさいだ。ほんの１週間前、我々がオールブラックスに勝利したときにはこれでもかというほど褒め称え、歯の浮くようなお世辞を並べていた人たちが、今度は手のひらを返したように、強硬に敗戦の理由を要求してくるだろう。それは火を見るよりも明らかだった。彼らは私の「失敗」をあげつらい、選手の起用法と上手く機能しなかったゲームプランを激しく非難するに違いない。彼らに対応するのはヘッドコーチに求められる重要な職務のひとつだが、本音を言えば、心身ともに大きな負担を強いられる厄介な仕事だ。実際の記者会見でもそろそろ終わろうというころになって、記者のひとりが、敗因は大一番で実力が出し切れずに自滅したせいではないかと口にした。あり得ない発言ではなかったが、私は我慢ができず、思わず言い返していた。選手たちは決して自滅したわけではない。相手が我々よりも優れたチームだったのだ。私は記者がいったいなにを調べて会見に臨んでくるのか、いつも不満に思っていた。

私は重い足取りで銀メダルを受け取り、選手たちと一緒に並ぶと、スプリングボクスの面々を眺めながら、場合によってはそこに立っていたのは我々だったかもしれないと考えていた。だが我々が言えることは何もなかった。いくら考えたところで、最善を尽くしたがわずかに目標に届かなかったという事実に変わりはなかった。選手たちは皆、虚《うつ》ろな眼差しで観客を見つめていた。悲嘆に暮れるほど思いつめてはいなかったが、誰もが深く傷ついていた。

我々の目の前で、優勝カップがスプリングボクスのキャプテン、シヤ・コリシに手渡される。私は断片的にではあったが、拡声装置によってスタジアムに流された試合後の彼のコメントを耳にした。この優勝カップこそ、人々が力を合わせれば達成できるひとつのシンボルであり、この優勝がさらに大きな力を母国に与えてくれるだろうと、彼は語った。南アフリカ初の黒人キャプテンであるコリシは、幼いころは食べる物も満足になく、もちろん家にテレビもなかったので、2007年のワールドカップの決勝戦は酒場の片隅で観戦していた。そんな少年が、今やラグビーの頂点であるワールドカップの優勝カップを高々と掲げている。その姿は、南アフリカの成長を示す力強いシンボルだった。私は深く傷ついてはいたが、心のどこかでコリシと南アフリカの優勝を称え、喜びさえ感じていた。この優勝を機に、さらに南アフリカが大きく前進するよう願っていた。

私はエラスムスに祝福の言葉をかけ、しばし会話を交わした。勝ったチームのコーチは、敗れたチームのコーチとはあまり長く話したがらないものだ。どうしても偉そうな物言いに聞こえてしまうし、敗れた側にしても、「素晴らしいチームです」、「見事なプレーでした」くらいしか返す言葉がないからだ。かつてボビー・ロブソンが試合後に語っていたように、スタジアムには「幸せなドレッシングルームがひとつと、不幸なドレッシングルームがひとつある」だけなのだ。

我々の周りにはシャンパンもなければ沸き上がるような喜びもなく、あるのは悲しみだけだった。私は幸せな場所をより多く経験してきた。それは負けよりもはるかに多くの勝利を収めてきたからだ。今はどこにも逃げ場はなかった。我々は今夜、夢を失ったのだ。

ワールドカップの最後の夜が更けていくにつれ、気分も重く沈んでいった。翌朝、目が覚めて試合を思い出したとたんに、鈍い痛みに襲われるはずだ。その痛みは月曜日の朝も、火曜日も、そして来る日も来る日もやってきて、その後数週間は続くに違いなかった。ある意味、その傷は癒えはしないのだ。これまでも同じような体験をしていた。南アフリカチームのときはワールドカップを制覇できたが、残りの2試合は負けている。2003年の自国開催の大会ではオーストラリアを率いてイングランドと対戦し、延長戦で敗れた。この敗戦で負った心の傷は思いのほか深く、回復するには数年が必要だった。だが今回は違っていた。それほど気分が悪いわけではない。優勝を目指し、我々の力でできることはすべてやり尽くしていたからだ。選手たちは終始素晴らしかったし、持てる力を存分に発揮した。

東京の夜空は澄み渡っていた。目が冴えて眠れなかったが、心の痛みも少しばかり和らいでいた。年を重ねると、物事を落ち着いて上手く考えられるようになる。それは智恵と呼べるものではなかった。私にそれほど分別があるようには思えなかったからだ。私はいくつかミスを犯した。わずか1週間前、まさに同じスタジアムで見せた素晴らしいプレーをどうして今回に限って発揮できなかったのか、私には本当にその理由が分からなかった。もちろんすべての疑問に答えを見つけられるわけではない。少なくとも2003年のときとは違い、今はなぜ負けたのかその原因を突き詰めようとすべきではないと分かっていた。ワールドカップの決勝で負ければ、心に深い傷が残る。これから私は苦しい月日を過ごすだろう。これまでの経験からして、それは放っておくしかないのだ。

もし優勝できていたとしても、私自身、その勝利を何カ月も、あるいは何年もだらだらと未練たらしく振り返りはしなかっただろう。喜びを噛みしめたとしてもせいぜい1週間。そのあとは次なる挑戦、次なる冒険へ向かい、計画を練っていたはずだ。大局的見地からとらえれば、勝っても負けてもそれはあくまで1勝であり1敗であるにすぎず、基本的に大きな違いはない。

我々は日本で6試合戦い、5回勝利を挙げた。1敗したが、負け数は南アフリカも同じだった。予選プールの初戦でニュージーランドに敗れたのだ。これまでプール戦で負けたチームが優勝したケースはなかったが、南アフリカは、歴史は塗り替えられるものだと証明してみせた。私は今回の5勝のうちの2試合を、ワールドカップにおける会心のゲームとして長く心に留めていくだろう。オーストラリアは必死に立ち向かってきたが、我々がそれを上回った。そして準決勝のニュージーランド戦である。これは出色の出来だった。事実、イングランド唯一の優勝チームでキャプテンを務めたマーティン・ジョンソンも、イングランドがワールドカップの舞台で戦ったなかで最高のパフォーマンスを発揮した試合だったと、高く評価してくれた。

私にとって、ヘッドコーチとして臨んだテストマッチのなかで特に記憶に残るものが4試合あり、このゲームもそのうちのひとつだった。残る3試合は、まず2001年のスーパー12でブランビーズを指揮し、決勝でシャークスを破った試合。次に2003年のワールドカップでワラビーズを率い、オールブラックスを倒した試合。そして2015年のワールドカップで日本を率い、南アフリカに勝った試合である。いずれも私にとっては大きな意味のあるものばかりであり、どれかひとつに絞るのは難しい。というのもこの4試合は、ラグビースタイルの違いにかかわらず、どんなチームでも上手くコーチできるという私の能力を端的に示すものだからだ。私はオーストラリア、日本、そしてイングランドでラグビーを指導しながら多くの喜びを得てきた。この間、常に遠からず関わってきたのが南アフリカとニュージーランドである。そうしたなかで得た様々な思い出は、私の抱える悲しみを幾分かは和らげてくれた。

頭のなかにあるアイデアを様々に異なるコーチングの現場で実現化していくには、高いコーチング能力が求められる。私は常にランニングラグビーを目指していた。それがシドニーのマトラヴィル・ハイスクールとランドウィックで培った私の原点だからだ。だが選手をコーチする場合は、ときにはその国の文化やアイデンティティに沿ったやり方でラグビーをプレーさせなければならない。

横浜でニュージーランドを破り、そのあとでボブ・ドゥワイヤーに会ったときは、嬉しさはひとしおだった。ランドウィック・ウェイを信奉するドゥワイヤーが、我々のイングランドスタイルのラグビーを見て興奮していた。オーストラリア人はニュージーランドが敗れるのを見て楽しむ傾向があるが、ドゥワイヤーはそんな基本的国民気質に関係なく、我々のプレー振りを評価してくれた。イングランドのヘッドコーチとして、プレーヤーの長所を活かし、しかもファンが喜ぶ独自のパワースタイルのラグビーを作りだすことができ、私は大いに喜びを感じていた。

我々は、自国開催のワールドカップで予選プールを突破できなかったチームを、世界で2番目のチームにまで引き上げた。もちろん目指したのは1位だったが、残念ながら2位に終わった。我々の前に1チーム、我々の後ろには18チームが並んでいた。

契約は2021年まであり、私はこのままいけばあと2年、イングランドのヘッドコーチを続けているだろう。チームはまだ若く、これからどんな結果を出してくれるか楽しみだ。全く同じメンバーでというわけにはいかないかもしれない。なかには意欲を失ったりスランプに陥ったり、あるいは怪我に泣かされたりする選手も出てくるだろう。日本大会を観て刺激された、若くて才能あふれるプレーヤーも現れるに違いない。だがチームは、2019年ワールドカップのメンバーを中心に構成され、選手たちはさらに力をつけ、成長していくはずだ。彼らの平均年齢は27歳。これまでワールドカップの決勝戦を戦ったチームのなかで最年少だ。可能性は限りなく大きい。彼らは傑出したプレーヤーであるのはもちろん、優れた個性を持った素晴らしい人間でもあった。あと2年、私は彼らとともにさらに成長していけると信じている。それだけの力があり、そうしていけるはずだ。我々は世界のラグビー界を牽引していけるようなチームになるのだ。そのあと？　さすがに今この時点ではまだなんとも言えない。今はただ、少し休憩できればそれで十分だ。

私の家族を語るのに、母国であるオーストラリアとともに日本という国の存在は欠かせない。その日本での長く厳しいワールドカップの日々を終え、様々な思い出が頭をよぎる。ヒロコは大会を通してずっと私に寄り添ってくれた。チェルシーは今、ワラビーズのスタッフとして働いているため、イングランドに敗れたあとはチームと一緒にオーストラリアに帰国しなければならず、仕事をしながら、テレビで我々の試合を観戦してくれた。心から尊敬する母親のネリーは、テレビ画面を通じて全試合を観てくれた。姉のダイアンは、決勝戦を観に日本までやってきた。

今回のワールドカップは、私の愛するラグビーが堪能できた素晴らしい大会だった。日本中がラグビーに沸き返る様子を目の当たりにして、私は深く感動した。２００９年に日本に戻ったとき、この国は全くのラグビー後進国だった。私は周りから、日本でコーチをやるのはせっかく積み上げてきたキャリアを台無しにするに等しいと言われた。私はそう感じてはいなかった。私の心は日本に行き、そこで日本ラグビーの流れを変えるのだと告げていた。

誰かが日本ラグビーの未来を信じなければならなかった。誰かが、大人しく敗北を受け入れてきたこの国のラグビー文化を刷新する必要があった。かのクリストファー・コロンブスは、陸地を離れない限り新たな発見はないと主張し、そして私は陸地を離れ、日本へ船出した。私は改革を進めるのを手伝い、さらにそこへ多くの人が加わった。日本は大躍進を遂げ、アイルランドとスコットランドを破り、惜しくも南アフリカに敗れはしたが、初めてベストエイトに進出した。

イングランド代表チームのヘッドコーチとしていられる時間は刻一刻と過ぎ、残りわずかになりつつあるが、私はさらにコーチとして成長できると信じている。あと2年の在任期間が終わるとき、私がどこにいてどんな道へ進もうとしているかが分かるだろう。イングランドを指揮することは大きな名誉であり、それがいつまで続くにせよ、日々、最善を尽くすつもりだ。

数年後、私が立っているのは泥だらけのフィールドか、陽光が降り注ぐフィールドか、それは分からないが、常に変化を求め続けているだろうことは間違いない。かつてシリル・タワーズは、毎日午後になるとマトラヴィル・ハイスクールにやってきては、ラグビーに対する純粋な喜びや情熱を惜しげもなく分け与えてくれた。私は未だにそんな彼の姿を覚えている。ことによると私もタワーズのように、私を受け入れてくれる高校のラグビーチームを見つけているかもしれない。それもまた素晴らしい道ではないだろうか？

謝辞

本書は素晴らしい思い出に満ちており、これまでいかに多くの偉大な人たちとともにラグビー人生を歩んでこられたか、我が身の幸せをもう一度実感する素晴らしい機会ともなった。かつてのチームメイト、ともに指導にあたったコーチ、そしてなにより幸運にも、これまで一緒に汗を流すことのできた素晴らしいプレーヤーたち──私が豊かな人生を歩んでこられたのは、すべて皆さんのおかげである。感謝申し上げたい。

本書の執筆に際し、わざわざ記憶の糸を手繰ってくれた多くの方々──スティーブ・ボーズウィック、ニール・クレイグ、フランク・ディック、フーリー・デュプレア、ボブ・ドゥワイヤー、グレン・エラ、ジョージ・グレーガン、稲垣純一、ロッド・ケーファー、リーチ マイケル、ユーウェン・マッケンジー、デイヴィッド・ペンブローク、イアン・リッチー、マーク・シンダーベリー、ジョン・スミット、そしてクリス・ウェブ──には、特に感謝申し上げたい。

私の代理人、クレイグ・リビングストンは本書の実現のために尽力してくれた。どうもありがとう。

本書が出版される運びとなったのも、パンマクミラン社の皆さんのサポートと情熱の賜物である。感謝申し上げたい。特に編集担当のロビン・ハーヴィーには本書の企画段階からその後3年の長きにわたりご支援いただいた。マシュー・コールとローラ・カーのおふたりには素晴らしい仕事をしていただいた。校正にあたってくれたペニー・アイザックにも感謝申し上げたい。

デイヴィッド・ペンブロークには心からの感謝を伝えたい。我々のパートナーシップはかれこれ20年以上に及んでいる。書き終えたワールドカップ関連の原稿はすべて彼の手に委ね、ドン・マクレーとともに文章のチェックと推敲をお願いした。相変わらずペンブロークの構成と言葉の選択の巧みさには舌を巻く。君の助力に心から御礼申し上げる。

そしてドン。見事に私の話を引き出してくれた。そのプロ意識、粘り強さ、好奇心に感謝したい。

最後に私の家族に感謝を捧げたい。あなたたちがいなければ、私は何も成し遂げることはできなかっただろう。

訳者あとがき

14勝1分け3敗——ヘッドコーチとしてオーストラリア、日本、イングランドの3か国を率いたエディー・ジョーンズのワールドカップ3大会での戦績だ。南アフリカのテクニカルディレクターとして臨んだ2007年のワールドカップでの7勝を含めれば、勝ち星は実に21となる。しかもオーストラリアとイングランドの両国は、決勝戦まで導いているのだ。日本のヘッドコーチとして臨んだ2015年大会でも、それまで7大会に参加、1勝2分け21敗の日本代表に、1大会で3勝1敗の結果を残している（しかも予選プールで3勝しながら、決勝トーナメントに進出できなかった、大会史上初めての国となった）。残した数字を見ただけでも、彼を名将だと言って異論を唱える者はいないだろう。

こうした戦績から、これまでエディー・ジョーンズのコーチング哲学に関連する多くの書籍が刊行されてきた。だが歴史的背景を踏まえたうえで、彼が歩んだ人生を知らなければ、エディー・ジョーンズの持つ本来の視点は理解できないのではないだろうか。

その意味では、初の公式自叙伝となる本書の持つ意味は大きい。実際、彼がオーストラリア人だと知ってはいても、オーストラリア人の父親と日系アメリカ人の母親との間に生まれたという事実まで知る人は、意外に少ないようだ（そして奥様は日本人である）。たとえ知ってはいても、そこから彼がどんな影響を受けてきたのかまで把握することはできない。だが本書を一読すれば、より身近にエディー・ジョーンズという人物を理解することができるだろう。「私が育った家には、日本文化による影響が明らかにあった。（中略）友人宅を訪ねるとき、母に必ず手土産を持たされた。私はそうした日本の儀礼作法にほとほと困っていた。友人の家に着くと、母に持たされた感謝のしるしを差し出すのを、たびたび友人たちからからかわれたからだった。ラグビーを観に行くときでさえ、そうしたプレゼントを持参しなければならないのには、さすがに閉口した（第1章「自由」より）」。

なんともほほ笑ましい光景である。

エディー・ジョーンズは、特にこの日系アメリカ人の母親から多大な影響を受けているが、そうした日本文化という基盤のうえに、彼の人となりが育まれていったのは注目に値する。「私がサントリーにいたころ、父と母は、私たち家族に会うために2度ほど来日した。1950年代に出国して以来、日本に戻って来たのはそれが初めてだった。(中略) 父と母は新婚の頃に住んでいた東京の家を探そうとした。その場所は現在、有数の高級住宅街になっていて、結局見つけられなかった。東京は60年代に大きく様変わりしていたのだ。残念だったが、両親が再びこの街を歩き回れたのがどれほど嬉しかったか、手に取るように分かった。ふたりは表だって口にはしなかったが、私自身は、母国オーストラリアと母の祖国日本の両国でヘッドコーチを務めたことを誇りに思っている」(第11章「日本代表を作り上げる」より)。そもそも彼がプロのコーチとしてスタートするのも、日本の東海大学でフルタイムコーチに就任したことがきっかけだ。日本は彼にとって縁の深い国であり、本書の根底に一貫して流れているのが、日本に対する深い愛情なのだ。


もちろん本書の中心は「ラグビー」であり、エピソードやコーチングに対する考え方が随所に語られる。特に日本代表を率い、2015年のワールドカップで「世紀の番狂わせ」といわれた南アフリカ戦に至る過程は、実際にゲームをご覧になった読者には、そのときの光景を思い浮かべながら読んでいただけるのではないだろうか。リーチ マイケル、福岡堅樹、五郎丸歩、廣瀬俊朗、山田章仁ら、現在の、そして当時の日本代表選手が登場し、エディー・ジョーンズが彼らをどのように指導し、自らの心血を注いでチームを作り上げていったのか、その過程がヘッドコーチという彼の視点から克明に記されており、もう一度、ブライトンの興奮がよみがえるに違いない。

また本書にはこれだけでなく、彼のコーチングの集大成となるいくつかのゲームの記述——ランドウィック対オールブラックス戦、スーパーラグビー決勝、ワールドカップ決勝など——があり、ラグビーの好きな読者にはぜひお読みいただき、フィールドの興奮を感じていただければと思う。

さらには、イングランドのヘッドコーチに就任後のエピソードも興味深い。特に若手プレーヤーを引き合いに、キャプテンのあり方を述べた部分は、ラグビーに限らず、ビジネスの場でリーダーシップをとる方々にも共感していただけるのではないだろうか。「世界は大きく変わった。若者がソーシャルメディアに多くの時間を費やす現代にあっては、実際に人と向き合いグループをまとめる力は、すでに多くの若者から失われつつある。そんななかでハートリーは、昔ながらの方法で世間を渡っていけるタイプのラグビー選手だった。（中略）彼のコミュニケーション能力は高く、審判と上手くやっていけるだけの知性と良い意味での狡さを備えている。（中略）審判と良い関係を築き、ときには審判に気づかれないように判定に微妙な影響を与えていけるキャプテンの能力は、テストマッチの重要な要素のひとつなのだ（第13章「次なる冒険とグランドスラム」より）」。

翻って、エディー・ジョーンズはプロのラグビーコーチである。だがこうしてみると、本書は何もラグビーに興味を持つ読者しか共感できない類いのものではない。結局、ひとつの信念に基づいて歩んできたひとりの人物の人生から得られるものは数多くあるのだ。

２０１９年のワールドカップでの手腕が認められたエディー・ジョーンズは、翌２０２０年4月2日、イングランド協会から代表ヘッドコーチとしての契約を延長され、２０２３年のワールドカップまで代表チームを率いることになった。そして、この２０２３年大会の組み合わせもすでに決定している。日本代表は予選プールのD組だが、このD組には奇しくもイングランドが入っているのだ。巡り合わせというほかはない。今年の2月にはその試合日程も決まった。日本代表は２０２３年の9月17日、フランス・ニースの地でエディー・ジョーンズ率いるイングランドと対戦するのだ。前回大会でベストエイトに進出した日本代表が、準優勝国のイングランドとどんな戦いを展開することになるのだろう。今から実に楽しみである。

今回、そんな彼の初めての自叙伝が出版されるにあたり、幸せにもこのような大役を仰せつかった。この仕事に取り組んだ数か月間は、私の目の前で彼が動き、頭のなかで彼の声が響いていた。今振り返れば、まるで「エディーさん」とともに日々を過ごしていたような気がする。ラグビーファンに限らず、なるべく多くの方に本書を手に取っていただき、エディー・ジョーンズという世界有数のコーチの人生を通じ、多くのことを感じ、そして学んでいただければ、訳者としてこれ以上の喜びはない。

ともあれこれほどのチャンスを与え、忍耐強くここまで導いてくださったダイヤモンド社のご担当者の皆様に心から御礼申し上げます。またこの縁をもたらし、側面からサポートしてくださった方々にも感謝の気持ちでいっぱいです。ありがとうございました。

2021年3月

髙橋功一

PICTURE ACKNOWLEDGEMENTS

1. Author's own photographs
2. Author's own photographs
3. Author's own photographs
4. Ibid.
5. Ibid.
6. Author's own photograph
7. Author's own photograph
8. Peter Rae/Fairfax Media via Getty Images
9. Steven Holland/Fairfax Media via Getty Images
10. Gary McLean/Fairfax Media via Getty Images
11. Kenneth Stevens/Fairfax Media via Getty Images
12. (i) & (ii) Brendan Read/Sydney Morning Herald
13. Colorsport/Shutterstock
14. Matthew Impey/Shutterstock
15. Matt Turner/ALLSPORT via Getty
16. David Ashdown/Independent/Shutterstock
17. Author's own photographs
18. Manuel Blondeau/Photo & Co./Corbis/VCG via Getty Images
19. (i) DAMIEN MEYER/AFP/Getty Images (ii) PETER PARKS/AFP/GettyImages
20. Chris McGrath/Getty Images
21. Jonathan Wood/Getty Images
22. Matthew Impey/Shutterstock
23. Tom Jenkins/Guardian/eyevine
24. Sankei
25. Charlie Crowhurst/Getty Images
26. David Rogers/Getty Images
27. David Rogers– RFU/The RFU Collection via Getty Images
28. David Rogers/Getty Images
29. David Rogers– RFU/The RFU Collection via Getty Images
30. Michael Steele/Getty Images
31. Richard Heathcote – World Rugby/World Rugby via Getty Images
32. David Rogers/AFP ＝時事

[著者]
エディー・ジョーンズ（Eddie Jones）
ラグビー・イングランド代表ヘッドコーチ、前ラグビー日本代表ヘッドコーチ
1960年生まれ。オーストラリア人の父と日系アメリカ人の母を持つ。ラグビー選手として現役時代はオーストラリア・ニューサウスウェールズ州代表として活躍。シドニー大学を卒業後、1996年プロコーチとしてのキャリアを日本でスタート。2001年オーストラリア代表ヘッドコーチに就任し、同代表を率い自国開催のラグビーワールドカップ2003で準優勝。2007年には南アフリカ代表のテクニカルアドバイザーに就任し、ラグビーワールドカップ2007優勝に貢献。2012年に日本代表ヘッドコーチに就任し、ラグビーワールドカップ2015では優勝候補の南アフリカ代表との初戦で、世界のスポーツ界でも語り草となる世紀の番狂わせを演じてみせ、3勝をもたらす。2015年11月にラグビーの母国・イングランド代表のヘッドコーチに外国人として初めて就任。就任後世界記録タイとなるテストマッチ18連勝を達成。日本で開催されたラグビーワールドカップ2019では準優勝を果たし、2020年第1回オータム・ネーションズカップでは優勝へと導いた。

[構成・執筆]
ドナルド・マクレー（Donald McRae）
12冊の本を上梓し、多くの受賞歴を持つ作家である。これまでウィリアムヒル・スポーツブック・オブ・ザ・イヤーを２度、スポーツ・インタビュアー・オブ・ザ・イヤーを３度受賞。『ガーディアン紙』に寄稿した記事でも、スポーツ・フィーチャーライター・オブ・ザ・イヤーを３度受賞している。

[訳者]
髙橋功一（たかはし・こういち）
青山学院大学文学部英米文学科卒。航空機メーカーで通訳・翻訳業務に従事した後、専門学校に奉職。現在では、実務翻訳、出版翻訳に携わる。訳書に『ラグビーがわかる本』（東京書籍）、『ボクシング世界図鑑』（共訳）『サイレントスパークス—ホタルの不思議な世界』（ともにエクスナレッジ）、『自信がつく本』（共訳、ディスカヴァー・トゥエンティワン）がある。

エディー・ジョーンズ　わが人生とラグビー

2021年３月30日　第１刷発行

著　者——エディー・ジョーンズ
訳　者——髙橋功一
発行所——ダイヤモンド社
〒150-8409　東京都渋谷区神宮前6-12-17
https://www.diamond.co.jp/
電話／03･5778･7233（編集）　03･5778･7240（販売）

装丁・本文デザイン——布施育哉
翻訳協力——株式会社トランネット
校正————鷗来堂、聚珍社
製作進行——ダイヤモンド・グラフィック社
印刷————ベクトル印刷
製本————ブックアート
編集協力——児島 修
編集担当——土江英明

ISBN 978-4-478-10994-6

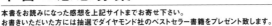